NEIL STRAUSS

die perfekte masche

NEIL STRAUSS

die perfekte masche

BEKENNTNISSE EINES AUFREISSERS

Aus dem Amerikanischen
von Nina Pallandt und Toni Meymann

List

Die Originalausgabe erschien 2005 unter dem Titel *The Game*
bei Regan Books/HarperCollins, New York.

Die Namen einiger Frauen und Mitglieder der
Community sind geändert worden.
Drei Nebenfiguren sind rein fiktional.

www.neilstrauss.com

3. Auflage 2006

List ist ein Verlag
der Ullstein Buchverlage GmbH

ISBN-13: 978-3-471-78828-8
ISBN-10: 3-471-78828-X

Illustrationen von Bernard Chang
Satz: LVD GmbH, Berlin
Druck und Bindung: GGP Media GmbH, Pößneck
Printed in Germany

DEN VIELEN TAUSEND MENSCHEN GEWIDMET,
MIT DENEN ICH IN DEN LETZTEN ZWEI JAHREN IN
BARS, CLUBS, LÄDEN, FLUGHÄFEN, KAUFHÄUSERN,
U-BAHNHÖFEN UND IN AUFZÜGEN GESPROCHEN HABE.

MEINEN LESERINNEN SEI VERSICHERT, DASS ICH IHNEN
NICHT AN DIE WÄSCHE WOLLTE. ICH HABE IMMER MIT
OFFENEN KARTEN GESPIELT.

ehrlich.
ihr seid etwas
besonderes.

»NICHT NUR EIN BÖSER MENSCH ZU WERDEN IST MIR NICHT GELUNGEN, ICH HABE ES ZU ÜBERHAUPT NICHTS GEBRACHT: ICH BIN WEDER BÖSE NOCH GUT, WEDER EIN GEMEINER NOCH EIN EHRLICHER MENSCH, WEDER EIN HELD NOCH EIN INSEKT. JETZT LEBE ICH IN MEINEM WINKEL DAHIN UND FOPPE MICH DURCH DEN BOSHAFTEN UND NICHTSNUTZIGEN TROST, DASS EIN KLUGER MENSCH IM ERNST AUCH NICHTS WERDEN KANN UND DASS NUR EIN DUMMKOPF ETWAS WIRD.«

fjodor dostojewski

AUFZEICHNUNGEN AUS EINEM KELLERLOCH

meine ersten leser stellten alle dieselben fragen:

IST DAS WAHR?

IST DAS TATSÄCHLICH PASSIERT?

GIBT ES DIESE TYPEN WIRKLICH?

daher möchte ich folgendes klarstellen:

dies ist eine wahre geschichte.

ALLES HIER GESCHILDERTE IST TATSÄCHLICH PASSIERT.

männer werden den kopf schütteln,
frauen kein wort glauben.

und doch ist es die nackte wahrheit,
ungeschminkt und real bis ins letzte detail.
ich bitte sie bereits jetzt um vergebung.

VERFLUCHEN SIE NICHT DEN SPIELER.
VERFLUCHEN SIE DAS SPIEL.

inhalt

LEKTION I:

ZIEL ERFASSEN

»DIE MÄNNER WAREN NICHT WIRKLICH
DER FEIND – SIE WAREN GLEICHERMASSEN OPFER.
SIE LITTEN UNTER EINER ANTIQUIERTEN MASKULINEN
WELTSICHT, DIE IHNEN NUR IHRE EIGENEN
UNZULÄNGLICHKEITEN VOR AUGEN FÜHRTE, WENN
ES EINMAL KEINE BÄREN ZU ERLEGEN GAB.«

betty friedan

DER WEIBLICHKEITSWAHN
ODER DIE MYSTIFIZIERUNG DER FRAU

GESTATTEN, STYLE

Ich sehe alles andere als toll aus. Meine Nase ist zu groß, zwar nicht krumm, aber dafür habe ich einen kleinen Höcker auf dem Zinken. Obwohl ich noch keine Glatze habe, läßt sich dennoch behaupten, daß sich mein Haar allmählich lichten würde – mehr als ein paar haarwuchsmittelgedüngte Strähnen habe ich eben nicht zu bieten. Meiner Meinung nach sind meine Augen klein und rund, obwohl ein lebhaftes Funkeln von ihnen ausgeht. Das wird aber wohl mein Geheimnis bleiben, da es wegen meiner Brille niemand bemerkt. Meine Stirn hat links und rechts leichte Kerben, die mir gefallen und mich, wie ich finde, zu einem Charakterkopf machen, obwohl mich noch nie jemand darauf angesprochen hat.

Ich wäre gern ein paar Zentimeter größer, und ich bin so dünn, daß ich auf die meisten Menschen einen unterernährten Eindruck mache, egal, wieviel ich esse. Wenn ich meinen blassen, schlaffen Körper betrachte, frage ich mich, warum eine Frau das Verlangen empfinden sollte, ihn anzufassen. Für mich bedeutet es harte Arbeit, ein Mädel zu kriegen. Ich bin nicht der Typ Mann, über den Frauen an der Bar hinter vorgehaltener Hand tuscheln, den sie mit nach Hause nehmen würden, wenn sie nach einigen Cocktails Lust auf ein Abenteuer haben. Ich bin kein Rockstar und habe insofern weder Ruhm noch ein großes Maul zu bieten, geschweige denn Kokain oder eine Villa in L. A. Klar, ich habe eine Menge im Kopf, aber das kann ja keiner sehen.

Es mag Ihnen inzwischen aufgefallen sein, daß ich mich noch nicht über meine Persönlichkeit ausgelassen habe. Das liegt daran, daß ich mich komplett gewandelt habe, oder, um genauer zu sein: Ich habe mir ein vollkommen neues Image zugelegt, mir ein Alter ego erfunden und nenne mich seither Style. In nicht mehr als zwei Jahren riß sich die halbe Welt um mich – und gerade bei Frauen kam ich an wie nie zuvor.

Ich hatte nie vor, mein Persönlichkeitsbild zu ändern oder eine neue Identität anzunehmen. Tatsächlich war ich voll zufrieden mit mir und meinem Leben. Nun ja, jedenfalls bis mich ein harmloses kleines Telefonat (damit fängt ja immer alles an) in die Gefilde einer bizarren und überaus faszinierenden Underground-Community katapultierte, obwohl mich eigentlich nach fünfzehn Jahren Journalismus nichts mehr so leicht hat überraschen können. Am anderen Ende der Leitung war Jeremie Ruby-Strauss (weder verwandt noch verschwägert mit mir), ein Verlagslektor, der beim Surfen im Internet über den *Layguide* gestolpert war, kurz für *The How-to-Lay-Girls-Guide,* eine Anleitung zum Frauenaufreißen. Jeremie erzählte, daß dort auf hundertfünfzig prickelnden Seiten die gesammelten Erkenntnisse von Dutzenden von Mega-Aufreißern zusammengefaßt waren, die ihre Erfahrungen seit knapp einem Jahrzehnt in Newsgroups ausgetauscht und im geheimen daran gearbeitet hatten, die Kunst der Verführung zur exakten Wissenschaft auszubauen. Diese Informationen mußten nur noch überarbeitet und zum Ratgeber umstrukturiert werden – ein Job, für den ich Jeremies Meinung nach genau der Richtige war.

Ich war mir da nicht so sicher. Gewöhnlich befasse ich mich mit Literatur, nicht mit Ratschlägen für notgeile Erwachsene. Aber natürlich sagte ich ihm, es könne ja nicht schaden, mal einen Blick auf das Ganze zu werfen.

In dem Augenblick, als ich zu lesen anfing, veränderte sich mein Leben. Der *Layguide* öffnete mir die Augen, mehr als jedes andere Buch, das ich je gelesen hatte – sei es nun die Bibel, der *Ulysses*, *Schuld und Sühne* oder *The Joy of Cooking*. Obwohl es gar nicht so sehr die gebündelten Informationen waren, die mich aufrüttelten; es waren meine eigenen Versäumnisse.

Wenn ich auf meine Teenagerzeit zurückblicke, gibt es da eine Sache, die ich mehr als alles andere bereue; okay, ich war nie ein ausnehmend fleißiger Schüler und auch nie sonderlich nett zu meiner Mutter. Aber deswegen habe ich keine Gewissensbisse, auch nicht deswegen, damals mit Papas Wagen einen Bus gerammt zu haben. Die Wahrheit ist simpel: Ich hatte einfach nicht mit genug Mädchen rumgemacht. Ich bin eben ein Kopfmensch – alle drei Jahre wieder lese ich James Joyce' *Ulysses*, weil es mir einfach Spaß macht. Ich kann auf andere eingehen. Im Kern bin ich ein anständiger Typ, der sein Bestes tut, andere nicht vor den Kopf zu stoßen. Dennoch gelingt es mir nicht, mein Leben wirklich zu verbessern, weil ich dauernd über Frauen nachdenke.

Klar, ich bin nicht allein. Als ich Hugh Hefner zum ersten Mal traf, war er dreiundsiebzig. Er hatte eigenen Angaben zufolge mit weit über tausend wunderschönen Frauen geschlafen, sprach aber ausschließlich von seinen drei derzeitigen Freundinnen Mandy, Brandy und Sandy – und davon, sie dank Viagra nach allen Regeln der Kunst befriedigen zu können (obwohl sein Geld ihnen vermutlich schon genug Befriedigung verschaffte). Sollte er mal wieder den Drang verspüren, mit einer anderen Frau ins Bett zu gehen, sagte er, hätten sie abgemacht, es alle zusammen zu tun. Unterm Strich kam bei unserer Unterhaltung heraus, daß dieser Typ seinen Lebtag lang Sex ohne Ende gehabt hatte – und mit dreiundsiebzig immer noch hinter jedem Weiberrock her war. Hörte das nie auf? Und wenn es für Hugh Hefner noch nicht passé war, wann wäre es für mich gelaufen?

Wäre der *Layguide* nie auf meinem Schreibtisch gelandet, hätte sich mein Denken über das andere Geschlecht wohl ebensowenig verändert wie das anderer Männer. Es hatte ja schon schlecht angefangen: In meiner Kindheit gab es keine Doktorspiele, keine Mädchen, die für einen Dollar das Röckchen lüfteten, keine Klassenkameradinnen, die an verbotenen Stellen angefaßt werden wollten. Meine Teenagerzeit verlief ebenfalls stockbieder und ohne besondere Vorkommnisse, und als sich endlich eine Gelegenheit zum Sex ergab – eine betrunkene Erstsemesterin hatte angeboten, mir einen zu blasen –, mußte ich leider ablehnen, weil meine Mutter ausgerastet wäre. Im College aber fand ich allmählich zu mir selbst, zu meinen eigenen Interessen. Ich überwand meine Scheu, entwickelte eine Persönlichkeit und lernte neue Freunde kennen, die meinen Horizont mit Drogen und Diskussionen erweiterten (in ebendieser Reihenfolge). Was Frauen anging, war ich nach wie vor ziemlich unlocker: Sie schüchterten mich ein. Während meiner vier Jahre auf dem College gelang es mir nicht, auch nur mit einer einzigen Frau ins Bett zu steigen.

Nach dem College wurde ich Kulturreporter bei der *New York Times;* mehr und mehr vertraute ich mir selbst und meinen Urteilen. Schließlich tat sich mir eine Welt der Privilegierten auf, in der es keine Regeln gab: Ich ging mit Marilyn Manson und Mötley Crüe auf Tour und schrieb Bücher über sie. Und in all der Zeit, bewaffnet mit all den Backstage-Ausweisen, brachte ich es nicht mal auf einen einzigen Kuß (außer einem von Tommy Lee). Danach gab ich die Hoffnung so ziemlich auf. Manche Typen hatten es, manche nicht. Und ich gehörte eben zur zweiten Kategorie.

Das Problem lag keineswegs darin, daß ich noch nie mit einer Frau geschlafen hatte; das wahre Problem bestand darin, daß bei mir aus jedem One-Night-Stand gleich eine Zwei-Jahres-Zweierkiste wurde, weil ich nicht wußte, wann sich die nächste Gelegenheit ergeben würde. Der *Layguide* hatte für Typen wie mich eine Abkürzung parat: EFL. Ewig frustrierter Loser. Und genau das war ich auch.

Ganz im Gegensatz zu Dustin.

Ich lernte Dustin in dem Jahr kennen, als ich meinen College-Abschluß machte. Er war mit Marko befreundet, einem Kommilitonen von mir, der schwer auf serbischer Adliger machte und schon zu Schulzeiten genausowenig Mädels abbekommen hatte wie ich. Dies verdankte er vor allem seinem Schädel, der stark an eine Melone erinnerte. Dustin war weder größer, reicher, berühmter oder attraktiver als wir. Nur hatte er ein Talent, das uns beiden fehlte: eine enorme Wirkung auf Frauen.

Als Marko mich mit ihm bekannt machte, war ich alles andere als beeindruckt. Dustin war klein und dunkelhäutig, hatte lange lockige Haare und trug ein affiges Gigolo-Hemd mit Buttondown-Kragen, das gewöhnlich runter bis zum Bauchnabel aufgeknöpft war. An jenem Abend gingen wir ins Drink, einen angesagten Club in Chicago. Als wir unsere Mäntel anzogen, fragte Dustin mich: »He, gibt's da auch ein paar richtig schön dunkle Ecken?«

Ich fragte zurück, was ihm daran so wichtig sei, woraufhin er zurückgab, in dunklen Ecken ließe sich gut mit Girls rummachen. Skeptisch zog ich die Augenbrauen hoch. Ein paar Minuten nachdem wir die Bar betreten hatten, nahm er Augenkontakt zu einem schüchtern aussehenden Mädchen auf, das sich mit einer Freundin unterhielt. Schließlich erhob sich Dustin wortlos und begab sich in eine dunkle Ecke – und kurz darauf folgte ihm das Mädchen. Sie knutschten und machten miteinander rum, und als sie endlich fertig waren, trennten sie sich ohne ein Wort, ohne Telefonnummern auszutauschen oder sich voneinander zu verabschieden.

Ich quetschte ihn stundenlang aus, um herauszufinden, welche magischen Kräfte er besaß. Dustin war ein Naturtalent. Schon mit elf war er keine Jungfrau mehr gewesen, nachdem die fünfzehnjährige Nachbarstochter eine kleine Nummer mit ihm geschoben hatte. Seitdem hatte er sich nonstop quer durch alle Betten gevögelt. Eines Abends nahm ich ihn zu einer Party mit, die am East River auf einem Boot stattfand. Als eine rehäugige, scharf aussehende Schöne mit braunem Haar an uns vorbeiging, sagte er: »Genau dein Typ.«

Ich winkte ab und starrte auf meine Schuhspitzen. Ich wollte auf keinen Fall von ihm mit ihr verkuppelt werden. Aber genau das hatte er vor.

Als sie wieder an uns vorbeiging, fragte er sie: »Kennst du Neil schon?«

Das war die oberplumpe Tour, doch damit hatte er das Eis gebrochen. Ich stammelte ein paar Worte, bis Dustin übernahm und die Situation rettete. Hinterher gingen wir noch mit ihr und ihrem Freund in eine Bar. Sie waren gerade zusammengezogen. Ihr Freund hatte seinen Hund dabei. Nach ein paar Drinks verabschiedete er sich, um den Hund nach Hause zu bringen, während Paula – so ihr Name – noch auf ein Gläschen bei uns blieb.

Dustin schlug vor, einen kleinen Late-Night-Snack bei mir einzunehmen; in meinem winzigen East-Village-Apartment landeten wir dann allerdings umgehend auf der Matratze, Paula in der Mitte, Dustin und ich links und rechts von ihr. Er fing an, ihre linke Wange zu küssen, und signalisierte mir, von meiner Seite aus zur Sache zu kommen. Synchron arbeiteten wir uns über ihren Hals zu den Brüsten hinunter. Obwohl ich komplett baff war, daß Paula so willig mitmachte, schien es für Dustin nichts Besonderes zu sein. Er sah mich an und fragte, ob ich Kondome dahätte. Ich gab ihm eins. Er zog ihr das Höschen aus und drang in sie ein, während ich weiter an ihrer rechten Titte lutschte.

Das war Dustins Gabe, seine Berufung: Frauen ihre wildesten Träume zu erfüllen. Hinterher rief mich Paula unentwegt an, um das Erlebte auszudiskutieren, weil sie es selbst nicht glauben konnte, was sie getan hatte. Und genauso lief es immer mit Dustin: Er genoß die Schamlosigkeit, und mir blieben die Schamgefühle.

Mein Fazit lief darauf hinaus, daß es schlicht an unseren verschiedenen Persönlichkeiten lag. Dustin besaß natürlichen Charme und animalische Instinkte, ich nicht. Jedenfalls dachte ich so, bis ich den Layguide gelesen und die Newsgroups und Websites gecheckt hatte, die dort empfohlen wurden. Dabei stieß ich auf eine riesige Community, die aus lauter Dustins bestand – Männer, die behaupteten, den Schlüssel zu Herz und Höschen einer Frau zu besitzen –, zu der aber auch Tausende von Typen gehörten, wie ich einer war, die in ihre Geheimnisse eingeweiht werden wollten. Aus ihren Praktiken hatten die Aufreißer eine Reihe von Regeln entwickelt, die jeder anwenden konnte. Und jeder selbsternannte Aufreißer jagte nach seinen eigenen Regeln.

Da waren Mystery, ein Illusionist, Ross Jeffries, ein Hypnotiseur, der Millionenerbe Rick H., der Immobilienmakler David D'Angelo, der Stand-up-Comedian Juggler, der Bauarbeiter David X und Steve P., ein höchst raffinierter Verführungskünstler, den Frauen bezahlten, damit er ihnen neue Blowjob-Techniken beibrachte. Am South Beach in Miami hätten sie zwar schlechte Karten: Jeder halbwegs gutaussehende Muskelmann würde diesen blassen Schmachtlappen locker zeigen, wo der Hammer hängt. Aber in einem Starbucks oder einer Whiskey-Bar würden sie die Freundin des besagten Muskelmanns nach allen Regeln der Kunst anbaggern, sobald er ihnen den Rücken zudrehte.

Während ich mich in diesem neuen Kosmos bewegte, änderte ich zuallererst mein Vokabular. Begriffe wie EFL, krallen (ein Mädel abschleppen) oder HB (Heißes Babe) hielten Einzug in meinen Sprachgebrauch. Dann begann sich auch mein Alltag zu verändern, während ich süchtig nach jenen Online-Chatrooms wurde, die die Aufreißer kreiert hatten. Wann immer ich irgendwo eine Frau kennengelernt hatte oder von einem Date zurückkam, setzte ich mich an den Computer und stellte meine Fragen in den Newsgroups zur Diskussion.

»Was mache ich, wenn sie sagt, daß sie einen Freund hat?«

»Wenn sie beim Dinner Knoblauch ißt, heißt das, sie will mich nicht küssen?«

»Ist es ein gutes oder ein schlechtes Zeichen, wenn sie vor meinen Augen Lippenstift aufträgt?«

Worauf dann Online-Strategen wie Candor, Gunwitch und Formhandle meine Fragen beantworteten. (Die Antworten, der Reihe nach: Freund taktisch eliminieren. Du überinterpretierst das. Weder noch.) Nur allzubald ging mir auf, daß es sich hier nicht bloß um ein Internet-Phänomen handelte, sondern um einen Lebensstil – dem eine über die halbe Welt verteilte, von Los Angeles bis London, von Zagreb bis Bombay operierende Gemeinschaft von Möchtegern-Verführern anhing, die sich wöchentlich in ihren Internet-Foren, den sogenannten »Schlupfwinkeln«, traf, um sich dort über Taktiken und Strategien auszutauschen, ehe sie sich wieder aufmachten, um die nächsten Girls abzuschleppen.

In Gestalt von Jeremie Ruby-Strauss und durch das Internet hatte mir Gott eine zweite Chance gegeben. Es war nicht zu spät, endlich den Dustin in mir zu finden und den Frauen ihre Träume zu erfüllen – nicht die Träume, von denen sie jeden Tag reden, sondern das, wovon sie wirklich träumen, im tiefsten Innern, jenseits ihrer sozialen Konditionierung, kurz: ihre geheimsten Phantasien.

Aber das konnte ich nicht auf eigene Faust bewerkstelligen. Nachdem ich ein Leben lang in die Röhre geguckt hatte, reichte es nicht, mit ein paar Typen im Internet zu chatten. Ich mußte die Menschen kennenlernen, die hinter den Nicknames steckten, ihnen bei der Jagd zusehen, herausfinden, wer sie waren und was sie antrieb. Ich machte es mir zur Aufgabe, die größten Aufreißer der Welt zu finden und bei ihnen in die Lehre zu gehen.

Und so begannen die zwei seltsamsten Jahre meines Lebens.

LEKTION II:

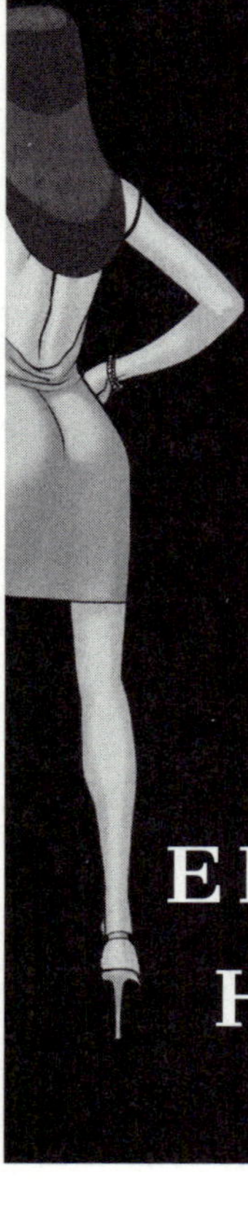

ERSTKONTAKT HERSTELLEN

»DER ENTSCHEIDENDE PUNKT BESTEHT DARIN:
WIR ALLE, MÄNNER UND FRAUEN, MÜSSEN NICHTS
NEUES LERNEN, SONDERN DAS VERGESSEN,
WAS WIR ZU WISSEN GLAUBEN.«

gloria steinem

ANTRITTSVORLESUNG
AM VASSAR COLLEGE, 1970

KAPITEL 1

Ich hob 500 Dollar von meinem Konto ab und steckte die Scheine in einen weißen Briefumschlag, auf den ich »Mystery« schrieb. Es war nicht gerade der erhebendste Augenblick meines Lebens.

Die letzten vier Tage hatte ich damit verbracht, mich auf meine Mission vorzubereiten. Ich hatte mir für 200 Dollar Klamotten gekauft, einen ganzen Nachmittag damit verbracht, mir den richtigen Herrenduft auszusuchen, und 75 Dollar für einen hollywoodreifen Haarschnitt hingelegt. Ich wollte tipptopp aussehen: Schließlich war es das erste Mal, daß ich mit einem echten Profi-Aufreißer losziehen würde.

Sein Name war Mystery – nun ja, jedenfalls war es der Nickname, den er online benutzte, der Spitzname des am meisten bewunderten Aufreißers in der Internet-Community, einem unermüdlichen Macher, dessen ebenso lange wie detaillierte Newsgroup-Beiträge sich wie endlose Algorithmen zum Anmachen und Abschleppen lasen. Online konnte man bis ins kleinste Detail nachlesen, wie er in seiner Heimatstadt Toronto Nacht für Nacht Models und Stripperinnen umgarnte. Seine Chroniken waren voller selbsterfundener Termini: Ausbremsnummer, Vorführnummer, Gruppentheorie, Basissignal, Türöffner – inzwischen allesamt integrale Bestandteile des Aufreißer-Lexikons. Vier Jahre lang hatte er seine Anleitungen in den einschlägigen Newsgroups gratis zur Verfügung gestellt. An einem Oktobertag aber beschloß er, sein Wissen finanziell auszuschlachten, und setzte folgende Nachricht ins Internet:

Aufgrund wiederholter Nachfrage hält Mystery künftig regelmäßige Workshops in Städten rund um die Welt ab. Der erste Workshop findet von Mittwoch, dem 10. Oktober, bis zum darauffolgenden Samstag in Los Angeles statt. Der Preis beträgt 500 Dollar – inklusive der Eintrittsgelder für die anvisierten Clubs, Limousine für vier Abende, einem einstündigen Vorgespräch pro Abend plus dreißig Minuten Nachbereitung, und natürlich dreieinhalb Stunden Terrainsondierung pro Abend (jeweils zwei Clubbesuche) unter Leitung von Mystery höchstpersönlich. Am Ende des Grundkurses werden Sie etwa fünfzig Frauen kennengelernt haben.

Es ist alles andere als easy, sich für einen Workshop anzumelden, in dem es um das Abschleppen von Frauen geht. Man gesteht sich damit seine Minderwertigkeitsgefühle ein, die eigenen Mißerfolge und Unzulänglichkeiten. Und am Ende muß man auch noch der bitteren Erkenntnis ins Auge sehen, nach all den Jahren sexueller Aktivität (oder zumindest sexuellen Bewußtseins) immer noch nicht erwachsen geworden zu sein, immer noch nicht verstanden zu haben, worum sich eigentlich alles dreht. Menschen, die Hilfe brauchen, haben es häufig schlicht versäumt, ihr Leben in den Griff zu bekommen. So wie Drogenabhängige auf Entzug gehen oder notorische Schläger Seminare für Aggressionsmanagement besuchen, melden sich die sozialen Nieten bei den Aufreißerschulen an.

Meine E-Mail an Mystery abzuschicken kostete mich einige Überwindung. Falls irgend jemand – Freunde, Verwandte, Kollegen und insbesondere meine eine Ex in Los Angeles – herausfinden sollte, daß ich mich bei einem Anbagger-Kurs eingeschrieben hatte, würden sich Hohn und Häme über mich ergießen. Daher hielt ich meine Pläne geheim und erzählte allen, daß ich am Wochenende mit einem alten Freund um die Häuser ziehen würde.

Klar war, daß ich mein Privatleben strikt von der Welt trennen mußte, die sich mir bald eröffnen würde.

In meiner E-Mail an Mystery ließ ich sowohl meinen Namen als auch meinen Beruf außen vor. Falls er Näheres wissen wollte, würde ich einfach sagen, ich sei Journalist. Ich wollte mich anonym in dieser Subkultur bewegen, ohne daß mir aus meinem Job wie auch immer geartete Vor- oder Nachteile erwuchsen.

Innerlich wand ich mich. Etwas Jämmerlicheres hatte ich nie zuvor getan. Bedauerlicherweise konnte ich aber die Sache nicht allein durchziehen – es bestand eben doch ein kleiner Unterschied zwischen einem Kurs und darin, sich unter der Dusche einen runterzuholen. Mystery und die anderen Teilnehmer des Workshops würden Zeugen meiner Scham, meiner Geheimnisse und meines Versagens sein.

Junge Männer streben vorrangig nach zwei Dingen: einerseits nach Macht, Erfolg und Anerkennung, andererseits nach Liebe, Zärtlichkeit und Sex. Was bedeutete, daß mein halbes Leben nicht funktioniert hatte. Mein Vorhaben war nicht mehr und nicht weniger als das Eingeständnis, nur ein halber Mann zu sein.

KAPITEL 2

Eine Woche nachdem ich meine E-Mail abgeschickt hatte, betrat ich die Lobby des Hollywood Roosevelt Hotel. Ich trug einen dünnen blauen Wollpullover, eine schwarze Hose mit Stickereien an den Seitennähten und Schuhe mit Absätzen, die mich ein Stück weit nach oben beamten. Meine ausgebeulten Jackentaschen enthielten die Ausrüstung, die laut Mystery für jeden seiner Kursteilnehmer unverzichtbar war: einen Kuli, einen Notizblock, eine Packung Kaugummi und Kondome.

Ich erkannte Mystery sofort. Er saß aufrecht in einem viktorianischen Ohrensessel und lächelte, als könne er die ganze Welt auf seinen Schultern tragen. Er trug einen legeren dunkelblauen Anzug; unter der Lippe war er gepierct, und seine Fingernägel waren schwarz lackiert. Zwingend attraktiv war er nicht, aber durchaus charismatisch – groß und hager, langes kastanienbraunes Haar, hohe Wangenknochen und ein blasser Teint. Er sah aus wie ein Computerfreak, der von einem Vampir gebissen worden, aber noch nicht komplett ins Totenreich übergewechselt war.

Neben ihm saß ein nicht ganz so hochgewachsener Typ mit wachsamen Augen, der sich als Sin vorstellte – Mysterys Eskorte. Er trug ein schwarzes Crewneck-Hemd; das pechschwarze Haar hatte er zurückgegelt. Sein Teint ließ allerdings darauf schließen, daß er von Natur ein Rotschopf war.

Ich traf als erster Kursteilnehmer ein.

»Na, wo liegt dein Top Score?« fragte Sin, als ich mich setzte. Sie checkten mich bereits, wollten wissen, was ich so draufhatte in Sachen Frauen.

»Mein Top Score?«

»Na, mit wie vielen Frauen du's gemacht hast.«

»Äh ... mit ungefähr sieben«, sagte ich.

»*Ungefähr* sieben?« fragte Sin.

»Sechs«, gab ich zu.

Sin hatte mehr als sechzig Frauen flachgelegt, Mysterys Eroberungen waren dreistellig. Bewundernd musterte ich sie: Das also waren die Mega-Aufreißer, deren Heldentaten ich monatelang online mitverfolgt hatte. Für mich lebten sie auf einer anderen Daseinsstufe: Sie waren im Besitz der magischen Pille, des Wundermittels, mit dem sich all die Enttäuschung, all jener Frust in Luft auflöste, mit dem sich die großen literarischen Vorreiter meines Lebens herumgeschlagen hatten – seien es nun Leopold Bloom, Alex Portnoy oder Ferkel aus *Pu der Bär*.

Während wir auf die anderen Kursteilnehmer warteten, warf mir Mystery einen beigefarbenen Umschlag voller Fotos in den Schoß.

»Hier – ein paar von den Girls, die ich abgeschleppt habe«, sagte er.

Die Bilder zeigten eine Reihe schöner Frauen: ein Porträt einer sinnlichen japanischen Schauspielerin; ein signiertes Publicityfoto einer brünetten Schönheit, die Liv Tyler auffallend ähnlich sah; ein Hochglanzfoto von einem *Penthouse Pet of the Year,* ein Schnappschuß von einer braungebrannten Stripperin mit schärfsten Kurven in einem Negligé – Mysterys Freundin Patricia, wie er bekundete – und ein Foto, auf dem Mystery an den gigantischen Silikonbrüsten einer braunhaarigen Beauty nuckelte, offenbar mitten in einem Club aufgenommen. Es waren wahrhaft beeindruckende Referenzen.

»Dazu ist es nur gekommen, weil ich ihre Brüste den ganzen Abend strikt ignoriert habe«, erklärte er, als ich fragte, wie das letzte Foto zustande gekommen sei. »Ein echter Aufreißer muß stets die Ausnahme von der Regel sein. Er darf auf keinen Fall das tun, was alle anderen tun würden. Und zwar niemals.«

Ich spitzte die Ohren, damit mir nichts entging; ich wollte, daß sich jedes einzelne Wort in meiner Gehirnrinde einbrannte. Ich war Zeuge eines denkwürdigen Events: Es gab außer Mystery nur noch einen einzigen anderen glaubwürdigen Aufreißer, der Kurse gab, Ross Jeffries, der die Community in den späten Achtzigern mehr oder minder begründet hatte. Am heutigen Tag aber würden die Teilnehmer eines Aufreißer-Kurses zum erstenmal die sichere Umgebung des Seminarraums verlassen und kritisch begutachtet werden, während sie in den Clubs Jagd auf nichtsahnende Frauen machten.

Der zweite Kursteilnehmer traf ein und stellte sich als Extramask vor – eine dürre Bohnenstange Mitte Zwanzig mit Pottschnitt und weiten Schlabberklamotten, aber durchaus markanten Zügen. Mit einem neuen Haarschnitt und modischem Outfit hätte er richtig gut ausgesehen.

Als Sin ihn fragte, wo sein Top Score lag, kratzte Extramask sich verlegen am Kopf. »Ich habe buchstäblich null Erfahrung mit Girls«, erklärte er. »Ich habe noch nie eine Frau geküßt.«

»Mach Witze«, sagte Sin.

»Noch nicht mal Händchen gehalten. Meine Eltern hatten immer den Daumen drauf. Ich bin streng katholisch erzogen, deswegen hatte ich immer Schuldgefühle, sobald es um Mädchen ging. Ich hatte aber drei Freundinnen.«

Als nächster traf ein braungebrannter Mittvierziger mit schütterem Haar ein, extra aus Australien eingeflogen, um an Mysterys Kurs teilzunehmen. Er hatte einen charmanten Akzent, trug eine 10.000-Dollar-Rolex und den scheußlichsten Sweater, den ich je gesehen hatte – ein grobmaschig gestricktes Ekelteil mit bunten Zickzackmustern, die aussahen, als wäre jemandem ein Unglück mit Fingerfarben passiert. Er roch geradezu nach Geld und Selbstvertrauen. Doch just in dem Moment, als er Sin seine Punktzahl durchgab (fünf), hatte er sich auch schon verraten. Seine Stimme zitterte, er wich unseren Blicken aus und wirkte durch und durch erbärmlich und unreif. Der erste Eindruck hatte auf ganzer Linie getäuscht.

Er war noch neu im Kreis der Community und wollte nicht mal seinen Vornamen preisgeben, weshalb Mystery ihn »Sweater« taufte.

Wir drei waren die einzigen Kursteilnehmer.

»Okay, wir haben jede Menge zu besprechen«, sagte Mystery und klatschte in die Hände. Er beugte sich vor, damit ihn keiner der anderen Hotelgäste hören konnte.

»Mein Job ist es, euch ins Spiel zu bringen«, fuhr er fort und sah uns durchdringend an. »Es geht darum, daß ich euch beibiege, was ich schon lange verinnerlicht habe. Stellt euch den heutigen Abend einfach als Videospiel vor. Die Wirklichkeit bleibt außen vor. Jedesmal, wenn ihr ein Mädel anbaggert, spielt ihr im Grunde bloß ein Spiel.«

Mit einem Mal schlug mir das Herz bis zum Hals. Allein der Gedanke, eine Frau anzuquatschen, die ich nicht kannte, ließ mich zu Stein erstarren, gar nicht davon zu reden, daß mich diese Typen dabei beobachten und beurteilen würden. Bungeejumping und Fallschirmspringen waren dagegen gemütliche Spaziergänge.

»Gefühle vermasseln euch bloß die Tour«, sagte Mystery. »Gefühle verwirren nur. Wer sich auf sie verläßt, ist verlassen – das solltet ihr euch ein für allemal hinter die Ohren schreiben. Es ist ganz normal, sich befangen oder gehemmt zu fühlen, aber damit muß man umgehen, als hätte man ein Steinchen im Schuh. Unangenehm, klar, aber nicht der Rede wert. Es tut schlicht nichts zur Sache.«

Ich ließ meinen Blick durch die Runde schweifen; Extramask und Sweater wirkten genauso nervös wie ich.

»Das Ganze ist wie eine mathematische Gleichung, und ich bin hier, um sie euch beizubringen – die einzelnen Schritte, bis ihr zum Stich kommt«, fuhr Mystery fort. »Um das zu erreichen, müßt ihr das Spiel wieder, wieder und wieder durchziehen. Und dabei werdet ihr nicht nur einmal versagen, also stellt euch schon mal darauf ein.«

Mystery hielt inne, um sich eine Sprite und dazu fünf Zitronenscheibchen zu bestellen, ehe er uns seine Geschichte erzählte. Er sprach mit deutlicher, klarer Stimme – was er sich, wie er sagte, bei den Motivationsvorträgen von Anthony Robbins abgeguckt hatte. Alles, was er sagte, wirkte genauestens vorbereitet und einstudiert.

Mit elf hatte er einen Klassenkameraden verprügelt, um zu

erfahren, wie ein bestimmter Kartentrick funktionierte – und seitdem war es Mysterys Lebensziel gewesen, ein weltweit bekannter Magier wie David Copperfield zu werden. Dafür hatte er jahrelang geackert, aus seinem Talent auf Geburtstagsparties und Betriebsfeiern Kapital geschlagen, ja, es sogar zu Auftritten in ein paar Talk-Shows gebracht. Dabei war allerdings sein Sozialleben auf der Strecke geblieben. Mit einundzwanzig war er immer noch Jungfrau – worauf er beschloß, schleunigst etwas dagegen zu unternehmen.

»Eines der größten Geheimnisse überhaupt ist, was im Kopf einer Frau vorgeht«, tat er großkotzig kund. »Und deshalb habe ich mich darangemacht, es zu lösen.«

Er fuhr jeden Tag mit dem Bus ins Zentrum von Toronto – die Fahrt dauerte eine halbe Stunde –, ging in Bars, Klamottenläden, Restaurants und Cafés. Da er nichts von der weltweiten Online-Community oder anderen Profi-Aufreißern wußte, war er gezwungen, auf eigene Faust vorzugehen, sich auf das zu verlassen, womit er sich auskannte: Illusionskunst. Mehrere Dutzend Mal machte er sich in die City auf, ehe er überhaupt die Courage aufbrachte, eine Frau anzusprechen, die er nicht kannte. Doch schließlich begann er, seine Versagensängste, all die peinlichen Situationen und Abfuhren als Teil des Spiels zu akzeptieren, bis er nach endlosen Tagen und Nächten jenes Puzzle zusammengesetzt hatte, das man auch als soziale Interaktion bezeichnet. Auf diese Weise entdeckte er die Muster, die seiner Meinung nach allen Mann-Frau-Beziehungen zugrunde liegen.

»Zehn Jahre hat mich das gekostet«, sagte er. »Das Grundmuster lautet EAAK – Erfassen, Annähern, Anmachen, Klarmachen. Ob ihr's glaubt oder nicht, ein Aufriß folgt linearen Gesetzen. Die meisten Leute wissen es bloß nicht.«

Während der nächsten halben Stunde weihte uns Mystery in seine sogenannte Gruppentheorie ein. »Ich habe die Sache eine

Million Mal durchgezogen«, sagte er. »Und eins steht fest: Man macht sich nicht an ein Mädchen ran, das irgendwo allein rumsteht. Perfekte Verführung läuft anders. Wirklich atemberaubende Frauen trifft man nur höchst selten allein an.«

Wenn man sich erst einmal mit der Gruppe bekannt gemacht hat, erläuterte Mystery, besteht der Schlüssel zum Erfolg darin, die Frau, auf die man scharf ist, erst einmal zu ignorieren – man kümmert sich zunächst um ihre Freunde und Freundinnen, speziell die Männer und andere Typen, die einem die Tour vermasseln könnten. Ist die Zielperson attraktiv und von Kerlen umschwärmt, bleibt es primäre Aufgabe des Aufreißers, so zu tun, als sei er absolut immun gegen ihre Reize. Und dazu verpaßt man dem betreffenden Girl am besten einen »Dämpfer«, wie er es nannte.

Ein Dämpfer ist weder Kompliment noch Beleidigung, sondern liegt irgendwo dazwischen; es handelt sich mehr oder minder um eine beiläufige Herabsetzung; ein zweifelhaftes Kompliment. Zweck eines Dämpfers ist es, das Selbstbewußtsein einer Frau zu erschüttern, indem man Desinteresse heuchelt – indem man ihr etwa sagt, daß sie Lippenstift an den Zähnen hat, oder ihr ein Kaugummi anbietet, wenn sie ausgesprochen hat.

»Häßliche Girls stelle ich nicht bloß, ebensowenig wie andere Typen. Ich nehme nur Mädels aufs Korn, die ich knallen will«, dozierte Mystery. Seine Augen leuchteten, so überzeugt war er von der Gültigkeit seiner Theoreme. »Wenn ihr mir das nicht abnehmt, könnt ihr euch heute abend mit eigenen Augen davon überzeugen. Heute ist die Nacht der Experimente. Erst mal werde ich euch meine Theorien beweisen. Ihr beobachtet mich, und anschließend geht ihr probeweise selber ran. Wenn ihr meine Anweisungen befolgt, seid ihr morgen in der Lage, innerhalb von fünfzehn Minuten ein Mädel abzuschleppen.«

Er sah Extramask an. »Was sind die fünf Hauptmerkmale eines Alphatiers?«

»Selbstvertrauen?«

»Richtig. Was noch?«

»Kraft?«

»Nein.«

»Körpergeruch?«

Er wandte sich Sweater und mir zu. Wir hatten ebenfalls keinen blassen Schimmer.

»Merkmal Nummer eins des Alphatiers ist sein Lächeln«, sagte Mystery und setzte eine Strahlemiene auf. »Also immer lächeln, wenn ihr irgendwo reinkommt. Sobald ihr einen Club betretet, geht das Spiel los. Wenn ihr lächelt, strahlt ihr damit aus, daß ihr locker drauf seid, selbstbewußte Typen, mit denen man Spaß haben kann.«

Er wies auf Sweater. »Als du dich vorgestellt hast, habe ich nichts von einem Lächeln gesehen.«

»Das bin einfach nicht ich«, sagte Sweater. »Ich sehe bescheuert aus, wenn ich lächle.«

»Wenn du so weitermachst wie bisher, wird es genauso laufen wie sonst auch. Nun ja, das Ganze nenne ich jedenfalls die Mystery-Masche, eben weil ich Mystery heiße und es meine Masche ist. Ich schlage vor, daß ihr euch meine Tips in aller Ruhe durch den Kopf gehen laßt und in den nächsten Tagen ausprobiert. Ein Unterschied wie Tag und Nacht – ihr werdet es sehen.«

Die anderen Hauptmerkmale des Alphatiers, so erfuhren wir anschließend, sind gepflegtes Aussehen, Sinn für Humor, Kontaktfreudigkeit und Platzhirschmentalität. Niemand sah sich genötigt, Mystery darauf hinzuweisen, daß das faktisch sechs Hauptmerkmale waren.

Während Mystery sich weiter über das Alphatier ausließ, ging mir etwas auf: Der Grund, weshalb ich hier war – und das galt genauso für Sweater und Extramask –, bestand darin, daß meine Eltern und Freunde versagt hatten. Sie hatten mich schlicht nicht mit dem Rüstzeug ausgestattet, das man braucht, um ein erfolgreiches Sozialleben zu führen. Und nun, Jahrzehnte später, war es dringend an der Zeit, sich dieses Rüstzeug zu verschaffen.

Mystery ging um den Tisch herum und musterte uns nacheinander. »Auf was für Girls stehst du?« fragte er Sweater.

Sweater zog einen penibel gefalteten Notizzettel aus der Tasche. »Gestern nacht habe ich mir eine Liste meiner Ziele gemacht«, sagte er und entfaltete den Zettel, auf dem vier Spalten mit numerierten Einträgen zu sehen waren. »Unter anderem suche ich nach einer Frau fürs Leben. Sie sollte nicht auf den Mund gefallen sein und soviel Charme und Schönheit besitzen, daß sich alle nach ihr umdrehen.«

»Na, schau dich doch an«, sagte Mystery. »Du siehst absolut durchschnittlich aus. Manche Leute glauben, mit Nullachtfünfzehn-Aussehen kommt man bei jeder Menge Frauen an. Falsch. Man muß sich spezialisieren. Wer durchschnittlich aussieht, kriegt durchschnittliche Bräute ab. Deine Khakihose taugt doch bloß fürs Büro. Und den Pullover würde ich an deiner Stelle schleunigst verbrennen. Wer nicht aus der Masse heraussticht, hat schon verloren. Wenn du die echten Beautys abschleppen willst, mußt du dich mit der Pfauentheorie befassen.«

Mystery stand auf Theorien. Die Pfauentheorie besteht im großen und ganzen aus der Erkenntnis, daß man sich möglichst schillernd und extravagant kleiden sollte, wenn man es auf die begehrenswertesten Exemplare der weiblichen Spezies abgesehen hat. Das Äquivalent zum prächtigen Pfauenrad, so erklärte uns Mystery, ist beim Menschen etwa eine Kombination aus buntem Hemd, auffälligem Hut und glitzerndem Schmuck – das war mehr oder minder all das, was ich mein ganzes Leben lang als geschmacklos angesehen hatte.

Als er dann mich kritisch unter die Lupe genommen hatte, hatte er gleich eine Endlosliste von Tips parat: Brille wegschmeißen, den Kinnbart modisch stutzen, die sündhaft teure Frisur durch eine Kahlrasur ersetzen, aufsehenerregende Klamotten kaufen, dazu Schmuck – mach endlich was aus deinem Leben, Junge!

Ich notierte mir jedes einzelne Wort. Dieser Typ befaßte sich nonstop mit der Kunst der Verführung, wie ein durchgeknallter Wissenschaftler, der an einer Formel für schwerelosen Treibstoff arbeitet. Das Archiv seiner Internet-Texte umfaßte mehr als dreitausend Einträge – ausgedruckt satte zweitausendfünfhundert Seiten –, die sich ausschließlich dem Knacken jenes Codes widmeten, der gemeinhin unter dem Kürzel »Frau« bekannt ist.

»Ich habe einen Opener für dich«, sagte er. Ein Opener ist eine Phrase, die man sich vorher überlegt, um mit einer Gruppe wildfremder Leute ins Gespräch zu kommen; ein unabdingbares Hilfsmittel, wenn man Frauen kennenlernen will. »Wenn du ein Girl nach deinem Gusto erspähst, das mit anderen Leuten rumsteht, legst du erst mal so los: ›He, hier geht ja wohl echt 'ne Party ab.‹ Und dann sagst du beiläufig zu dem Mädel: ›Wenn ich nicht schwul wäre, würde ich total auf dich abfahren.‹«

Ich spürte, wie ich knallrot wurde. »Meinst du wirklich?« fragte ich. »Was soll das denn bringen?«

»Es geht darum, ihr Interesse zu wecken. Ob du schwul bist oder nicht, spielt dabei keine Rolle.«

»Aber das ist doch 'ne Lüge.«

»Man nennt es auch Flirten«, sagte er.

Den anderen gab er andere Opener mit auf den Weg – unschuldige, aber erst einmal verblüffende Fragen à la »Sag mal, glaubst du an Zaubersprüche?« oder »Du liebe Güte, hast du die beiden Mädchen gesehen, die sich draußen beinahe die Augen ausgekratzt hätten?«. Sicher, besonders spektakulär oder intelligent waren seine Sprüche nicht; aber es ging ja auch lediglich darum, zwei Menschen miteinander ins Gespräch zu bringen, die sich noch nie vorher gesehen hatten.

Er erläuterte, der springende Punkt der Mystery-Masche sei, sich auf dem Radarschirm der Zielperson zu etablieren. »Grundsätzlich gilt: Niemals einer Frau mit eindeutiger Anmache kommen. Das Geheimnis besteht darin, sich erst mal auf sie einzulassen. Sie muß sich ihren Aufriß verdienen.«

»Ein EFL geht sofort aufs Ganze«, verkündete er, als er aufstand, bereit, mit uns loszuziehen. »Ein Profi wartet acht bis zehn Minuten.«

Bewaffnet mit Mysterys Dämpfern, seiner Gruppentheorie und seinen getürkten Openern, machten wir uns postwendend auf in die Clubs.

KAPITEL 3

Wir quetschten uns in die Limousine und fuhren zur Standard Lounge, einer angesagten Bar in einem exklusiven Hotel. An diesem Ort sollte Mystery mein Weltbild bis in die Grundfesten erschüttern. Stets hatte ich geglaubt, menschliche Interaktion habe bestimmte Grenzen – die er nun nach allen Regeln der Kunst sprengte. Der Mann war eine Maschine.

Im Standard herrschte tote Hose, als wir hereinkamen. Wir waren zu früh dran. Nahe dem Eingang saß ein Pärchen, in einer Ecke zwei weitere Paare. Ich war drauf und dran, wieder zu gehen. Dann aber sah ich, wie Mystery sich zu den Leuten in der Ecke begab. Die beiden Pärchen saßen sich auf zwei Sofas an einem Glastisch gegenüber, die Männer auf der einen, die Frauen auf der anderen Seite. Bei dem einen Typen handelte es sich um Scott Baio, den Schauspieler, der durch die Rolle des Chachi in der Serie *Happy Days* bekannt geworden war. Ihm gegenüber saßen eine Brünette und eine Mega-Blondine mit gebleichtem Haar. Ihre künstlichen Brüste hoben ihr weißes, ärmelloses T-Shirt so weit an, daß der Saum lose in der Luft hing und einen Bauch freigab, der durch exzessives Workout gestrafft worden war. Sie war Baios Date. Doch auch Mystery hatte es auf sie abgesehen, wie mir rasch aufging.

Seine Absichten waren klar, da er sie nicht beachtete. Er drehte ihr den Rücken zu und sprach mit Baio und seinem Kumpel, einem durchgestylten, braungebrannten Mittdreißiger, der aussah, als röche er stark nach After-shave. Ich trat ein wenig näher.

»Vorsicht«, sagte Baio gerade. »Das Ding hat 40.000 Dollar gekostet.«

Mystery hielt Baios Uhr in Händen. Er legte sie behutsam auf den Tisch. »Aufgepaßt«, sagte er. »Ich ziehe die Bauchmuskeln an, atme tief ein, um mein Gehirn mit soviel Sauerstoff wie möglich zu versorgen, und dann …«

Mystery breitete die Hände über der Uhr aus – und mit einem Mal blieb der Minutenzeiger stehen. Er wartete fünfzehn Sekunden ab, und als er die Finger spreizte, begann sich der Zeiger wieder zu bewegen. Auch Baios Herzschlag schien für fünfzehn Sekunden ausgesetzt zu haben. Spontan applaudierte er Mystery für sein Kunststück.

»Zeig uns noch was!« bettelte die Blonde.

Mystery verpaßte ihr sofort einen Dämpfer. »Die kriegt ja echt den Hals nicht voll«, sagte er zu Baio. »Ist sie immer so?«

Wir waren Zeugen, wie Mystery seine Gruppentheorie praktisch anwandte. Je intensiver er sich den beiden Typen widmete, desto mehr gierte die Blonde nach seiner Aufmerksamkeit. Ein ums andere Mal ließ er sie abblitzen und setzte ungerührt die Unterhaltung mit seinen zwei neuen Freunden fort.

»Ich ziehe nur noch selten um die Häuser«, sagte Baio zu ihm. »Irgendwie fühle ich mich langsam zu alt dafür.«

Nach beinahe zehn Minuten wandte sich Mystery schließlich der Blondine zu. Er streckte die Arme aus, und sie legte ihre Hände in seine; dann begann er ihr aus der Hand zu lesen. Dabei bediente er sich einer Technik, die man, wie ich wußte, als »kaltes Lesen« bezeichnet: So nennt man gemeinhin die Kunst, anderen Menschen Binsenweisheiten über sie zu erzählen, ohne irgend etwas über ihren Charakter oder ihre Lebensumstände zu wissen. Und Wissen ist Macht – egal, wie esoterisch es auch sein mag.

Mit jedem Satz aus Mysterys Mund blieb der Blonden der Mund noch ein wenig weiter offenstehen; dann begann sie, ihn nach seinem Job und seinen übernatürlichen Kräften auszufragen. Und jede Antwort, die Mystery ihr nun gab, zielte darauf, seine Energie und Power gegen Baios Lustlosigkeit auszuspielen.

»Ich fühle mich so alt«, köderte Mystery sie.

»Wie alt bist du überhaupt?« fragte sie.

»Siebenundzwanzig.«

»Das ist doch nicht alt. Sondern genau richtig.«

Damit hatte er sie am Haken.

Mystery winkte mich zu sich und flüsterte mir ins Ohr. Ich sollte ein Gespräch mit Baio und seinem Vertrauten anfangen, um die beiden zu beschäftigen, während Mystery das Girl um den Finger wickelte. Es war mein erster Einsatz als Eskorte – ein Begriff, den Mystery aus dem Film *Top Gun* übernommen hatte.

Ich mühte mich nach Kräften ab, Small talk zu machen. Baio jedoch sah nervös zu Mystery und seinem Date hinüber. »Ich hoffe bloß, das ist auch nur 'ne Illusion«, sagte er. »Oder versucht der da tatsächlich, meine Freundin abzuschleppen?«

Zehn endlos lange Minuten später stand Mystery auf und legte mir den Arm um die Schultern. Dann verließen wir den Club. »Na, hast du dir die Kleine genau angesehen?« fragte er. »Deshalb bin ich auf der Jagd. Eben habe ich mein komplettes

Repertoire aus dem Ärmel geschüttelt, alles, was ich in den letzten zehn Jahren gelernt habe. Alles läuft nach logischen Gesetzen. Und es funktioniert.« Er griente selbstzufrieden. »Na, war das 'ne Lehrstunde?«

Während wir mit der Limousine zum Key Club fuhren, weihte uns Mystery in das erste Gebot des Aufreißens ein: die Drei-Sekunden-Regel. Wenn man eine Frau ins Auge gefaßt hat, bleiben einem drei Sekunden. Wenn man sie länger anstarrt, ist es nicht nur ziemlich wahrscheinlich, daß einen das betreffende Girl für einen Perversen hält, dem gleich die Augen aus dem Kopf fallen, sondern auch, daß man selbst zu überlegen beginnt, nervös wird und die Sache vermasselt.

Kaum hatten wir den Key Club betreten, brachte Mystery die Drei-Sekunden-Regel auch schon zur Anwendung. Er stolzierte auf eine Gruppe von Girls zu, streckte die Hände aus und fragte: »Na, wie gefallen sie euch? Nein, nicht meine Hände, sondern die schwarzen Fingernägel.«

Während sich die Mädchen um ihn scharten, zog Sin mich beiseite und schlug vor, ich solle selbst einen ersten Versuch starten. Als ein paar Girls an mir vorbeigingen, versuchte ich etwas zu sagen, doch das Wörtchen »Hi« blieb mir in der Kehle stecken; ich brachte nur ein unhörbares Krächzen zustande. Ich tippte einem der Mädchen von hinten auf die Schulter. Verblüfft wandte sie sich um und musterte mich mit einem dieser vernichtenden Was-für-ein-Arsch-Blicke, die schon immer der Grund dafür gewesen waren, warum mir der bloße Gedanke, eine Frau anzuquatschen, schon kalten Angstschweiß ausbrechen ließ.

»Nähere dich einer Frau nie von hinten«, wies mich Sin in näselndem Tonfall zurecht. »Komm immer von vorn, dreh dich aber immer leicht seitlich zu ihr, damit du nicht so wirkst, als wolltest du gleich mit der Tür ins Haus fallen. Sprich über deine Schulter, damit es so aussieht, als wärst du auf dem Sprung und gleich schon wieder weg. Hast du mal *Der Pferdeflüsterer* mit Robert Redford gesehen? So ähnlich wie er mußt du's machen.«

Ein paar Minuten später entdeckte ich eine junge, leicht angeheitert wirkende Frau mit langen blonden Locken und einer dicken pinkfarbenen Weste. Offenbar war sie allein. Ich drehte mich so lange, bis ich in Zehn-Uhr-Position stand, und ging zu ihr, wobei ich mir vorstellte, ich würde mich einem Pferd nähern, das ich nicht verängstigen wollte.

»Du liebe Güte«, sagte ich. »Hast du die beiden Mädchen gesehen, die sich draußen beinah die Augen ausgekratzt hätten?«

»Nein«, sagte sie. »Was ist denn passiert?«

Sie war interessiert. Sie redete mit mir. Es funktionierte.

»Äh, die beiden haben sich wegen einem Typ geprügelt – und der war nur halb so groß wie sie. Ging ziemlich brutal ab. Er hat sich fast totgelacht, als dann die Polizei anrückte und die beiden abgeführt hat.«

Sie kicherte. Wir begannen uns über den Club zu unterhalten, sprachen über die Band, die nachher noch auftreten sollte. Sie war superfreundlich, ja, schien sogar dankbar zu sein, daß sich jemand mit ihr unterhielt. Ich konnte es nicht fassen, wie einfach es war, ein Mädchen anzuquatschen.

Sin stahl sich an meine Seite und flüsterte: »Haptisch annähern.«

»Was?« fragte ich.

»Haptisch?« fragte das Mädchen.

Sin griff nach meinem Arm und legte ihn um ihre Schulter. »Haptik ist die Lehre vom Tastsinn«, wisperte er. Ich spürte ihre Körperwärme, und plötzlich erinnerte ich mich daran, wie sehr ich auf Körperkontakt stehe. Haustiere lassen sich gern streicheln. Mit Sex hat es nichts zu tun, wenn sich ein Hund oder eine Katze nach körperlicher Zuwendung sehnt. Menschen funktionieren genauso: Wir brauchen physischen Kontakt. Doch weil wir sexuell derartig verkorkst sind, werden wir nervös und fühlen uns unwohl, sobald uns eine andere Person berührt. Leider war und bin ich da keine Ausnahme. Während ich mich weiter mit ihr unterhielt, fühlte ich mich plötzlich befangen. Mein Arm lag auf ihren Schultern wie ein abgetrennter Körperteil, und urplötzlich kam mir der Gedanke, daß sie sich wahrscheinlich fragte, was ich eigentlich vorhatte und wie sie sich möglichst elegant aus meinem Arm winden konnte. Daher tat ich ihr den Gefallen und nahm meinen Arm wieder von ihren Schultern.

»Girl isolieren«, flüsterte Sin.

Ich wies auf eine Bank und fragte, ob wir uns nicht setzen wollten. Sin folgte uns und nahm hinter uns Platz. Ich fragte sie, worauf sie bei Männern am meisten achten würde. Sie antwortete, auf Humor und einen knackigen Hintern.

Immerhin hatte ich eins von beidem zu bieten.

Unvermittelt spürte ich Sins Atem an meinem Ohr. »Riech mal an ihren Haaren«, wies er mich an.

Ich roch an ihrem Haar, auch wenn mir nicht ganz klar war, worauf er hinauswollte. Wahrscheinlich wollte er, daß ich ihr erst mal einen Dämpfer verpaßte. Also sagte ich: »Riechen ziemlich verqualmt.«

»Neeeiiin!« zischte mir Sin ins Ohr. Offenbar sollte ich sie gar nicht ausbremsen.

Sie wirkte beleidigt. Um meinen Fauxpas wiedergutzumachen, sagte ich: »Aber darunter liegt ein äußerst verführerischer Duft.«

Sie legte den Kopf schief, runzelte die Augenbrauen, musterte mich von oben bis unten und raunzte: »Du hast sie ja wohl nicht alle.«

Ich war drauf und dran, alles zu versauen.

Gott sei Dank tauchte Mystery in diesem Moment auf.

»Total tote Hose«, sagte er. »Wir brauchen mehr Zielpersonen.« Für Mystery und Sin schienen die Clubs nicht real zu sein. Sie hatten kein Problem damit, ihren Kursteilnehmern ins Ohr zu flüstern, während diese sich mit Frauen unterhielten, genierten sich nicht, ihre Aufriß-Terminologie vor anderen zu gebrauchen; zuweilen unterbrachen sie ihre Probanden mitten beim Baggern und erklärten vor den Augen der Zielperson, was man falsch machte. Sie waren so sehr von sich selbst überzeugt und redeten darüber hinaus derart unverständliches Zeug, daß die Frauen meist nicht mal die Augenbrauen hochzogen, geschweige denn spitzkriegten, daß wir eine Schulung in Weiberabschleppen machten.

Ich verabschiedete mich von meiner neuen Bekannten, wie Sin es mir eingeflüstert hatte, wies mit dem Zeigefinger auf meine Wange und sagte: »Jetzt aber noch ein Küßchen – soviel Zeit muß sein.«

Sie küßte mich tatsächlich. Ich fühlte mich wie das Alphatier höchstpersönlich.

Als ich auf dem Weg nach draußen noch kurz auf die Herrentoilette ging, stand dort Extramask, der sich gerade eine seiner ungewaschenen Haarlocken um den Finger wand. »Wartest du, daß die Toilette frei wird?« fragte ich.

»So ähnlich.« Nervös wies er auf die Pissoirs. »Tu dir keinen Zwang an.«

Ich musterte ihn stirnrunzelnd.

»Kannst du was für dich behalten?« fragte er.

»Klar.«

»Ich schaff's einfach nicht, neben anderen Typen zu pinkeln. Sobald jemand neben mir steht, bringe ich keinen Tropfen mehr raus. Selbst wenn ich bereits dabei bin, geht nichts mehr, sobald jemand neben mir auftaucht. Und ich steh einfach bloß da und krieg vor Nervosität nichts mehr gebacken.«

»Kann dir schlecht jemand ankreiden.«

»Yeah«, sagte er. »Vor ungefähr einem Jahr stand ich vor irgendeinem Pissoir neben einem Typen, und wir standen einfach nur da, ohne daß irgendwas passierte. Zwei endlos lange Minuten, bis uns siedend heiß aufging, daß wir beide dasselbe Problem hatten – bis ich schließlich den Reißverschluß zugemacht und mich in eine Kabine verzogen habe.«

Ich nickte, trat ans Pissoir und erledigte mein Geschäft, ohne weiter drüber nachzudenken. Verglichen mit Extramask war ich Mr. Pflegeleicht in Person.

Als ich die Toilette verließ, stand er immer noch da.

KAPITEL 4

Ich war total aufgedreht, als wir mit der Limousine zur nächsten Bar fuhren. »Meinst du, ich hätte sie küssen können?« fragte ich Mystery.

»Wenn du das meinst, garantiert«, sagte er. »Sobald du dich fragst, ob du sie küssen solltest, heißt das: sofort loslegen. Auf den nächsten Level gehen, wie bei einem Computerspiel. Dann unmittelbar losschlagen. Zum Beispiel damit, ihr zu sagen, sie hätte eine atemberaubend schöne Haut. Und dann kannst du ihre Schultern massieren.«

»Aber woher weiß ich, daß sie nichts dagegen hat?«

»Du checkst die IIs. Die Interessensindikatoren. Wenn dich eine Frau fragt, wie du heißt, ist das ein II. Wenn sie dich fragt, ob du Single bist, ist es ebenfalls ein II. Oder wenn du ihre Hand drückst und sie das erwidert. Sobald ich drei IIs zusammenhabe, visiere ich den nächsten Level an. Ich denke gar nicht weiter drüber nach. Das läuft bei mir ab, als wäre ich darauf programmiert.«

»Und wie kriegt man die Betreffende dann dazu, einen zu küssen?« fragte Sweater.

»Man fragt sie einfach: ›Willst du mich küssen?‹«

»Und dann?«

»Man muß mit drei Möglichkeiten rechnen«, sagte Mystery. »Wenn sie ja sagt, dann küßt man sie. Was allerdings nur selten so hinhaut. Wenn sie ›Vielleicht‹ sagt oder ein wenig zögert, sagst du ›Laß uns mal probieren‹ und küßt sie. Sagt sie nein, erwiderst du ›Kein Zwang. Du hast nur gerade so ausgesehen, als würde dir etwas Bestimmtes durch den Kopf gehen‹.«

Er grinste triumphierend. »Na, seht ihr? Ihr habt nichts zu verlieren. Alle Unwägbarkeiten sind komplett durchkalkuliert. Narrensicher das Ganze. Das sind Mysterys Kuß-Axiome.«

Hastig kritzelte ich in mein Notizbuch. Denn niemand hatte mir je gesagt, was man machen muß, wenn man ein Mädchen küssen will. Bislang war das immer etwas gewesen, worüber Männer einfach Bescheid wußten, so wie übers Rasieren oder Autowaschen.

Mein Notizbuch im Schoß, lauschte ich Mysterys Exegesen. Gleichzeitig fragte ich mich, was mein wahrer Beweggrund war, an seinem Kurs teilzunehmen. Normale Menschen nahmen jedenfalls nicht an Aufriß-Kursen teil. Was mich aber weit mehr beunruhigte, war die Frage, weshalb mir die ganze Sache soviel bedeutete, weshalb mich diese Online-Community und ihre unter Pseudonym agierenden Cicerones so schnell in ihren Bann gezogen hatten.

Vielleicht lag es daran, daß es nur ein Gebiet gab, auf dem ich mich wie ein kompletter Versager fühlte: das andere Geschlecht für mich zu interessieren. Jedesmal, wenn ich eine Straße entlangflanierte oder eine Bar betrat, lugte hinter jedem Lippenrot und schwarzen Eyeliner mein eigenes Versagen hervor – eine lähmende Kombination aus Begierde und Abschreckung.

KAPITEL 5

Am letzten Abend des Workshops lotsten uns Mystery und Sin ins Saddle Ranch, einen auf Country-Schuppen getrimmten Fleischmarkt am Sunset Strip. Ich war schon dort gewesen – allerdings nicht, um Frauen aufzureißen, sondern um auf dem mechanischen Bullen zu reiten, motiviert von dem Ehrgeiz, die bockende Maschine zu beherrschen. Was ich diesmal vergessen konnte. Nach drei aufeinanderfolgenden Nächten, in denen wir unter der Führung von Mystery um die Häuser gezogen waren und anschließend unsere Aufrißversuche lang und breit diskutiert hatten, war ich platt. Richtig platt.

Unser unermüdlicher Meister-Aufreißer begab sich sofort an die Bar und baggerte ein laut giggelndes Girl an, das ihm seinen Hut vom Kopf zu fischen versuchte. Während ich ihn genau beobachtete und zuhörte, fiel mir auf, daß er immer dieselben Opener und Anmachsprüche benutzte – und so gut wie jedesmal mit Zungenkuß oder Telefonnummer abzog, selbst wenn die betreffende Frau mit ihrem Freund da war. Unfaßbar. Manchmal traten den Frauen sogar Tränen in die Augen.

Als ich auf den Pferch mit dem mechanischen Bullen zumarschierte – mit dem roten Cowboyhut auf dem Kopf kam ich mir schwer behämmert vor, aber Mystery hatte darauf bestanden –, sah ich ein Girl mit langem schwarzen Haar, einem enganliegenden Pullover und zerknittertem Rock, aus dem zwei lange, braungebrannte Beine stachen. Sie unterhielt sich angeregt mit zwei Typen, blickte zwischen den beiden hin und her wie eine Trickfilmfigur.

Eine Sekunde.

Zwei Sekunden.

Drei.

»He, hier geht ja echt 'ne Party ab«, sprach ich die beiden Typen an und wandte mich dann dem Girl zu. Kurz stolperte ich über meine Zunge. Ich kannte den nächsten Spruch nur allzugut – Mystery hatte ihn mir wieder und wieder eingetrichtert –, doch es widerstrebte mir zutiefst, ihn über die Lippen zu bringen.

»Wenn ... wenn ich nicht schwul wäre, würde ich total auf dich abfahren.«

Sie strahlte. »Toller Hut, den du da hast«, kreischte sie.

Klare Sache – jetzt mußte ich die Pfauentheorie in die Tat umsetzen. »He«, ließ ich einen Spruch raus, den ich mir bei Mystery abgehört hatte. »Hände weg von heißen Sachen.«

Sie schlang spontan die Arme um mich und hauchte, ich sei spitze, womit der letzte Rest meiner Befangenheit verflog. Von einer Sekunde auf die andere ging mir auf, daß man Frauen ganz einfach für sich interessieren konnte: Man mußte bloß den richtigen Spruch zur richtigen Zeit absondern, das war alles.

»Kennt ihr euch schon lange?« fragte ich.

»Grade mal ein paar Minuten«, sagte sie. »Ich heiße Elonova.« Sie sah mich mit plumpem Augenaufschlag an.

Das war ein klarer Interessensindikator.

Dann beeindruckte ich Elonova mit einem Trick, den Mystery mir ein paar Stunden zuvor beigebracht hatte. Sie sollte an eine Zahl zwischen eins und zehn denken, die ich anschließend erriet (kleiner Tip: meistens ist es die sieben), worauf sie begeistert in die Hände klatschte. Die beiden Typen machten sich vom Acker nachdem ihnen siedend heiß aufgegangen war, daß sie hier nichts mehr zu melden hatten.

Als die Bar schloß, gingen auch Elonova und ich nach draußen vor die Tür. Jeder EFL, an dem wir vorbeikamen, reckte mir den Daumen entgegen. Begleitet von Kommentaren à la »Mann, die Alte ist voll heiß« oder »Du Glückspilz«. Was für Idioten! Sie versauten mir die Tour – andererseits wurde es aber auch langsam Zeit, Elonova irgendwie beizubiegen, daß ich hetero war. Na ja, vielleicht war sie ja auch schon selbst drauf gekommen.

Nun war haptische Annäherung angesagt, weshalb ich einen Arm um sie legte. Diesmal aber wand sie sich aus meinem Arm, und das war definitiv kein Interessensindikator. Als ich es noch mal versuchen wollte, tauchte plötzlich einer der Typen auf, mit denen sie in der Bar zusammengewesen war. Sie begann mit ihm zu flirten, während ich dastand wie ein begossener Pudel. Als sie sich ein paar Minuten später wieder zu mir drehte, fragte ich, ob wir uns nicht mal treffen wollten. Kurz darauf tauschten wir unsere Telefonnummern aus.

Mystery, Sin und die anderen saßen bereits in der Limousine und beobachteten uns von dort aus. Dann stieg ich ebenfalls ein und fühlte mich wie der größte Crack unter der Sonne, nachdem ich direkt vor ihren Augen einen Aufriß klargemacht hatte. Mystery zeigte sich allerdings nur mäßig beeindruckt.

»Du bist bei ihr gelandet«, sagte er, »weil du nicht lockergelassen hast. Du hast das Spiel diktiert.«

»Worauf willst du hinaus?« fragte ich.

»Habe ich dir schon von meiner Wollfadentheorie erzählt?«

»Nein.«

»Dann hör gut zu. Hast du mal beobachtet, wie eine Katze mit einem Wollfaden spielt? Tja, wenn man den Faden über ihrem Kopf baumeln läßt, ihn gerade außer Reichweite hält, flippt die Katze komplett aus. Sie springt hoch, unternimmt tausend Versuche, den Wollfaden irgendwie zu erwischen. Sobald man den Faden aber fallenläßt und die Katze ihn endlich zwischen den Pfoten hat, wirft sie bloß noch einen kurzen Blick drauf, ohne sich weiter dafür zu interessieren. Sobald man ihr den Wollfaden überläßt, will sie ihn nicht mehr.«

»Und was hat das jetzt mit meinem Aufriß zu tun?«

»Als du den Arm um sie gelegt hast, hat sie dich abblitzen lassen. Und du bist ihr wie ein Schoßhündchen hinterhergerannt. Statt dessen hättest du ihr einen Denkzettel verpassen müssen – sofort eine andere anquatschen, so einfach geht das. Wenn sie deine Aufmerksamkeit will, muß sie sich die erarbeiten. Und so hat sie dich einfach links liegenlassen und mit diesem Dollbohrer gequatscht.«

»Was hätte ich denn machen sollen?«

»An deiner Stelle hätte ich ›Okay, viel Spaß noch‹ gesagt und dann die Biege gemacht, so, als wolltest du sie ihm überlassen – obwohl sie ja bereits signalisiert hatte, daß sie mehr auf dich steht. Immer so verhalten, als wärst du der Hauptgewinn.«

Ich grinste. Das hatte ich verdammt gut verstanden.

»Yeah«, sagte er. »Du mußt den Faden tanzen lassen.«

Ich schwieg und dachte darüber nach, während ich meine Beine gegen die Minibar der Limousine stemmte und mich tief in den Sitz rutschen ließ. Mystery und Sin begannen leise miteinander zu reden – und zwar über mich, wenn mich nicht alles täuschte.

Ich wich ihren Blicken aus. Ich fragte mich, ob sie mir gleich unter die Nase reiben würden, daß ich den ganzen Workshop aufgehalten hatte, noch nicht reif für die Sache war, lieber sechs Monate in mich gehen und den Kurs dann noch mal machen sollte.

Dann hörten sie endlich auf zu tuscheln. Mystery grinste breit und sah mir direkt in die Augen.

»Du bist einer von uns«, sagte er. »Aus dir wird ein echter Superstar.«

KAPITEL 6

Ja, klar, da wäre zum Beispiel Ovid, der römische Dichter, der *Die Kunst des Liebens* schrieb, der Herzog von Lauzun, ein legendärer spanischer Liebhaber, der als Inspiration für den Mythos von Don Juan galt, und nicht zuletzt Casanova, der sich auf viertausend Seiten Memoiren über seine Eroberungen ausließ. Der ungeschlagene Champion moderner Verführungskunst ist indes Ross Jeffries aus Marina Del Rey/Kalifornien, ein langer, hagerer Nerd mit tausend Aknenarben. Als Guru, Kultleader und Hansdampf in allen Gassen kommandiert er eine Armee von sechzigtausend notgeilen Typen, darunter hochrangige Regierungsmitarbeiter, Geheimdienstler und Verschlüsselungsspezialisten.

Seine Waffe ist seine Stimme. Von Meisterhypnotiseuren bis hin zu hawaiianischen Medizinmännern, den *Hunas,* hat er sich über die Jahre alle möglichen Techniken abgeguckt und behauptet nun, ein narrensicheres Verfahren – und täuschen Sie sich nicht, genau das ist es auch – extrapoliert zu haben, mit dem man jede halbwegs flirtempfängliche Frau in ein lüsternes Flittchen verwandelt. Jeffries, der zudem behauptet, das Vorbild für Tom Cruises Rolle in *Magnolia* zu sein, nennt seine Methode *Speed Seduction*.

Jeffries entwickelte sie im Jahr 1982, nachdem er eine fünf Jahre währende Durststrecke ohne Sex mit Hilfe des Neuro-Linguistischen Programmierens (NLP) überwunden hatte, einer kontrovers diskutierten Verbindung von Hypnose und Psychologie, die auf den Selbstfindungsboom der Siebziger zurückgeht und den kometenhaften Aufstieg von Selbsthilfe-Gurus à la Anthony Robbins begründete. Das Konzept basiert auf der Grundidee, daß Gedanken, Gefühle und Verhaltensmuster – und damit eben auch die Gedanken, Gefühle und Verhaltensmuster anderer – durch direkt auf das Unterbewußtsein zielende Sprache, Reize und Gesten manipuliert werden können.

Über die Jahre hat Jeffries alle Konkurrenten auf dem Feld des Aufreißens entweder ausgesessen, verklagt oder verdrängt. Seine Methode, die Speed Seduction, blieb das dominierende Modell, um die Lippen von Mann und Frau zusammenzuführen – jedenfalls, bis Mystery auftauchte und mit seinen Workshops begann.

Die Nachfrage im Internet nach einem Augenzeugenbericht über Mysterys ersten Workshop war überwältigend. Mysterys Bewunderer wollten wissen, ob sich der Kurs auch wirklich lohnte; seine Gegner, speziell Jeffries und dessen Anhänger, hätten ihn am liebsten in der Luft zerrissen. Schließlich erklärte ich mich bereit, meine Erfahrungen en detail zusammenzufassen und der Online-Community zugänglich zu machen.

Ich beendete mein Resümee mit einem Aufruf, in dem ich nach Typen suchte, die meine Eskorte bilden sollten – Grundbedingung war nichts weiter als Selbstvertrauen, Intelligenz und Kontaktfreudigkeit. Um selbst ein echter Mega-Aufreißer zu werden, mußte ich verinnerlichen, was Mystery uns vorgelebt hatte. Um ein Meister zu werden, mußte ich schlicht üben, üben, üben – indem ich jede Nacht um die Häuser ziehen würde, bis ich entweder ein Naturtalent wie Dustin oder ein autodidaktischer Künstler wie Mystery geworden war.

An dem Tag, an dem ich meinen Bericht ins Internet stellte, erhielt ich eine E-Mail von einem Typen aus Encino, der sich den Nickname »Grimble« zugelegt hatte und bei Ross Jeffries in die Lehre gegangen war. Er wollte sich mit mir »ein paar Mädels krallen«, wie er es auszudrücken beliebte; ein Terminus, der ganz offensichtlich auf Ross Jeffries' Katze zurückgeht.

Ich mailte ihm meine Telefonnummer, und eine Stunde später rief Grimble an. Grimble sollte – mehr noch als Mystery –

mein Cicerone in einer Welt werden, die man nur als Geheimgesellschaft bezeichnen konnte.

»Hey, man«, sagte er mit Verschwörerstimme. »Und? Zufrieden mit Mysterys Masche?«

Ich gab eine kurze Expertise ab.

»Wow, hört sich gut an«, stellte er fest. »Aber du solltest mal mit mir und Twotimer losziehen. Wir waren auch schon öfter mit Ross Jeffries auf der Jagd.«

»Echt? Ich würde ihn gern mal kennenlernen.«

»Hör zu. Kannst du ein Geheimnis für dich behalten?«

»Na klar.«

»Wieviel Technik wendet ihr bei euren Aufrissen an?«

»Technik?«

»Na ja, wieviel Technik ist dabei? Oder textet ihr die Girls einfach zu?«

»Fifty-fifty«, sagte ich.

»Ich bin jetzt bei etwa neunzig Prozent.«

»Was?«

»Ja. Letzte Woche hatte ich ein Girl an der Angel, dessen Identität ich komplett umgemodelt habe. Erst habe ich ihr sexuelles Wertesystem ausgecheckt, dann ihr Zeitgefühl und Realitätsbewußtsein manipuliert. Schließlich bin ich mit einem Finger ihr Gesicht entlanggefahren« – nun verfiel er in einen langsamen, hypnotischen Tonfall – »und habe gefragt: Spürst du die Energieströme, die jetzt in dir aufsteigen ... und jetzt ... willst du nur noch eines ... mit jeder Faser deines Körpers ... daß die Berührung ... intensiver ... und intensiver wird.«

»Und dann?«

»Dann habe ich mit dem Finger ihre Lippen erforscht, und plötzlich fing sie an, daran zu lutschen«, stieß er triumphierend hervor. »Die habe ich so was von klargemacht!«

»Wow«, sagte ich.

Ich hatte keinen Schimmer, wovon er sprach. Indes stand fest, daß ich mir diese Technik aneignen wollte. Unwillkürlich mußte ich an all die Male denken, als ich ein Mädchen zu mir nach Hause abgeschleppt hatte, schließlich neben ihr auf dem Bett saß, mich zu ihr neigte, um sie zu küssen, und dann die übliche Abfuhr kassierte, die gemeinhin unter dem Kürzel »Laß uns Freunde bleiben« bekannt ist. Diese Art der Zurückweisung ist eine derart universale Erfahrung, daß Ross Jeffries dafür nicht nur das Akronym LUFB eingeführt, sondern gleich noch eine Liste von Antworten erstellt hat, mit denen man die Luft aus dem LUFB-Ballon lassen kann.*

Ich unterhielt mich zwei Stunden lang mit Grimble. Er schien alles und jeden zu kennen – angefangen bei Legenden wie Steve P., der offensichtlich von einer ganzen Reihe von Frauen für seine erotischen Gefälligkeiten bezahlt wurde, bis hin zu Rick H., Ross Jeffries' berühmtestem Schüler, der durch eine Whirlpool-Orgie mit fünf Girls bekannt geworden war.

Grimble würde die perfekte Eskorte abgeben.

KAPITEL 7

Am folgenden Abend fuhr ich raus nach Encino, um mit Grimble loszuziehen und ein paar Girls zu krallen. Seit Mysterys Workshop hatte ich in dieser Hinsicht nichts mehr unternom-

---

* Zum Beispiel: »Das kann ich dir nicht versprechen. Echte Freunde stecken sich nicht gegenseitig in Schubladen. Ich kann dir nur mein Wort geben, daß ich nichts von dir verlangen würde, solange wir nicht beide total entspannt und dazu bereit sind.«

men. Zudem war es das erste Mal, daß ich mit jemandem auf die Jagd ging, den ich online kennengelernt hatte. Ich wußte lediglich, daß er studierte und auf Mädchen stand.

Als ich vorfuhr, trat Grimble aus der Haustür und grinste mich mit einem Strahlerlächeln an, dem ich nicht so recht trauen wollte. Nicht, daß er einen gefährlichen oder gewalttätigen Eindruck gemacht hätte. Er wirkte bloß superslick, aalglatt vom Scheitel bis zur Sohle, wie ein Politiker, ein Marketingtyp – tja, oder eben wie ein professioneller Verführer. Sein Teint hatte die Farbe perfekt gezogenen Tees, obwohl er eigentlich Deutscher war. Tatsächlich behauptete er sogar, ein Nachfahre Nietzsches zu sein. Er trug eine braune Lederjacke über einem geblümten Hemd; die offenen Knöpfe entblößten eine erschreckend haarlose Brust, die weiter hervorstand als seine Nase. Er hatte eine Plastiktüte mit Videos bei sich, die er auf dem Rücksitz deponierte. Er erinnerte mich an einen Mungo.

»Das sind Tapes von Ross' Seminaren«, sagte er. »Das Seminar, das er in Washington gehalten hat, wird dir besonders gefallen – da geht's um Synästhesie. Und dann habe ich noch ein paar Tapes von Kim und Tom mitgebracht« – das waren Ross' Ex und ihr neuer Freund –, »von ihrem New Yorker Workshop. ›Emotionales Ankern für Fortgeschrittene und andere Geheimtricks‹.«

»Emotionales Ankern?« fragte ich ratlos.

»Twotimer wird's dir bei Gelegenheit zeigen. Hast du noch nie das verfeinerte Ankern durchgezogen?«

Es gab noch jede Menge zu lernen. Gewöhnlich kommunizieren Männer nicht auf der gleichen Ebene wie Frauen, lassen intime Details außen vor. Frauen erzählen sich alles. Trifft hingegen ein Mann ein paar Freunde nach dem ersten Mal mit seiner neuen Flamme, fragen die »Na, wie war's?«, worauf er ihnen mit Daumen hoch oder Daumen runter signalisiert, was Sache war. Unter Männern ist es tabu zu beschreiben, wie die neue

Freundin aussieht oder wie es im Bett mit ihr war; das könnte die anderen heiß machen, und wir alle wissen, was das bedeutet.

Seit meinen ersten sexuellen Phantasien in der sechsten Klasse war ich stets davon ausgegangen, daß nur die Typen Sex hatten, die jeden Abend um die Häuser zogen und auf den Zufall setzten – tja, so ließ sich durchaus der eine oder andere Treffer landen. Ausdauer war die einzige Technik. Sicher, da gab es zweifellos Männer, die den Bogen raushatten, die sich gnadenlos auf ihre Opfer einließen, bis diese ihnen aus der Hand fraßen. Doch so war ich nicht gestrickt. Ich mußte bereits meinen ganzen Mut zusammennehmen, um eine Frau auch nur nach der Uhrzeit oder dem Weg zur Melrose Avenue zu fragen. Ich hatte nicht die geringste Ahnung von emotionalem Ankern, dem Checken von Wertesystemen und all den anderen Manipulationen, von denen Grimble gesprochen hatte.

Wie hatte ich es ohne diese Techniken nur geschafft, überhaupt je mit einer Frau im Bett zu landen?

Es war ein ruhiger Dienstagabend im Valley, und Grimble fiel bloß das örtliche TGIFriday's ein. Im Wagen wärmten wir uns schon mal auf – hörten uns eine Kassette mit Aufriß-Tips von Rick H. an, probten die Strahlenummer und machten uns heiß mit geil groovenden Sounds. Selten hatte ich etwas Lächerlicheres getan, aber ich war eben dabei, eine neue Welt zu betreten, die ihre eigenen Verhaltensregeln hatte.

Kurz darauf betraten wir das Restaurant – selbstsicher, total alpha, ein überlegenes Lächeln auf den Lippen. Leider kümmerte sich niemand darum. An der Bar saßen zwei Typen; an einem Ecktisch hockten ein paar Anzugträger, und das Personal bestand fast ausschließlich aus Männern. Wir begaben uns auf den Balkon. Als wir die Tür öffneten, kam uns eine Frau entgegen. Zeit, mal wieder auszuprobieren, was ich gelernt hatte.

»He«, sagte ich. »Kann ich dir mal kurz 'ne Frage stellen?«

Sie blieb stehen. Sie war etwa 1,55 groß, hatte kurzes, strähniges Haar und einen Körper, der langsam aus dem Leim ging, aber ein auffällig hübsches Lächeln; ein erstklassiges Studienobjekt.

»Mein alter Freund Grimble hat heute eine Einladung zu einer Talk-Show bekommen«, sagte ich. »Die machen eine Sendung über geheime Verehrerinnen. Offenbar hat sich irgendeine Frau Hals über Kopf in ihn verknallt. Und jetzt fragen wir uns, soll er hingehen oder nicht – was denkst du?«

»Na klar«, sagte sie. »Warum nicht?«

»Tja, aber was, wenn die geheime Verehrerin in Wirklichkeit ein Mann ist?« gab ich zurück. »In diesen Talk-Shows passiert doch immer irgendwas Unerwartetes. Was, wenn es sich um eine Verwandte handelt?«

Sie lachte. Alles lief perfekt. »Würdest du zu so einer Talk-Show gehen?« fragte ich.

»Eher nicht«, sagte sie.

Nun mischte sich Grimble ein. »Du traust dich wohl nicht, was?«

»Und ob«, konterte sie.

»Beweis es mir«, sagte er. »Komm, laß uns eine kleine Übung versuchen. Das Ganze nennt sich Synästhesie. Hast du schon mal davon gehört? Mit Hilfe von Synästhesie kannst du deine Ressourcen besser nutzen und deine Potentiale voll entfalten.«

Die Synästhesie ist das Nervengas im Waffenarsenal des Schnellverführers. Eigentlich bezeichnet der Begriff die Verschmelzung verschiedener Sinneseindrücke. Im Verführungskontext hingegen bedeutet Synästhesie eine Art Wachhypnose, mittels derer man eine Frau in einen anderen Bewußtseinszustand versetzt und sie dann auffordert, sich in angenehmen Vorstellungen treiben zu lassen und diese ständig zu intensivieren. Das Ziel: das Objekt der Begierde hemmungslos zu erregen.

Sie willigte ein und schloß die Augen. Endlich würde ich eine von Ross' Geheimformeln zu hören bekommen. Doch kaum hatte Grimble begonnen, tauchte ein stiernackiger, rotgesichtiger Typ im Unterhemd auf.

»Was treibst du denn da?« fragte er Grimble.

»Ich wollte ihr gerade eine Übung zur Selbstverwirklichung zeigen.«

»Ach ja? Ich bin ihr Mann.«

Ich hatte ganz vergessen, nach ihrem Ehering Ausschau zu halten; andererseits bezweifelte ich, daß kleinere Unannehmlichkeiten wie Ehemänner Grimble groß beeindruckten.

»Lenk den Typen ab«, raunte er mir zu, »während ich das Mädel bearbeite.«

Ich hatte nicht den leisesten Schimmer, wie ich ihn ablenken sollte. Irgendwie schien er nicht ganz so easy drauf zu sein wie Scott Baio. »Wenn du willst, zeigt er dir die Übung auch«, sagte ich. »'ne echt coole Sache.«

»Was soll die Scheiße?« knurrte er mich an. »Was zieht ihr hier für 'ne Nummer ab?«

»Na ja«, stammelte ich. »Durch die Übung kann man ...«

Er hob die Hände und stieß mich zurück. Obwohl ich Frauen stets erzähle, ich sei 1,75 groß, bringe ich es gerade mal auf 1,70 Meter. Jedenfalls reichte ich ihm bis zu den Schultern.

»Hör auf damit«, sagte seine Frau, die wir uns eben noch hatten krallen wollen. Sie wandte sich zu uns. »Wenn er betrunken ist, reagiert er immer so.«

»Etwa gewalttätig?« fragte ich.

Sie schenkte mir ein trauriges Lächeln.

»Wirklich, ihr beiden seid echt sympathisch«, sagte ich. Mit meinem Ablenkungsmanöver war ich kläglich gescheitert. Sein zornrotes Säufergesicht war etwa zwei Zentimeter von meinem entfernt, während er brüllte, er wolle mir einen bestimmten Körperteil aufreißen.

»Nett, euch kennengelernt zu haben«, krächzte ich und trat den Rückzug an.

»Erinnere mich gelegentlich daran«, sagte Grimble auf dem Weg zum Wagen, »dir mal beizubiegen, wie sich ein echtes UMAT verhält.«

»UMAT?«

»Ein ultramännliches Alphatier.«

Ach so.

KAPITEL 8

Vier Tage später rief Grimble an. Er hatte gute Neuigkeiten. Er und sein Kumpel Twotimer hatten sich mit Ross Jeffries im California Pizza Kitchen verabredet, und ich sollte mich ihnen anschließen.

Ich kam eine Viertelstunde früher, setzte mich in eine Nische und las mir ein paar Ausdrucke aus den üblichen Aufreißer-Foren durch, bis Ross, Grimble und Twotimer eintrafen. Twotimer hatte schwarzes, nach hinten gegeltes Haar, das von der Konsistenz her schwer an Lakritze erinnerte, eine farblich passende Lederjacke und ein ziemlich schlangenhaftes Gebaren. Mit seinem runden Babyface sah er aus wie ein Grimble-Klon, der mit der Fahrradpumpe aufgeblasen worden war.

Als ich aufstehen wollte, um mich vorzustellen, unterbrach mich Ross. Er trug einen langen Baumwollmantel, dessen Schöße beim Gehen um seine Beine flatterten – ein dürrer, leicht einfältig wirkender Bursche mit grauen Bartstoppeln und unreiner Haut. Er hatte hohe Geheimratsecken; seine aschgrauen, lockigen Haare waren ungekämmt, und an seiner Hakennase hätte er einen Mantel aufhängen können.

»Und? Was hast du von Mystery gelernt?« fragte Ross in abschätzigem Ton.

»'ne ganze Menge«, sagte ich.

»Zum Beispiel?«

»Früher habe ich nie geschnallt, wann ein Girl auf mich abfährt. Jetzt weiß ich Bescheid.«

»Und wie erkennst du's jetzt?«

»Durch die Interessensindikatoren. Mit dreien ist man auf der sicheren Seite.«

»Dann zähl mal auf.«

»Einer wäre zum Beispiel, wenn sie fragt, wie man heißt.«

»Das ist erst einer.«

»Oder wenn man nach ihren Händen greift und sie die Berührung erwidert.«

»Okay, das waren zwei.«

»Und … äh, an den Rest kann ich mich gerade nicht erinnern.«

»Ach so. Hört sich ja nicht gerade nach einem tollen Kurs an.«

»Von wegen«, gab ich zurück. »Mystery hat's voll drauf.«

»Na ja, dann laß doch jetzt einfach mal den dritten Indikator raus.«

»Fällt mir jetzt echt nicht ein.« Ich fühlte mich ziemlich in die Enge getrieben.

»Dann hat sich das Thema ja wohl erledigt«, sagte er. Er war ein Vollprofi.

Eine zierliche Kellnerin mit blaulackierten Fingernägeln und sandfarbenem Haar trat an unseren Tisch, um die Bestellungen aufzunehmen. Ross musterte sie und zwinkerte mir zu.

»Das sind meine Schüler«, informierte er sie. »Ich bin ihr Guru.«

»Tatsächlich?« fragte sie mit geheucheltem Interesse.

»Was würdest du antworten, wenn ich dir sagen würde, daß ich Männer darin unterrichte, mittels Gedankenkontrolle jede – und ich meine: *jede* – Frau zu becircen, die sie wollen?«

»Daß du den Abflug machen sollst.«

»Ist aber die nackte Wahrheit. Wenn ich das will, verliebst du dich – in mich oder in einen meiner Freunde hier, je nachdem, wie ich es steuere.«

»Das soll funktionieren? Mit Gedankenkontrolle?« Sie wirkte skeptisch, doch gleichzeitig hatte er ihre Neugier geweckt.

»Laß mich mal so rum fragen. Welches Gefühl sagt dir, ob du wirklich auf jemanden abfährst? Was sind das für Signale, die dir klarmachen« – er senkte die Stimme und betonte jedes einzelne Wort –, »daß es dieser Typ ist und kein anderer?«

Wie ich später erfuhr, bestand der Zweck seiner Frage darin, das Gefühl des Verliebtseins aus ihr herauszukitzeln – ein Gefühl, das sie nun mit seinem Gesicht verbinden würde.

Sie überlegte. »Na ja, ich kriege dann halt so ein komisches Gefühl in der Magengegend. Schmetterlinge im Bauch.«

Ross hielt sich die Hand, Handfläche nach oben, vor den Bauch. »Genau. Und je besser ich dir gefalle, desto intensiver spürst du die Schmetterlinge« – langsam hob er die Hand auf Herzhöhe –, »bis dir das Blut ins Gesicht steigt ... ja, genauso wie jetzt.«

Twotimer beugte sich zu mir. »Das ist emotionales Ankern«, flüsterte er. »Wenn man ein Gefühl mit einer Berührung oder einer Geste verbindet. Sobald Ross wieder die Hand hebt, wird ihr das Herz bis zum Hals schlagen.«

Nach ein paar weiteren Minuten flirtenden Hypno-Talks begannen die Augen der Kellnerin schmachtend zu glänzen. Ross nutzte die Gelegenheit, erbarmungslos mit ihr zu spielen. Wie ein Aufzug senkte und hob sich seine Hand; er lächelte, während sie wieder und wieder errötete. Das Tablett mit den Gläsern in ihrer Hand hatte sie längst vergessen; nicht mehr lange, und sie würde es fallen lassen.

»Und dein Freund?« fragte Ross. »Hast du dich sofort in ihn

verliebt?« Er schnippte mit den Fingern, erlöste sie aus ihrer Trance. »Oder hat es ein bißchen gedauert?«

»Wir haben Schluß gemacht«, sagte sie. »Aber es hat tatsächlich ein bißchen gedauert. Erst waren wir bloß gute Freunde.«

»Und? Findest du's nicht besser, die Schmetterlinge im Bauch« – wieder bewegte er seine Hand auf und ab – »sofort und unmittelbar zu fühlen?« Er zeigte auf sich, was wohl ein weiterer NLP-Trick war, um ihr zu suggerieren, daß er es war, der diese Empfindungen in ihr auslöste. »Tolles Gefühl, nicht wahr?«

»Ja«, sagte sie. Die anderen Gäste schien sie komplett vergessen zu haben.

»Was ist denn schiefgelaufen mit deinem Freund?«

»Er hat sich benommen wie ein Kleinkind.«

Ross ließ sich die Gelegenheit nicht entgehen. »Tja, dann solltest du's vielleicht mal mit reiferen Männern versuchen.«

»Das habe ich eben auch schon gedacht.« Sie kicherte. »Mit dir zum Beispiel.«

»Und das hättest du nie im Leben für möglich gehalten, als du an unseren Tisch gekommen bist«, sagte Ross. »Jede Wette.«

»Ja, seltsam«, entgegnete sie. »Eigentlich bist du nicht mein Typ.«

Ross schlug vor, sich gelegentlich außerhalb der Arbeit auf einen Kaffee zu treffen; sie schrieb ihm postwendend ihre Telefonnummer auf. Seine Technik unterschied sich gravierend von Mysterys Masche, aber er schien den Bogen ebenso rauszuhaben.

Ross stieß einen triumphierenden Lacher aus. »Die anderen Gäste werden bestimmt langsam sauer. Aber warte noch einen Moment. So, und jetzt nehmen wir all deine angenehmen Gefühle« – er hob abermals die Hände, ehe er nach einem Zuckertütchen griff – »und tun sie in dieses Zuckertütchen, damit du sie immer bei dir hast.«

Er reichte ihr das Tütchen. Knallrot geworden, steckte sie es ein und eilte fort, um die anderen Gäste zu bedienen.

»Das ist das verfeinerte Ankern«, zischte Twotimer. »Das Zukkerpäckchen wird sie an die Gefühle erinnern, die sie in seiner Gegenwart empfunden hat.«

Als wir das Restaurant verließen, zog Ross dieselbe Nummer mit der Reservierungsleiterin ab, die ihm ebenfalls ihre Telefonnummer gab. Beide Frauen waren Mitte Zwanzig; Ross war jenseits der Vierzig. Unfaßbar.

Wir quetschten uns in Ross' Saab und fuhren zum Getty Museum. »Aufmerksamkeit, Lust, Anbetung – genau das ist es doch, was Männer von Frauen wollen. Und letztlich handelt es sich dabei um nichts anderes als einen Prozeß, der sich in Körper und Gehirn abspielt«, erklärte er, während er den Wagen unserem Fahrtziel entgegensteuerte. »Um diesen Prozeß auszulösen, bedarf es lediglich einiger Fragen, die Gefühle der jeweiligen Frau in die gewünschte Richtung zu steuern. Und diese Empfindungen wird sie dann mit dem Mann verbinden, der sie bei ihr ausgelöst hat.«

Twotimer saß neben mir auf dem Rücksitz und sah mich an. »Na, was meinst du dazu?« fragte er.

»Irre«, sagte ich.

»Teuflisch«, korrigierte er mich und lächelte dünn.

Als wir am Getty ankamen, wandte sich Twotimer an Ross. »Ich wollte noch mal mit dir über das Oktobermann-Prinzip reden«, sagte er. »Ich habe die Reihenfolge der einzelnen Schritte leicht verändert.«

Ross drehte sich zu ihm um. »Kriegst du Schuldgefühle?« Er richtete einen Finger auf Twotimers Brust, dorthin, wo das Herz saß. Wieder die Anker-Masche, nur versuchte er diesmal, Twotimers Gedanken an die verbotene Technik mit Schuldgefühlen zu verbinden. »Es gibt einen guten Grund, warum ich solche Praktiken nicht in meinen Seminaren lehre.«

»Und warum?«

»Weil man Kindern kein Dynamit in die Finger gibt.«

Twotimer lächelte wieder.

»Darwin entwickelte die Theorie der natürlichen Auslese«, erklärte er mir, als wir durch das Museum schlenderten. »Sie basierte auf der These, daß nur die Stärksten überleben. Aber Stärke bringt einen in unserer heutigen Gesellschaft längst nicht mehr weiter. Heute sind Frauen die Beute professioneller Verführer, die genau wissen, wie man geheimste weibliche Phantasien manipuliert.« Irgendwie wirkte alles wie einstudiert, was er von sich gab. Ich fühlte mich, als würde er mir langsam die Seele aussaugen. »Soll heißen: Die Theorie der natürlichen Auslese ist nichts weiter als ein Anachronismus. Wir stehen an der Schwelle eines neuen Zeitalters, in dem der Raffinierteste überlebt.«

Die Idee gefiel mir, obwohl ich mich alles andere als raffiniert fand. Ich redete schnell und abgehackt, meine Körpersprache war kraftlos und unbeholfen. Was die Kunst des Überlebens anging, mußte ich wohl noch lange an mir arbeiten.

»Casanova war einer von uns«, fuhr Twotimer fort. »Aber unser Lifestyle ist besser.«

»Wahrscheinlich war es damals um einiges schwieriger, eine Frau in die Kiste zu bekommen«, sagte ich, um auch etwas zum Gespräch beizutragen. »Die Moralvorstellungen waren ja nun beileibe nicht so locker wie heute.«

»Außerdem haben wir andere Techniken.«

»Du meinst NLP?«

»Nicht nur das. Er war auf sich allein gestellt.« Twotimer grinste, während sich sein Blick tiefer und tiefer in meine Augen bohrte. »Wir arbeiten zusammen.«

Wir schlenderten durch das Museum, faßten die Leute ins Auge, die sich die Gemälde besahen. Grimble und Twotimer quatschten eine ganze Reihe von Frauen an, während ich zu eingeschüchtert war, um in Ross' Gegenwart einen Aufriß zu wagen; genausogut hätte ich Yo-Yo Ma etwas auf dem Cello vorspielen können. Ich befürchtete, er würde mich gnadenlos auseinandernehmen, weil ich nicht seine Techniken anwandte. Nun ja, andererseits riet er seinen Schülern, ihre Ängste zu überwinden und das erstbeste Girl mit den Worten anzuquatschen: »Hey, ich bin Manny der Marsianer. Welche Bowlingkugeln magst du am liebsten?« Also lief ich wohl kaum Gefahr, mich lächerlich zu machen. Er richtete seine Schüler zu Vollidioten ab.

Als wir das Museum verließen, hatte Ross drei Telefonnummern eingesackt, Twotimer und Grimble je zwei.

Ich stand mit leeren Händen da.

Auf dem Weg zum Parkplatz sprach Ross mich an. »Hör zu«, sagte er. »Demnächst gebe ich wieder ein Seminar. Du bist hiermit eingeladen – und zwar gratis.«

»Danke«, erwiderte ich.

»Ich werde dein Guru sein. Nicht Mystery. Du wirst selbst sehen, daß meine Techniken hundertmal mehr Durchschlagskraft haben.«

Ich wußte nicht recht, was ich sagen sollte. Man riß sich regelrecht um mich – einen EFL.

»Ach ja«, fuhr Ross fort. »Und mich nimmst du dafür auf fünf Hollywood-Parties mit, mit richtig superheißen Babes. Zeit, daß ich mal wieder meinen Horizont erweitere. Abgemacht?«

Er grinste und strich sich mit dem Daumen über das Kinn. Jede Wette, daß das schon wieder eine seiner Techniken war.

LEKTION III:

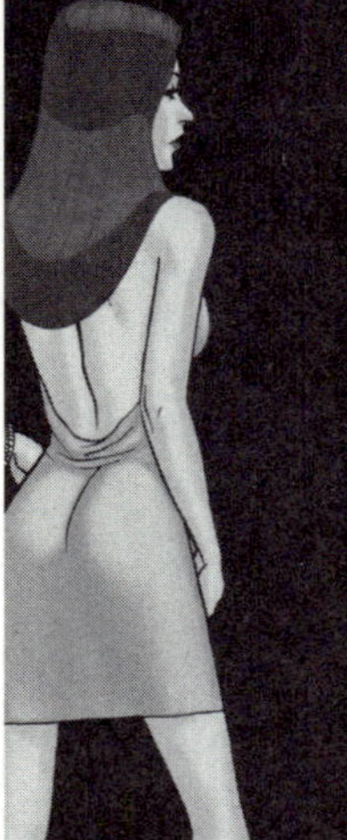

KURSWERT STEIGERN

»MY MAN IS SMOOTH LIKE BARRY,
AND HIS VOICE GOT BASS.
A BODY LIKE ARNOLD WITH A DENZEL FACE …
HE ALWAYS HAS HEAVY CONVERSATION
FOR THE MIND,
WHICH MEANS A LOT TO ME, 'CAUSE GOOD
MEN ARE HARD TO FIND.«

salt-n-pepa

WHATTA MAN

KAPITEL 1

Die erfolgreichsten Raubtiere liegen nicht mit gefletschten Zähnen und ausgefahrenen Krallen auf der Lauer; so würden die anderen Tiere nur einen großen Bogen um sie machen. Sie nähern sich ihrer Beute vielmehr langsam und unauffällig, um ihr Vertrauen zu gewinnen – und dann schlagen sie blitzschnell zu.

So jedenfalls sah Sin die Sache. Es war seine Sin-Theorie, wie er sie grinsend nannte.

Obwohl Mystery nach dem Workshop nach Toronto zurückgeflogen war, blieb ich mit Sin in Kontakt. Als ich einmal bei ihm eingeladen war, wurde ich Zeuge, wie er eine Frau, die ihn zum ersten Mal besuchte, an der Kehle packte und gegen die Wand drückte; er näherte sich ihrem Mund bis auf zwei Millimeter, ließ sie dann aber wieder los, während sie vor Angst und Erregung am ganzen Körper zitterte. Dann stellte er sich an den Herd und verlor kein Wort mehr über den Vorfall, bis er sie während des Desserts beäugte wie ein Tiger seine Beute und schließlich mit leiser Stimme sagte: »Du hast nicht die geringste Ahnung, was ich jetzt gern mit dir anstellen würde.« Und dann war es Zeit, sich schleunigst zu empfehlen.

Grimble war ein wenig zurückhaltender als Sin; als Eskorte waren sie gleichermaßen zuverlässig. Meine Bekanntschaft mit Sin hielt allerdings nicht lange. Eines Nachmittags, nachdem wir uns ein paar Girls in einem Einkaufszentrum in Beverly Hills gekrallt hatten, erzählte er mir, daß er zur Luftwaffe gehen würde.

»Dort habe ich wenigstens ein geregeltes Einkommen«, erklärte er mir in einem Café. »Die Ortswechsel machen mir nichts aus. Als Computerprogrammierer finde ich jedenfalls keinen Job mehr – ich bin schon seit Ewigkeiten arbeitslos.«

Ich versuchte ihm die Sache auszureden. Sins Hobbys waren

Astralprojektion, Goth Rock, S/M und Weiberaufreißen. Beim Militär war damit Essig, soviel stand fest. Aber er hatte genaue Vorstellungen, wer seine Rolle in der Szene einnehmen sollte.

»Ich habe mit Mystery über dich geredet.« Er beugte sich über den runden Metalltisch zu mir. Wie immer klang seine Stimme todernst. »Sein nächster Workshop findet im Dezember statt. Und da ich ja dann nicht mehr zur Verfügung stehe, sollst du meinen Job als Eskorte übernehmen.«

Ein weiteres Wochenende mit Mystery, das mich seinen Geheimnissen noch ein Stück näherbringen würde, seinen Methoden, Frauen zu Tränen zu rühren. Ich versuchte, mir meine Begeisterung nicht allzusehr anmerken zu lassen. »Das könnte klappen«, sagte ich.

Ich konnte es nicht fassen, daß Mystery ausgerechnet mich als Eskorte haben wollte. Da draußen gab es Hunderttausende von Aufreißern, die es weit besser draufhatten als ich. Vielleicht kannte er gar nicht so viele Leute, wie er immer behauptete?

Es gab nur ein kleines Problem: Den Dezember hatte ich schon verplant. Ich hatte einen Flug nach Belgrad gebucht, um Marko zu besuchen, meinen früheren Kommilitonen, über den ich Dustin kennengelernt hatte. Es war zu spät, um Marko abzusagen – andererseits wollte ich mir die Gelegenheit, Mystery zu eskortieren, nicht durch die Lappen gehen lassen.

Ich mußte eine Entscheidung treffen.

Am Abend rief ich Mystery in Toronto an; er lebte zusammen mit seinen Eltern, seinen zwei Nichten, seiner Schwester und ihrem Mann in einem Haus.

»Hi, Alter«, sagte Mystery. »Ich gehe hier allmählich vor die Hunde, so dermaßen ödet mich alles an.«

»Mach Witze.«

»'ne richtige Tour durch die Clubs, das wär's jetzt. Aber ich habe keine Ahnung, wo was los ist, und es ist auch keiner da, mit dem ich gern losziehen würde.« Er unterbrach sich und brüllte seine Nichten an, sie sollten die Fresse halten. »Wahrscheinlich gehe ich allein in die nächste Sushi-Bude.«

Und ich hatte geglaubt, bei Mystery würden sich die Mädels die Klinke in die Hand geben, wenn er nicht gerade mit seinen Vertrauten auf der Jagd war. Statt dessen saß er zu Hause und blies Trübsal. Sein Vater war krank, seine Mutter völlig überfordert. Und seine Schwester trennte sich gerade von ihrem Mann.

»Wieso gehst du nicht mit Patricia aus?« fragte ich. Patricia war Mysterys Freundin – ich erinnerte mich noch genau an das Foto, auf dem sie im Negligé zu sehen gewesen war.

»Sie ist stinksauer auf mich«, sagte er. Er hatte sie vor vier Jahren kennengelernt, als sie gerade aus Rumänien gekommen war, und versuchte sie zu seinem Idealgirl zu formen; er beschwatzte sie, sich die Titten vergrößern zu lassen, ihm regelmäßig einen zu blasen (was sie nie zuvor getan hatte) und einen Job als Stripperin anzunehmen – aber als er sie auch noch zu einer Bi-Nummer überreden wollte, war für sie Schluß mit lustig. Mystery hingegen empfand ihre Weigerung als Treuebruch.

Jeder hat seine eigenen Gründe, auf Frauenjagd zu gehen. Manche, wie zum Beispiel Extramask, sind noch Jungfrau und wollen endlich mit einem Girl ins Bett. Andere, wie Grimble und Twotimer, brauchen jede Nacht eine andere. Typen wie Sweater suchen wiederum nach der perfekten Ehefrau.

Und auch Mystery hatte ein ganz bestimmtes Verlangen.

»Ich will es mit zwei Frauen treiben«, sagte er. »Mit einer blonden Megabraut und einer perfekten Asiatin, die aufeinander so heiß sind wie ich auf sie. Patricias Heterosexualität beeinträchtigt mein Sexleben – ich muß mir immer vorstellen, es sei noch ein weiteres Girl mit uns im Bett, sonst macht mein Prügel schlapp.« Er ging ins angrenzende Zimmer, weil seine Schwester und ihr Mann lautstark miteinander stritten, und fuhr fort: »Ich würde sofort Schluß mit ihr machen, aber eine Superfrau wie sie finde ich in ganz Toronto nicht. Hier gibt's keine ausgeflippten Glitter-Girls. Alles bloß Durchschnittsschlampen.«

»Zieh nach L. A.«, sagte ich. »Da kriegst du Megabräute rund um die Uhr.«

»Ja, ich muß hier dringend weg«, seufzte er. »Deshalb versuche ich auch gerade, eine Reihe von Workshops in verschiedenen Städten anzuleiern. Miami, Chicago, New York – es besteht durchaus Nachfrage.«

»Wie wär's mit Belgrad?«

»Was? Ich werde mich doch nicht in ein Kriegsgebiet begeben.«

»Der Krieg ist vorbei. Ich fliege bald rüber, einen alten Freund besuchen. Er sagt, es besteht keinerlei Gefahr. Wir könnten bei ihm wohnen, und die slawischen Frauen gelten als die schönsten überhaupt.«

Er zögerte.

»Außerdem habe ich noch ein Mitfliegerticket. Gratis.«

Schweigen. Er überlegte.

Ich ließ nicht locker. »Zur Hölle, Mann. Warum nicht mal ein Abenteuer wagen? Selbst wenn alles schiefläuft, hast du hinterher garantiert ein paar Fotos, die du beim Baggern rumzeigen kannst.«

Er dachte angestrengt nach. Dann sagte er das, was er immer sagte, wenn er sein Okay zu etwas gab. »Gemacht.«

»Super«, sagte ich. »Ich schicke dir die Flugdaten per E-Mail.« Ich konnte es kaum erwarten, mit ihm in die Maschine zu steigen. Ich wollte sein gesamtes Wissen aus ihm herauskitzeln, jedes Detail in mich aufsaugen – seine magischen Tricks, seine Baggersprüche, alles. Ich wollte mir abgucken, was er draufhatte, Wort für Wort, Trick für Trick, schlicht, weil ich wußte, es funktionierte.

»Moment«, meinte er. »Da ist noch was.«

»Was?«

»Wenn du meine Eskorte bilden willst, dann aber nicht als Neil Strauss«, sagte er mit derselben Endgültigkeit, mit der er auch das Wörtchen »Gemacht« ausgesprochen hatte. »Es wird Zeit, dein Leben zu verändern, einfach den Schalter umzulegen und eine andere Identität anzunehmen. Denk mal drüber nach: Neil Strauss, Autor. Total uncool. Welche Frau will schon mit einem Autor ins Bett? Auf der sozialen Rangleiter stehst du ganz unten. Du mußt daran arbeiten, zum Superstar zu werden. Und nicht bloß bei Frauen. Du bist ein Künstler auf der Suche nach seinem Stil. Und wenn du mich fragst, liegen deine Stärken im Umgang mit anderen. Ich habe dich genau beobachtet; du hast schnell begriffen, worum es geht. Genau deshalb haben Sin und ich dich auch ausgewählt. Warte mal eine Sekunde.«

Ich hörte, wie er in ein paar Unterlagen kramte. »Hör zu«, sagte er. »Ich habe eine ganze Reihe von Lebenszielen. Ich will das Geld für eine Illusionsshow zusammenkriegen, mit der ich auf Tournee gehen kann. Ich will in eleganten Hotels leben. Ich will ins TV, mit den ganz großen Tricks. Ich will über den Niagarafällen schweben. Ich will nach England und Australien. Ich will teuren Schmuck, Mädchen, ein Flugzeug, eine Assistentin, einen Stylisten. Und ich will in *Jesus Christ Superstar* mitspielen – als Jesus!«

Zumindest wußte ich jetzt, welche Träume er hatte. »Aber eigentlich will ich bloß«, fuhr er fort, »daß mich alle beneiden und bewundern, Frauen mit mir ins Bett wollen und Männer nur noch einen Wunsch haben: genauso zu sein wie ich.«

»Du hast dich als Kind wohl nicht sehr geliebt gefühlt, was?«

»Nein«, meinte er verlegen.

Schließlich sagte er, er würde mir noch ein Passwort mailen – für eine geheime Online-Community namens »Mystery's Lounge«. Er hatte Mystery's Lounge vor zwei Jahren gegründet, nachdem eine flotte Barkeeperin, mit der er in L.A. eine Nummer geschoben hatte, in einer öffentlichen Newsgroup über einen Eintrag gestolpert war, in dem er sich über ihre sexuellen Qualitäten verbreitet hatte. Nach Durchsicht seines Online-Archivs hatte sie Mysterys Freundin Patricia eine E-Mail geschickt und sie über seine außerplanmäßigen Aktivitäten informiert. Der anschließende Ärger hätte um ein Haar seine Beziehung zerstört, während ihm gleichzeitig siedendheiß aufgegangen war, daß auch das Leben eines Aufreißers seine Schattenseiten hatte.

Im Gegensatz zu den anderen Verführer-Newsgroups, in denen Hunderte von Anfängern um Ratschläge der großen Meister bettelten, kommunizierten in Mysterys Privatforum nur die besten Aufreißer des Landes. Hier gaben sie nicht nur ihre Geheimnisse, saftige Stories und Aufrißtechniken preis, sondern stellten auch Bilder von sich selbst und ihren Eroberungen ins Forum – und gelegentlich sogar Videos und Audiodateien von ihren Touren.

»Vergiß es nicht«, sagte Mystery ernst. »Du bist nicht länger Neil Strauss. Wenn wir zusammen auf die Jagd gehen, brauchst du ein Alter ego. Und einen Nickname.«

»Wie wär's mit Style?« fragte ich. Auf eine Sache war ich schon immer stolz gewesen: Okay, ich war nie eine große Stimmungskanone gewesen, aber zumindest hatte ich seit jeher mehr Stil als alle Partylöwen zusammen.

»Style. Das ist es. Mystery und Style.«

Ja. Und in Kürze würden Mystery und Style zusammen einen Workshop abhalten. Klang gut. Style, der Profi-Aufreißer, der den Losern dieses Planeten beibrachte, wie sie an ihre Traumfrauen rankamen.

Doch als ich aufgelegt hatte, kam mir ein weiterer Gedanke: Erst einmal war es an Style, seinen Stil zu finden. Schließlich war es gerade mal einen Monat her, daß ich an Mysterys Workshop teilgenommen hatte. Vor mir lag noch ein langer Weg.

Es war ganz klar allerhöchste Zeit, daß ich mein Leben änderte.

KAPITEL 2

Einer der großen Helden meiner Jugend war Harry Crosby – ein Dichter aus den zwanziger Jahren, dessen Gedichte, nun ja, nicht der ganz große Hammer waren. Sein Lifestyle hingegen war legendär. Crosby, Neffe und Patenkind von J.P. Morgan, zog mit Ernest Hemingway und D.H. Lawrence um die Häuser, druckte als erster Auszüge aus Joyce' *Ulysses* und wurde zu einem Symbol der Lost Generation. Er lebte ein rasantes, opiumbenebeltes Leben und schwor, er würde mit dreißig tot sein. Mit zweiundzwanzig heiratete er Polly Peabody, die Erfinderin des trägerlosen BHs, und überredete sie, ihren Namen in »Caresse« zu ändern. Während ihrer Flitterwochen schlossen sie sich mit einem Stapel Bücher in einem Pariser Hotelzimmer ein und verbrachten die Zeit mit Lesen. Crosby erschoß sich mit einunddreißig, untröstlich darüber, daß ihn sein Lebensstil bis dahin nicht umgebracht hatte.

Ich hatte keine Caresse, die sich mit mir in einer Absteige einschloß; statt dessen verbarrikadierte ich mich eine Woche à la Harry Crosby in meinem Haus, las Bücher, hörte Kassetten, sah mir Videos an und studierte die Beiträge in Mystery's Lounge. Ich vertiefte mich bis über beide Ohren in die verschiedensten Aufreißtheorien. Der alte Neil Strauss mußte verschwinden; ich mußte mich neu erfinden, um zu Style zu werden. Mysterys und Sins Erwartungen an mich wollte ich keinesfalls enttäuschen.

Um dieses Ziel zu erreichen, tat es dringend not, nicht nur meine Rhetorik, sondern mein gesamtes Verhalten im Umgang mit Frauen zu ändern. Ich mußte mich in einen Mann verwandeln, der selbstbewußt, interessant, entschlossen und charmant war – schlicht: zu jenem Alphatier werden, das ich nie gewesen war.

Tatsache war, ich hatte genug Zeit vergeudet. Mir blieben sechs Wochen, mein Leben um hundertachtzig Grad zu ändern.

Ich kaufte mir Bücher über Körpersprache, Flirten und sexuelle Techniken. Ich las Anthologien über weibliche Erotik wie Nancy Fridays *Die sexuellen Phantasien der Frauen,* nicht zuletzt, um mir ein für allemal klarzumachen, daß Frauen genausoviel – wenn nicht mehr – Sex wollen als Männer; sie wollen nur nicht unter Druck gesetzt, angelogen oder zur Schlampe degradiert werden.

Ich bestellte eine Reihe Bücher über Marketing, wie beispielsweise Robert Cialdinis unentbehrliches Buch *Die Psychologie des Überzeugens:* Hier erfuhr ich eine Menge über die Schlüsselprinzipien, mit denen man die Entscheidungen der meisten Menschen manipulieren kann. Am wichtigsten in diesem Kontext war dabei der soziale Beweis, die Wahrnehmung, daß etwas, was sowieso schon alle tun, in jedem Fall eine gute Sache sein muß. Wenn man also eine Bar mit einer hübschen Freundin (einem »Blickfang« oder »Türöffner«, wie man in der Community sagt) im Arm betritt, lernt man entschieden einfacher andere Frauen kennen, als wenn man allein in einem Club abhängt.

Ich sah mir Grimbles Videos an und machte mir Notizen, lernte Affirmationen (»Etwas Besseres, als in mein Leben zu treten, kann einer Frau gar nicht passieren«) und Skripts auswendig. Zwischen einem Spruch und einem Skript besteht ein ziemlicher Unterschied. Ein Spruch ist im großen und ganzen jede kalkulierte Bemerkung, die man an eine Frau richtet. Bei einem Skript handelt es sich um wesentlich ausgefeiltere Sprüche, sie sind dazu gedacht, die Zielperson richtig heiß zu machen.

Männer und Frauen denken und reagieren unterschiedlich. Zeigt man einem Mann eine *Playboy*-Titelseite, kennt er kein Halten mehr – nun ja, im Grunde reicht schon eine Avocadohälfte, und er hat einen stehen. Frauen hingegen reagieren nicht so schnell auf eindeutige Bilder oder ebensolche verbale Anmache. Sie stehen eher auf Andeutungen und Metaphern.

Dennoch reichte es mir nicht, mich lediglich mit Ross Jeffries auseinanderzusetzen. Viele seiner Ideen stammen schlicht aus dem Reich des Neurolinguistischen Programmierens. Daher befaßte ich mich mit den Ursprüngen von NLP und las Bücher von Richard Bandler und John Grinder, zwei Professoren der University of California, die diese Schule der Hypno-Psychologie in den Siebzigern begründet hatten.

Anschließend studierte ich Mysterys Tricks. Ich investierte 150 Dollar in Videos und Bücher über Levitation, paranormale Effekte und Gedankenlesen. Von Mystery hatte ich gelernt, daß es beim Flirt mit einem attraktiven Girl unabdingbar war, seinen Kurswert zu demonstrieren, mit anderen Worten: Was unterscheidet einen von den letzten zwanzig Typen, die sie angebaggert haben? Tja, und wenn man in der Lage ist, Gabeln durch mentale Kraft zu verbiegen oder beiläufig ihren Namen zu erraten – das macht eben durchaus einen kleinen Unterschied.

Um meinen Kurswert zu steigern, kaufte ich mir Bücher über Handschriftenanalyse, Runenlesen und Tarotkarten. Schließlich redet jeder am liebsten über sich selbst.

Ich machte mir Notizen zu meiner Lektüre, probte Flirteröffnungen und die eine oder andere Geschichte. Ich vernachlässigte meine Arbeit, meine Freunde und meine Familie. Meiner Mission widmete ich achtzehn Stunden am Tag.

Als ich mein Gehirn schließlich mit genug Informationen gefüttert hatte, begann ich an meiner Körpersprache zu arbeiten. Ich nahm an einem Swing- und einem Salsa-Kurs teil. Ich lieh mir *Denn sie wissen nicht, was sie tun* und *Endstation Sehnsucht* aus, um mich mit den Posen von James Dean und Marlon Brando vertraut zu machen. Ich sah mir Pierce Brosnan in *Die Thomas Crown Affäre,* Brad Pitt in *Rendezvous mit Joe Black,* Mickey Rourke in *Wilde Orchidee,* Jack Nicholson in *Die Hexen von Eastwick* und Tom Cruise in *Top Gun* an.

Ich nahm mich kritisch unter die Lupe. Schwangen meine Arme beim Gehen locker an den Seiten? Bildeten sie zwei kleine Bögen, als seien meine Oberarme voll durchtrainiert? Wirkten meine Bewegungen selbstbewußt? Gab es Möglichkeiten, meine Brust breiter wirken zu lassen? Sollte ich meinen Kopf eine Nuance höher halten? Breitbeiniger gehen, als hätte ich enorm dicke Eier?

Nachdem ich alles getan hatte, was ich selbst tun konnte, nahm ich an einem Kurs für Alexander-Technik teil, um meine Körperhaltung zu verbessern und die Hängeschultern zu beseitigen, die ich väterlicherseits geerbt hatte. Und weil nie jemand versteht, was ich gerade von mir gebe – ich spreche hastig und murmle in mich hinein –, nahm ich Privatkurse für sicheres Sprechen und Gesang.

Ich trug nur noch topmodische Jacken und bunte Hemden, dazu Schmuck, kaufte mir Ringe, eine Halskette und Piercing-Imitate. Ich experimentierte mit Cowboyhüten, Federboas, Leuchtkettchen, trug sogar Sonnenbrillen bei Nacht, um auszutesten, was der beste Hingucker war. Natürlich war mir klar, daß diese schrillen Accessoires ziemlich bescheuert aussahen; Tatsache aber war, daß Mysterys Pfauentheorie auch in der Praxis funktionierte. Sobald ich etwas Auffälliges trug, war es für interessierte Frauen um einiges leichter, mich anzuquatschen.

So gut wie jede Nacht war ich mit Grimble, Twotimer und Ross Jeffries unterwegs; nach und nach lernte ich neue Wege der Interaktion. Frauen haben die Nase voll von phantasielosen Typen, die ihnen mit den immer gleichen Fragen kommen: »Woher kommst du? Was arbeitest du?« Mit unseren Openern, Sprüchen und Tricks waren wir in den Clubs die Helden schlechthin; wir retteten das weibliche Geschlecht vor den Langweilern unserer Spezies.

Selbstredend fanden nicht alle Frauen unsere Baggerei toll. Obwohl ich nie geohrfeigt, angebrüllt oder kurzerhand mit einem Drink ins Gesicht abgefertigt wurde, kreisten meine Gedanken doch des öfteren um jene unglückseligen Strategen, die eiskalt erwischt worden waren. So kursierte beispielsweise die Geschichte von Little Big Dick, einem Aufreißer aus Alaska: Er hatte ein Mädel angequatscht, als plötzlich ihr Macker hinter ihm auftauchte, ihn von seinem Stuhl riß, zu Boden schleuderte und seinen Schädel satte zwei Minuten lang mit Fußtritten malträtierte, ihm das Jochbein brach und jede Menge Stiefelspuren in seinem Gesicht hinterließ.

Ich wiegte mich in der Hoffnung, daß das die Ausnahme von der Regel war.

Über derartige Rückschläge dachte ich auch nach, als ich nach Westwood zur Uni fuhr, um zum ersten Mal einen Aufriß bei Tageslicht zu unternehmen. Trotz des Spickzettels mit meinen Lieblingssprüchen, den ich in meiner Gesäßtasche bei mir trug, fühlte ich mich wie gelähmt vor Scheu, als ich durch die Straßen strich und Ausschau nach einem geeigneten Objekt hielt.

Als ich an einem Laden für Bürobedarf vorbeikam, sah ich ein Girl mit Hornbrille und blonden Haaren, die auf ihren Schultern tanzten. Sie war superschlank, trug eine perfekt sitzende Jeans, hatte sanfte, weiche Kurven und einen makellosen, sonnengebräunten Teint. Sie sah aus wie der ungehobene Schatz des Campus.

Eigentlich wollte ich weitergehen, doch dann erblickte ich sie erneut durch das Schaufenster. Sie sah aus wie eine kühle Intellektuelle, die ihre innere Sexbombe noch nicht entdeckt hatte, wie eine Frau, mit der ich über Tarkowskij-Filme reden und die ich anschließend zu einer Monster-Truck-Rallye mitnehmen konnte.

Ja, vielleicht würde sie meine Caresse sein. Wenn ich die Gelegenheit sausen ließ, würde ich mich ohrfeigen und mich wie ein Totalversager fühlen, das wußte ich genau. Ich faßte mir also ein Herz und beschloß, meinen ersten Tagesaufriß zu tätigen. Davon abgesehen, dachte ich mir, sah sie aus der Nähe bestimmt nur noch halb so umwerfend aus.

Ich betrat den Laden. Sie stand vor einem Regal mit Briefumschlägen.

»Hey, vielleicht kannst du mir kurz helfen«, sagte ich. »Ein Freund von mir ist zu einer Talk-Show eingeladen worden, und …« Während ich die bewährte Nummer abspulte, fiel mir auf, daß sie aus der Nähe noch viel, viel besser aussah. Ich war über die sprichwörtliche Megabraut gestolpert. Und nun mußte ich auch noch dem Protokoll folgen und ihr einen Dämpfer verpassen.

»Sorry«, platzte ich heraus, »aber ich bin mit Bugs-Bunny-Cartoons aufgewachsen, und dein entzückender Überbiß erinnert mich irgendwie an den alten Trickfilm-Hasen.«

Gleichzeitig fragte ich mich, ob ich zu weit gegangen war. Ich hatte mir den Dämpfer spontan ausgedacht und stellte mich schon mal darauf ein, eine satte Ohrfeige zu kassieren. Doch dann lächelte sie. »Und das trotz all der Zahnspangen«, sagte sie. »Meine Mom wird nicht begeistert sein.«

Unfaßbar. Sie flirtete mit mir.

Ich fragte sie nach einer Zahl zwischen eins und zehn, die ich erraten wollte, und zu meinem Glück nahm sie die Sieben. Sie war völlig geplättet. Ich fragte sie nach ihrem Job, worauf sie antwortete, sie würde als Model arbeiten und eine Show auf TNN moderieren. Je länger wir plauderten, desto mehr schien sie unsere Unterhaltung zu genießen. Während mir langsam der kalte Schweiß ausbrach, je besser es funktionierte. Ich konnte es einfach nicht fassen, daß eine Frau dieses Kalibers sich für mich interessierte. Alle Kunden im Laden glotzten uns an. Ich konnte nicht weiterbaggern.

»Ich bin spät dran«, sagte ich. Meine Hände zitterten vor Nervosität. »Ich würde unsere Unterhaltung gern fortsetzen – tja, aber wie?«

So pflegte Mystery seine Aufrisse klarzumachen. Ein Aufreißer gibt einem Girl grundsätzlich nicht seine Telefonnummer; so vermeidet man, am Ende vielleicht doch nicht angerufen zu werden. Ein echter Aufreißer muß eine Frau so um den Finger wickeln, daß sie ihm ihre Nummer gibt. Außerdem darf er nicht danach fragen, weil sie sie ihm verweigern könnte; es geht vielmehr darum, sie dazu zu verleiten, ihre Nummer freiwillig preiszugeben.

»Ganz einfach«, sagte sie. »Ich schreibe dir meine Telefonnummer auf.«

Ihre E-Mail-Adresse schrieb sie gleich mit dazu. Ich konnte es immer noch nicht fassen.

»Ich gehe aber nur selten aus«, fügte sie plötzlich hinzu. Vielleicht waren ihr doch Bedenken gekommen.

Als ich wieder zu Hause war, kramte ich den Zettel mit ihrer Telefonnummer hervor und legte ihn vor meinen Computer. Da sie ja offensichtlich Model war, wollte ich erst mal online nach einem Foto von ihr suchen. Sie hatte nur ihren Vornamen aufgeschrieben – Dalene –, doch glücklicherweise enthielt ihre E-Mail-Adresse auch ihren Nachnamen. Kurtis hieß sie. Ich gab die beiden Worte bei Google ein – und erhielt fast hunderttausend Einträge.

Ich hatte das amtierende Playmate des Jahres abgeschossen.

KAPITEL 3

Abend für Abend hockte ich vor meinem Telefon und starrte auf ihre Telefonnummer. Aber ich brachte es einfach nicht über mich, Dalene Kurtis anzurufen. Für ein derart perfektes weibliches Wesen war ich weder gutaussehend noch selbstbewußt genug. Mal im Ernst, wie sollte ein Date mit ihr ablaufen?

Ich erinnerte mich an ein Girl namens Elisa, mit dem ich – damals siebzehn Jahre alt – während eines Sommerjobs zum Lunch gegangen war. Ich war so nervös, daß meine Hände heftig zitterten und ich meine Stimme kaum unter Kontrolle brachte. Und je fahriger ich wurde, desto unwohler fühlte sie sich in meiner Gegenwart, das merkte ich genau. Als das Essen kam, war ich zu befangen, um auch nur einen Bissen herunterzukriegen. Es war ein Desaster – und nicht mal ein richtiges Rendezvous. Wie also sollte ich mir mein Treffen mit dem Playmate des Jahres vorstellen?

Für derartige Seelenzustände gibt es ein Wort: Minderwertigkeit. Ich fühlte mich minderwertig.

Ich wartete drei Tage, verschob den Anruf abermals auf den nächsten Tag, kam dann aber zu dem Schluß, daß ein Anruf am Wochenende so aussehen würde, als hätte ich kein Sozialleben, weshalb mir ein Anruf am Montag doch sinnvoller erschien. Und so war im Nu eine ganze Woche verstrichen. Wahrscheinlich hatte sie mich längst vergessen. Wir hatten höchstens zehn Minuten miteinander gesprochen, und es war zugegebenermaßen ein ziemlich zahmer Abschuß gewesen. Ich war bloß ein kurioser Typ, der ihr in einem Laden für Bürobedarf über den Weg gelaufen war. Für diese Frau, die jeden Mann in dieser Hemisphäre haben konnte, gab es keinen ersichtlichen Grund, mich wiedersehen zu wollen. Weshalb ich sie schließlich überhaupt nicht anrief.

Ich selbst war mein ärgster Feind.

Meinen ersten Erfolg konnte ich erst eine Woche später verbuchen, als ich mit Extramask im La Salsa saß und ein Burrito mampfte. Am Nebentisch saß eine attraktive, wenn auch ein wenig ungekämmt wirkende Frau, die Quittungen in ein prallvolles Filofax stopfte. Sie hatte lange braune Locken, feine, frettchenartige Züge und mörderische Brüste, die ihr Sweatshirt nur unzureichend verhüllte. Ich brach die Drei-Sekunden-Regel um fast drei Minuten, brachte aber schließlich doch den Mumm auf, sie anzuquatschen. Ich wollte vor Extramask nicht wie ein EFL dastehen.

»Ich habe gerade einen Kurs für Handschriftenanalyse gemacht«, sagte ich. »Darf ich Ihnen mal meine Kenntnisse vorführen, solange das Essen nicht da ist?«

Sie sah mich skeptisch an, kam dann aber offenbar zu dem Schluß, daß ich ein harmloser Spinner sein mußte. Ich reichte ihr mein Notizbuch und bat sie, etwas hineinzuschreiben.

»Hochinteressant«, fuhr ich fort. »Ihre Handschrift ist ausgesprochen gerade. Woraus sich schließen läßt, daß Sie eine ziemlich autarke Persönlichkeit sind, die nicht unbedingt pausenlos die Gesellschaft anderer braucht, um mit sich selbst in Einklang zu kommen.«

Je mehr ich ihr aus dem Nähkästchen plauderte, desto näher beugte sie sich zu mir, während sie immer wieder zustimmend nickte. Sie hatte ein reizendes Lächeln und war ausgesprochen kommunikativ. Sie erzählte, daß sie vor kurzem einen Kurs für Stand-up-Comedy belegt hatte, und fragte mich, ob ich ein paar Jokes hören wollte.

»Ich fange bei meinen Shows immer so an«, sagte sie, nachdem ich mit meiner Handschriftenanalyse fertig war. »Ich komme gerade vom Training, und mir hängen die Arme bis zu den Kniekehlen.« Das war ihr Opener, den sie sich auf einem

Spickzettel notiert hatte, der in ihrer Gesäßtasche steckte. Plötzlich kam mir der Gedanke, daß Aufreißen eine ganze Menge mit Stand-up-Comedy und anderen Performances zu tun hatte. Hier wie dort sind Opener, Sprüche und Pointen erforderlich – sowie die Fähigkeit, alles so klingen zu lassen, als hätte man es sich gerade erst ausgedacht.

Sie sagte, sie sei auf Geschäftsreise und wohne in einem Hotel, weshalb ich ihr anbot, sie kurz dort vorbeizufahren. Als ich sie absetzte, wies ich auf meine Wange: »Gib Küßchen.« Sie küßte mich. Extramask zeigte sein begeistertes Gesicht im Rückspiegel. Ich sagte, ich hätte noch etwas zu erledigen, würde sie aber später noch anrufen, um sie auf einen Drink einzuladen.

Ehe ich sie ein paar Stunden später abholte, las ich mir noch eines der geheimen Ross-Jeffries-Skripts durch, die Grimble mir gemailt hatte. Ich war wild entschlossen, keine weiteren Anfängerfehler zu begehen.

Wir zogen in die nächste Bar und nahmen erst mal einen Drink. Sie hatte sich umgezogen, trug nun einen verschlissenen blauen Sweater und ausgebeulte Jeans, was sie irgendwie nach Secondhand-Biene aussehen ließ. Egal, ich hatte ein Date mit einer Frau, die ich erfolgreich angebaggert hatte – die Gelegenheit, endlich schweres verbales Geschütz aufzufahren.

»Hast du schon mal darüber nachgedacht, deine Ressourcen besser zu nutzen und deine Potentiale voll zu entfalten?« fragte ich. Ich kam mir vor wie Grimble im TGIFriday's. »Wenn du willst, zeig ich dir, wie's geht.«

»Und wie?« fragte sie.

»Es geht um dein Vorstellungsvermögen. Ich habe die Übung von einem Freund gelernt. Ich weiß die einzelnen Schritte nicht auswendig, habe sie mir aber notiert.«

Sie nickte.

»Okay«, sagte ich, während ich meinen Zettel auseinanderfaltete. »Kannst du dich noch an das letzte Mal erinnern, als du ein echtes Glücksgefühl empfunden hast? Und wenn du dieses Gefühl noch einmal abzurufen versuchst – wo in deinem Körper findest du es?«

Sie deutete auf ihre Brust.

»Okay. Und wenn du dich jetzt ganz auf dieses Gefühl konzentrierst, kannst du auch seine Farbe wahrnehmen. Welche Farbe hat es?«

»Lila.« Sie schloß die Augen.

Während ich weiter von meinem Zettel ablas, begann sie sich sichtlich zu entspannen; ihre Brust hob und senkte sich unter dem blauen Sweatshirt. Ich ging in die Vollen – so wie Ross Jeffries im California Pizza Kitchen bei der Kellnerin mit den blauen Fingernägeln. Meine Selbstsicherheit wuchs mit jeder Sekunde; ich fuhr weiter fort, suggerierte ihr, wie sich die Farbe in ihr ausbreitete und intensivierte, während sie allmählich in Trance fiel. Kurz war mir, als hörte ich Twotimer hinter mir das Wörtchen »teuflisch« murmeln.

Schließlich brachte ich sie dazu, das Farbenmeer zu einer winzigen lila Erbse zusammenschrumpfen zu lassen, in der sich all die Macht und Intensität ihrer Gefühle bündelte. Dann streckte ich die Hand aus und bat sie, mir die imaginäre Erbse zu überreichen. Ich ließ meine Hände über sie gleiten, erst ohne Körperkontakt, dann mit leichter Berührung.

Offen gesagt hatte ich keinen Schimmer, ob sie das anmachte oder nicht; jedenfalls lutschte sie nicht plötzlich an meinen Fingern wie das Girl, von dem Grimble erzählt hatte. Tatsächlich kam ich mir sogar leicht bescheuert vor, mehr noch, wie ein übler Lüstling, während ich diese Vorstufen der Hypnose bei ihr ausprobierte. Mir gefiel diese Praktik nicht. Ich wollte Selbstvertrauen im Umgang mit Frauen gewinnen und nicht ihre Gedanken kontrollieren.

Ich faltete das Blatt Papier wieder zusammen, steckte es ein und fuhr sie zum Hotel zurück. Doch statt sie dort bloß abzusetzen, fuhr ich in die Tiefgarage. Wir stiegen aus, und ich folgte ihr zu ihrem Zimmer. Ich brachte keinen Ton mehr heraus; mir ging die Düse, sie würde sich plötzlich umdrehen und mich fragen, weshalb ich ihr nicht von den Fersen wich. Doch es sah so aus, als sei für sie bereits klar, daß wir zusammen ins Bett gehen würden. Ich konnte mein Glück nicht fassen. Tja, Übung macht den Meister.

Mystery zufolge läßt sich eine Frau meist nach etwa sieben Stunden bereitwillig in Richtung Bett steuern. Diese sieben Stunden können sich über einen Abend verteilen, aber auch über mehrere Tage, in denen man sich vielleicht mal auf eine Stunde zum Kaffee trifft, miteinander telefoniert, zusammen auf zwei Drinks weggeht, wieder telefoniert und am nächsten Tag zusammen noch mal irgend etwas unternimmt, ehe man in die Kiste steigt.

Sieben oder mehr Stunden zu warten, das gehört laut Mystery zu einem »soliden Aufriß«. Gelegentlich aber trifft man auf eine Frau, die sich bereits fest vorgenommen hat, die Nacht nicht allein zu verbringen, und auf Sex aus ist. Solch schnelle Nummern nennt Mystery »Blitzschach«. Ich hatte ein Stündchen mit ihr im La Salsa verbracht und nun noch zwei Stunden in einer Bar. Mein erstes Blitzschach stand unmittelbar bevor.

Als sie die Codekarte in den Schlitz an ihrer Zimmertür steckte, leuchtete ein grünes Lämpchen auf – ein Omen für die leidenschaftliche Nacht, die mir nun bevorstand, wie ich glaubte. Sie öffnete die Tür, und ich folgte ihr ins Zimmer. Sie setzte sich auf die Bettkante – genau wie im Kino – und zog die Schuhe aus. Erst den linken, dann den rechten. Sie trug weiße Socken, was mich zunächst ziemlich anmachte. Sie streckte die Zehen nach oben und krümmte sie dann nach unten, ehe sie sich rücklings aufs Bett sinken ließ.

Ich trat auf sie zu, bereit, mich über sie zu beugen und in die Arme zu schließen – als mich urplötzlich der widerlichste Gestank umwehte, der mir je in die Nase gestiegen war. Er stieß mich ab, im wahrsten Sinne des Wortes. Es war der gleiche Käsegestank, den so mancher Penner in der New Yorker U-Bahn ausströmt, jener Mief, mit dem man ganze U-Bahn-Waggons in Null Komma nichts leeren kann. Und egal, wie weit ich zurücktaumelte, der Gestank nahm kein bißchen ab. Er erfüllte das Zimmer bis in den hintersten Winkel.

Ich sah sie an, wie sie dort auf dem Bett lag, warm und willig. Es waren ihre Füße. Ihre Füße verpesteten den ganzen Raum.

Und dann kannte ich nur noch einen Gedanken:

Nichts wie weg hier.

KAPITEL 4

Wie küßt man ein Mädchen?

Der Abstand beträgt gerade mal fünf Zentimeter. Nicht gerade eine große Distanz, egal, wie man es drehen und wenden mag. Um sie zu überwinden, muß man sich nur minimalst bewegen. Und doch handelt es sich wohl um die heikelste Distanz, die ein Mann je zu überwinden hat. Es ist der Augenblick, in dem er all die Privilegien aufgeben muß, die seit jeher sein Geburtsrecht sind, der Moment, in dem er seinen Stolz, sein Ego und sein Selbstbewußtsein hintansetzen muß, nur noch darauf hoffen kann, nicht urplötzlich die Wange hingehalten zu bekommen oder, noch schlimmer, mit der alten Laß-uns-Freunde-bleiben-Leier abgefertigt zu werden.

Während ich Abend für Abend loszog, um mich für Mysterys

neuen Workshop fit zu machen, entwickelte ich mehr und mehr Routine. Alles funktionierte bestens – zumindest bis zu einem bestimmten Punkt. Zurückweisung war keine Option. Ich wußte, wie man Kontakt zu einer Gruppe aufnimmt, wußte mit den meisten Unwägbarkeiten umzugehen und verließ selten einen Club ohne Telefonnummer und das Versprechen, sich so bald wie möglich wiederzusehen.

Auf dem Nachhauseweg ließ ich die Ereignisse des jeweiligen Abends stets noch einmal Revue passieren und überlegte, in welcher Hinsicht ich mich noch verbessern konnte. Wenn ein Annäherungsversuch nicht geklappt hatte, zerbrach ich mir den Kopf, wie ich meine Tour verfeinern konnte, überlegte, in welchem Winkel man am besten steht, wann man einem Girl den Rücken zudreht oder wie man sie kurzzeitig am ausgestreckten Arm verhungern läßt. Wenn keine Telefonnummer heraussprang, schmierte ich das keineswegs dem betreffenden Mädel aufs Brötchen, so wie viele andere Aufreißer, die dann von »prüder Zicke« sprachen. Ich fragte mich, was ich selbst falsch gemacht hatte, analysierte jedes Wort, jede Geste und Reaktion, um meine taktischen Fehler ins Auge zu fassen.

In einer Einführung über NLP hatte ich gelesen, so etwas wie Versagen gäbe es nicht – vielmehr käme es darauf an, nicht aufzustecken, immer weiter zu lernen und zu üben. Genau das wollte ich tun, bis ich auch den letzten Fehler ausgemerzt hatte. Vor Mysterys Schülern würde ich beweisen müssen, was ich draufhatte – und ein öffentlicher Schnitzer würde meine ganze Glaubwürdigkeit zunichte machen. Wenn ich versagte, wäre in Kürze im Internet zu lesen, daß Style ein Hochstapler und Heißluftgebläse war.

Und dann gab es da noch ein Problem, das ich einfach nicht lösen konnte. Opener, Dämpfer, Kurswertsteigerung: All das beherrschte ich perfekt, sackte auch so gut wie immer die begehrte

Telefonnummer ein – doch ich wußte nicht, wie es danach weitergehen sollte. Das hatte mir nämlich niemand beigebracht.

Klar, rein technisch gesehen wußte ich, wie der Hase lief. Laut Mystery mußte man ja nur vier Worte sprechen: »Willst du mich küssen?« Aber ich brachte es einfach nicht über mich. Wenn ich erst mal die ganze Klaviatur rauf und runter gespielt hatte, um ein Girl anzubaggern (egal, ob es sich um eine halbe Stunde in einem Club oder eine halbe Ewigkeit bei unserem nächsten Treffen handelte), war ich viel zu schüchtern, die zart geknüpften Bande, das eben gewonnene Vertrauen auf die Probe zu stellen. Solange ich keinen klaren Anhaltspunkt dafür hatte, daß das betreffende Girl sexuell an mir interessiert war, argwöhnte ich stets, daß sie sowieso bloß denken würde, ich sei ja doch wie all die anderen Typen, sobald ich ihr die große Frage stellte.

Schuld war diese idiotische EFL-Denke. In meinem Kopf war ich immer noch ein netter Bursche, von dem ich mich schleunigst verabschieden mußte. Leider blieb mir dafür keine Zeit mehr, da wir kurz darauf nach Belgrad flogen.

KAPITEL 5

Es war ein ausgesprochen produktiver Flug gewesen. Mystery hatte mir die verschiedensten Tricks beigebracht, mich in die Grundlagen des Runenlesens eingeweiht und mir obendrein gezeigt, wie man brennende Zigaretten verschwinden lassen kann. Leider hatten wir uns für unseren Belgrad-Trip offenbar die schlimmste Zeit des Jahres ausgesucht. Die Straßen waren voller Eis und Schneematsch, als Marko uns zu seinem Apartment fuhr – in seinem Mercedes Baujahr '87, dessen Räder kurz blockierten, sobald er in den zweiten Gang schaltete.

Mystery, der seine ungewaschenen Haare zu einem fettigen Pferdeschwanz zusammengebunden hatte, wühlte auf dem Rücksitz in seinem Rucksack und kramte einen langen schwarzen Mantel hervor. Das untere Drittel hatte er abgeschnitten und statt dessen ein schwarzes, mit Sternen verziertes Stück Stoff angenäht; nun sah der Mantel aus wie ein Gewand aus der Shakespeare-Requisite. Auf seinen Plastikring hatte er ein Auge gemalt. Letztlich war er eine farblose Schnarchnase, die noch weniger aufgefallen wäre als ich selbst. Seine größte Illusionskunst bestand darin, sich selbst in einen hochattraktiven Player zu verwandeln, sobald er um die Häuser zog.

Er musterte mich. »Du solltest dir den Schädel rasieren«, sagte er.

»Vergiß es. Nachher zeigt sich noch, daß ich eine komische Kopfform habe.«

»Wie wär's mal mit 'nem Blick in den Spiegel? Du trägst 'ne Brille, weil du schlecht siehst. Du trägst einen Hut, um deine Pläte zu kaschieren. Du bist leichenblaß und siehst aus, als hättest du seit der Schule keinen Trainingsraum mehr von innen gesehen. Okay, du machst dich gut, weil du ein smarter Typ bist und schnell dazulernst. Trotzdem solltest du dich langsam mal um dein Äußeres kümmern. Wenn du Style sein willst, dann zeig auch Style. Also: Rasier dir die Birne, laß dir die Augen lasern und geh in die Muckibude.«

Ja, er war eine farblose Schnarchnase – mit durchschlagenden Argumenten.

Er wandte sich zu Marko. »Gibt's hier 'nen Friseur in der Nähe?«

Leider gab es einen. Marko fuhr um die Ecke, und kurz darauf betraten wir einen leeren Frisiersalon, in dem ein älterer Serbe auf Kundschaft wartete. Mystery drückte mich in den nächsten

Stuhl und wies Marko an, den Friseur zu instruieren. Dann überwachte er genau, daß der Barbier bis zur blanken Kopfhaut durchrasierte.

»Glatze ist so lange uncool, bis man sich freiwillig eine verpaßt«, sagte er. »Falls ein Girl fragt, sag einfach: ›Ich hatte Haare bis zum Arsch, wollte mein bestes Stück aber nicht länger der Menschheit vorenthalten.‹« Er lachte. »Oder du sagst: ›Unter Ringern ist das schon lange angesagt‹.«

Ich nahm mir vor, beide Sprüche so schnell wie möglich auf meinem Spickzettel zu notieren.

Als der Barbier fertig war, sah ich in den Spiegel, aus dem mir ein Chemotherapie-Patient entgegenstarrte.

»Top«, sagte Mystery. »Und jetzt checken wir erst mal, ob's hier irgendwo ein Sonnenstudio gibt. Wart mal ab – in Null Komma nichts haben wir dich in eine megacoole Sau verwandelt.«

»Okay. Aber die Augen laß ich mir nicht in Serbien lasern.«

Als ich schließlich braungebrannt und mit kahlrasiertem Schädel auf der Straße stand, war mein erster Gedanke, wieso ich diese Operation nicht schon längst in Angriff genommen hatte. Ich sah tausendmal besser aus als zuvor. Auf der Attraktivitätsskala war ich um mindestens anderthalb Punkte nach oben gerückt. Kaum waren wir in Belgrad angekommen, begann unser Trip schon erste Früchte zu tragen.

Marko sah aus, als könne er ebenfalls eine kleine Stilrenovierung vertragen. Grobknochig und um die 1,86 groß, war er um einiges hagerer als die meisten Serben; er hatte einen olivfarbenen Teint und einen überproportional großen Kopf, der ihn wie eine Figur aus den *Peanuts* wirken ließ. Er trug einen Wollmantel, der eine Nummer zu groß war, ein dickes graues Sweatshirt mit weißen Flecken und einen cremefarbenen Rollkragenpullover, aus dem sein Kopf wie der einer Schildkröte hervorlugte.

Marko hatte seinen Collegeabschluß in Amerika gemacht.

Leider war es ihm nicht gelungen, anschließend wie geplant Fuß in der Promi-Szene zu fassen, weshalb er nach Serbien zurückgegangen war, wo sich sein Vater mehr als nur eines gewissen Rufs als Maler erfreute.

Er fuhr mit uns zu seinem Ein-Zimmer-Apartment; die Einrichtung bestand lediglich aus einer alten Pritsche und einem Doppelbett. Da es keinen Schlafsack oder ein Sofa gab, beschlossen wir, uns abwechselnd das Doppelbett zu teilen.

Während Mystery unter die Dusche ging, zog Marko mich beiseite.

»Was ist denn das für ein Typ?«

»Was meinst du?«

»He, der Bursche ist doch total unter unserer Würde. Wir haben eine erstklassige Ausbildung, die besten Unis besucht. So jemand paßt nicht in unsere Kreise. Der ist hier fehl am Platz.«

»Weiß ich. Du hast ja recht. Aber vertrau mir. Er wird dein Leben verändern, das garantiere ich.«

»Warten wir's ab«, sagte Marko. »Letzten Monat habe ich die Frau meines Lebens kennengelernt, und ich will's mir nicht mit ihr vermasseln. Nicht, daß er mich mit seinen Aufreißertricks noch in Schwierigkeiten bringt.«

Seit Marko wieder nach Belgrad gezogen war, hatte er kein einziges Date gehabt. Vor ein paar Wochen hatte er allerdings durch einen Freund ein Mädchen namens Goca kennengelernt und war sich hundertprozentig sicher, sie sei die Frau seines Lebens. Er hatte ihr Blumen geschenkt, sie zum Essen eingeladen und hinterher nach Hause gebracht – ganz der perfekte Gentleman.

»Hast du schon mit ihr geschlafen?« fragte ich.

»Nein. Wir haben uns noch nicht mal geküßt.«

»Dein Verhalten ist EFL pur, Alter. Ich sage dir, eines Abends wird sie irgendein Typ in irgendeinem Club anquatschen, sie fragen, ob sie glaubt, daß Magie funktioniert, und sie anschließend abschleppen. Sie will etwas erleben. Sex haben. So wie alle Girls.«

»So eine ist sie nicht«, sagte Marko. »Die Mädchen hier sind nicht solche Flittchen wie die in L. A.«

Wir Profi-Aufreißer hatten einen Namen für seine Krankheit: die Die-oder-keine-Seuche. Unter EFLs ist sie weitverbreitet, unter Losertypen, deren Gedanken sich von morgens bis nachts um ein Mädchen drehen, mit dem sie weder flirten geschweige denn ins Bett gehen; am Ende verzetteln sie sich derart in ihrer hoffnungslosen Begierde, daß sie sie mit ihrer Befangenheit vergraulen. Aufriß-Experten empfehlen als Heilmittel, durch die Clubs zu ziehen und erst mal mit einem Dutzend anderer Mädchen in die Kiste zu steigen – danach weiß man, ob das so überaus begehrte Blümchen tatsächlich die Traumfrau fürs Leben ist.

KAPITEL 6

Die schwarze Tasche, mit der ich mich für unseren Belgrad-Workshop bewaffnete, war von Armani, etwa so groß wie ein gebundenes Buch und hatte einen Schulterriemen, den ich mir kunstvoll um den Leib schlang. In der Tasche befand sich meine Ausrüstung; die zum Profi-Baggern notwendigen Requisiten beanspruchten zuviel Platz, um in meine vier Hosentaschen zu passen. So gut wie jeder anspruchsvolle Aufreißer hatte so eine Tasche. In meiner befanden sich folgende Gegenstände:

1 PÄCKCHEN KAUGUMMI, WRIGLEY'S BIG RED

Egal, welche Tricks man draufhat – mit Mundgeruch hat man gleich verloren.

1 PÄCKCHEN KONDOME, TROJAN, GEFÜHLSECHT

Ein Muß, nicht nur für den Fall der Fälle, sondern auch als psychologische Unterstützung: allzeit bereit.

1 BLEISTIFT, 1 KUGELSCHREIBER

Für Telefonnummern, Notizen, magische Tricks und Handschriftenanalyse.

1 KLEIDERFUSSEL

Für den Flusen-Opener. Auf das betreffende Girl zugehen, wortlos die Fussel (gut in der Hand verbergen) von ihrer Kleidung klauben und sagen: »Du willst doch nicht den ganzen Abend so rumlaufen, oder?«

1 UMSCHLAG MIT SORGFÄLTIG AUSGEWÄHLTEN FOTOS

Für die Foto-Masche.

1 DIGITALKAMERA

Für die digitale Foto-Masche. Drei Fotos mit der betreffenden Süßen machen: eins, auf dem sie in die Kamera lächelt, dann ein ernstes, und schließlich eins, auf dem sie Küßchen gibt (Wange oder Lippen). Hinterher die Bilder mit ihr zusammen ansehen und beim dritten Foto sagen: »Hübsches Pärchen, was?« Wenn sie Zustimmung signalisiert: alles im Lack.

1 BOX TIC-TACS

Für die Tic-Tac-Masche. Zwei Tic-Tacs in die Hand nehmen, sich das erste in den Mund stecken, genüßlich lutschen und ihr die andere anbieten. Nimmt sie an, folgenden Spruch absondern: »Sorry, ich hab's mir anders überlegt. Ich will mein Tic-Tac zurück.« Dann küssen.

LIPPENBALSAM, ABDECKSTIFT, EYELINER, KOSMETIKTÜCHER

Make-up für Männer (optional).

SPICKZETTEL, DREI SEITEN
Eine Seite mit bewährten Tricks zur Gedächtnisauffrischung. Zwei Seiten mit neuen Sprüchen zum Antesten.

1 SET RUNENSTÄBCHEN
Fürs Runenlesen.

1 NOTIZBUCH
Für Telefonnummern, Notizen, magische Tricks und Ross Jeffries' leicht bescheuerte Skizzen-Nummer. Mit bierernster Miene ein Girl porträtieren, zwischendurch so was fallen lassen wie: »Du inspirierst mich wie keine andere.« Ihr anschließend die entstandene Mondgesicht-Schmiererei zeigen, Titel: »Halbwegs hübsche Tussi im Coffee-Shop, 2005«.

1 LEUCHTKETTCHEN
Fällt im Dunkeln immer auf. Und genau darum geht's ja.

FAKE PIERCINGS FÜR OHREN UND LIPPEN
Körperschmuck (optional).

1 MINI-DIGITAL-RECORDER
Um die Aufrisse des Tages zu dokumentieren und hinterher in aller Ruhe zu analysieren.

2 HALSKETTCHEN AUS DEM RAMSCH, 2 BILLIGE DAUMENRINGE
Geschenke für Girls nach gelungenem Anbaggern. Spruch: »Du weißt schon, was dir gehört und was mir, oder?« Dann lässig Halskettchen oder Daumenring abstreifen, ihr anlegen, sie küssen und fortfahren: »Das bleibt meins. Nur eine kleine Erinnerung, bis wir uns das nächste Mal sehen. Dann krieg ich's wieder, klaro?« Sobald sie verschwunden ist, Halskettchen oder Daumenring ersetzen.

1 SCHWARZLICHTLÄMPCHEN
Immer gut, um Flusen und Fusseln bei den Girls aufzuspüren – ein definitiver Dämpfer.

4 PARFÜMPROBEN
Guter Duft zieht immer. Obendrein nützlich für die Männerduft-Masche: Je einen Spritzer Parfüm auf beide Handgelenke geben. Ein Mädel riechen lassen und sie fragen, welcher Duft ihr besser gefällt. Ihre Wahl hinterher mit Kugelschreiber markieren. Alle Resultate am Ende des Abends auswerten und den perfekten Anmachduft extrapolieren.

DIVERSE MAGISCHE TRICKS
Gedankenlesen, Zigaretten verschwinden lassen oder Bierflaschen in die Luft beamen – wenn die Frauen staunen, ist das die halbe Miete.

Ja, ich fuhr verdammt schweres Geschütz auf. Schließlich war dies auch der erste Workshop, an dem ich als Eskorte teilnahm, und es ging um nichts weniger als um meinen Ruf.

Da ich vergessen hatte, Mystery darüber zu informieren, daß die Gebühr für seinen Workshop in etwa dem halben Jahreseinkommen eines durchschnittlichen serbischen Arbeitnehmers entsprach, kamen die meisten unserer Kursteilnehmer aus dem Ausland. Wir trafen uns mit ihnen im Ben Akiba, einem schicken Café im Zentrum Belgrads. Exoticoption war ein Amerikaner, der in Italien studierte und mit dem Zug gekommen war; Jerry aus München war von Beruf Skilehrer und Sasha ein gebürtiger Serbe, der in Österreich studierte.

Menschen, die sich nicht kennen, fällen innerhalb von Sekunden Urteile über ihr Gegenüber; Hunderte von kleinen Details, von der Kleidung bis zur Körpersprache, setzen sich zu einem ersten Eindruck zusammen. Mysterys Aufgabe – die nun mir zufiel – war es, selbige Details zu erkennen und aus seinen Kursteilnehmern professionelle Aufreißer zu machen.

Exoticoption war cool; tatsächlich war er so obercool, daß es sich nachteilig für ihn auswirkte. Jerry hatte Mutterwitz, kam aber auf den ersten Blick als proletenhaft rüber. Und Sasha – tja, er hatte eine Generalüberholung bitter nötig. Er würde schon Probleme haben, überhaupt mit einem Mädchen ins Gespräch zu kommen; er sah aus wie ein junger Gänserich mit Akne.

Diesmal war es an mir, nacheinander jedem ins Gesicht zu schauen und die üblichen Fragen zu stellen: »Wo liegt dein Top Score?«, »Wo liegen deine Handicaps?« und »Mit wie vielen Girls willst du ins Bett?«

Exoticoption war zwanzig und hatte mit zwei Frauen geschlafen. »Ich habe kein Problem damit, auf Mädchen zuzugehen«, begann er, während er den linken Arm lässig um die Lehne des Stuhls neben sich legte. »Aber wenn's dann ans Eingemachte geht, kriege ich's einfach nicht hin. Selbst wenn ich eindeutige Signale empfange, gelingt es mir trotzdem nicht, die betreffende Frau abzuschleppen.«

Jerry war dreiunddreißig und hatte mit drei Frauen geschlafen. »In Coffeeshops und Läden mit geringerem Geräuschpegel habe ich keine Probleme, aber in Clubs fühle ich mich irgendwie unwohl.«

Sasha war zweiundzwanzig und sagte, er habe mit einer Frau geschlafen, obwohl wir das insgeheim für übertrieben hielten. »Aufreißen ist wie *Dungeons and Dragons,* deshalb stehe ich so drauf. Wenn ich einen neuen Dämpfer oder Baggerspruch an die Hand kriege, ist das so, als hätte ich plötzlich magische Kräfte.«

Nacheinander brachten sie ihre Ängste zur Sprache. Mein Job war es, sie ins Spiel zu bringen. Und dazu mußte ich ihnen einimpfen, was ich selbst mittlerweile verinnerlicht hatte.

Die theoretische Seite des Workshops war ein Klacks. Ich brauchte lediglich den Stichwortgeber für Mystery zu mimen, der sich ohnehin nur allzugern reden hörte. Das eigentliche Problem war der praktische Part.

Zuerst ließen wir unsere Kursteilnehmer in einer Bar loslegen. Wir sahen ihnen zu, wie sie Kontakt zu verschiedenen Sets – ein Set ist eine Gruppe an einem öffentlichen Ort, also: Pärchen = Zweierset, Trio = Dreierset und so weiter – aufnahmen, begutachteten ihre Körpersprache und die Reaktionen der anvisierten Frauen.

Zwischendurch gaben wir ihnen Feedback:

»Nicht so weit nach vorne lehnen, das vermittelt bloß den Eindruck, als würdest du nach ihr geiern. Einfach locker dastehen und leicht auf den Fersen kippeln, als wolltest du jeden Moment wieder weg.«

»Du hättest nicht so lange stehenbleiben sollen, das kommt nicht gut. Hock dich in Zukunft lieber dazu und setz dir ein Zeitlimit. Am besten, du sagst so was wie: ›Sorry, aber ich muß gleich weg, meine Kumpels warten auf mich.‹ Damit vermeidest du, deiner Zielpersonen den Eindruck zu vermitteln, sie den ganzen Abend nerven zu wollen.«

Sashas Performance war absolut unsäglich. Er stotterte sich durch seine Sprüche und starrte auf seine Schuhe; er hatte auch nicht das kleinste bißchen Selbstvertrauen. Die Mädchen hörten ihm nur aus Höflichkeit zu.

Dann fielen mir zwei Girls an der Bar ins Auge, eine süße Schwarzhaarige und eine große Blonde mit Sonnenstudiobräune, tiefen Grübchen und Bo-Derek-Zöpfen. Beide strahlten pure Energie und Selbstbewußtsein aus. Das würde alles andere als ein einfacher Set werden. Also genau die richtige Bewährungsprobe für Sasha, wie ich fand.

»Nimm dir die beiden Girls da drüben vor«, wies ich ihn an. »Sag ihnen, du würdest ein paar Freunden aus Amerika die Stadt zeigen. Frag sie, welche Clubs sie empfehlen können.«

Es handelte sich um eine Mission, die von vornherein zum Scheitern verurteilt war. Schüchtern näherte sich Sasha von hinten und versuchte mehrmals, Aufmerksamkeit auf sich zu lenken. Als ihm das schließlich gelungen war, kam das zweite Problem: das Interesse der beiden nicht erlahmen zu lassen. Wie so viele Typen konnte er nicht richtig kommunizieren; wie all den anderen fehlten ihm schlicht Power und Entschiedenheit. Nach all den Jahren der Beklommenheit und der sozialen Ächtung hatte sich seine Lebensfreude irgendwo tief in seinem Körper in Sicherheit gebracht. Wann immer er den Mund öffnete, vermittelte er alles andere als den Eindruck, sein lasches Gemurmel habe etwas zu bedeuten. Die von ihm ausgehende Message war klar: Eigentlich will ich gar nicht beachtet werden.

»Laß gehen«, sagte Mystery zu mir, während er kopfschüttelnd zusah, wie sich Sasha mit der Blonden abquälte.

»Was?«

»Zeig ihm, wie's gemacht wird. Damit die Jungs kapieren, was du draufhast.«

Die Angst sitzt einem in der Brust wie eine klamme Faust, die sich urplötzlich um das Herz klammert. Und dann spürt man sie richtig. Der Magen will sich einem umdrehen. Dazu kommt der Kloß im Hals. Man schluckt, um das trockene Gefühl in der Kehle zu vertreiben, während man inständig hofft, daß klare, selbstbewußte Worte herauskommen, wenn man den Mund öffnet. Auch wenn ich inzwischen verdammt viel dazugelernt hatte, ging mir der Arsch augenblicklich schwer auf Grundeis.

Frauen sind generell um einiges sensibler als Männer. Sie kriegen es sofort spitz, wenn ihnen jemand etwas vormachen will. Deshalb muß ein echter Profi-Aufreißer entweder eins sein mit seiner Masche – eben wirklich daran glauben, was er tut – oder ein oscarverdächtiger Schauspieler sein. Jemand, der sich beim Anbaggern darum kümmert, was sein Gegenüber von ihm denkt, ist von Anfang an zum Scheitern verurteilt. Jemand, der darüber nachdenkt, einem Girl an die Wäsche zu gehen, bevor sie den Inhalt seiner Hose wahrgenommen hat, wird ebenfalls unweigerlich in die Röhre gucken. Aber so funktionieren eben die meisten Männer. Auch Sasha, von meiner Wenigkeit ganz zu schweigen. Und warum? Es ist eben unsere Natur.

Mystery bezeichnet das Ganze als dynamische soziale Homöostasis. Einerseits sind wir getrieben von unserem überwältigenden Verlangen, Sex zu haben, andererseits setzt ein Selbstschutzmechanismus ein, sobald wir einen Annäherungsversuch wagen; schließlich wollen wir uns nicht zum Affen machen. Mystery zufolge ist diese Angst in den Anfängen der Menschheit verwurzelt; als die Menschen noch in Stämmen zusammenlebten, bekamen es alle mit, wenn ein Mann von einer Frau zurückgewiesen wurde. Zurückweisung heißt, mehr oder weniger aus der Gemeinschaft ausgestoßen zu werden und seine Gene nicht weitergeben zu können.

Während ich auf die beiden Mädels zusteuerte, versuchte ich die Angst in meiner Brust zu vertreiben und die Situation rein rational anzugehen. Sashas Problem war seine Position. Die Frauen saßen an der Bar, und er hatte sich ihnen von hinten genähert – weshalb sie sich zu ihm umdrehen mußten.

Sobald sie genug von ihm hatten, brauchten sie sich bloß wieder in Richtung Bar zu drehen; womit er im Handumdrehen abserviert war.

Ich warf einen Blick zurück. Mystery und unsere beiden anderen Kursteilnehmer beobachteten mich mit Argusaugen. Jetzt kam es auf den richtigen Annäherungswinkel an. Von rechts näherte ich mich der Schwarzhaarigen – dem letzten Hindernis zwischen mir und der Blonden.

»Hi.« Das kam mehr als Krächzer rüber, weshalb ich mich kurz räusperte. »Ich bin Sashas Kumpel aus den Staaten. Habt ihr ihm schon irgendwelche Clubs empfohlen?«

Ich spürte, daß sowohl die Girls wie auch Sasha erleichtert waren, daß endlich jemand das Gespräch auflockerte.

»Also, im Reka kann man abends echt gut essen«, sagte die Schwarzhaarige. »Und am Hafen gibt's ein paar Schiffe, auf denen die Post abgeht – die Lukas, die Kruz und die Exil. Im Underground und im Ra soll auch einiges los sein, aber da war ich noch nicht.«

»He, da fällt mir noch was ein«, sagte ich. Jetzt lief alles wie von selbst. »Ich würde euch gern was fragen. Glaubt ihr an Magie?«

Inzwischen war es pure Routine für mich, die Magie-Nummer anzuwenden: eine kleine Story über einen Freund, der von einer Frau mit einem Liebes-Zauberspruch verhext worden war. Während sich meine Lippen bewegten, plante ich in Gedanken schon strategisch voraus. Ich mußte mich neu positionieren, um an die Blonde heranzukommen. Ja, ich wollte meinem Schüler sein Girl abspenstig machen. Aber er hätte ja ohnehin nicht den Hauch einer Chance gehabt.

Als ich mit meiner Story fertig war, sagte ich: »Ich frage deshalb, weil ich eigentlich gar nicht an so was glaube. Aber es gibt Sachen, die sind wirklich erstaunlich.« Ich richtete das Wort an die Blonde. »Ich würde dir gern kurz was zeigen.«

Ich begab mich auf die andere Seite der Barhocker und stand nun direkt neben meiner Zielperson.

Nachdem ich sie jetzt genau im Visier hatte, hätte ich mich eigentlich ebenfalls setzen müssen, um eine etwas intimere Atmosphäre zu erzeugen. Leider war kein Barhocker frei, weshalb ich kurzerhand improvisierte. »Gib mir deine Hände«, bat ich. »Am besten, du stehst einen Moment auf.«

Sobald sie vor mir stand, schlüpfte ich an ihr vorbei und pflanzte mich auf ihren Barhocker. Nun stand ich im Mittelpunkt, hatte alles perfekt im Griff, während ich sie an den Rand des Geschehens gedrängt hatte. So und nicht anders funktioniert die Wissenschaft der Annäherung – wie ein präzise durchgeplantes Schachspiel.

Ich lachte. »Aufgestanden, Platz vergangen.«

Lächelnd verpaßte sie mir einen nicht ernstgemeinten Schlag auf den Arm. Das Spiel hatte begonnen.

»War nur Spaß«, fuhr ich fort. »Bleib so. Wir machen ein klei-

nes parapsychologisches Experiment. Ich habe aber nicht lange Zeit, okay?«

Ihr machte das Ganze sichtlich einen Riesenspaß, und das, obwohl ich die Zahl, an die sie denken sollte, nicht erriet (es war die Zehn). Als wir uns anschließend locker unterhielten, trat Mystery zu Sasha und flüsterte ihm zu, er solle die Schwarzhaarige zutexten, damit sie mir nicht die Tour vermasselte.

Marko hatte recht gehabt: Die Mädchen hier waren absolut atemberaubend. Obendrein waren sie extrem gebildet und sprachen zu meiner Erleichterung fast besser Englisch als ich selbst. So eine Frau hatte ich lange nicht getroffen; sie war schlicht entzückend und zudem höchst belesen.

Schließlich sah ich auf die Uhr und sagte, ich würde sie gern wiedertreffen. Sie kramte einen Kuli aus ihrer Handtasche und schrieb mir ihre Telefonnummer auf. Mystery würde hochzufrieden mit mir sein und unsere Schüler schwer beeindruckt. Tja, Style war eben ein echter Könner.

Sasha schwafelte immer noch auf die Schwarzhaarige ein. Ich flüsterte ihm ins Ohr: »Sag ihr, wir müssen gehen, und frag sie nach ihrer E-Mail.« Und, oh Wunder, sie gab sie ihm sogar.

Gemeinsam verließen wir den Laden. Sasha war nicht wiederzuerkennen. Mit feuerroten Wangen hüpfte er die Straße entlang wie ein kleiner Junge, während er irgend etwas auf Serbisch sang, auf seine eigene, unbeholfene Weise ganz in Einklang mit sich selbst. Es war das erste Mal, daß er die E-Mail-Adresse eines Girls ergattert hatte.

»Mann, bin ich happy«, rief er. »Das ist wahrscheinlich der schönste Tag meines Lebens.«

Wie jeder weiß, der regelmäßig die Zeitung liest, läßt sich ein hoher Prozentsatz von Gewaltverbrechen, von Entführungen bis zu Amokläufen, auf sexuelle Frustration und enttäuschte Leidenschaft zurückführen. Indem wir Burschen wie Sasha sozialisierten, machten wir die Welt ein Stückchen sicherer.

Mystery, der eine Frau namens Natalija klargemacht hatte, drückte mich an sich und preßte mein Gesicht an seinen Zaubermantel. »Ich bin stolz auf dich«, sagte er. »Und nicht nur, weil du die Kleine so locker aufgerissen hast. Nein. Ich bin stolz auf dich, weil du unseren Schülern gezeigt hast, was alles möglich ist.«

In genau diesem Augenblick ging mir auf, was die Kehrseite unserer Aktionen war. Männer und Frauen – durch meine Glanznummern schien die Kluft zwischen den Geschlechtern nur größer und größer zu werden. Frauen waren für mich nur mehr Objekte, die mich in meinen Erfolgen als Profi-Aufreißer bestätigten. Sie waren meine Dummies, die sich letztlich nur durch ihre Haarfarben und die Einordnung auf meiner persönlichen Attraktivitätsskala unterschieden – eine blonde Sieben, eine brünette Zehn. Selbst wenn ich ein echtes, tiefgehendes Gespräch mit einer Frau führte, etwas über ihre Träume und Ansichten erfuhr, hakte ich sie am Ende doch nur routinemäßig ab. In meiner neuen Männerclique entwickelte ich ein zunehmend ungesundes Verhältnis zum anderen Geschlecht. Doch was mir am meisten zu denken gab, war, daß mich meine neue Weltsicht bei Frauen nur um so erfolgreicher machte.

KAPITEL 7

Manche Girls sind anders als die anderen.

Jedenfalls glaubte Marko das. Auch Mysterys Workshop hatte ihn keineswegs bekehrt. Er beharrte darauf, daß Goca nicht so wie die anderen Flittchen sei. Sie kam aus bestem Hause, war kultiviert und hatte moralische Prinzipien, ganz im Gegenteil zu den materialistischen Schlampen, die sich in den Clubs herumtrieben.

All das hatte ich schon von Dutzenden anderer Typen gehört. Und wenn ich von unserer Aufreißer-Community erzählt hatte, hatten ebenso viele Frauen lässig abgewinkt: »So was würde bei mir nie im Leben funktionieren.« Ausnahmslos alle hatten ein paar Minuten oder Stunden später Telefonnummern oder Zungenküsse mit einem von uns ausgetauscht. Je smarter das Mädel, desto besser funktionierte die Profi-Masche. Partygirls mit chronischem Aufmerksamkeitsdefizit haben meist gar nicht die Geduld, einem ihr Ohr zu leihen. Intelligentere und aufgeschlossenere Frauen hingegen können nicht nur zuhören, sondern tun es auch – mit dem Ergebnis, daß sie sich im Nu in den gelegten Fallstricken verfangen.

An Silvester gingen Mystery und ich zusammen mit Marko und Goca aus – seiner Die-oder-keine-Seuche. Marko trug einen grauen Anzug, holte sie um acht zu Hause ab, öffnete ihr zuvorkommend die Wagentür und überreichte ihr ein Dutzend rote Rosen. Sie wirkte intelligent, wohlhabend und wohlerzogen. Sie war von kleiner Statur, hatte langes kastanienbraunes Haar und sanfte Augen; wenn sie lächelte, zog sich ihr einer Mundwinkel etwas mehr nach oben als der andere. Ja, Marko hatte recht: Sie sah tatsächlich aus wie für die Ehe gemacht.

Wir feierten in einem Restaurant mit traditioneller serbischer

Küche; es gab reichlich Fleisch und Paprika. Die Beschallung war pure Anarchie: Vier Blaskapellen zogen durch die Räumlichkeiten und gaben eine Kakophonie von Parademärschen zum besten. Ich behielt Marko und Goca den ganzen Abend diskret im Auge, um zu sehen, was zwischen ihnen abging.

Sie saßen da wie bestellt und nicht abgeholt. Wenn sie ein paar Worte über das Essen, den Service und das Drumherum wechselten, blieb alles steif und förmlich. »Hat der Kellner dir doch glatt mein Steak hingestellt, ha, ha.« Die angespannte Atmosphäre trieb mich allmählich in den Wahnsinn.

Nein, Marko war wahrlich kein Naturtalent. Schon zu unserer Schulzeit war er nicht gerade superpopulär gewesen; er war eben Ausländer, hatte obendrein den Spitznamen »Kürbiskopf«, und seine Mitgliedschaft bei den Jungrepublikanern trug auch nicht gerade zu seiner Beliebtheit bei. Als sich unsere Schulzeit dem Ende zuneigte, war er womöglich noch schlimmer dran als meine Wenigkeit – immerhin hatte ich schon mal ein Mädchen geküßt.

Auf dem College unternahm er seine ersten Schritte, um Eindruck auf das andere Geschlecht zu machen. Er kaufte sich eine Lederjacke, machte einen auf aristokratischer Dandy, ließ sich die Haare à la Terence Trent D'Arby verlängern und schaffte sich einen Mercedes an. Damit lenkte er durchaus den einen oder anderen Blick auf sich; ja, er hatte sogar ein paar Freundinnen. Es dauerte allerdings noch sechs Semester, bis er sich nicht mehr genierte, sich an die Wäsche gehen zu lassen, vor allem dank des psychologischen Beistands seines Kommilitonen Dustin. Der süße Geschmack dieser ersten Eroberungen hatte Marko veranlaßt, noch drei weitere College-Jahre dranzuhängen; er sonnte sich so lange in seinen Erfolgen beim weiblichen Geschlecht, bis er im siebten Jahr zwangsexmatrikuliert wurde.

Zu Markos etwas absonderlichen Gewohnheiten gehört übrigens, daß er nachts stundenlang zu duschen pflegt. Niemand hat je eine plausible Erklärung dafür gefunden, was er während dieser Zeit in der Dusche treibt – nun ja, sooo lange braucht nun wirklich kein Mensch zum Onanieren. Falls Sie zufällig einen Geistesblitz haben sollten, schicken Sie eine Mail an: ManOfStyle@gmail.com.

Nachdem ich eine satte Stunde lang zugesehen hatte, wie Marko stocksteif dasaß und gezwungen Konversation mit seiner Angebeteten betrieb, mußte ich etwas unternehmen. Ich griff zu meiner Kamera und zog Mysterys Foto-Masche mit den beiden ab. Ich bat sie, zusammen in die Linse zu lächeln, dann um ein Bild mit ernsten Gesichtern und zum Schluß um ein Kußfoto. Marko reckte seinen Hals wie ein kranker Hahn in ihre Richtung und gab ihr ein Küßchen auf die Wange.

»Nein, einen richtigen Kuß«, insistierte ich. Das, was dann kam, war so ziemlich der unbeholfenste Kuß, den ich je gesehen hatte.

Nach dem Dinner terrorisierten Mystery und ich das Restaurant, tanzten mit alten Männern, führten den Kellnern Zaubertricks vor und machten beim Flirten auch nicht vor verheirateten Frauen halt. Als wir an unseren Tisch zurückkehrten, sah Goca mich intensiv an; ihre Augen funkelten, während sie etwas in meinem Blick zu suchen schien. Das sah mir schwer nach Interessensindikator aus.

Mitten in der Nacht wachte ich auf, als ein warmer Körper zu mir unter die Decke schlüpfte. Eigentlich hätte Marko neben mir liegen sollen, mit dem ich gerade das Bett teilte, doch es war nicht Marko. Es war ein Frauenkörper. Und dann spürte ich zwei warme Hände, die meinen frisch rasierten Schädel liebkosten.

»Goca?!«

»Schhhh«, machte sie und sog sanft an meiner Oberlippe.

Ich entwand mich ihr. »Was ist mit Marko?«

»Er duscht gerade.«

»Hast du mit ihm …«

»Quatsch«, sagte sie verächtlich.

Goca und ich hatten den Rest des Abends schwer miteinander geflirtet; Mystery hatte sie ebenfalls mit Blicken angebaggert, auch wenn er völlig unbeteiligt getan hatte. Was sich nun eh erübrigte, nachdem sie zu mir ins Bett gekrochen war. Klar, sie hatte den einen oder anderen Drink gehabt, aber Alkohol hat noch nie jemanden dazu gebracht, etwas zu tun, was er nicht sowieso tun will; Alkohol beseitigt höchstens letzte Hemmschwellen, das ist alles. Und wie es aussah, wollte Goca einen Mann, der alle sechs Merkmale des Alphatiers in sich vereinte.

Keine Frage, man schläft nicht mit einer Frau, auf die es ein Freund abgesehen hat. Aber das ist leichter gesagt als getan – denn wenn sich ihr Körper sanft an einen schmiegt, man den Erdbeergeruch ihres Haarfestigers riecht und der Sturm der Leidenschaft über einen hinwegfegt, ist es nicht mehr ganz so einfach, nein zu sagen. Dazu ist sie schlicht ... zu nahe.

Ich fuhr ihr mit den Händen durchs Haar und strich mit den Fingernägeln zärtlich über ihre Kopfhaut. Ein wohliger Schauder durchlief ihren Körper. Unsere Lippen fanden sich, dann unsere Zungen, während sie ihre Brüste heftig an mich preßte.

Nein, ich konnte das nicht. »Ich kann das nicht.«

»Warum?«

»Wegen Marko.«

»Marko?« fragte sie, als habe sie den Namen noch nie gehört. »Klar, er ist süß, aber doch bloß ein Freund.«

»Hör zu«, sagte ich. »Du solltest lieber gehen. Wahrscheinlich kommt Marko jede Sekunde aus der Dusche.«

Fünfzig Minuten später verließ Marko das Bad. Ich hörte, wie er und Goca laut auf Serbisch miteinander stritten. Dann knallte eine Tür.

Mit gesenktem Kopf trat Marko ins Schlafzimmer und ließ sich auf das Bett sacken.

»Und?« fragte ich. Gefühle zu zeigen war noch nie seine Sache gewesen.

»Wann ist Mysterys nächster Workshop?«

KAPITEL 8

Ich brachte es einfach nicht. Da saß sie, mein supersüßer, supersmarter blonder Traum, direkt neben mir auf der Couch in einem Belgrader Café. Ihr Oberschenkel lag an meinem. Sie spielte mit ihrem Haar. Und ich zog den Schwanz ein.

Der große Style, der kommende Mega-Aufreißer, dessen unwiderstehlicher Anziehungskraft selbst Markos große Liebe nicht trotzen konnte, war noch immer zu gehemmt, um ein Mädchen zu küssen.

Meine Eröffnung war erste Sahne gewesen, aber der nächste Schachzug wollte mir nicht gelingen – ein Problem, mit dem ich mich vor unserer Abreise nach Belgrad hätte beschäftigen müssen. Jetzt war es jedenfalls zu spät. Ich war dabei, alles zu vermasseln. Ich hatte Angst, zurückgewiesen zu werden und hinterher wie ein begossener Pudel dazustehen.

Mystery hingegen kam mit Natalija – dreizehn Jahre jünger als er – bestens voran. Sie hatten keine Gemeinsamkeiten, sprachen nicht mal dieselbe Sprache, und dennoch saßen sie einträchtig nebeneinander. Er hatte die Beine übereinandergeschlagen und lehnte sich zurück, ließ sie arbeiten, um seine Aufmerksamkeit zu erlangen. Eine Hand auf seinem Knie, hing sie an seinen Lippen.

Hinterher brachte ich mein Date nach Hause. Ihre Eltern waren ausgeflogen. Ich hätte bloß fragen müssen, ob ich kurz das

Bad benutzen dürfte, und schon wäre ich oben gewesen. Aber ich brachte die Worte einfach nicht über die Lippen. Klar, unzählige geglückte Flirts hatten mich sicherer im Umgang mit dem anderen Geschlecht gemacht; auf andere wirkte ich wie der Hoffnungsträger von morgen, doch tief in mir wußte ich nur allzu genau, daß ich nichts weiter als ein Baggerkönig war, der über die erste Stufe nicht hinauskam. Um ein echter Profi-Aufreißer zu werden, mußte ich erst einmal jene mentale Barriere überwinden, die mir so schwer zu schaffen machte: meine Angst, zurückgewiesen zu werden.

Im Lauf meiner Verführungsrecherchen hatte ich auch *Madame Bovary* von Gustave Flaubert gelesen. Nun erinnerte ich mich daran, wieviel Mühe und Beharrlichkeit es den aristokratischen Dandy Rodolphe Boulanger de la Hutchette gekostet hatte, auch nur einen Kuß von der unglücklich verheirateten Madame Bovary zu bekommen. Aber sobald sie seinem Drängen nachgegeben hatte, war die Sache gelaufen. Ab diesem Zeitpunkt war sie von ihm besessen.

Eine der Tragödien des modernen Lebens besteht darin, daß Frauen im großen und ganzen gesellschaftlich benachteiligt sind, egal, wie viele Fortschritte in dieser Hinsicht im letzten Jahrhundert auch gemacht worden sind. In Sachen Partnerwahl aber geben sie unzweifelhaft den Ton an. Erst wenn sie ihre Wahl getroffen haben, ist der Mann wieder obenauf. Vielleicht ist das der Grund, warum Frauen – zum Frust so vieler Männer – zuweilen soviel Vorsicht walten lassen.

Um es in irgendeiner Disziplin zu etwas zu bringen, muß man stets Hindernisse überwinden und Herausforderungen meistern – eine Zeit der Mühen, die von Bodybuildern die Schmerzphase genannt wird. Diejenigen, die ihr Bestes geben, die sich von Schmerz, Erschöpfung, Rückschlägen und Schlimmerem nicht in die Knie zwingen lassen, werden am Ende die Champions sein.

Die anderen bleiben Dilettanten. Um eine Frau erfolgreich zu verführen, sie dazu zu bringen, sich für mich zu entscheiden, blieb mir nur eine Wahl: meine Bequemlichkeit zu überwinden und gnadenlos an mir zu arbeiten – eine Einsicht, die mich jäh überkam, während ich zusah, wie Mystery die schöne Natalija nach allen Regeln der Kunst um den kleinen Finger wickelte.

»Ich war vorhin beim Friseur«, sagte er zu ihr, als wir das Café verließen. »Diese Härchen im Nacken jucken wie die Hölle. Ich nehme jetzt erst mal ein Bad. Kommst du mit?«

Wie zu erwarten, gab Natalija kund, sie hielte das für keine so gute Idee.

»Oh, okay«, sagte Mystery. »Ich brauche jetzt jedenfalls dringend ein Bad. Ciao.«

Als er sich von ihr abwandte, fiel ihr die Kinnlade herunter. Offenbar schoß ihr durch den Kopf, daß sie ihn vielleicht nie wiedersehen würde. Wieder einer von Mysterys Tricks: das Pseudo-Adieu, wie er es nannte. Natürlich hatte er gar nicht vor, sie einfach stehenzulassen; er tat bloß so.

Er tat fünf Schritte – die er in Gedanken mitzählte –, wandte sich dann um und sagte: »Ich habe die Nase voll von dem beschissenen Apartment. Ich nehme mir jetzt ein Zimmer in dem Hotel da drüben und werde mich erst mal in der Badewanne ausstrecken.« Er wies hinüber zum Hotel Moskva. »Willst du vielleicht doch mitkommen? Ich kann dir natürlich auch eine E-Mail schicken, wenn ich wieder zurück in Kanada bin.«

Natalija zögerte einen Moment, trat dann aber zu ihm und hakte sich bei ihm ein.

Und in genau jenem Moment wurde mir der Fehler klar, den ich mein Leben lang gemacht hatte: Wer eine Frau erobern will, muß zuweilen das Risiko eingehen, sie gleich wieder zu verlieren.

LEKTION IV:

HINDERNISSE ELIMINIEREN

»EINEM MANN BLEIBT NUR EINE MÖGLICHKEIT, SEIN ALTES ICH ABZUSTREIFEN: INDEM ER SICH IN DEN AUGEN EINER FRAU NEU ERFINDET.«

clare boothe luce

THE WOMAN

KAPITEL 1

Die Qual der Wahl.

Da gibt es Ross Jeffries und seine Schule der Speed Seduction, die besondere Methoden verbaler Suggestion anwendet, um Girls richtig heiß zu machen. Oder Mystery und seine Methode, die darauf basiert, soziale Interaktion so zu manipulieren, daß man in jedem Club die schärfste Braut abschleppen kann. Oder David D'Angelo und sein Buch *Double Your Dating*, in dem er eine Mischung aus Humor und Arroganz propagiert, die er »rotzdreist« nennt und auf die offenbar jede Menge Mädchen hereinfallen. Oder Gunwitch und seine Gunwitch-Methode, bei der es schlicht darum geht, animalische Sexualität auszustrahlen und der betreffenden Frau so ungeniert auf die Pelle zu rücken, bis diese der Sache entnervt ein Ende macht. Sein fragwürdiges Motto: »Die Schlampen immer weiter treiben, bis sie dir den Finger zeigen.«

Dann wären da beispielsweise auch noch David X, David Shade, Rick H., Major Mark oder Juggler, der neueste Szene-Guru, der eines Tages aus dem Online-Nichts auftauchte und behauptete, er bräuchte bloß seinen Einkaufszettel vorzulesen, um mehr Weiber abzuschleppen als jeder andere Profi-Aufreißer. Und schließlich gibt es da noch die Heimlichtuer wie Steve P. und Rasputin, die ihre Techniken nur Auserwählten kundtun, die sie für würdig genug erachten.

Ja, man hat die Wahl unter Dutzenden von Mentoren; jeder hat seine ureigenen Methoden, und jeder von ihnen glaubt steif und fest, seine Strategie sei die einzig richtige. Und natürlich bekämpfen sich die Giganten in einem fort – Drohungen, Beleidigungen, Verleumdungen und gnadenloser Konkurrenzkampf sind an der Tagesordnung.

Mein Ziel war es, mir von allen Input zu holen. Ich hatte noch nie an irgendeine alleinseligmachende Wahrheit geglaubt, es stets bevorzugt, mich verschiedenster Quellen zu bedienen und die für mich wichtigsten Erkenntnisse zu kombinieren. Wer sich für eine bestimmte Schule entscheidet, zahlt nicht nur in bar. Tatsächlich geht es um Treu und Glauben. Jeder Lehrmeister will immer wieder hören, er sei der Beste, daß ihm seine Schüler treu ergeben seien und die Konkurrenz aus lauter Luschen bestünde. Leicht problematisch gestaltet sich natürlich dabei, daß jeder Eleve möglichst viele Informationen von möglichst vielen Experten zusammentragen will.

Obwohl es mir Spaß gemacht hatte, unseren Workshop-Teilnehmern in Belgrad auf die Sprünge zu helfen, wollte ich nicht den Großen Meister mimen. Ich hatte selbst noch jede Menge zu lernen – wie sich schnell herausstellte, als Extramask mich zu einer Party im Argyle Hotel am Sunset Boulevard mitnahm.

Ich hatte mich aufgestylt, trug einen schwarzen Mantel mit langen Schößen und hatte mir einen schmalen, akkurat ausrasierten Kinnbart stehen lassen. Auch Extramask sah mit jedem Mal besser und verwegener aus. Inzwischen hatte er sich die Haare schneiden lassen; nun trug er einen sechs Zentimeter hohen Irokesenschnitt.

Auf der Party fielen mir zwei schwer aufgedonnerte Schönheiten ins Auge – Zwillingsschwestern, die wie Alabasterstatuen nebeneinander auf einer Couch saßen. Obwohl sie mit ihren exquisiten Frisuren und den genau aufeinander abgestimmten Kostümen jede Menge bewundernder Blicke auf sich zogen, war es offenbar unter ihrer Würde, sich mit irgend jemandem zu unterhalten.

»Wer sind denn die beiden?« fragte ich Extramask, der gerade angeregt mit einer aparten Schönheit plauderte, die sich ziemlich für ihn zu interessieren schien.

»Das sind die Porcelain TwinZ«, erklärte er. »Treten zusammen in einer Stripshow auf. Obendrein sind sie stadtbekannte Groupies. Besorgen es Musikern im Double-Team. Ich habe schon oft beim Onanieren an sie gedacht.«

»Stell mich doch mal vor.«

»Aber ich kenne sie doch gar nicht.«

»Egal. Mach es trotzdem.«

Extramask trat auf die beiden zu und sagte: »Das ist Style.«

Ich schüttelte ihnen die Hände, die erstaunlich warm waren für zwei Girls, die so aussahen, als seien sie halbtot. »Wir haben uns gerade über magische Sprüche unterhalten«, sagte ich. »Glaubt ihr an Magie?«

Ich wußte jetzt schon, daß das der perfekte Opener war. Klar glaubten sie an Magie – wie eben die meisten Girls, die sich ihre Brötchen als Stripperinnen verdienen oder sonstwie im Erotik-Business sind. Nahtlos ging ich zu meiner Zahlen-Nummer über.

»Hey, zeig uns noch was«, gurrten sie.

Es lief nicht nur gut, sondern zu gut. »He, ich bin keine Aufziehpuppe«, sagte ich. »Und außerdem ein Mann. Vor der nächsten Nummer muß ich mich erst mal wieder reloaden.«

Ein Spruch von Mystery. Sie lachten wie auf Stichwort.

»Ich sag euch was«, fuhr ich fort. »Okay, ich habe euch ein paar echt coole Sachen gezeigt. Wie wär's, wenn ihr jetzt mal was aus dem Ärmel schüttelt?«

Ihnen fiel aber nichts ein. »Da drüben stehen ein paar Freunde von mir«, sagte ich. »Laßt euch was einfallen, ich bin in fünf Minuten wieder zurück.«

Ich kehrte ihnen den Rücken zu und quatschte eine kleine Punklady namens Sandy an. Zehn Minuten später tanzten die Zwillinge an.

»Wir haben eine Idee«, sagten sie stolz.

Eigentlich hatte ich unser Tête-à-tête als erledigt betrachtet, da ich davon ausgegangen war, daß sie retour nichts zu bieten hatten. Tja, aber da standen sie und brachten mir fünf Minuten lang Grundkenntnisse der Zeichensprache bei. Ein definitiver II.

Wir setzten uns wieder und gingen zu Small talk über, was unter Profi-Aufreißern etwas despektierlich als »zutexten« bezeichnet wird. Die Girls waren einfach auseinanderzuhalten; die eine hatte Windpockennarben, die andere ein paar kleine Löcher von früheren Piercings. Sie kamen aus Portland und wollten am nächsten Tag wieder zurückfliegen. Sie erzählten mir von ihrer Stripshow, bei der sie sich auf der Bühne ausziehen und lesbischen Sex simulieren.

Während wir miteinander redeten, ging mir auf, daß sie im Grunde ganz normale, ja, sogar ziemlich schüchterne Mädchen waren. Das war auch der Grund, weshalb sie so still auf ihrem Sofa gesessen hatten. Die meisten Männer nehmen fälschlicherweise an, daß eine attraktive Frau, die nichts sagt oder andere nicht beachtet, zwangsläufig eine arrogante Ziege sein muß. Meist sind jene Frauen aber bloß genauso scheu und unsicher wie die weniger attraktiven Girls, denen man keine Beachtung schenkt. Die Porcelain TwinZ versuchten ihre innere Schlichtheit mit demonstrativer Coolness zu kaschieren, aber letztlich waren sie nichts weiter als zwei süße Mädchen, die nette Typen kennenlernen wollten. Einen wie mich eben. Als wir unsere Telefonnummern austauschten, war klar, daß ich den Fuß in der Haustür hatte. Obwohl ich nicht recht wußte, für welche der Zwillingsschwestern ich mich entscheiden sollte – oder gar für beide. Ich hatte keine Ahnung, wie ich die beiden voneinander trennen sollte, wußte aber auch nicht, wie ich sie beide gleichzeitig verführen konnte. Daher entschuldigte ich mich und hielt Ausschau nach Sandy.

Während ich mit Sandy sprach, drängte sie sich leicht an mich. Offenbar wollte sie etwas von mir. Gott sei Dank hatte ich die

Knutschgrenze kurz nach unserem Abenteuer in Belgrad gesprengt, und zwar an einem Abend im Standard, wo ich mit einer kürzlich geschiedenen Südafrikanerin verabredet gewesen war. Ich flirtete, erzählte ihr, wie gut sie riechen würde, und schnupperte an ihrem Nacken. Dann erklärte ich, daß Tiere sich über Gerüche miteinander vertraut machen und uns die Evolution so ausgestattet hat, daß auch wir auf bestimmte Gerüche anspringen. Anschließend verbreitete ich mich über die sensitivsten Körperteile – die kleine Falte am hinteren Ellbogen und die Nackenhaut. Kurz darauf war ich bereits dabei, sie in den Arm zu beißen, und brachte ihr bei, welche Bisse in den Nacken mich am meisten anmachen. Und während wir weitermachten, erkannte ich urplötzlich die Lösung meines Kußproblems: Mit einer Strategie der kleinen Schritte ging alles wie von selbst. Stets hatte ich darüber gegrübelt, wie ich einer Frau auf die Schnelle einen Kuß abringen könnte, statt den Körperkontakt langsam zu steigern, mich weiter mit ihr zu unterhalten und so allmählich zum Kuß vorzuarbeiten. Meine neue Technik gab ich an die Community weiter, und der Evolutionsphasentrick war geboren. Ich wendete ihn in letzter Zeit dauernd an.

Nun legte ich mit Sandy los. Als sie anfing, mich in den Nacken zu beißen, schlug ich vor, unsere Studien diskreterweise doch besser auf der Toilette fortzuführen. Weit mehr als Sandy selbst machte mich an, wie perfekt meine neue Masche funktionierte. Ich war bereits dabei, meine neu gewonnene Macht zu mißbrauchen.

Als wir zehn Minuten später wieder zurückkamen, hatten die Zwillinge die Party verlassen. So hatte ich's mal wieder vermasselt, indem ich den Weg des geringsten Widerstands gegangen war, statt nicht lockerzulassen und mir zu beweisen, was ich draufhatte.

Unverrichteter Dinge fuhr ich zurück zu meinem Apartment in Santa Monica. Mystery schlief auf meiner Couch; ich weckte ihn und erzählte, wie ich bei den Zwillingen versagt hatte. Erfreulicherweise erhielt ich am nächsten Tag eine SMS von den beiden. Ihr Flug war gestrichen worden, und sie saßen in einem Holiday Inn am Airport fest. Was hieß, daß sich mir die Chance zu einem zweiten Anlauf bot.

»Was soll ich machen?« fragte ich Mystery.

»Lad dich selbst ein. Sag einfach ›Ich komme mal eben zu euch rüber‹. Laß ihnen keine Wahl.«

»Und wenn ich bei ihnen im Hotel bin, was dann? Wie bringe ich die Sache ins Rollen?«

»Tu einfach das, was ich in solchen Situationen tue. Sobald du das Hotelzimmer betreten hast, läßt du dir erst mal ein Bad ein. Dann ziehst du dich aus, setzt dich in die Wanne, fragst die Girls, ob sie dir den Rücken schrubben, und alles Weitere ergibt sich von selbst.«

»Wow. Ziemlich dreiste Nummer.«

»Vertrau mir.«

Am Abend rief ich die Zwillinge an und sagte, ich würde noch auf einen Sprung zu ihnen rüberkommen.

»Aber wir hängen bloß ab und sehen fern«, warnten sie mich.

»Kein Problem. Ich will nur euer Bad benutzen – ich habe nämlich seit vier Wochen nicht mehr geduscht.«

»Echt?«

»Quatsch.«

Soweit lief alles genau nach Plan.

Während ich zu ihrem Hotel fuhr, ging ich jeden einzelnen Schritt meines Plans noch mal in aller Ruhe durch. Als ich ihr Zimmer betrat, lagen sie nebeneinander auf dem Bett und guckten *Die Simpsons*.

»Ich muß mal eben ein Bad nehmen«, meinte ich. »Bei mir zu Hause ist der Boiler ausgefallen.«

Und das war nicht gelogen, sondern gut geflirtet.

Ich übte mich ein wenig in Small talk, während das Wasser einlief. Dann ging ich ins Bad, ließ die Tür offen, zog mich aus und setzte mich in die Wanne.

Ich verzichtete auf Seife, um das Wasser nicht zu versiffen. So saß ich denn nackt in der Wanne und nahm all meinen Mut zusammen, um die Mädels hereinzurufen. So blaß, mager und nackt, wie ich war, fühlte ich mich überaus verletzlich. Es war dringend Zeit, daß ich Mysterys Ratschlag in die Tat umsetzte und meinen Körper auf Vordermann brachte.

Eine Minute verstrich. Fünf. Zehn. Aus dem Zimmer drangen immer noch *Die Simpsons* an mein Ohr. Die Girls nahmen wahrscheinlich an, ich sei mittlerweile ertrunken.

Aber ich konnte nicht tatenlos so sitzen bleiben. Ich würde mich verachten, wenn ich den Mumm nicht aufbrachte, sie hereinzurufen. Ich wartete weitere fünf Minuten, ehe ich schließlich laut stotterte: »He, könnt ihr mir mal den Rücken einseifen?«

Eine der beiden rief irgend etwas zurück. Schweigen folgte, dann leises Getuschel. Während mir urplötzlich der kalte Schweiß ausbrach; wenn sie mich ignorierten, sah ich echt alt aus. Warum zog ich auch derart bescheuerte Nummern ab? Noch peinlicher war eigentlich nur die Vorstellung, sie würden *doch* hereinkommen, während mein Schwengel wie eine Seerose auf dem Wasser trieb. Unvermittelt kam mir mein Lieblingszitat aus *Ulysses* in den Sinn, wenn der sexuell frustrierte Leopold Bloom sein schlaff im Badewasser treibendes Gemächt »den lahmen Vater von Tausenden« nennt. Aber wenn ich so smart war, James Joyce in der Badewanne zu rezitieren, wieso kam ich mir dann so unendlich bescheuert vor?

Schließlich kam eine der beiden herein. Ich hatte auf beide gehofft, aber in meiner Situation mußte ich damit wohl mehr als zufrieden sein. Ich angelte nach der Seife und drückte sie ihr in die Hand. Ich war zu verlegen, um ihr in die Augen zu sehen.

Ich straffte den Rücken, damit mein Rückgrat nicht wie ein Dinosaurierskelett aussah. Sie seifte mir mit kreisförmigen Bewegungen den Rücken ein. Was keineswegs erotisch war; sie war kein bißchen angetörnt, und mir blieb nur die Hoffnung, daß es sie innerlich nicht vor Widerwillen schüttelte. Dann tauchte sie ein Handtuch ins Badewasser und wischte mir die Seife vom Rücken. Alles erledigt.

Und jetzt?

Ich hatte gedacht, Sex würde sich automatisch ergeben. Aber sie kniete bloß neben der Wanne, ohne irgend etwas zu tun. Mystery hatte mir nicht gesagt, was ich nach der Einseif-Aktion unternehmen sollte, sondern lediglich bemerkt, ich solle alles Weitere locker auf mich zukommen lassen – weshalb ich angenommen hatte, die ganze Sache würde am Ende nahtlos in eine Nummer übergehen. Tja, nun schaute ich ziemlich dumm aus der Wäsche. Die letzte Frau, die mich eingeseift hatte, war meine Mutter gewesen – zu jener Zeit, als ich noch im Waschbecken gebadet worden war.

Dennoch: Jetzt kam es drauf an. Und diesen Augenblick konnte ich nicht einfach so ungenutzt verstreichen lassen.

»Äh, danke«, sagte ich.

Worauf sie sich abwandte und das Bad verließ.

Shit, Leute. Ich hatte es mal wieder vermasselt.

Ich stieg aus der Wanne, trocknete mich ab und zog meine Klamotten wieder an. Die Zwillingsschwester, die mir den Rücken eingeseift hatte, lag wieder auf dem Bett, und ich setzte mich zu ihr. Während wir miteinander plauderten, beschloß ich, den Evolutionsphasentrick ein wenig abzuwandeln und so eine kleine Dreierparty anzuleiern. Ich fragte die andere, ob sie sich nicht zu uns gesellen wolle.

»Mmmhhh«, begann ich. »Ihr riecht echt umwerfend gut.« Dann zog ich sie zärtlich an den Haaren zu mir und biß sie in die

Nacken. Aber es passierte immer noch nichts. Die beiden blieben total passiv.

Nächste Stufe. Ich ließ mir von beiden die Hände massieren, während ich sie über ihre Stripshow ausquetschte. Ich hatte nicht vor, das Zimmer unverrichteter Dinge wieder zu verlassen.

»Echt komisch«, sagte die eine. »Auf der Bühne leben wir uns körperlich so aus, daß wir uns im wirklichen Leben nicht einmal umarmen. Wahrscheinlich haben wir ein distanzierteres Verhältnis als die meisten Geschwister.«

Als ich sie verließ, fühlte ich mich wie ein echter Versager. Auf dem Weg nach Hause sah ich bei Extramask vorbei, der noch bei seinen Eltern wohnte.

»Ich kapiere gar nichts mehr«, sagte ich. »Du hast doch gesagt, die besorgen es Typen im Double-Team.«

»War doch bloß ein Witz. Ich dachte, du wüßtest Bescheid.«

Zwei Stunden lang lümmelten wir in seinem Zimmer auf dem Boden herum, redeten über die Weiberjagd und unsere Fortschritte. Wann immer ich einen jener Momente genutzt hatte, in denen Wünsche angeblich in Erfüllung gehen (etwa, wenn die Uhr auf 11:11 steht oder man mit geschlossenen Augen die Kerzen auf der Geburtstagstorte ausbläst), hatte ich mir, abgesehen vom Weltfrieden und Glück im Leben, stets gewünscht, daß jede Frau auf mich fliegen würde, auf die ich es abgesehen hatte. Dabei pflegte ich mir vorzustellen, mit einem Mal würde eine unfaßbare Verführungskraft wie ein Blitz in meinen Körper einschlagen. Doch statt dessen fielen nur ein paar mäßige Tröpfchen vom Himmel, während ich mit dem Eimer hin und her lief und mich vergebens bemühte, sie aufzufangen.

Die meisten Leute verbringen ihr Leben damit, auf etwas Tolles zu warten. Und während sie warten, lassen sie ihre Chancen nutzlos verstreichen. Normalerweise fällt einem nichts unmittelbar in den Schoß; Chancen ergeben sich irgendwo in der Nähe, und man muß sie erkennen, sie ergreifen, Zeit und Schweiß investieren. Was nicht bedeutet, daß die Gesetze des Universums grausam wären. Nein, das Universum ist bloß smart. Es hat seine eigene Wollfadentheorie, weil es genau weiß, daß wir nicht viel auf Dinge geben, die uns so einfach in den Schoß fallen.

Was bedeutete, daß ich schleunigst den Arsch hochkriegen mußte.

Weshalb ich Mysterys Tips umgehend in die Tat umsetzte. Ich ließ mir die Augen lasern und war damit meine nervige Brille ein für allemal los. Ich ließ mir die Zähne lasern, so daß sie nur so blitzten, schrieb mich bei einem Fitneßstudio ein und begann mit dem Surfen – ein Sport, bei dem man nicht nur superfit, sondern auch knackbraun wird. In mancher Hinsicht erinnerte mich das Surfen ans Weiberkrallen. An manchen Tagen geht man raus, kriegt jede Welle und hält sich für den Champ der Champs; an anderen Tagen kriegt man gar nichts gebacken und hält sich für einen Versager. Aber was auch passieren mag, man wird mit jedem Tag besser. Und genau das ist der Grund, weshalb man nicht aufgibt.

Wie auch immer, ich war der Community nicht beigetreten, um bloß mal en passant mein Image zu renovieren. Mein gesamtes Denken mußte sich verändern, was sich erheblich schwieriger gestalten würde. Vor unserem Trip nach Belgrad hatte ich mir die Sprüche, die Gewandtheit und Körpersprache eines Mannes mit Charme und Charisma angeeignet. Jetzt kam es darauf an, innere Stärke, Selbstbewußtsein und Selbstwertgefühl zu entwickeln. Nicht zuletzt, weil ich sonst ein bloßer Fake bleiben würde – was Frauen bekanntlich sofort merken.

Mir blieben zwei Monate bis zum nächsten Workshop mit Mystery, und diesmal wollte ich unseren Kursteilnehmern richtig zeigen, was Sache war. Tatsächlich hatte ich sogar vor, Mystery auszustechen. Und so nahm ich mir vor, innerhalb der nächsten Wochen alle Top-Aufreißer der Szene kennenzulernen, um all ihre Tricks in mir zu vereinen und so zur ultimativen Verführungsmaschine zu werden. Und nachdem ich es als Mysterys Eskorte in der Community zu einigem Ansehen gebracht hatte, würde es ein Klacks sein, mit ihnen in Verbindung zu treten.

KAPITEL 2

Ich saß gerade zu Hause und relaxte, als das Telefon klingelte. Ross Jeffries war dran.

»Ich gebe 'nen Workshop an diesem Wochenende«, sagte er. »Samstag und Sonntag im Marina Beach Marriott. Wenn du dabeisein willst, schau vorbei. Für dich gratis, klar.«

»Cool«, antwortete ich. »Ich bin dabei.«

»Noch 'ne Kleinigkeit. Du schuldest mir noch was. Ein paar geile Hollywood-Parties mit scharfen Babes. Hast du versprochen.«

»Schon verstanden.«

»Ach ja, und du kannst mir zum Geburtstag gratulieren.«

»Du hast heute Geburtstag?«

»Genau. Dein Girl-Guru wird heute vierundvierzig. Mein jüngster Aufriß in diesem Jahr war einundzwanzig.«

Ich hatte keinen Schimmer davon, daß er mich nicht als Seminarteilnehmer, sondern als Konvertiten eingeladen hatte.

Am Samstagnachmittag traf ich ein. Das Seminar fand in einem der üblichen Hotelkonferenzräume statt, einer hell erleuchteten Halle mit senfgelben Wänden, die eher als Behausung für Salamander zu taugen schien. Hinter Reihen von viereckigen Tischen saßen jede Menge Typen, darunter Studenten mit fettigen Haaren, mittelalte Kerle mit fettigen Haaren und ein paar ältere Semester mit fettigen Haaren – Top-Manager aus der Wirtschaft und Regierungskreisen. Vorn stand der große Guru höchstselbst, hager und aknenarbig wie immer, und sprach in ein Headset.

Gerade verbreitete er sich über die Hypno-Technik, Infos aus zweiter Hand in die Konversation mit einem Girl einzuflechten. Er schritt im Raum auf und ab und erklärte, daß sich Gedanken einfacher vermitteln lassen, wenn sie von einem Dritten stammen. »Das Unterbewußtsein orientiert sich an Inhalt und Struktur. Wenn man eine Reflexion also mit den Worten ›Ein Freund von mir meinte neulich …‹ einleitet, schaltet man damit kritische Überlegungen aus. Könnt ihr mir folgen?«

Er ließ den Blick durch den Raum schweifen und wartete, ob jemand eine Frage hatte. Im selben Moment erspähte er meine Wenigkeit zwischen Grimble und Twotimer in der letzten Reihe und heftete seinen brennenden Blick auf mich.

»Brüder, das ist Style.« Ich lächelte vage. »Er weiß aus eigener Erfahrung, was Mystery zu bieten hat, und will deshalb mein Schüler werden. Stimmt's nicht, Style?«

Alle fettigen Schöpfe im Raum wandten sich mir zu. Ich hörte den Ruf wie Donnerhall, der meinen Namen begleitete, in Ross' Intonation mitschwingen, erwidert vom respektvollen Raunen seiner Jünger. Unsere Kursteilnehmer hatten sich im Internet höchst lobend über den Belgrader Workshop geäußert, und auch meine Fähigkeiten waren dabei sattsam gerühmt worden. Es gab jede Menge Leute, die heiß darauf waren, Mysterys neue Eskorte kennenzulernen – wenn sie mich nicht gleich für ihre Zwecke einspannen wollten.

Ich starrte auf sein schwarzes Headset. »So ähnlich«, gab ich zurück.

Doch das reichte ihm offenbar nicht. »Wer ist dein Guru?« wollte er wissen.

Er hatte die Platzhoheit. Aber meine Gedanken steuerte ich immer noch selbst. Ich wußte nicht, was ich sagen sollte. Da man auf Druck am besten mit Humor reagiert, wollte ich mit etwas Witzigem kontern. Bloß fiel mir ums Verrecken nichts ein.

»Da reden wir noch drüber«, sagte ich.

Ich sah genau, daß ihn meine Antwort nicht zufrieden stimmte. Schließlich war das hier nicht einfach ein Seminar. Es war ein Kult.

Zur Mittagspause, als die anderen Seminarteilnehmer zum Lunch gingen, nahm Ross mich beiseite. »Komm, laß uns zum Italiener gehen«, sagte er, während er an seinem Ring drehte – einer Nachbildung des Rings, den der Comic-Held Green Lantern trägt.

»Ich wußte gar nicht, daß du immer noch Mystery hinterherrennst«, fing er beim Lunch wieder an. »Ich dachte, du wolltest dich den echten Könnern anschließen.«

»Komm, die eine Methode schließt die andere nicht aus, oder? Ich habe Mystery erzählt, was du mit der Kellnerin im California Pizza Kitchen angestellt hast, und er war völlig baff. Ich glaube, in dem Moment ist ihm erst richtig klargeworden, wie effektiv Speed Seduction sein kann.«

Ross wurde puterrot. »Stop!« befahl er. Das war ein Hypnosewort, eine Formelunterbrechung. »Erzähl ihm bloß nichts. Ich will nicht, daß dieser Typ mir meine Methoden klaut und damit Geld macht. Das wäre eine Katastrophe!« Er rammte die Gabel in sein Hähnchen. »Ich wußte, daß hier was falsch läuft. Wenn du weiter derart eng mit Mystery kooperierst, haben wir ein Problem. Wenn du auch in Zukunft von mir lernen willst, kannst du ihm nicht alles brühwarm weitererzählen.«

»Hör zu«, versuchte ich den zornigen Guru zu besänftigen. »Hab ich doch gar nicht gemacht. Ich habe ihm lediglich gesagt, daß du's draufhast wie kein anderer.«

»Na schön. Am besten, du sagst ihm einfach, die Girls kriegen schon feuchte Höschen, wenn ich ihnen bloß ein paar sanfte Fragen stelle. Soll der arrogante Arsch doch selbst auf den Trichter kommen!«

Seine Nasenflügel blähten sich, und die Adern an seiner Stirn traten weit hervor, während er sich in Rage redete. Keine Frage, er hatte schon in frühen Jahren einiges durchgemacht, wenn auch nicht wegen eines prügelnden Vaters, so wie Mystery; Ross' Eltern waren gebildete Juden mit feinem Humor, wie sich gezeigt hatte, als sie nur ein paar Minuten nach mir den Seminarraum betreten und Ross mit ein paar ironischen Bemerkungen aufgezogen hatten. Nein, Ross machte zu schaffen, daß er den hohen Erwartungen seiner Eltern nicht entsprochen hatte. Auch seine Geschwister schienen daran zu knabbern zu haben; seine beiden Brüder waren religiös geworden und hatten sich den *Jews for Jesus* angeschlossen. Ross hingegen hatte seine eigene Religion gegründet.

»Ich führe dich ins Inner Sanctum der Macht, mein Zauberlehrling«, warnte er mich und fuhr sich mit dem Handrücken über das stoppelige Kinn. »Wer mich hintergeht, wird unvorstellbare Strafen erleiden. Schweig still und steh zu deinen Gelübden, dann werde ich dich durch die Portale des Wissens führen.«

Ross' Ärger war zwar überzogen, aber durchaus verständlich. Tatsache war, daß er die Verführer-Community beinah im Alleingang gegründet hatte. Klar, es hatte schon vorher Typen gegeben, die mit Aufreißertips an die Öffentlichkeit gegangen waren, so etwa Eric Weber mit seinem Buch *How to Pick Up Girls,* das den Trend setzte und schließlich zu dem Film *Jack der Aufreißer* mit Molly Ringwald und Robert Downey Jr. geführt hatte. Doch eine echte Community hatte es nicht gegeben, bis Ross die Szene betrat. Dabei spielte auch glückliches Timing eine Rolle. Während Ross Theorie und Praxis der Speed Seduction entwickelte, begann auch das Internet zu boomen.

Dem Hörensagen nach war Ross Jeffries mit Mitte Zwanzig wütend auf die ganze Welt gewesen. Er wollte Stand-up-Comedy machen und Drehbücher schreiben. Eines seiner Scripts, *They Still Call Me Bruce,* wurde sogar verfilmt, wenngleich der Streifen an den Kinokassen floppte. Er schlug sich mit halblegalen Jobs durch, einsam und ohne Freundinnen. All das änderte sich, als ihm in der Ratgeber-Abteilung einer Buchhandlung zufällig ein Buch in die Hand fiel. Dabei handelte es sich um *Frogs Into Princes,* den NLP-Klassiker von John Grinder und Richard Bandler. Nach der Lektüre besorgte sich Ross alle Bücher zu diesem Thema, die er finden konnte.

Einer seiner großen Helden war schon immer die Comic-Figur Green Lantern gewesen, der mit Hilfe seines magischen Rings alles lebendig werden lassen kann, was seiner Vorstellungskraft entspringt. Nachdem er mittels NLP seine Pechsträhne unfreiwilliger Keuschheit beendet hatte – er verführte kurzerhand eine Frau, die für eine Stelle in der Anwaltskanzlei vorsprach, in der er damals jobbte –, begann Ross zu glauben, er hätte den magischen Ring gefunden. Plötzlich besaß er Macht über andere Menschen – eine Macht, die ihm zeitlebens vorenthalten worden war.

Seine professionelle Aufreißer-Karriere begann mit einem schmalen selbstverlegten Bändchen. Der Titel faßt ziemlich präzise zusammen, was zu jener Zeit emotional mit ihm los war: *How to Get the Women You Desire into Bed: A Down and Dirty Guide to Dating and Seduction for the Man Who's Fed Up With Being Mr. Nice Guy*. Er verkaufte seinen Ratgeber über Kleinanzeigen auf den letzten Seiten von *Playboy* und *Hustler*. Als er dann Seminare gab, begann er auch das Internet zu nutzen. Einer seiner Schüler, ein legendärer Hacker namens Louis DePayne, rief für ihn die Newsgroup alt.seduction.fast ins Leben. Über dieses Forum rottete sich allmählich eine internationale Clique von Aufreißern zusammen.

»Am Anfang wurde ich von allen Seiten verlacht und verspottet«, erklärte Ross. »Die einen zogen mich durch den Kakao, die anderen behandelten mich wie einen Aussätzigen. Eine Zeitlang ging mir das ziemlich auf die Eier. Doch dann wendete sich das Blatt. Auf einmal hieß es nicht mehr ›Ob das wirklich funktioniert?‹, sondern ›Lieber mal selbst antesten‹.«

Und genau deshalb steht jeder neue Guru in Ross Jeffries' Schuld. Er hat das Fundament gelegt. Was auch der Grund für ihn ist, jeden neuen Rivalen mit Zähnen und Klauen zu bekämpfen; zuweilen hat er minderjährigen Aufreißer-Profis sogar damit gedroht, sie bei ihren Eltern oder Lehrern zu verpetzen.

Schlimmer als Mystery war in seinen Augen einer seiner ehemaligen Speed-Seduction-Schüler, David D'Angelo – der sich anfangs Sisonpyh nannte (Hypnosis rückwärts geschrieben) und sich schrittweise in der Speed-Seduction-Hierarchie nach oben arbeitete, indem er Ross als Marketing-Experte unter die Arme griff. Schließlich aber kam es zum Zerwürfnis zwischen den beiden, nachdem Ross eine Freundin D'Angelos hypnotisiert und verführt hatte.

Ross zufolge hatte D'Angelo ihm das Girl zugeführt, damit er die Kleine verführe; es sei durchaus nicht unüblich, daß Schüler ihm aus Gefälligkeit gelegentlich die eine oder andere Braut überließen. D'Angelo zufolge hatte er Ross nie erlaubt, dem Mädel an die Wäsche zu gehen. Wie auch immer, der Vorfall führte dazu, daß die beiden kein Wort mehr miteinander wechselten und D'Angelo mit Double Your Dating ein Konkurrenzunternehmen gründete. Double Your Dating basiert weder auf NLP noch anderen Hypnosemethoden, sondern vorrangig auf evolutionärer Psychologie und D'Angelos Prinzipien der dummdreisten Anmache.

»David D'Arschloch, dieser billige Imitator!« schäumte Ross. »Hält nächstes Wochenende sein erstes Seminar in L. A. Unfaßbar, daß es Leute gibt, die allen Ernstes glauben, er würde ihre

Probleme mit Frauen verstehen – so scheißgut, wie er aussieht, von seinen Club-Connections mal ganz zu schweigen.«

Besagtes Seminar merkte ich mir gedanklich schon mal vor.

»Allein das Frauenbild von Typen wie David D'Arschloch und deinem tollen Kumpel Mystery.« Ross redete sich weiter in Rage. »Die konzentrieren sich doch bloß auf die Charaktereigenschaften der übelsten Schlampen und tun so, als würden ihre Erkenntnisse für alle Frauen des Planeten gelten.«

In gewisser Weise erinnerte er mich an einen alten Rhythm-&-Blues-Musiker, der so oft abgezockt worden war, bis er niemandem mehr über den Weg traut. Aber Songwriter werden immerhin durch Copyright-Gesetze geschützt – während es für erfolgreiches Anbaggern keinen Copyright-Schutz gibt, der klar festlegt, wer für welche Masche verantwortlich zeichnet. Leider konnte ich seinen Verfolgungswahn nur allzugut nachvollziehen, speziell was Mystery betraf, den einzigen Profi-Verführer, der genug Talent und Ideen hatte, um es mit ihm aufnehmen zu können.

Die Bedienung räumte unsere Teller ab. »Ich reg mich bloß so auf, weil mir die Kids da draußen am Herzen liegen«, sagte Ross. »Schätzungsweise zwanzig Prozent meiner Schüler sind auf die eine oder andere Weise mißbraucht worden. Woraus ihre Schwierigkeiten im Umgang mit anderen Menschen resultieren, und zwar Frauen wie Männern. Und eine Menge sozialer Probleme rühren daher, daß wir derart starke Triebe haben, aber in einer Kultur leben, die uns davon abhält, sie ohne Fesseln auszuleben.«

Er wandte sich um und faßte drei Geschäftsfrauen ins Auge, die ein paar Tische weiter ihren Nachtisch aßen. Er war drauf und dran, das Gesagte in die Tat umzusetzen und hemmungslos seinem Sexualtrieb zu frönen.

»Na, wie schmeckt der Obstkuchen?« rief er in ihre Richtung.

»Oh, ausgezeichnet«, erwiderte eine der Frauen.

»Wissen Sie was?«, fragte Ross, jetzt ganz in seinem Element.

»Jedes Dessert strahlt bestimmte Signale aus. Diese Signale bewirken, daß man bestimmte Schlüsse zieht: Das ist zuckerfrei; das zergeht mir im Mund. Was wiederum bestimmte physische Reaktionen hervorruft, die Energieströme im Körper freisetzen.«

Die Frauen hingen nun an seinen Lippen.

»Ich gebe darüber Seminare«, sagte Ross. Die Frauen starrten ihn mit offenem Mund an; das Wörtchen »Energie« bewirkt bei Frauen in Südkalifornien so ziemlich das gleiche wie das Rascheln von Schokoladenpapier. »Ich und mein Bekannter haben uns gerade darüber unterhalten, ob Männer Frauen wirklich verstehen können. Und ich glaube, wir haben die Antwort gefunden.«

Im selben Augenblick hatte er sich auch schon zu ihnen gesetzt. Während er fortfuhr, vergaßen die Frauen ihr Dessert und starrten ihn geradezu verzückt an. Und während ich ihn beobachtete, stellte ich fest, daß sich letztlich gar nicht genau sagen ließ, ob seine Formeln tatsächlich direkt das Unterbewußtsein ansprachen oder ob die meisten Unterhaltungen im Grunde bloß so langweilig waren, daß man lediglich ein ungewöhnliches Sujet aufbringen mußte, um Interesse zu wecken.

»Wahnsinn«, entgegnete eine der Ladies, nachdem er sich darüber verbreitet hatte, welche Eigenschaften Frauen bei Männern wirklich wichtig finden. »So perfekt hat das noch keiner auf den Punkt gebracht. Ich würde gern mehr erfahren, wirklich. Wo finden denn Ihre Seminare statt?«

Ross sackte ihre Telefonnummer ein und kam an unseren Tisch zurück. Er sah mich an und lächelte. »Na, siehst du jetzt, wer der wahre Messias ist?«

KAPITEL 3

Attraktivität ist nicht angeboren.

Diese Worte hatte David D'Angelo per Overhead-Projektor an die Wand geworfen. Das Seminar war gerammelt voll; mehr als hundertfünfzig Leute bevölkerten den Raum. Viele kannte ich aus anderen Seminaren, Extramask eingeschlossen.

Allmählich kannte ich die Szenerie nur allzugut: ein Mann auf dem Podium, der einer Gruppe notgeiler Kerle Bescheid stieß, wie sie dem nächtlichen Onanismus ein Ende machen konnten. Einen kleinen Unterschied zu anderen Seminaren gab es jedoch. D'Angelo sah wirklich sehr gut aus, genau wie Ross gesagt hatte. Er erinnerte mich an Robert DeNiro – allerdings an einen Robert DeNiro, der seinen Lebtag lang ein Mamasöhnchen gewesen war und noch nie eins auf die Fresse bekommen hatte.

D'Angelo fiel unter den anderen Gurus auf, weil er nicht auffiel. Er war weder charismatisch noch interessant. Er hatte weder den irre flackernden Blick anderer Möchtegern-Kultleader noch irgendein schwarzes Loch in seiner Seele, das er mit Frauen zu füllen gedachte. Er protzte noch nicht mal damit, ein Super-Aufreißer zu sein. Er war schlicht normal. Aber gefährlich, weil eine Armee von Tausenden hinter ihm stand.

Sein Seminar hatte er offenbar monatelang vorbereitet. Es war nicht nur bis in den letzten Nebensatz komplett durchgeplant, sondern auch von der Wortwahl ganz auf jugendfreien Massengeschmack getrimmt. Seine Aufreißer-Schule war purer Mainstream: Hier wurde niemand mit drastisch freizügigen Äußerungen, frauenfeindlichen Sprüchen oder gnadenlos schändlichen Anmachtechniken geschockt – abgesehen davon, daß er *Dog Training* von Lew Burke zur Lektüre empfahl, ein wirklich übles Machwerk, von dem Aufreißer mit Stil seit jeher die Finger lassen.

D'Angelo war ein helles Köpfchen – und echte Konkurrenz für Ross. Einige der Redner bei seinem Seminar waren (so wie er selbst auch) ehemalige Schüler von Ross Jeffries, darunter Rick H., Vision und Orion, eine Oberknalltüte von Typ, der Videos von sich verkaufte, die ihn selbst zeigten, wie er Mädels auf der Straße anquatschte. Seine Videoreihe *Magical Connections* galt als schlagender Beweis, daß auch die langweiligste Vollpfeife mittels Hypnosetechniken Weiber abschleppen konnte.

»Verführung«, las D'Angelo aus seinen Notizen vor, »wird lexikalisch als Verleitung zur Sünde definiert, insbesondere der Vorsatz, die Bedenken einer Frau zu zerstreuen, um sie zum Geschlechtsverkehr zu bewegen. Mit anderen Worten«, fuhr er fort, »basiert Verführung auf Tricks, Scheinheiligkeit und Heuchelei. Derartige Schliche lassen wir hier außen vor. In meinem Seminar geht es um Attraktivität. Um Anziehungskraft. Und Anziehungskraft bedeutet, unermüdlich an sich selbst zu arbeiten – so lange, bis Frauen sich magnetisch von euch angezogen fühlen und euch schlicht unwiderstehlich finden.«

Seine Konkurrenten und Rivalen erwähnte D'Angelo mit keinem Wort. Er war einfach zu smart, um sich auf eine solche Ebene zu begeben. Professionelles Aufreißen war bislang Underground gewesen; er navigierte die Geheimwissenschaft in den Mainstream, ohne auch nur mit einem Wörtchen zu erwähnen, daß alles im Untergrund entstanden war. Aus der Online-Community hatte er sich schon seit längerem verabschiedet. Er war kein Innovator wie Mystery oder Ross. Aber ein echter Marketing-Profi.

»Wie erreicht man, daß jemand etwas unbedingt haben will?« fragte er, nachdem er mit seinen Seminarteilnehmern erst einmal den berühmten James-Dean-Schmachtblick geübt hatte. »Indem man der Sache Wert verleiht. Man muß klarmachen, andere stehen drauf. Die Ware ist knapp. Und die Babes müssen sie sich verdienen. Und während des Lunchs könnt ihr euch weitere Gedanken machen.«

Ich schloß mich D'Angelo und einigen seiner Schüler auf einen Hamburger an, wobei ich ein wenig mehr über ihn herausfand. Er kam aus Eugene, Oregon, hatte sich dort mehr schlecht als recht als Immobilienmakler über Wasser gehalten und war schließlich nach San Diego gezogen, um dort ganz von vorn anzufangen. Er fühlte sich einsam und grübelte des öfteren darüber nach, wie man die unsichtbare Grenze zwischen zwei Fremden am Tresen eines Clubs überwinden kann. Er begann, das Internet nach Tips zu durchforsten, und freundete sich mit Typen an, die bei Frauen den Bogen raushatten. Einer seiner neuen Freunde war Riker, ein Ross-Jeffries-Schüler, der ihm empfahl, Frauen über Chatrooms kennenzulernen. So konnte er sich im Flirten üben, ohne peinliche Situationen in der Öffentlichkeit zu riskieren.

»Das war das *Chi*«, dozierte er, während sich die Seminarteilnehmer um ihn scharten und die Ohren spitzten. »Mir kamen jede Menge neue Ideen, die ich im Chatroom austestete. Dabei stellte sich heraus, daß es nicht viel bringt, wenn man auf die offensive Tour mit der Tür ins Haus fällt, auch wenn man intuitiv so denken mag. Daher verfeinerte ich meine Anmache und zog die dummdreiste Nummer durch, cool, frech und arrogant. Ich nervte die Girls, äffte sie nach, beschwerte mich über *ihre* Unverschämtheiten und ließ sie nicht mehr vom Haken.«

Völlig aus dem Häuschen über seine Forschungsergebnisse, verbreitete sich D'Angelo in einem fünfzehn Seiten langen Schrieb an Cliff's List, einer der ältesten und angesehensten Verführer-Newsletter im Internet. Die gerade im Entstehen begriffene Aufreißer-Community sog seine Erkenntnisse gierig auf: Ein neuer Guru war ins Rampenlicht getreten. Cliff, der mittelalte kanadische Geschäftsmann, der sich tagsüber um die Newsletter kümmerte und nachts nach neuen Meister-Aufreißern suchte, überredete D'Angelo schließlich auch, drei Wochen Zeit zu investieren und sein Manifest zu einem Ratgeber aufzublasen. Das Ergebnis war *Double Your Dating*.

Highlight des Seminars war der Auftritt zweier Strategen, von denen ich noch viel lernen sollte und schon allerlei gehört hatte, seit ich der Community beigetreten war: Steve P. und Rasputin. Sie galten als wahre Meister ihrer Zunft, begnadete Koryphäen, die mit Frauen machen konnten, was immer sie wollten.

Als sie aufs Podium kamen, hypnotisierten sie zunächst einmal das gesamte Publikum. Sie redeten gleichzeitig, erzählten aber verschiedene Stories – die eine, um das Bewußtsein zu besetzen, die andere, um das Unterbewußtsein zu infiltrieren. Als sie uns wieder weckten, hatten wir keine Ahnung, was sie uns in die Köpfe gepflanzt hatten. Wir wußten bloß, daß wir noch nie so selbstbewußte und überzeugende Redner gesehen hatten. Was David D'Angelo an Feuer und Charisma fehlte, besaßen die beiden im Überfluß.

Steve P., angetan mit Lederweste und Indiana-Jones-Hut, war eine Mischung aus Hell's Angel und indianischem Schamanen. Rasputin, der sich seine Brötchen als Rausschmeißer in einem Stripschuppen verdiente, hatte endlos lange Koteletten, die ihm das Aussehen eines gedopten Riesenmarders verliehen. Die beiden hatten sich in einer Buchhandlung kennengelernt, als sie zufällig denselben NLP-Ratgeber zur Hand nehmen wollten. Inzwischen arbeiteten sie im Team und gehörten zu den brillantesten Hypno-Profis der Welt. Ihr Tip fürs Aufreißen war denkbar simpel: »Den Girls zeigen, was gutes Feeling ist«.

Mittlerweile hatte Steve P. es soweit gebracht, daß Frauen ihn für Sex bezahlten. Er nahm bis zu 1.000 Dollar dafür, Frauen darauf zu trainieren, durch ein einziges verbales Kommando zu mehreren Orgasmen zu kommen; er lehrte drei verschiedene

Blowjob-Techniken, die er sich höchstselbst ausgedacht hatte, und behauptete felsenfest, durch die bloße Kraft der Hypnose Brüste um zwei Körbchengrößen anschwellen lassen zu können.

Rasputins großes Ding war, was er hypnosexuelle Mechanik nannte. Sex müsse, wie er erklärte, als Privileg für die Frau, nicht als Gnadenerweis ihrerseits betrachtet werden. »Wenn ein Mädel mir einen blasen will«, führte er aus, »dann sag ich zu ihr: ›Dreimal lutschen, mehr ist nicht drin. Und nur so weit in den Mund nehmen, wie's dir noch Spaß bringt.‹« Sein Brustkorb wölbte sich wie das Dach eines Volkswagens. »Und hinterher sag ich: ›Na, nicht schlecht, was? Nächstes Mal darfst du fünfmal lutschen.‹«

Nach dem Seminar stellte mich D'Angelo den beiden vor. Ich reichte Rasputin gerade bis zu seiner Monsterbrust.

»Ich würde gern mehr über eure Methoden erfahren«, sagte ich.

»Du bist ja ziemlich nervös«, konstatierte Rasputin.

»Na ja, ihr beiden wirkt auch ziemlich einschüchternd.«

»Laß mich dir erst mal deine Ängste nehmen«, erbot sich Steve. »Komm, sag mal deine Telefonnummer, aber rückwärts.«

»Fünf ... vier ... neun ... sechs ...« begann ich. Plötzlich schnippte Steve mit den Fingern.

»Okay, und jetzt atme tief ein und dann noch tiefer aus.«

Während ich das tat, fuhr Steve in einer imaginären Linie mit dem Zeigefinger von meinem Nabel aufwärts und gab ein leises Zischen von sich. »Und jetzt lockern!« kommandierte er. »Na, merkst du, wie die Nervosität verpufft wie eine Rauchwolke im Wind? Nichts mehr davon da. Und jetzt erkunde deinen Körper. Geh auf die Suche nach deinem Streß – du wirst ihn nirgendwo mehr finden. Okay. Öffne die Augen. Konzentriere dich, versuch den Streß noch mal zu packen zu kriegen. Na, siehst du? Völlig unmöglich.«

Ich wußte nicht, ob die Sache tatsächlich funktioniert hatte; in meinem Kopf drehte sich nämlich alles. Außer Frage stand allerdings, daß er mich physisch wie psychisch auf eine Art Trip geschickt hatte.

Er trat einen Schritt zurück und musterte mein Gesicht, als würde er darin lesen. »Ein Typ namens Phoenix hat mir mal 2.000 Dollar geboten, nur um mir drei Tage lang bei der Arbeit zuzusehen«, sagte Steve P. »Ich habe abgelehnt, weil er Frauen zu Sklavinnen abrichten wollte. Aber du machst den Eindruck, als hättest du ein gesundes Verhältnis zum anderen Geschlecht; dir geht's nicht bloß darum, deinen Prügel in irgendein Loch zu stekken. Du willst was lernen, stimmt's?«

Plötzlich war hinter uns der Teufel los. Eine Mutter mit zwei Töchtern beging den groben Fehler, durch die von Aufreißern bevölkerte Hotellobby zu spazieren – ein Fressen für die Geier. Orion las dem einen Mädchen aus der Hand, Rick H. erzählte der Mutter, er sei Orions Manager, und Grimble quatschte das andere Girl an, während sich die Möchtegern-Baggerkönige um sie scharten, um den Meistern bei der Arbeit zuzusehen.

»Hör zu«, sagte Steve P. hastig. »Hier, meine Visitenkarte. Ruf mich an, wenn du mal ein paar echte Insidertips haben willst.«

»Würde ich supergern.«

»Aber oberste Geheimhaltungsstufe«, warnte er. »Unsere Techniken sind absolut top secret. Falsch angewendet können sie zur Katastrophe führen.«

»Verstanden«, sagte ich.

Plötzlich hielt er ein Blatt Papier in der Hand, faltete im Nu eine Rose daraus und marschierte schnurstracks in Richtung der anderen Baggerprofis. Er lächelte das Mädchen an, das Grimble sich krallen wollte, und bat sie, an seiner Rose zu riechen – und dreißig Sekunden später lag sie willenlos in seinen Armen. Mehr war nicht drin. Und bald würde ich das alles selbst draufhaben.

KAPITEL 4

Und so begann die verrückteste Phase meiner Erziehung zum Profi-Aufreißer.

Jedes Wochenende fuhr ich ins zwei Stunden entfernte San Diego, wo ich in Steves verwahrlostem Apartment abstieg. Mit seinen beiden Söhnen ging er um wie mit seinen Schülern, leidenschaftlich und schamlos. Sein Dreizehnjähriger war in Sachen Hypnose bereits eine größere Kanone, als ich es je werden würde.

Nachmittags fuhren Steve und ich dann rüber zu Rasputin. Dort durfte ich erst einmal Platz nehmen, während sie mich löcherten, was ich lernen wolle. Ich hatte mir bereits eine Liste gemacht. Ich wollte auf Frauen anziehend wirken; in meinem Leben die Fäden selbst in der Hand halten; mir nicht mehr den Kopf darüber zerbrechen müssen, was andere von mir dachten; eine Aura von Selbstbewußtsein, Geheimnis und Tiefe entwickeln; endlich die Angst vor Zurückweisung überwinden; und nicht zuletzt mein Selbstwertgefühl steigern – daran glauben, das Beste aller Welten verdient zu haben, wie es Rasputin definierte. Es war kinderleicht, Anmachsprüche auswendig zu lernen, doch nach all den Jahren schlechter Angewohnheiten und eingefahrener Denkmuster war es alles andere als easy, neue Selbstachtung zu erlangen. Diese Kerle aber kannten Mittel und Wege, mich für Mysterys nächsten Workshop in Miami rechtzeitig auf Vordermann zu bringen.

»Wir werden dein Ego mal richtig boosten«, erklärte Steve. »Du mußt nicht gleich vor Dankbarkeit auf den Knien rutschen, nur weil dir irgendeine Tittenmaus das Ding lutscht. Ihr Privileg ist es, vom Nektar ihres Meisters trinken zu dürfen.«

Bei jedem unserer Treffen unterzogen sie mich aufs neue ihrer Gehirnwäsche. Rasputin raunte mir hochkomplexe metaphorische Sachen ins eine Ohr, während Steve mein Unterbewußtsein durch das andere Ohr mit seinen Kommandos beeinflußte. Sie pflanzten mir sogar sogenannte offene Loops – Einflüsterungen, die erst bei einer späteren Session vervollständigt werden – ins Gedächtnis und schlossen den Assoziationskreis erst am darauffolgenden Wochenende. Sie legten Musik auf, die eigens komponiert worden war, um spezifische psychologische Reaktionen hervorzurufen. Sie versetzten mich in eine solch tiefe Trance, daß Stunden so schnell vergingen wie ein Wimpernschlag.

Hinterher fuhren wir zurück zu Steves Apartment, wo ich mich in seine NLP-Wälzer versenkte, während er seine Söhne anbrüllte.

Die meisten Naturtalente vom Schlage Dustins verlieren ihre Jungfräulichkeit bereits sehr früh, weshalb sie während der kritischen Pubertätszeit nicht von Neugier, Beklommenheit, Scham und Scheu geplagt werden. Diejenigen, die erst lernen müssen, sich Frauen methodisch zu nähern – Menschen wie ich und die meisten anderen in der Community –, haben zu Highschool-Zeiten größtenteils keine Freundinnen gehabt. Und so verbringen wir Jahre um Jahre, verschüchtert und entfremdet vom weiblichen Geschlecht, das uns allein vom großen Stigma unserer Jugend erlösen kann: unserer Jungfräulichkeit.

Steve paßte zu meiner Theorie wie die Faust aufs Auge. Sex hatte er zum ersten Mal in der ersten Grundschulklasse gehabt. Ein älteres Girl wollte ihm einen blasen; er wehrte sich, indem er mit Steinen nach ihr warf. Doch schließlich gelang es ihr, ihn zu überreden, was in Steves Fall zu einer lebenslangen Obsession in bezug auf Oralsex führte. Mit siebzehn hatte ihm ein Cousin einen Job in der Küche einer katholischen Mädchenschule besorgt. Nachdem er eines der Mädels oral verwöhnt hatte, verbreitete sich wie ein Lauffeuer, daß er in Sachen erotischer Finesse der Oberbringer war. Allerdings regten sich bei den Mädchen nicht nur die Schenkel, sondern auch die Schuldgefühle. Und nachdem bei der Beichte öfter der Name des Jungen aus der Küche gefallen war, flog Steve hochkant hinaus.

Eine Zeitlang schloß er sich einer Motorradgang an, ging aber wieder eigener Wege, nachdem er versehentlich einem Typ in die Eier geschossen hatte. Von nun an widmete er sein Leben einer selbstentworfenen Philosophie aus Sex und Spiritualität. Und trotz seines kruden Gefasels war er im Grunde seines Herzens ein anständiger Typ. Im Gegensatz zu vielen anderen Gurus vertraute ich ihm.

Wenn Steves Söhne schließlich im Bett waren, brachte er mir magische Geheimtechniken bei, die er von Schamanen gelernt hatte, deren Namen er in tausend Jahren nicht preisgegeben hätte. Während unseres ersten Wochenendes brachte er mir den Seelenblick bei – eine Technik, bei der man mit dem rechten Auge ins rechte Auge einer Frau blickt, während man synchron mit ihr atmet.

»Mit dieser Technik erzielst du eine ausgesprochen starke Bindung«, warnte er mich. Seine Ermahnungen nahmen zuweilen mehr Zeit in Anspruch als die Methodik. »Du selbst wirst dadurch zum *Anamchara* – das heißt auf Gälisch ›Freund der Seele‹. Ihr Seelenverwandter also.«

Am Wochenende darauf lernte ich die Finessen des Dreier-Managements, aber auch, wie man eine Frau darauf trainiert, die Pussy einer anderen zu lecken: Dazu braucht man eine getrocknete Nektarine, auf der sie während des Geschlechtsverkehrs genüßlich herumkaut. Am folgenden Wochenende zeigte er mir, wie man sein *Chi* über die Hände auf den Unterleib einer Frau abstrahlt. Dann wiederum brachte er mir bei, wie man orgasmische Energie so bündelt, daß eine Frau mehrere zurückgehaltene Orgasmen wellenartig hintereinander erlebt – bis sie, wie Steve es zusammenfaßte, »zittert wie ein Hündchen, das Kirschkerne kackt«. Und schließlich weihte er mich in seine größte Kunst schlechthin ein – eine Frau durch Berührungen und bloße Worte zu einem so starken Orgasmus zu bringen, »daß der Saft aus ihr spritzt wie die Niagara-Fälle«.

Nun befand ich mich auf einem komplett neuen Level. Er stattete mich mit geradezu überirdischer Macht aus.

Ich lernte von morgens bis abends. Ich rief meine Freunde nicht mehr an, sprach kaum noch mit meiner Familie. Wenn die eine oder andere Redaktion einen Artikel oder eine Reportage von mir wollte, lehnte ich ab. Ich lebte in einer Parallelwelt.

»Weißt du, was ich kürzlich zu Rasputin gesagt habe?« meinte Steve eines Abends. »So, wie du's inzwischen draufhast, solltest du bei uns einsteigen.«

Auch wenn mir sein Angebot schmeichelte, mußte ich es ablehnen. Die Welt der Verführung war ein Palast der offenen Türen. Doch so verlockend die Räume waren, die auf mich warteten – es hätte bedeutet, alle anderen Türen hinter mir zu schließen.

Außerdem war mir inzwischen eines aufgegangen.

Ich brauchte keine Gurus mehr.

Ich hatte alle nötigen Informationen, um zum größten Aufreißer aller Zeiten zu werden.

Ich kannte Hunderte von Openern, Baggersprüchen, Kunstgriffen und unschlagbaren erotischen Techniken. Ich war mental derart hochgepowert, daß ich nur so vor Selbstbewußtsein strotzte. Ich hatte mir genug angeeignet und würde in Zukunft nur noch zum Spaß neue Techniken lernen. Die Theorie hatte ich drauf, und nun ging es um die Praxis – ums Verbessern, Verfeinern, Veredeln, Vervollkommnen. Ich war bestens gerüstet für Miami und alle anderen Workshops, die noch kommen sollten.

Als ich nach unserem letzten Meeting von Steves Apartment nach Hause fuhr, schwor ich mir folgendes: Einen Guru würde ich nie mehr als Schüler aufsuchen, sondern nur noch als anerkannter Meister. Nun war ich ihnen ebenbürtig.

LEKTION V:

ZIELPERSON ISOLIEREN

»ES IST UNFAIR, EINE FRAU SCHLECHTZUMACHEN, WEIL MAN IHRE GESUNDE LEBENSFREUDE ALS BEDROHLICH EMPFINDET.«

jenny holzer

BENCHES

KAPITEL 1

Während Mystery und ich durch die Welt reisten und unsere Workshops gaben, lernten wir die Player hinter den anonymen Nicknames kennen. Die gesichtslose Verführer-Community wurde zu einer Familie aus Fleisch und Blut. Maddash war nun nicht mehr bloß ein Name mit sieben Buchstaben, sondern ein gewitzter Entrepreneur aus Chicago. Stripped war ein schweigsamer Amsterdamer Lektor, der wie ein Dressman aussah, und Nightlight9 ein liebenswerter Nerd, der sich seine Brötchen bei Microsoft verdiente.

Allmählich trennte sich die Spreu vom Weizen. Nun zeigte sich, wer bloß Poser war und wer Superstar. Die Superstars waren Mystery und ich, weil wir uns nicht lange bitten ließen – in Miami, Los Angeles, New York, Toronto, Montreal, San Francisco und Chicago. Mit jedem Workshop wurden wir besser, stärker, gingen noch offensiver vor. All die anderen Gurus, die ich getroffen hatte, verharrten stets im sicheren Ambiente des Seminarraums. Im Gegensatz zu uns mußten sie ihre Theorien nicht beweisen, Stadt für Stadt, Nacht für Nacht, an einer Frau nach der anderen.

Jedesmal, wenn wir eine Stadt verließen, bildete sich – sofern nicht schon eine bestand – eine neue Zelle von Gleichgesinnten (ein sogenannter Schlupfwinkel), die ihre neuerworbenen Fähigkeiten unter Beweis stellen wollten. Durch Mundpropaganda kamen weitere Neulinge hinzu, und es wurden immer mehr. Und alle Kerle hatten eins gemeinsam: Sie verehrten Mystery und Style. Wir lebten das Leben, von dem sie träumten, oder sie glaubten es wenigstens, und ihre Phantasie erledigte den Rest.

Auf jeden Workshop folgte mehr Online-Feedback; meine Techniken wurden über den grünen Klee gelobt. Auf jeden meiner Online-Reports folgte eine E-Mail-Flut von Neulingen, die meine Eskorte bilden wollten. In meinem Notizbuch standen allmählich mehr Nummern von Aufreißern als von willigen Mädels.

Wenn das Telefon klingelte, waren meist irgendwelche Typen dran, die nach Style fragten. Anschließend fielen sie gleich mit der Tür ins Haus, stellten Fragen wie »Ist es ratsam, die eigene Telefonnummer zu blocken, wenn man ein Girl anruft?« oder »Ich wollte einen Zweierset knacken, aber am Ende habe ich die Nummer von der Perle eingesackt, auf die ich gar nicht scharf war. Meinst du, ich habe trotzdem noch 'ne Chance, bei meiner Zieltussi zu landen?«.

Seit ich fast nur noch mit Typen aus der Aufreißer-Community herumhing, hatte ich meine Ansprüche an andere Leute um einiges heruntergeschraubt. Meine alten Freunde und Bekannten ließ ich größtenteils links liegen. Mittlerweile war mein Sozialleben von jeder Menge Losertypen dominiert, mit denen ich mich früher nie abgegeben hätte. Aber das war mir die Sache wert, schlicht, weil es Teil des Prozesses war, *der* Megatyp schlechthin zu werden – ein Kerl wie Dustin eben, die Sorte oberlässiger Aufreißer, die ich mein Leben lang beneidet hatte.

Ehe ich die Community entdeckt hatte, war es mir nur ein einziges Mal gelungen, ein Girl in einem Club anzumachen, das war zu jener Zeit, als ich gerade nach Los Angeles gezogen war. Doch als wir uns schließlich küßten, wand sie sich unvermittelt aus meiner Umarmung und meinte: »Irgendwie siehst du wie ein Aufnahmeleiter aus.« Womit sie mir offenbar durch die Blume sagen wollte, daß sie sich für einen dahergelaufenen Durchschnittstypen wie mich ein paar Nummern zu schade war. Womit sie mir auf Monate den Schneid abgekauft hatte. Ich war zu unsicher, um mit ihrer Abfuhr fertigzuwerden; im Nachhinein betrachtet hatte sie mir einen fetten Dämpfer verpaßt.

Wenn ich jetzt einen Club betrat, strotzte ich nur so vor Selbstbewußtsein, während ich mich fragte, welche Frau mir wohl innerhalb der nächsten halben Stunde die Zunge in den Hals stecken würde. Trotz all der Ratgeber und Selbsthilfe-Bücher, die ich gelesen hatte, war ich längst noch nicht über das Stadium profaner Selbstbestätigung hinaus. Keiner von uns war es. Aber genau deshalb waren wir ja auch auf Weiberjagd. Es ging nicht ums Abspritzen; es ging darum, akzeptiert zu werden.

Mystery hatte sich unterdessen auffällig verändert, während unserer Trips eine echte Metamorphose durchgemacht. Er hatte seine Pfauentheorie verfeinert und hing nun einer neuen radikalen Form des Aufstylens an; es reichte ihm nicht mehr, sich mit einem knalligen Kleidungsstück aufzudonnern, um die Aufmerksamkeit des anderen Geschlechts zu erregen. Mittlerweile sah er aus wie ein durchgeknallter Dressman. Er trug Plateauboots mit fünfzehn Zentimeter hohen Absätzen und einen grellrot getigerten Cowboyhut, wodurch er wirkte, als sei er 2,20 Meter groß. Dazu kombinierte er eine hautenge schwarze Lacklederhose, eine futuristische Brille, einen Rucksack mit Plastikstacheln, ein Netzhemd, schwarzen Eyeliner, weißen Lidschatten und sieben Armbanduhren. Alles und jeder sah ihm hinterher, wenn wir auf der Straße unterwegs waren.

Aufreißersprüche benötigte er nicht mehr. Die Frauen rissen sich um ihn. Mädels liefen ihm hinterher. Manche packten ihm an den Arsch; eine ältere Frau biß ihn gar in den Schritt. Wenn er interessiert war, mußte er lediglich ein paar Zaubertricks vorführen, was sein abgefahrenes Outfit perfekt ergänzte.

Sein neuer Look stellte letztlich auch einen bestens funktionierenden Lackmustest dar. Sein Outfit stieß Frauen ab, an denen er sowieso kein Interesse hatte, und zog diejenigen an, auf die er scharf war. »Ich werfe mich für die wilden Clubgirls in Schale, für die heißen Schlampen, die Weiber, die ich nie kriegen konnte«, erklärte er eines Abends, als ich ihm auf den Kopf zusagte, er sähe aus wie ein Clown. »Sie spielen die Groupies, ich den Rockstar.«

Unablässig lag er mir in den Ohren, ich solle mir ein ebenso durchgeknalltes Outfit zulegen. Doch auch wenn ich eines Nachmittags einlenkte und mir in einem Laden für Reizwäsche ein lila Pelzjäckchen kaufte, ging mir das ununterbrochene Geglotze der Passanten eher auf die Nerven. Und davon abgesehen kam ich auch gut ohne permanente Aufmerksamkeit klar.

Meine Reputation hatte ich mir größtenteils während unseres Miami-Workshops erworben: In einer halben Stunde hatte ich all die Hypnose- und Anmachtechniken angewendet, die ich in den sechs vorausgegangenen Wochen gelernt hatte. Es war eine Nacht, die in die Annalen der Aufreißer-Community eingehen sollte: Verführung pur, nicht als Wrestling-Event, sondern als Ballett inszeniert – die makellose Meisterung der Form. In jener Nacht vollzog ich den offiziellen Schritt vom EFL zum Profi-Aufreißer.

KAPITEL 2

Sie waren die perfekten Baggerobjekte.

Als die beiden den VIP-Bereich der Cro Bar in Miami betraten, stachen sie sofort allen Anwesenden ins Auge: zwei knackbraune Platinblondinen in identischen Outfits – enge weiße Tops und enge weiße Hosen. Unmöglich, sie zu übersehen. Zwei megaperfekte Superbabes, jede eine echte Zehn, wie es im Aufreißer-Jargon heißt, und so aufreizend gestylt, daß sich jeder Mann in eine reißende Bestie verwandelte. Die Cro Bar lag am South Beach, die Luft war geschwängert von Testosteron, und die beiden hatten sich bereits jede Menge Gejohle und anzügliche Pfiffe anhören müssen. Sie schienen in der allgemeinen Anmache regelrecht zu schwelgen. Nur eines gab ihnen noch einen kleinen Kick mehr: das geile Gegröle schulterzuckend zu ignorieren.

Ich wußte nur allzu genau, was zu tun war – nämlich das exakte Gegenteil von dem, was alle taten. Ein Profi-Aufreißer muß stets die Ausnahme von der Regel sein. Heißt: Ich unterdrückte meine evolutionären Instinkte und schenkte ihnen nicht die geringste Beachtung.

Flankiert wurde ich von Mystery und zweien unserer Schüler; der eine nannte sich Outbreak, der andere Matador of Love. Unsere anderen Workshop-Teilnehmer hatten sich unten um die Tanzfläche versammelt, um dort ihre Aufriß-Techniken zu testen.

Outbreak legte als erster los, erzählte den beiden Platinbabes, wie geil er ihr Outfit fand, aber mit Komplimenten war bei den beiden kein Blumentopf zu holen. Sie scheuchten ihn weg wie eine lästige Mücke. Dann legte der Matador of Love mit dem erprobten Talk-Show-Opener nach und blitzte ab wie ein kleiner Junge mit offener Hose.

Nun war ich an der Reihe. Jetzt mußte ich alles Selbstvertrauen zusammennehmen, das Steve P. und Rasputin mir eingeimpft hatten. Zeigte ich auch nur das kleinste bißchen Schwäche, den Schatten eines Zweifels, dann würden sie mich bei lebendigem Leibe fressen.

»Die Größere ist nicht bloß eine Zehn«, flüsterte mir Mystery zu. »Das ist 'ne Elf. Der mußt du ein paar megaharte Dämpfer verpassen, sonst kannst du's vergessen.«

Die Girls gingen zur Bar, wo sie mit einem Transvestiten in einem schwarzen Tutu zu plaudern begannen. Ich lehnte mich gleich daneben an den Tresen, ohne sie auch nur eines Blickes zu würdigen, und grüßte den Transvestiten, als würde ich ihn kennen. Ich fragte, ob er hier im Club arbeiten würde, was er verneinte. Es spielte nicht die geringste Rolle; ich brachte mich lediglich in Position, benutzte ihn, um den Zweierset zu knacken.

Nachdem ich mich soweit heranmanövriert hatte, wurde es Zeit, ein paar Dämpfer auszuteilen. »Die Tussi da drüben versaut dir den Auftritt«, sagte ich zu der kleineren der beiden, der Zehn. »Äfft die dich nach, oder was?« Ich deutete auf die andere Blondine.

»Sie hat doch bloß dieselbe Figur wie ich«, antwortete die Zehn.

»Nee«, meinte ich. »Sie trägt doch auch fast die gleichen Klamotten.«

Die beiden Girls musterten sich von oben bis unten – und jetzt kam es drauf an. Wenn mir jetzt kein guter Spruch einfiel, würde ich als weitere Nullnummer dastehen. Also ließ ich gleich den nächsten Dämpfer raus. »Wißt ihr was?« fragte ich. »Schneeflöckchen und Weißröckchen könnten sich nicht ähnlicher sehen.«

Keine Frage, mein Kommentar war ziemlich seltsam, doch nun hatte ich sie am Haken. Ich spürte es genau, und plötzlich begann mein Herz schneller zu schlagen. Erst jetzt schüttelte ich den Opener aus dem Ärmel, den ich von Anfang an für die beiden vorgesehen hatte. »Kurze Frage an euch. Sind die Haare echt?«

Die Zehn sah mich entgeistert an, setzte dann aber wieder eine coole Miene auf. »Und ob! Fühl doch mal.«

Sachte zog ich an ihren Haaren. »Glaub ich nicht«, provozierte ich. »Die sitzen doch gar nicht richtig fest.«

»Ach ja? Dann zieh doch mal.«

Ich ließ mich nicht lange bitten und zog so fest, daß ich ihr den Kopf in den Nacken riß. »Okay«, sagte ich. »Ich glaub's. Aber gilt das auch für deine Freundin?«

Die Elf lief rot an. Sie warf mir einen vernichtenden Blick zu. »Das ist ja wohl das letzte! Und wenn ich wirklich keine Haare hätte? Überleg dir vorher, was du sagst – oder legst du's drauf an, andere Menschen zu verletzen? Was würdest du sagen, wenn dich jemand so dreist anquatschen würde?«

Aufreißen ist ein hochriskantes Spiel; wer gewinnen will,

muß mit hohem Einsatz spielen. Bislang hatte ich lediglich ihr Augenmerk auf mich lenken und eine emotionale Reaktion provozieren wollen. Nun gut, ihre Reaktion war negativ, aber immerhin war sie auf mich eingegangen. Wenn es mir jetzt gelang, ihren Unmut umzulenken, hatte ich einen Fuß in der Tür.

Und zu meinem Glück trug ich an diesem Abend eine schwarze Perücke im Mod-Stil und ein falsches Lippenpiercing, um unseren Kursteilnehmern zu beweisen, daß gutes Aussehen beim Baggern keine Rolle spielt. Es ist bloß ein Spiel.

Ich lehnte mich an die Bar und begegnete ihrem Blick, ohne mit der Wimper zu zucken. »Ach ja?« sagte ich. »*Ich* trage eine Perücke, und eine Glatze habe ich außerdem.«

Sie starrte mich mit offenem Mund an, ohne zu wissen, was sie darauf antworten sollte. Jetzt war es nur noch eine Kleinigkeit, sie mir an Land zu ziehen. »Und ich sag dir noch was. Ob ich nun mit Glatze, Perücke oder angeschweißter Langhaarfrisur um die Häuser ziehe, es ändert überhaupt nichts. Am Ende geht's nämlich immer um Persönlichkeit, nicht wahr?«

Alles, was ich bei einem Aufriß von mir gebe, dient einem übergeordneten Zweck. In diesem Fall ging es darum, ihr zu verklickern, daß ich mich – im Gegensatz zu all den anderen Typen im Club – nicht von ihren Blicken einschüchtern lassen würde. Schönheit war für mich inzwischen nichts weiter als ein Hosenscheißer-Test: Damit wurden die Loser ausgesiebt, die sich beim Anblick einer attraktiven Frau in die Hose machten.

»Ich komme aus Los Angeles«, fuhr ich fort. »Aus der Stadt, wo die schönsten Frauen des Landes für einen Aushilfsjob Schlange stehen. In den Clubs dort sieht man so viele Megabräute, daß sich dieser Laden hier dagegen wie eine total miese Spelunke ausnimmt.« Meinen kleinen Vortrag hatte ich fast wortwörtlich von Ross Jeffries übernommen. Und er zeigte Wirkung.

Während die Girls den Blick durch den Raum schweifen ließen, sagte ich: »Eine Lektion habe ich jedenfalls gelernt. Schönheit ist stinknormal. Sie ist entweder angeboren oder erkauft. Wirklich zählt nur, was man aus sich macht. Ohne Individualität ist man am Ende bloß eine Nullnummer.«

Jetzt hatte ich sie. Die Girls waren baff; ich hatte sie ausgehebelt, nicht sie mich. Ich hatte ihre Welt eingenommen, wie es Ross Jeffries einmal so schön formuliert hatte, und mich als Souverän erwiesen. Um meine Position zu festigen, warf ich gleich den nächsten Dämpfer ein, schwächte ihn aber in Richtung eines kleinen Kompliments ab: »Aber weißt du was? Du hast ein wirklich hübsches Lächeln. Unter der Oberfläche scheinst du echt okay zu sein.«

Die Zehn trat einen Schritt näher. »Wir sind übrigens Schwestern.«

Ein weniger talentierter Profi-Aufreißer hätte seine Arbeit als erledigt betrachtet und geglaubt, die beiden in der Tasche zu haben. Aber es war nur ein weiterer Test. Ich musterte sie eingehend und ging aufs Ganze. »Bullshit«, grinste ich. »Den Nonsens kaufen euch bestimmt 'ne Menge Typen ab, aber mein Bauch sagt mir was anderes. Ihr seht kein bißchen wie Schwestern aus. Dazu seid ihr einfach zu verschieden.«

Die Zehn lächelte verschämt. »Wir würden das sonst nie zugeben«, sagte sie. »Aber du hast recht. Wir sind bloß Freundinnen.«

Ich hatte ihre Programmierung durchbrochen, ihre automatischen Antworten hintertrieben und demonstriert, daß ich nicht bloß ein weiterer 08/15-Baggerfürst war. Ich ging noch mal volles Risiko: »Trotzdem jede Wette, daß ihr euch noch nicht lange kennt. Richtig gute Freundinnen gleichen sich bis in die Bewegungen, und das tut ihr nicht.«

»Wir kennen uns erst knapp ein Jahr«, gab die Zehn zu.

Nun war es Zeit, mein Spielchen zu variieren und auf Small talk zu machen, um ein wenig über die beiden zu erfahren. Wie immer achtete ich darauf, keine direkten Fragen zu stellen; statt dessen gab ich mehr oder minder vage Statements ab, die die Girls zu Fragen verleiteten.

Die Zehn erzählte, sie kämen aus San Diego, und so plauderten wir ein Weilchen über die Westküste und Miami. Während ich mich mit ihr unterhielt, drehte ich der Elf den Rücken zu, als sei ich an ihr nicht weiter interessiert. Das war klassische Mystery-Praktik: So zwang ich sie, sich Gedanken über mich zu machen, sich zu fragen, weshalb ich ihr nicht die Beachtung schenkte, die sie von anderen Männern gewohnt war. Beim strategischen Aufreißen wird nichts dem Zufall überlassen.

Das Interesse einer Frau stelle ich mir gewöhnlich wie ein Feuer vor; wenn es zu erlöschen droht, sollte man es schleunigst wieder anfachen. Just in dem Moment, als die Elf sich abwenden wollte, drehte ich mich um und servierte ihr einen meiner besten Sprüche: »Übrigens, wenn ich dich so ansehe, sehe ich noch ein wenig von dem Mädchen, das du als Teenager warst. Und ich gehe jede Wette ein, du warst damals keineswegs so umschwärmt wie heute.«

Klar, auch das war nichts weiter als eine Binsenweisheit. Trotzdem sah sie mich völlig entgeistert an, während ihr wohl durch den Kopf schoß, woher ich das wußte. Um meinen Sieg zu krönen, ließ ich noch einen x-mal erprobten Spruch raus, um die Luft aus ihrem Ego zu lassen. »Ich wette, 'ne Menge Leute halten dich für eine arrogante Zicke. Aber das stimmt nicht. Eigentlich bist du sogar ziemlich unsicher.«

Plötzlich sah sie mich mit Chappi-Blick an, wie wir es unter uns nennen, wie ein kleiner Hund, der in seinen leeren Napf starrt. Um genau diesen Blick geht es beim Baggern. Ihre Augen glänzten, ihre Pupillen weiteten sich; wie gebannt starrte sie auf meine Lippen. Auch entging mir nicht, daß die Zehn verstärkt Körperkontakt zu mir suchte, je mehr Beachtung ich der Elf schenkte.

»Du bist echt cool«, hauchte die Zehn und preßte ihre Brüste an mich. Aus dem Augenwinkel sah ich Mystery, Outbreak und den Matador of Love, die meinen Abschuß mit Kennermienen verfolgten. »Wir sollten uns in L. A. mal treffen.«

Sie schlang die Arme um meinen Hals und drückte mich eng an sich. »Hey, das macht 30 Dollar«, sagte ich. »Gratis ist nicht.«

Je mehr man sie am ausgestreckten Arm verhungern läßt, desto begieriger laufen sie einem hinterher. »Echt ein Supertyp«, sagte sie zu ihrer Freundin. Dann fragte sie mich, ob sie beide mich in L. A. mal besuchen dürften.

»Klaro«, antwortete ich, doch im selben Moment wurde mir bewußt, daß ich mich ruhig ein bißchen hätte zieren können; eine echte Kunst, sich alles zu merken, was zu einem hundertprozentig perfekten Aufriß gehört. Zu spät, aber egal. Sie schrieb mir ihre Telefonnummer auf, und ich gab ihr meine.

Vielleicht ist Ihnen aufgefallen, daß ich bisher die Namen der Girls nicht genannt habe. Und zwar deshalb, weil ich mich bei einem Aufriß grundsätzlich nicht vorstelle. Mystery hatte mir beigebracht, stets darauf zu warten, daß sich die Zielperson entweder vorstellt oder aber nach meinem Namen fragt. So geht man sicher, daß ihrerseits Interesse vorhanden ist. Und während wir unsere Telefonnummern austauschten, kam ich so zu meinen ersten echten Interessensindikatoren: Ich erfuhr, daß die Zehn Rebekah hieß und die Elf Heather. Nun war es Zeit, die beiden zu trennen und zu checken, ob ich genug II-Punkte zusammenbekommen würde, um Heather lang und heftig küssen zu können.

Plötzlich tauchte ein Typ auf, der mit den Girls bekannt war und drei Whiskeys spendierte – einen für Heather, einen für Rebekah und einen für sich. Ich streckte die leere Hand aus und tat so, als sei ich gekränkt. Heather – ein wirklich nettes Mädchen unter der perfekt durchgestylten Oberfläche, wie mir langsam klar wurde – schnappte sofort nach dem Köder. »Mach dir nichts draus«, sagte sie mit einem Seitenblick auf ihren Bekannten. »Der hat einfach keine Kinderstube.«

Als sie den Barkeeper zu sich winkte und mir ebenfalls einen Whiskey bestellte, warf Rebekah ihr einen genervten Blick zu. »Hast du unsere Regel vergessen?« nölte sie.

Die Regel kannte ich: Girls dieses Schlags lassen sich ihre Drinks grundsätzlich von Typen bezahlen. Tatsache ist aber auch, daß spendable Kerle von solchen Girls nicht respektiert werden. Ein echter Profi-Aufreißer gibt prinzipiell keine Drinks aus, solange er nicht mit dem betreffenden Mädchen geschlafen hat; Geschenke sind ebenfalls tabu.

»Wir haben abgemacht, kein Geld für Drinks auszugeben«, lamentierte Rebekah.

»Ihr gebt ja auch kein Geld für eigene Drinks aus«, sagte ich. »Ihr spendiert mir einen. Und ich bin eben auch ein besonderer Typ.«

Eigentlich bin ich gar nicht so arrogant, aber beim Aufreißen gelten eherne Regeln. Und diese Regeln müssen eingehalten werden – schlicht, weil sie funktionieren.

Plötzlich tauchte Mystery neben mir auf und flüsterte mir ins Ohr: »Isolieren!«

»Ich würde dir gern was zeigen«, fuhr ich zu Heather gewandt fort und ergriff ihre Hand. Ich führte sie an einen Tisch, bat sie, sich zu setzen, und zog die bewährte parapsychologische Nummer ab. Als ich kurz den Kopf wandte, sah ich, wie Mystery sich hinter mir in Zeitlupe mit der Faust in die Handfläche schlug. Das war ein Codesignal: nächste Phase einleiten, runterschalten und alles klarmachen.

Ich erzählte ihr vom Seelenblick, und während um uns herum House-Rhythmen und lautes Stimmengewirr tosten, sahen wir einander tief in die Augen. Ich stellte sie mir als den pummeligen Teenager vor, der sie einmal gewesen war. Hätte ich darüber sinniert, wie schön sie wirklich war, wäre mir das Herz in die

Hose gerutscht bei dem Gedanken, ihr makelloses Antlitz mit meinen Lippen zu besudeln. Und genau das hatte ich ja vor.

Langsam bewegte ich meinen Kopf auf sie zu.

»Nicht auf den Mund«, flüsterte sie.

Ich hob den Zeigefinger, plazierte ihn auf ihren Lippen und machte »Shhhh«. Dann küßte ich sie – mitten auf den Mund.

Es wäre der atemberaubendste Kuß meines Lebens geworden. Aber ich war so mit meinen Verführungskünsten beschäftigt, daß ich ganz vergessen hatte, daß ich einen Fakering an der Unterlippe trug. Plötzlich ging mir die Muffe, er würde abfallen (oder, noch schlimmer, an ihrer Lippe klebenbleiben) – weshalb ich zurückwich, sie abermals ansah und dann an ihrer Oberlippe zu knabbern begann.

Ihre Zunge schnellte mir wie ein Pfeil entgegen. »He, nicht so hastig«, sagte ich, als sei sie es, die auf Teufel komm raus etwas von mir wollte. Der Schlüssel zur physischen Eskalation, wie David D'Angelo es in seinem Seminar in Worte gefaßt hatte, liegt stets in derselben Taktik: zwei Schritte vor, ein Schritt zurück.

Behutsam küßten wir uns, ehe wir zu Rebekah an die Bar zurückkehrten. Da ich mich wieder um unsere Workshop-Teilnehmer kümmern mußte, sagte ich den beiden, es sei ein wahres Vergnügen gewesen, sie kennenzulernen, daß ich meine Kumpels aber nicht länger warten lassen könne. Wir verabredeten noch einmal, demnächst ein Wochenende zusammen zu verbringen. Dann verließ ich die beiden mit jubelndem Herzen.

Als erster kam mir der Matador of Love entgegen. Er nahm meine Hand und küßte sie. »In Indien werfen wir uns vor Meistern wie dir in den Staub«, sagte er aufgeregt. »Du hast meinem Leben einen neuen Sinn gegeben. Du hast bewiesen, daß du der Größte bist. Ein wahrer, echter Champion, der mit Lorbeer bekränzt werden müßte.«

Für den Rest der Nacht lief alles wie von selbst. Sogar Frauen, die meine Nummer mit den platinblonden Superbabes nicht mitbekommen hatten, wollten mir an die Wäsche. Sie rochen förmlich, was ich ihnen geben konnte.

Es spielte nicht mal eine Rolle, ob dabei ein Fick heraussprang; es ging um die Eleganz des Spiels, die Grazie des avancierten Flirts. Genau dafür hatte ich so lang und hart an mir gearbeitet. Nur eins war mir bei all dem nicht bewußt: daß ich damit einen Hunger in mir entfachte, der niemals gestillt werden konnte.

KAPITEL 3

Als ich von meinen Trips mit Mystery nach Hause kam, wartete Dustin in meinem Apartment auf mich. Der King der Naturtalente war zurück.

Aber was trieb er in meiner Wohnung?

»Hi«, begrüßte er mich in seinem weichen, leicht femininen Tonfall. Er trug einen Tweedmantel mit großen braunen Knöpfen, eine schwarze Polyester-Röhrenhose und eine schwarze Kappe.

Wir hatten uns seit mehr als einem Jahr nicht mehr gesehen; er wußte nichts davon, daß ich der Community beigetreten war. Zuletzt hatte ich gehört, er manage einen Nachtclub in Rußland. Er hatte mir Fotos von seinen Freundinnen geschickt; eine für jede Nacht der Woche. Tatsächlich nannte er sie Montag, Dienstag, Mittwoch und so weiter.

»Wie bist du denn hier reingekommen?«

»Deine Vermieterin hat mich reingelassen. Reizende Frau. Ihr Sohn schreibt auch, wußtest du das?«

Er hatte es wirklich drauf, Menschen für sich zu gewinnen.

»Gut, dich endlich wiederzusehen«, sagte er, während er mich fest an seine Brust drückte. Als er sich von mir löste, schimmerten seine Augen feucht, als habe er mich wirklich vermißt.

Mir ging es ähnlich. Dustin hatte meine Gedanken ständig begleitet, seit ich der Kunst der Verführung frönte. Wo Ross Jeffries seinen Hypno-Talk einsetzte, um weibliche Phantasien zu entfachen, gelang Dustin dasselbe, ohne auch nur ein Wort zu sagen. Er war die männliche Leinwand, auf die Frauen ihre Sehnsüchte projizieren konnten – selbst wenn sie diese vorher gar nicht gekannt hatten. Zuvor hätte ich in hundert Jahren nicht herausgefunden, was sein Erfolgsrezept war; nun aber, mit meinem neuerworbenen Know-how, eröffnete sich mir die Chance, ihn zu beobachten, gezielte Fragen zu stellen und Schritt für Schritt nachzuvollziehen und nachzuahmen, was ihn so attraktiv für Frauen machte. Und schließlich würde ich eine komplett neue Schule innerhalb der Community ins Leben rufen.

»Du hast wahrscheinlich keine Ahnung, was ich die letzten Monate gemacht habe«, sagte ich. »Ich habe mich mit den größten Profi-Aufreißern dieser Hemisphäre herumgetrieben, jede Menge von ihnen gelernt. Mein Leben hat sich komplett gedreht. Ich hab's jetzt drauf, aber wie.«

»Schon gehört«, entgegnete er. »Marko hat mir davon erzählt.«

Er sah mich aus seinen feuchtschimmernden braunen Augen an, jenen Augen, mit denen er in die Seelen unzähliger atemberaubender Frauen geblickt hatte. »Ich …« Er stockte. »Ich mach das nicht mehr.«

Ich starrte ihn ungläubig an. Eine Sekunde später aber bemerkte ich das jüdische Gebetskäppchen auf seinem Kopf. Von wegen Kappe.

»Ich bin nach Jerusalem gezogen«, fuhr er fort. »Und dort lebe ich jetzt in einer Jeschiwa. Einer Rabbinerschule.«

»Mach Witze.«

»Mitnichten. Ich habe seit acht Monaten keinen Sex mehr gehabt. Der ist da verboten.«

Ich konnte nicht fassen, was da an meine Ohren drang: Der King der Naturtalente hatte offenbar ein Keuschheitsgelübde abgelegt. Das konnte doch wohl nicht wahr sein. Hatte man deswegen nicht den Knast erfunden, in dem es Essen gab, Klamotten, ein Dach über dem Kopf, Fernsehen und frische Luft, bloß die zwei Dinge nicht, auf die es im Leben wirklich ankommt – Freiheit und Frauen?

»Ist wenigstens Onanieren erlaubt?«

»Nein.«

»Echt?«

Er hielt kurz inne. »Na ja ... manchmal habe ich schon feuchte Träume.«

»Siehst du? Gott will dir etwas sagen. Es *muß* einfach raus.«

Er lachte und klopfte mir auf den Rücken. Er bewegte sich langsamer als sonst, und auch sein Lachen klang irgendwie anders, als stünde er über meinem zotigen Humor. »Ich habe einen hebräischen Namen angenommen«, sagte er. »Einer der höchsten Rabbis an der Jeschiwa hat ihn mir gegeben. Ich heiße jetzt Avisha.«

Ich war platt. Wie hatte sich Dustin so schnell vom Weiberhelden zum Talmudschüler wandeln können – gerade jetzt, da ich ihn so dringend brauchte?

»Und wieso hast du die Frauen aufgegeben?« fragte ich.

»Wenn man jedes Girl haben kann, das man will, wird man von anderen Männern glühend beneidet, selbst wenn sie reich oder prominent sind«, erklärte er. »Aber schließlich wurde mir die Sache langweilig – ich habe die Mädels abgeschleppt, hatte aber keine Lust auf Sex mehr. Ich wollte bloß noch mit ihnen reden. Tja, und so redeten wir dann die ganze Nacht hindurch, bis ich meine jeweilige Eroberung morgens zur U-Bahn gebracht habe. An dem Punkt habe ich der Baggerei Schritt für Schritt entsagt. Mein ganzes Dasein, mein ganzer Lebenszweck war auf Frauen ausgerichtet. Frauen waren wie Göttinnen für mich ... bis mir aufging, daß sie bloß Götzen waren. Und so bin ich losgezogen, um den wahren Gott zu finden.«

Er erzählte, wie er allein in seinem Moskauer Apartment gehockt und im Internet nach geistigem Beistand gesucht hatte – bis er schließlich auf die Thora gestoßen war. Ein Trip nach Jerusalem hatte ihm die Augen geöffnet; zurück in Rußland, hatte er auf einer Party in einem Casino Mafiosi, korrupte Busineßtypen und geldfixierte Speichellecker getroffen, das genaue Gegenteil jener Menschen in Israel. Der Materialismus machte ihn krank. Kurz darauf hatte er seine Sachen gepackt, seinen Wochentagsgespielinnen den Laufpaß gegeben und war am Abend des Passahfests in Jerusalem angekommen.

»Ich bin vorbeigekommen, um dich um Vergebung zu bitten«, sagte er. »Ich habe mir in der Vergangenheit einiges zuschulden kommen lassen.«

Ich hatte keinen Schimmer, wovon er redete. Er war mir stets ein echter Freund gewesen.

»Ich habe einem gottlosen Lebensstil gehuldigt«, erklärte er. »Güte, Barmherzigkeit, menschliche Würde, Intimsphäre – all das waren Fremdworte für mich. Statt dessen habe ich Frauen benutzt, herabgewürdigt und wie Dreck behandelt. Immer habe ich ausschließlich an mein Vergnügen gedacht. Ich habe das Gute in mir und anderen ignoriert und versucht, meine Mitmenschen zur Sünde zu verleiten.«

Während er sprach, schoß mir unwillkürlich durch den Kopf, daß mir seine Freundschaft genau deswegen so wichtig gewesen war.

»Ich habe dich doch letztlich in diesen ganzen Aufreißer-Mist hineingezogen«, fuhr er fort. »Als handele es sich um das höchste Ideal, nach dem man streben sollte. Ich weiß nicht, in welchem Maße ich damit deiner Seele geschadet habe, aber es tut mir von Herzen leid.«

Von seiner religiösen Warte aus gesehen mochte das durchaus einleuchtend sein. Dennoch war ich schon immer skeptisch, was Extreme anging, egal, ob es sich nun um Drogenabhängigkeit, religiösen Fanatismus oder radikale Diäten handelte. Irgend etwas stimmte nicht mit Dustin – oder Avisha, wie er sich jetzt nannte. Sein Leben war ein gähnend schwarzes Loch, das er mit Sinn zu füllen versuchte – erst mit Frauen, nun mit Religion. Ich lauschte seinen Worten, auch wenn ich den Sachverhalt komplett anders sah.

»Schon vergeben«, sagte ich. »Mit der Ergänzung, daß du dich für nichts entschuldigen mußt.«

Er sah mich sanft an, sagte aber nichts mehr. Plötzlich verstand ich, was so verführerisch an ihm war: diese Augen, die schimmerten wie die Oberfläche eines Bergsees, die ungeheure Konzentration, die in seinem Blick lag und einen glauben ließ, daß nichts auf der Welt wichtiger war als das, was man gerade zum Besten gab.

»Denk mal drüber nach«, fuhr ich fort. »Wenn ein Typ seinen Umgang mit Frauen verbessern will, muß er erst mal verdammt hart an sich arbeiten. Tja, und wie es nun mal so ist, suchen Frauen bei Männern ausschließlich nach positiven Eigenschaften: Ich bin selbstbewußter geworden; ich gehe ins Fitneßstudio und ernähre mich gesund; ich beschäftige mich mit meinen Emotionen und habe viel über Spiritualität gelernt; ich bin ein positiv denkender Mensch geworden, jemand, der dem Leben offen gegenübersteht.«

Er sah mich aufmerksam an.

»Und mittlerweile habe ich nicht bloß Erfolg bei den Frauen. Alles läuft besser, egal, ob ich mit meiner Vermieterin spreche oder erklären muß, warum ich meine Kreditkarte überzogen habe.«

Immer noch dieser Blick.

»Tja, der langen Rede kurzer Sinn ... Klar, eigentlich war Aufreißen das Thema, aber ich bin dabei ein besserer Mensch geworden.«

Seine Lippen bewegten sich. Er schien etwas sagen zu wollen.

»Tja«, meinte er schließlich.

Tja was?

»Als echter Freund werde ich immer für dich da sein. Und ich will wiedergutmachen, was ich dir angetan habe.«

Offenbar hatte ich ihn nicht überzeugt. Zur Hölle mit ihm. Ich brauchte dringend eine Mütze Schlaf.

»Macht's dir was aus, wenn ich ein, zwei Tage hierbleibe?« fragte er.

»Kein Problem, aber ab Mittwoch bin ich wieder unterwegs.«

»Kannst du mir 'nen Wecker leihen? Bei Sonnenaufgang muß ich beten.«

Nachdem ich ihm meinen kleinen Reisewecker herausgekramt hatte, griff er in seine Reisetasche und förderte ein Buch zutage. »Hier«, sagte er. »Das habe ich dir mitgebracht.«

Es war eine kleine, gebundene Ausgabe eines Buchs aus dem sechzehnten Jahrhundert mit dem Titel *Der Pfad der Gerechten*. Vorn hatte er einen Satz aus dem Talmud für mich hineingeschrieben:

> *Wer nur ein einziges Leben zerstört, der vernichtet die ganze Welt; und wer auch nur ein einziges Leben rettet, der rettet die ganze Welt.*

Aha, er wollte also mich retten. Warum nur? Ich hatte doch jede Menge Spaß.

KAPITEL 4

Der große Tag war gekommen. Es würde der längste Trip meiner Verführerkarriere werden. Zunächst einmal ging es nach Toronto, wo Mystery einen Exklusiv-Workshop für Papa gab, einen Freund von Exoticoption, der bei unserem Workshop in Belgrad dabeigewesen war. Papa zahlte 1.500 Dollar für das Privileg, allein mit Mystery und meiner Wenigkeit um die Häuser ziehen zu können. Anschließend wollten Mystery und ich uns tätowieren lassen – ein kleines Herz aufs Handgelenk als Zeichen unserer Zugehörigkeit zur internationalen Aufreißer-Community. Dann würden wir den Bus nach New York nehmen, wo Mysterys erstes Seminar steigen sollte, und danach war ein Abstecher nach Bukarest angesagt, damit Mystery endlich sein großes Selbstverwirklichungsprojekt in Angriff nehmen konnte: Er hatte vor, in Osteuropa zwei junge bisexuelle Frauen zu verführen, die von einem besseren Leben in Übersee träumten. Er wollte ihnen Studentenvisa besorgen, sie mit nach Kanada nehmen und dort erst zu Stripperinnen und später zu Assistentinnen für seine magischen Shows abrichten.

Tattoos und weiße Sklavinnen – ich hatte es weit gebracht.

Als ich das Haus verließ, warf ich einen Blick in meinen Briefkasten. Neben den üblichen Mahnungen und Versicherungsschreiben entdeckte ich auch eine Postkarte aus Jerusalem, auf der die Klagemauer abgebildet war. »Dein hebräischer Name ist Tuvia.« Es war Dustins Schrift. »Der Name leitet sich ab vom Wort Tov, was ›gut‹ bedeutet. Das Gegenteil von Tov ist Ra, das Böse. Außerdem steht Tov für das Ewige, Ra für das Kurzlebige. Was wiederum bedeutet, daß der Kern deines Wesens auf das ausgerichtet ist, was immer Bestand haben wird – das Gute. Aber zuweilen kommt dir eben das Böse in die Quere.«

Während unseres Flugs las ich die Postkarte noch einmal. Dustin machte einen auf religiösen Oberlehrer. Nun ja, vielleicht lag er gar nicht mal so falsch mit dem, was er mir sagen wollte. Andererseits aber beherrschte mich seit einer Ewigkeit der Wunsch, die Macht zu besitzen, jede Frau ins Bett zu kriegen. Und nun war ich dabei, mir diesen Wunsch zu erfüllen. Und das war eine verdammt gute Sache. Tov.

Mystery war kürzlich zu Hause ausgezogen und teilte sich nun eine Wohnung mit No. 9, einem koreanischen Computerfreak, der sich dank Mysterys Input in einen nicht ganz uncoolen Typen verwandelt hatte. Sie wohnten in einem engen Zwei-Zimmer-Apartment über einem Cybercafé nicht weit von der University of Toronto. Da No. 9 verreist war, verfrachtete ich meine Sachen in sein Zimmer, ehe ich mich zu Mystery in die Küche setzte. Patricia hatte Schluß mit ihm gemacht, und diesmal war endgültig Sense. In der Zwischenzeit hatte er meist in seinem Zimmer abgehangen, ein Videospiel namens »Morrowind« gespielt und sich lesbische Pornos aus dem Internet heruntergeladen. Es würde ihm guttun, anläßlich der kommenden Workshops mal wieder um die Häuser zu ziehen.

Drei Arten von Typen nahmen an seinen Workshops teil. Erstens Kerle wie Exoticoption, ganz normale und sozial kompatible Burschen, die ihr Spektrum in Sachen Girls erweitern wollten. Zweitens eine Reihe von Typen, die verklemmt und unflexibel waren; sie versuchten, soviel Know-how wie möglich in sich aufzusaugen, hatten aber größte Probleme, ihr Verhalten auch nur ansatzweise zu ändern. Und drittens solche wie Papa: Anmachmaschinen, die ihren Mangel an Sozialverhalten mit einem Mangel an sozialen Ängsten ausglichen. Anmachmaschinen wie Papa lernten am schnellsten; man mußte ihnen bloß mit den richtigen Techniken auf die Sprünge helfen.

Er war ein chinesischer Jurastudent mit leiser, leicht verdruckster Stimme und trug ein kariertes Button-down-Hemd und eine Jeans, die ihm zwei Nummern zu groß war. Typen wie er kamen so gut wie immer in karierten Hemden und Schlackerjeans an. Wenn sie sich schließlich von uns verabschiedeten, trugen sie stets ein grellbuntes Shirt, enge schwarze Hosen, jede Menge silberne Ringe an den Fingern und eine Sonnenbrille, die sie sich lässig in die Stirn geschoben hatten – die gängige Aufreißer-Uniform, in der sich Sex mit derber Geschmacklosigkeit auf kuriose Weise mischte.

Wir trafen uns mit ihm in einem Café und stellten die üblichen Fragen: Wie hoch ist dein Top Score? Auf was für Girls stehst du? Wo liegen deine Probleme?

»In meiner Studentenverbindung bin ich eine ziemliche Nummer«, begann er. »Meine Familie hat sehr viel Geld. Mein Vater ist Rektor einer angesehenen Universität.«

»Laß mich da mal direkt einhaken«, unterbrach ich ihn. »Du versuchst nichts anderes, als uns weiszumachen, was für ein toller Hecht du bist. Bloß daß du damit nur erreichst, daß wir dich für ein Großmaul halten. Wer wirklich Kohle hat, braucht damit nicht anzugeben.«

Papa nickte ergeben wie ein Schaf. Sein Kopf schien von schwerem, unsichtbarem Nebel umgeben zu sein, so daß sein Nicken irgendwie leicht zeitverzögert rüberkam. Was sich zu dem Gesamteindruck verdichtete, er sei nicht ganz bei der Sache.

»Geht es okay, wenn ich alles aufnehme, was ihr sagt?« fragte Papa. Er kramte einen kleinen Digitalrecorder aus seiner Tasche.

Im Laufe seines Lebens entwickelt jeder Mensch diverse schlechte Angewohnheiten – persönliche Macken gehören dazu, genau wie modische Fehltritte. Unseren Eltern und Freunden fällt dabei die Rolle zu, uns glauben zu machen, daß wir auch so völlig in Ordnung seien. Aber es reicht eben nicht, einfach nur man selbst zu sein. Es geht darum, das Beste aus sich zu machen. Und das ist wahrlich eine verdammt schwierige Aufgabe, wenn man die besten Seiten seiner Persönlichkeit noch nicht herausgebildet hat.

Eben deshalb wirkten unsere Workshops derart horizonterweiternd: Zunächst einmal teilten wir unserem jeweiligen Kursteilnehmer mit, welchen ersten Eindruck er hinterlassen hatte. Wir fürchteten uns nicht davor, seine Gefühle zu verletzen. Wir kritisierten seine Gesten, seine Wortwahl, jedes einzelne Kleidungsstück, weil wir genau wußten, daß er nicht sein volles Potential ausschöpfte. Wer tut das schon? Wir alle sind von verkrusteten Denk- und Verhaltensmustern geprägt, die durchaus effektiv gewesen sein mögen, als wir zwölf Monate oder zwölf Jahre alt waren – nun aber stellen sie bloß noch einen Hemmschuh dar. Und obwohl eigentlich niemand ein Problem damit hat, kleinere Unzulänglichkeiten zu erkennen und auszumerzen, werden gravierendere Schwächen außen vor gelassen – eben weil wir glauben, wir würden damit in Frage stellen, was wir sind.

Aber was sind wir wirklich? Nichts weiter als ein Bündel guter und schlechter Gene, guter und schlechter Angewohnheiten. Und da es keine Gene für Coolness oder Selbstbewußtsein gibt, ist es eigentlich ganz logisch, Uncoolness und Unsicherheit als nichts weiter als schlechte Angewohnheiten zu begreifen, die man mit dem richtigen Input und eigener Willenskraft problemlos ändern kann.

Und Papa besaß fraglos Willenskraft genug. Als Einzelkind war er es gewohnt, alles zu bekommen, was er wollte. Ich zeigte ihm ein paar meiner besten Techniken – den Eifersüchtige-Freundin-Opener, den Beste-Freundinnen-Test*, die Würfelnummer und

* Man fragt zwei Girls, ob sie den Beste-Freundinnen-Test machen wollen. Der besteht aus einer einzigen Frage: »Benutzt ihr beiden das gleiche Shampoo?« Die Antwort ist unwichtig. Wenn sich die Girls ansehen, ehe sie antworten, haben Sie gewonnen. Wenn nicht, haben Sie versagt.

diverse andere Finessen. Er nahm jedes einzelne Wort mit seinem Digitalrecorder auf. Später transkribierte er die mitgeschnittenen Expertisen und lernte sie auswendig – tatsächlich benutzte er exakt meine Worte, als er schließlich Paris Hilton anbaggerte.

Ich hätte die Warnzeichen erkennen müssen, hätte erkennen müssen, was abging. Das war kein harmloser Aufreißer-Kurs mehr, sondern ein Klon-Experiment. Mystery und ich düsten um die Welt, bevölkerten die Länder mit Klonen unserer selbst. Wofür wir noch einen hohen Preis zahlen würden.

Papa nutzte jedes Fitzelchen Information, mit dem wir ihn versorgten. Wenn wir ihn auf einen Fehler hinwiesen, korrigierte er ihn umgehend. Mit jedem erfolgreich abgeschlossenen Aufriß schien er einen Zentimeter größer zu werden. Statt in den Semesterferien zu arbeiten, hatte er sich drei Monate lang mit Speed Seduction beschäftigt, wie er erzählte. Doch bislang hatte er nie professionelle Aufreißer in Aktion gesehen.

An unserem letzten Tag mit Papa besuchten wir den Government-Club. Wir ließen ihn einen Set nach dem anderen durchziehen und beobachteten, wie er robotergleich die von Mystery und mir gelehrten Techniken, Opener und Dämpfer anwendete. Es funktionierte wie am Schnürchen. Unglaublich, wie effektiv ein paar simple Sätze sein konnten – aber auch ein wenig deprimierend. Angehende Stand-up-Comedians lernen zuallererst, wie man das Publikum in fünf Minuten auf seine Seite zieht. Aber nach Hunderten von Auftritten und Tausenden von genau kalkulierten Lachern verlieren sie allmählich den Respekt vor ihrem Publikum, das sich so leicht manipulieren läßt. Als Profi-Aufreißer riskierte man denselben Nebeneffekt.

Als Papa sich vorzeitig verabschiedete, um sich vor seinem Heimflug ein paar Stunden aufs Ohr zu legen, beschlossen wir trotzdem, noch ein Weilchen mit dem Baggern fortzufahren. Grimble hatte kürzlich den Einfall gehabt, ich solle alle gesammelten Zettel mit Telefonnummern zusammenkramen und in einer Vitrine ausstellen. Als ich Mystery von der Idee erzählte, schnitt er mir mittendrin das Wort ab.

»Annäherungsalarm!« platzte er heraus.

Wenn Frauen in der Nähe eines Mannes stehen, ihn aber nicht ansehen – speziell wenn es keinen ersichtlichen Grund gibt, sich genau an diesem Ort aufzuhalten –, geht bei Mystery sofort der Annäherungsalarm los. Solche Frauen sind interessiert; sie warten darauf, angemacht zu werden.

Mystery legte sofort los und quatschte die beiden an – eine zierliche Blondine in einem trägerlosen Kleid und eine durchtrainierte Brünette mit Hiphop-Kopftuch. Mystery stellte mich ebenfalls vor und erzählte den beiden, ich sei ein einzigartiger Illusionist. Da wir unsere Nummer schon Aberdutzende von Malen abgezogen hatten, wußte ich genau, wie ich sie mit ein paar Uralt-Witzchen und ein paar Pseudo-Zaubertricks aus der Mottenkiste, die ich schon in der Grundschule gelernt hatte, um den Finger wickeln konnte. An einer Tatsache gibt es beim Aufreißen nichts zu rütteln: Was man mit zehn lustig fand, ist nach all den Jahren immer noch der Brüller.

Mystery hatte eine Videokamera dabei und begann uns zu filmen. Die Girls hatten offenbar nichts dagegen. Während er Carly, die Brünette isolierte, unterhielt ich mich mit Caroline, der Blonden. Caroline lebte noch bei ihrer Familie. Eigentlich wollte sie Krankenschwester werden, arbeitete aber momentan in einem Schnellrestaurant. Ihre Brüste waren, soweit ich es erkennen konnte, etwa so groß wie Muffins; auch schien sie ziemlich scheu zu sein.

Aus vierzig Zentimeter Entfernung schien Carolines Teint wie aus Alabaster; als ich noch ein bißchen näherkam, stellte ich fest, daß ihr Gesicht von tausend winzigen Sommersprossen übersät war. Einer ihrer Vorderzähne saß schief. Über einem Schlüsselbein befand sich ein roter Fleck, als hätte sie sich dort gekratzt. Sie roch nach Baumwolle. Sie war erst kürzlich bei der Maniküre gewesen. Sie wog höchstens fünfzig Kilo. Ihre Lieblingsfarbe war mutmaßlich pink. All dies checkte ich ab, während ich sie zulaberte, all die Sprüche brachte, die ich schon Hunderte von Malen zum Besten gegeben hatte. Mit dem kleinen Unterschied, daß meine Sprüche nicht zu funktionieren schienen. Es gelang mir einfach nicht, den Angelpunkt zu erreichen, wie ich ihn nenne – den Punkt eben, an dem eine Frau sich in Gesellschaft eines neuen Bekannten wohlfühlt und bereit ist, sich näher auf ihn einzulassen, mehr von ihm hören will. Obwohl ich ihr so nah war, schien uns eine gähnende Kluft zu trennen.

Nachdem er den Film *Boiler Room: Risiko – der schnellste Weg zum Reichtum* gesehen hatte – ein Streifen über skrupellose Anlageberater, die wildfremde Leute aufs Geratewohl anrufen –, war Mystery zu dem Schluß gekommen, daß Telefonnummern das Papier nicht wert waren, auf dem eine Frau sie notiert hatte. Unsere neue Strategie bestand nicht länger darin, Girls hinterher anzurufen und ein Date auszumachen, sondern das Date direkt klarzumachen und die Mädels gleich in die nächste Bar abzuschleppen. Schnelle Ortswechsel spielten mittlerweile eine Schlüsselrolle beim Baggern, da sie das Zeitgefühl verändern: Wenn man mit einer neuen Bekanntschaft drei verschiedene Clubs oder Bars aufsucht, kommt es einem am Ende des Abends vor, als würde man sich schon eine Ewigkeit kennen.

»Laßt uns doch zusammen einen Happen essen gehen«, schlug Mystery vor.

Arm in Arm zogen wir mit den Girls in ein Diner um die Ecke. Und dann, während wir dort hockten, machte es plötzlich klick. Carly wurde richtig locker und brillierte mit ihrem sarkastischen Witz, Caroline strahlte Gefühl und Wärme aus. Technik und Taktik waren nicht mehr nötig. Wir hatten richtig Spaß miteinander.

Hinterher meinte Carly, wir könnten uns ja von ihrem Apartment aus ein Taxi rufen. Dort war sie gerade erst eingezogen, so daß die Wohnung noch nicht eingerichtet war, weshalb Mystery und ich uns auf den Fußboden setzten. Die Sache mit dem Taxi erwähnten wir nicht weiter – und die Girls auch nicht, was wir wohl als II werten durften.

Carly verzog sich kurz darauf mit Mystery ins angrenzende Zimmer; nicht zuletzt auch ein Wink mit dem Zaunpfahl, daß Caroline mit mir aufs Ganze gehen wollte. Als wir uns erst sanft, dann um so heftiger umarmten, verschwand die Kluft, die uns im Club getrennt hatte, von einer Sekunde auf die andere. Carolines Berührungen waren zärtlich und sacht, und nun verstand ich auch, warum es anfangs so schwierig gewesen war, mit ihr auf eine Wellenlänge zu kommen. Sie kommunizierte nicht mit Worten, sondern mit Gefühlen.

Nachdem Caroline ein paar Decken geholt hatte, damit wir es uns auf dem harten Boden ein wenig bequemer machen konnten, legte ich richtig los. Ich brachte sie von einem Orgasmus zum anderen, bis ihr Körper geradewegs zu schmelzen schien. Als ich aber schließlich ein Kondom hervorkramte, drangen jene Worte an mein Ohr, die inzwischen den alten Gassenhauer »Laß uns Freunde bleiben« ersetzt hatten.

»Aber wir kennen uns doch erst ein paar Stunden.«

Trotzdem, dieser Sound klang so viel besser. Außerdem gab es keinen Grund, Caroline zu drängen. Ich wußte ohnehin, daß wir uns wiedersehen würden.

Sie lag in meinem Arm, und wir genossen das Miteinander. Sie war neunzehn und hatte, wie sie erzählte, schon seit fast zwei Jahren keinen Sex mehr gehabt. Der Grund: Sie hatte ein einjähriges Kind zu Hause. Der Kleine hieß Carter, und sie wollte keine Rabenmutter sein. Sie war zum ersten Mal übers Wochenende von ihm getrennt.

Als wir am nächsten Nachmittag erwachten – leicht beklommen ob der Leidenschaft, die in der Nacht zuvor über uns hereingebrochen war –, schlug Caroline vor, zusammen um die Ecke frühstücken zu gehen.

Während der folgenden Tage sah ich mir Mysterys Video von unserem gemeinsamen Frühstück wohl gut hundert Mal an. Im Diner am Abend zuvor war Carolines Blick ausdruckslos und distanziert gewesen. Beim Frühstück aber schimmerten ihre Augen, schienen regelrecht zu tanzen, wenn sie mich ansah. Wenn ich einen Witz riß, erschien ein breites Lächeln auf ihrem Gesicht – selbst wenn es ein Joke mit Bart war. Irgendwie war es mir gelungen, ihr Herz zu erobern. Und wie mir jäh aufging, war es auch das erste Mal seit Beginn meiner Aufreißer-Karriere, daß eine Frau wirklich Gefühle in mir weckte.

Ich stehe nicht auf irgendeinen besonderen Frauentyp, so wie manche Männer ausschließlich auf Asiatinnen oder Jessica-Simpson-Lookalikes abfahren. Aber daß ich mich in eine neunzehnjährige alleinerziehende Mutter verlieben würde, die in einem Schnellrestaurant bediente, wäre mir in hundert Jahren nicht eingefallen. Das Herz trifft eben seine eigenen Entscheidungen – genau das ist ja auch das Großartige daran.

Als wir wieder zu Hause waren, nahmen wir uns das Videomaterial von Carly und Caroline vor und schnitten es innerhalb von sechs Stunden zu einem Sechs-Minuten-Video zusammen. Danach rief ich Caroline an, die uns abends abholen sollte.

Nach dem Dinner fuhren wir wieder zu Mystery. Caroline strahlte über das ganze Gesicht, als sie sich unser Video ansah. Danach verzogen wir uns ins Nebenzimmer, legten uns aufs Bett und zogen uns langsam aus. Ihr Körper zitterte vor Erwartung. Es fühlte sich an, als würde ich mit einer Wolke Liebe machen. Als sie kam, gab sie keinen Laut von sich.

Als wir hinterher nebeneinanderlagen, drehte Caroline sich

von mir weg, starrte die Wand an und schwieg. Ich ahnte schon, was ihr durch den Kopf schwirrte.

Als ich sie fragte, was denn los sei, brach sie in Tränen aus. »Ich habe mich zu schnell hinreißen lassen«, schluchzte sie. »Und jetzt willst du mich bestimmt nicht mehr wiedersehen.«

Ihre Worte rührten mich zutiefst, schon deshalb, weil sie so ehrlich waren. Ich nahm sie in den Arm und drückte sie fest an mich. Zuallererst sagte ich ihr, daß jede wirklich leidenschaftliche Beziehung stets auch leidenschaftlich beginnt. Ein Spruch von Mystery, aber ein zutreffender. Dann sagte ich, ja, sie hätte sich mir vielleicht nicht sofort hingeben sollen, aber es sei ihr freier Wille gewesen. Ein Spruch von Ross Jeffries, aber ein zutreffender. Dann sagte ich, sie solle mich nicht an früheren Erfahrungen messen, da ich sicher um einiges verantwortungsbewußter sei als ihre früheren Lover. Ein Spruch von David D'Angelo, aber auch der ein zutreffender. Zuletzt sagte ich, es würde mich sehr, sehr traurig machen, falls wir uns nie wiedersehen sollten. Es war kein Spruch – und obendrein von mir.

Als wir ins andere Zimmer zurückkehrten, saßen dort Carly und Mystery, die sich in eine Decke gehüllt hatten. Den auf dem Boden verstreuten Klamotten nach zu urteilen, hatte Mystery einen vollen Erfolg gelandet.

Caroline und ich quetschten uns neben die beiden auf die Couch. Wir sahen uns zusammen eine Folge von *Die Osbournes* an und dämmerten im postkoitalen Hochgefühl dahin. Es war ein magischer Moment.

Der sich nicht festhalten ließ.

KAPITEL 5

Nichts schmiedet Männerfreundschaften fester zusammen als gemeinsame Aufrisse. Schlicht, weil man sich grinsend abklatschen kann, wenn die Girls verschwunden sind. Ein besseres Gefühl läßt sich schwerlich denken, und es ist nicht bloß der Klang zweier Hände, die ineinanderklatschen. Es ist der Klang der Verbrüderung.

»Oh, Mann, das ist doch wohl echt unschnallbar«, sagte Mystery. »Erst fühle ich mich total beschissen, und kaum war ich mit einem Mädel in der Kiste, surfe ich wieder auf der höchsten Welle.«

Klatsch.

»Und?« fragte Mystery.

»Was?«

»Bist du bereit, dich auf diesen Lifestyle einzulassen?«

»Hab ich doch schon.«

»Für immer, meine ich. Fürs ganze Leben. Du hast ihn jetzt im Blut. Du und ich, wir werden uns immer wieder gegenseitig herausfordern. Ich habe tausend Typen getroffen, und du bist der einzige, der sich mit mir messen kann. Da oben, wo ich bin, kommst höchstens noch du hin.«

Als Teenager hatte ich manchmal nachts wachgelegen und gebetet: »Lieber Gott, laß mich nicht sterben, ohne vorher wenigstens einmal Sex gehabt zu haben. Ich will nur wissen, wie es sich anfühlt.« Nun aber hatte ich einen anderen Traum. Nachts lag ich wach und betete zu Gott, mich Vater werden zu lassen, bevor ich sterben würde. Erfahrungen, dafür hatte ich schon immer gelebt. Ich reiste durch die Welt, war offen für alles Neue, lernte gern Menschen kennen. Aber ein Kind war die ultimative Erfahrung – dafür leben wir. Und trotz meines ausschweifenden Lebens hatte ich dieses Ziel nie aus den Augen verloren.

Zur Erweiterung meines Erfahrungshorizonts gehört aber auch das Abenteuer, immer wieder neue Frauen kennenzulernen. Ich kann mir nicht vorstellen, mein Leben mit einem einzigen Menschen zu verbringen. Ich habe keine Angst davor, mich zu binden; entschieden mehr Angst macht mir der Gedanke, mich mit jemandem, den ich liebe, über den Abwasch zu streiten, die Lust auf Sex zu verlieren, neben den Kindern nur noch die zweite Geige zu spielen und meinen Egoismus nicht frei ausleben zu können.

Bei der ganzen Aufreißer-Sache ist es mir nie darum gegangen, meinen Samen wild in der Gegend zu verspritzen. Das werde ich sowieso immer tun. Obwohl mir das auch in Gedanken nicht notwendigerweise superattraktiv erscheint. Meine Chancen, ein echt cooler Daddy zu werden, schwinden täglich. Hätte ich meine erste Freundin geheiratet und Kinder mit ihr gehabt, wären sie jetzt wahrscheinlich ... nun, sagen wir, acht und zehn. Und ich wäre ein toller Vater, mit dem sie sich echt verstehen würden. Mittlerweile aber ist es dazu zu spät. Wenn ich heute Kids bekäme, wäre ich schon weit über Vierzig, wenn sie ihren zehnten Geburtstag feiern würden. Sie würden sich über meinen Musikgeschmack lustig machen und mich im Armdrücken schlagen.

Und wenn mein Leben so weiterging, würde ich nicht mal heiraten. Ich war drauf und dran, zum lebenslangen Aufreißer zu werden.

Eine Stunde später standen Mystery und ich vor einem Tattoo-Studio an der Kingston Road. Im Gefühl des Überschwangs läßt man sich zu den absurdesten Dingen hinreißen – insbesondere wenn man sich gerade erst mit seinem Bruder abgeklatscht hat.

Ich griff nach der Türklinke, aber die Tür war verschlossen. Es war drei Uhr an einem Montagnachmittag, aber aus irgendeinem unerfindlichen Grund hatte das Studio zu.

»Scheiße«, sagte Mystery. »Dann lassen wir uns eben anderswo tätowieren.«

Nicht, daß ich abergläubisch wäre. Aber wenn ich unschlüssig bin, reicht schon ein winziger Anlaß, um eine bereits gefällte Entscheidung zu kippen.

»Ich mach nicht mit«, entgegenete ich.

»Was ist denn jetzt los?«

»Ich will mich nicht festlegen. Schon gar nicht auf ein Tattoo, das es mir nicht erlaubt, mich auf Frauen festzulegen.«

Und so hatte mich mein neurotisches Naturell mal wieder vor einer Dummheit bewahrt.

Am nächsten Abend holte uns Caroline zum Sushiessen ab.

»Wo steckt denn Carly?« fragte Mystery.

Caroline errötete und starrte in ihren Tee. »Sie, äh, konnte nicht mitkommen«, sagte sie. »Aber ich soll dich schön grüßen.«

Ich sah, wie sich Mysterys Körpersprache von einer Sekunde auf die andere veränderte. Er sackte langsam in sich zusammen, bohrte aber weiter.

»Und wieso? Gibt's irgendein Problem?«

»Nun ja«, sagte Caroline. »Sie … sie trifft sich mit ihrem Freund.«

Mystery wurde leichenblaß. »Und deshalb wollte sie nicht kommen?«

»Carly meint, ihr beiden wärt sowieso zu verschieden.«

Mystery gab keinen Ton mehr von sich. Und zwar satte zehn Minuten lang. Als wir ihn in unser Gespräch einzubeziehen versuchten, gab er lediglich einsilbige Antworten. Er war nicht wirklich in Carly verliebt gewesen; er haßte es bloß, zurückgewiesen zu werden. So sah es eben aus, wenn man eine Frau verführte, die sich in einer festen Beziehung befand; in fast allen Fällen kehren solche Girls zu ihrem Kerl zurück. Und daß es zwischen Caroline und mir so gut lief, machte Mysterys Niederlage nur noch schlimmer.

»Ich bin der größte Aufreißer der Welt«, murmelte er mir zu. »Wieso habe ich eigentlich keine Freundin?«

»Na ja, vielleicht genau deswegen.«

Nachdem er eine kleine Ewigkeit lang geschwiegen hatte, bat Mystery Caroline, ihn zu dem Stripclub zu fahren, wo seine Ex-Freundin Patricia arbeitete. Wir setzten ihn auf dem Parkplatz ab und fuhren dann zu ihr nach Hause – einem Haus in den Suburbs, wo sie zusammen mit Mutter, Schwester und Bruder wohnte. Nun würde ich endlich auch ihre Familie kennenlernen.

Ihre Mutter öffnete uns, in den Armen ein schreiendes Baby – den Kleinen meiner neunzehnjährigen Freundin.

»Magst du ihn mal halten?« fragte Caroline.

Tja, es wäre wohl nur normal gewesen, wenn ich nein gesagt und schleunigst das Weite gesucht hätte.

Aber so war es nicht. Ich wollte den Kleinen halten. Irgendwie war das cool. Denn das war es, weshalb ich ausgezogen war, ein Aufreißer zu werden – um solche Abenteuer zu erleben, zum ersten Mal ein Baby in meinen Armen zu halten und mich zu fragen, was seine Mutter nun von mir erwartete.

KAPITEL 6

Während ich Daddy spielte, ging es für Mystery weiter abwärts.

Es war keine gute Idee gewesen, ihn zum Stripclub zu fahren. Das Wiedersehen mit Patricia hatte ihn total fertiggemacht. Sie hatte nicht nur die Schnauze voll von ihm, sondern obendrein auch noch angefangen, sich mit anderen Typen zu treffen.

»Sie geht jetzt jeden Tag drei Stunden ins Fitneßstudio«, sagte er mir am Telefon. »Sie hat fünfzehn Pfund abgenommen und den geilsten Arsch aller Zeiten, Alter. Kaum ärgern sich die Weiber mal, tun sie was für ihre Figur, verfickt noch mal.«

»Denk nicht dauernd drüber nach, wie toll sie aussieht«, sagte ich. »Führ dir lieber ihre Makel vor Augen, das macht es einfacher.«

»Rational gesehen weiß ich das selbst, aber ich bin emotional total von der Rolle. Alles kam wieder hoch, als ich ihr gegenüberstand. O Mann, dieser heiße Body, die braunen Kurven. Keine andere Stripperin kann ihr auch nur von fern das Wasser reichen. Und ich bin abgemeldet. Carly treibt es lieber mit ihrem Macker. Wozu versuche ich eigentlich, einen auf Lebensqualität zu machen? Für wen?«

»Du bist Profi-Aufreißer, Alter. Da draußen gibt's Hunderte wie Patricia. Und du kannst sie alle haben.«

»Ich bin kein Aufreißer. Ich bin ein Lover. Ich liebe Frauen. Ich denke nicht mal mehr über flotte Dreier nach, ich schwör's. Mann, für Patricia würde ich monogam werden. Ich muß dauernd an sie denken. Ich habe noch nie jemanden so sehr vermißt.«

Allerdings nicht, bevor sie ihm den Laufpaß gegeben hatte. Und nun war er besessen von ihr. Seine eigenen Theorien hatten sich gegen ihn gewendet. Patricia hatte adieu gesagt. Mit dem kleinen Unterschied, daß es für sie nicht irgendein Spielchen war – sie meinte es ernst.

Als Illusionist, der auf die Leichtgläubigkeit anderer Menschen setzte, hatte Mystery nicht die geringste Ader für Spirituelles oder Übernatürliches. Seine Religion war Darwin. Liebe war für ihn bloß ein evolutionärer Impuls, der den Menschen dazu befähigte, seine Hauptziele zu verwirklichen: Überleben und Reproduktion. Was er spontane Paarung nannte.

»Aber irgendwie war es doch mehr«, befand er. »Ich fühle mich einfach so allein.«

»Ich sag dir was. Wir machen morgen ein paar Clubs unsicher. Das bringt dich garantiert wieder besser drauf.«

Caroline und ich verfrachteten Carter in seinen Buggy und zogen los zum Park. Als wir uns auf einer Bank niederließen, ging mir durch den Kopf, was für armselige Würstchen wir tolle Aufreißer am Ende doch waren. Rund um den Globus dachte man von uns, wir säßen den lieben langen Tag mit heißen Models im Whirlpool. Statt dessen hockte Mystery allein in seinem Apartment, flennte wahrscheinlich wie ein kleiner Junge und glotzte Lesbenpornos, während ich in einer anonymen Vorstadt einen Kinderwagen vor mir herschob.

Am nächsten Abend holten wir Mystery in der City ab. Er hatte sich nicht rasiert, seit ich ihn zuletzt gesehen hatte; seine fahle Babyhaut war von dünnen Bartstoppeln übersät. Er trug ein graues T-Shirt lose über der Hose.

»Aber nicht, daß deine Verwandten irgendwelche Zaubertricks sehen wollen«, sagte er zu Caroline.

Als ihn ihre Mutter jedoch am Abend fragte, womit er sein Geld verdiente, legte er eine Performance hin, die niemand so schnell vergessen sollte. Jeden einzelnen Trick – Gedankenlesen, schwebende Flaschen, diverse Taschenspielereien – führte er derart gekonnt vor, daß jeder andere Magier vor Neid erblaßt wäre. Er faszinierte alle, die zugegen waren: Carolines Mom fühlte sich über alle Maßen geschmeichelt, ihre jüngere Schwester sah ihn mit verliebten Augen an, und ihr Bruder wollte wissen, wie man Kreide in der Luft schweben läßt, um seine Lehrer zum Wahnsinn zu treiben. In jenem Moment ging mir auf, daß Mystery tatsächlich das Zeug zum Superstar unter den Illusionisten hatte.

Nachdem Carolines Familie schlafen gegangen war, fragte Mystery, ob sie ein paar Schlaftabletten für ihn hätte.

»Wir haben bloß Tylenol 3«, sagte sie. »Aber da ist Kodein drin.«

»Genau das Richtige«, erwiderte Mystery. »Gib mir die ganze Packung. Ich brauch ein paar mehr.«

KAPITEL 7

Am nächsten Morgen lag Mystery, eingehüllt in eine Decke, auf dem Rücksitz von Carolines Wagen. Er trug einen Hut tief in die Stirn gezogen, offensichtlich immer noch völlig platt von den vier Tylenol, die er letzte Nacht geschluckt hatte. Er bat uns, ihn bei seinen Eltern abzusetzen, doch sonst verlor er kein einziges Wort – was man durchaus als ungewohnt bezeichnen durfte.

Wir parkten den Wagen und fuhren mit dem Aufzug in die zwanzigste Etage. Seine Schwester wohnte in einer vollgestopften Zwei-Zimmer-Wohnung, die noch enger wirkte, weil sich dort heute die halbe Familie versammelt hatte. Mysterys Mutter, eine korpulente Deutsche, saß auf einem ramponierten Sofa mit Blümchenmuster; neben sie hatten sich seine Schwester Martina, die beiden Töchter und ihr Mann Gary gequetscht. Mysterys Vater befand sich in seinem Apartment vier Etagen höher; sein Leben lang hatte er gesoffen, und nun spielte seine Leber nicht mehr mit.

»He, wieso hast du denn heute keine Schnalle dabei?« stichelte Mysterys dreizehnjährige Nichte Shalyn. Sie wußte bestens Bescheid, nicht zuletzt, weil er des öfteren seine beiden Nichten instrumentalisierte, um gegenüber seinen Aufrissen den treusorgenden Familienvater heraushängen zu lassen. Er liebte die beiden wirklich; wenn er sie sah, schien er immer ein wenig aufzuleben.

Mysterys Schwager Gary spielte uns ein paar Pop-Balladen vor, die er komponiert hatte. Die beste Nummer war ein Song namens »Casanova's Child«, den Mystery in ohrenbetäubender Lautstärke mitsang. Offenbar identifizierte er sich mit dem Titelhelden.

Irgendwie schien sich Mystery zu Hause ein wenig unwohl zu fühlen. Wie er mir schon mehrmals erzählt hatte, war sein Vater

– ein deutscher Einwanderer mit fatalem Hang zum Alkohol – regelmäßig gegen ihn und seine Mutter handgreiflich geworden. Sein vierzehn Jahre älterer Bruder war schwul; seine Mutter gab sich die Schuld daran, glaubte, ihn zu sehr mit ihrer Zuneigung verwöhnt zu haben, um so die brutalen Ausfälle ihres Mannes wettzumachen. Um nicht noch einen Homo heranzuzüchten, hielt sie Mystery emotional komplett auf Abstand. Als er mit einundzwanzig immer noch Jungfrau gewesen war, hatte er sich selbst Sorgen gemacht, ob er nicht auch schwul war. In einem Anfall von Frust hatte er dann das entwickelt, was später die Mystery-Methode werden sollte – sein ganzes Leben richtete er darauf aus, die Liebe zu finden, die er von seinen Eltern nie bekommen hatte.

Nach einer halben Stunde verließen Caroline und ich die Wohnung. Die Mädchen, gefolgt von Mystery, liefen uns lachend und kreischend bis zum Aufzug hinterher. Plötzlich wurde eine Tür aufgerissen. Ein Mann in Priestermontur musterte Mysterys Nichten mit strengem, stählernem Blick.

»Was soll der Krach hier draußen?« fragte er.

Mystery lief rot an. »Pissen Sie sich nicht so an«, sagte er. »Lassen Sie die Mädchen in Ruhe. Die wollen bloß ihren Spaß, das ist alles.«

»Ach ja?« entgegenete der Priester. »Dann sollten sie sich da amüsieren, wo sie andere nicht stören.«

»Ich sag Ihnen was«, bellte Mystery plötzlich. »Ich hol mir jetzt ein Messer, und dann unterhalten wir uns noch mal über Ihre Scheißprobleme.«

Entschlossen marschierte er zurück, während Caroline und ich uns beunruhigt ansahen. Offenbar waren bei Mystery ein paar Sicherungen durchgebrannt.

Der Priester knallte seine Tür zu, während Caroline und ich uns schleunigst vom Acker machten. Der Gedanke, zu ihr zurückzufahren, törnte mich ziemlich ab. Ich hatte mein gesamtes Leben in Großstädten verbracht. Ich hasse die Suburbs. Meine größte Angst besteht darin, mich selbst oder andere zu langweilen. Wochenenden sind nicht dazu da, sich Blockbuster-Videos anzusehen. Aber Caroline konnte nicht bei mir in Toronto bleiben. Sie wollte sich um ihren Sohn kümmern.

Während Caroline sich am nächsten Tag Carter widmete, checkte ich meine E-Mails. Unlängst hatten Mystery und ich einen Report über Carly und Caroline ins Internet gestellt, und mein Posteingang war zum Bersten voll mit Messages von Kids aus North Carolina, Polen, Brasilien, Kroatien, Neuseeland und allen möglichen anderen Ländern. Einst hatte ich mich an Mystery gewandt, weil ich Hilfe brauchte – nun wandten sie sich an mich.

Außerdem hatte ich zwei E-Mails von Mystery selbst erhalten. In der ersten berichtete er, daß er sich wegen des Vorfalls auf dem Etagenflur mit seiner Schwester in die Haare gekriegt hatte: »Sie hat wie eine Irre auf mich eingeschlagen. Ich mußte sie zu Boden drücken, damit sie mich endlich in Ruhe ließ. Anschließend bin ich nach Hause gefahren. Ich war nicht mal sauer. Ich wollte einfach bloß meine Ruhe haben. Komplett gaga, was?«

Die zweite E-Mail lautete schlicht: »Ich drehe langsam durch. Ich habe Hunger, bohrende Kopfschmerzen, kratze mich überall wund und habe den ganzen Tag Pornos runtergeladen. Ich besorge mir jetzt erst mal ein paar Schlaftabletten. Noch eine Nacht allein, und ich bin reif für die Klapsmühle. Ich habe die Nase dermaßen voll, daß ich am liebsten ein für allemal Schluß machen würde. Das Leben kotzt mich einfach nur noch an.«

Offenbar verlor er allmählich den Verstand. Und ich saß in irgendeinem verfickten Vorort in Ontario fest und glotzte einen Film mit Britney Spears, flankiert von drei Girls im Teenie-Alter, von denen eine auch noch meine Freundin war.

Am nächsten Morgen ließ ich mich von Caroline zu Mystery fahren.

»Bleibst du bei mir?« fragte ich.

»Ich muß mich um Carter kümmern«, antwortete sie. »Er braucht mich, und ich will mir nicht von meiner Mutter anhören, ich würde ihn vernachlässigen.«

»Deine Mom wünscht sich nichts mehr, als daß du endlich mal wieder an dich denkst und unter Leute kommst. Den Druck machst du dir bloß selbst.«

Sie willigte ein, auf eine Stunde mit hochzukommen.

Wir gingen rauf. Mystery saß auf dem Bett und sah sich gerade Steven Spielbergs *AI* an. T-Shirt und Jeans hatte er seit unserem letzten Treffen nicht gewechselt. Über seinen Arm zogen sich ein paar Striemen, die er sich beim Streit mit seiner Schwester zugezogen hatte.

Er wandte den Kopf. Seine Stimme klang kalt und gleichgültig. »Ich habe nachgedacht«, begann er. »Die Roboter in dem Film haben ein Eigenleben entwickelt. Sie setzen sich Ziele und arbeiten daran, sie zu verwirklichen. Der Kiddie-Roboter will seine Mami. Der Sex-Roboter ist hinter Frauen her. Und wenn er losgelassen wird, will er sich mit echten Frauen paaren, weil genau das seine Zielsetzung ist.«

»Okay.« Ich lehnte mich an den Tisch, auf dem sein Computer stand. Der Raum war kaum größer als ein geräumiges Klo; an den Wänden hing nicht ein einziges Bild. »Worauf willst du hinaus?«

»Die Kernfrage ist doch folgende«, sagte er. »Worin besteht eigentlich *meine* Zielsetzung? Oder deine? Ich bin ein Kiddie-Roboter, ein Sex-Roboter und ein Illusionisten-Roboter, alles in einem.«

Auf dem Boden neben seinem Bett stand ein halb gegessener Teller ungekochter Spaghetti. Überall lagen zerbrochene Spaghetti herum und unweit entfernt die Überreste eines Telefons, das er wohl gegen die Wand geschleudert hatte.

»Was ist denn passiert?« fragte ich.

»Ich bin total durchgeknallt, als ich mit meiner Schwester und meiner Mutter gesprochen habe. Sie wollten einfach nicht die Fresse halten.«

Wenn Mystery – oder sonst irgendein Aufreißer – völlig am Boden war, gab es dafür nur ein Heilmittel: rausgehen und baggern, baggern, baggern.

»Laß uns uns fett aufstylen und heute abend 'nen Stripclub aufmischen«, schlug ich vor. Stripclubs waren bekanntlich Mysterys große Schwäche. Er hatte eine Liste von Stripclub-Regeln, die ihm garantierten, so gut wie immer eine Telefonnummer abgreifen zu können – darunter, sich mit dem DJ gut zu stellen, nie selbst Geld für einen Drink hinzulegen, keine Stripperin anzulabern, anzugraben oder anzufassen, sich strikt an die bewährten Methoden zu halten und sofort das Thema zu wechseln, sobald eine Stripperin mit den Stories anfängt, die sie sowieso allen Typen erzählt.

»Ich will nicht raus«, murmelte er. »Vergiß es.«

Er schaltete den Film aus und begann an einer halb fertigen E-Mail weiterzuschreiben.

»Was machst du da?« fragte ich.

»Ich maile meinen New Yorker Kursteilnehmern, daß das Seminar gecancelt ist.« Er sprach, als habe er auf Autopilot geschaltet.

»Wieso das denn?« Ich war mehr als genervt. Ich hatte einen ganzen Monat verdaddelt, letztlich nur unseren Trips nach New York und Bukarest entgegengefiebert. Die Flugtickets hatte ich längst gekauft. Und nun, offenbar benebelt von einem Spielberg-Film und der Nachwirkung des Kodeins, wollte er die Sache abblasen.

»Wir haben sowieso nicht genug Teilnehmer.«

»Ach, komm«, sagte ich. »Es ist doch schon reichlich Kohle geflossen. Und ich gehe jede Wette ein, daß sich noch ein paar Typen in letzter Minute für das Seminar einschreiben. In New York läuft das immer so.«

Er seufzte. »Das Leben ist einfach so schweineteuer.«

Diese melodramatische Nummer nervte mich. Sein Selbstmitleid war nichts weiter als ein schwarzes Loch, das alles um sich herum aufsog. Wichser.

»Was soll der Egotrip?« zischte ich. »Was ist mit unserem Flug nach Bukarest?«

»Du kannst ja fliegen, wenn du willst. Ich jedenfalls sage alle Shows ab, alle Seminare, alle Workshops, alle Trips. Ich mache Schluß. Ich will kein zweiter Ross Jeffries sein.«

Ich verpaßte seiner Kommode einen wütenden Tritt. Ich habe eine Eselsgeduld, aber irgendwann ist Sense. Gut, was Frauen anging, hatte mir mein Vater nicht viel beigebracht, aber eines hatte er mich gelehrt: Irgendwann ist Schluß mit lustig.

Ein orangefarbenes Medizinfläschchen fiel zu Boden. Ich hob es auf und warf einen Blick darauf: Rivotil.

»Was sind das für Pillen?«

»Meine Schwester nimmt sie gegen ihre Depressionen.« Seine Stimme klang klinisch kalt. »Aber ich nehme sie nur, damit ich besser einschlafen kann.«

Ich hielt das für keine gute Idee. Ich ließ drei Pillen in dem Fläschchen und steckte den Rest ein. Nicht, daß er sich noch eine Überdosis verpaßte.

Mystery loggte sich bei Party Poker ein, einer Zocker-Site, und begann zu spielen. Ich kapierte gar nichts mehr. Der Mystery, den ich kannte, dachte viel zu logisch, um sich auf Glücksspiele einzulassen.

»Was treibst du denn jetzt?« fragte ich, wartete seine Antwort aber nicht ab. »Egal, scheiß drauf.« Ich knallte die Tür hinter mir zu. Draußen wartete Caroline auf mich.

»Laß uns zu dir fahren«, sagte ich.

Sie schenkte mir ein verlegenes, bedauerndes Lächeln. Sie wußte nicht, was sie sagen sollte. In jenem Moment haßte ich sie aus tiefstem Herzen. Sie war so nutzlos.

KAPITEL 8

Ich merkte, daß ich Caroline allmählich zur Last fiel und sie von ihren Mutterpflichten ablenkte. Und sie merkte, daß sie mich langsam zu Tode langweilte. Gar nicht mal wegen des Affentheaters, das sie um ihren Sohn machte; nein, schlicht weil sie so lahmarschig war, nichts auf die Reihe kriegte. Ich fühlte mich wie ein Gefangener; das pausenlose Nichtstun machte mich wahnsinnig. Ich war schon immer der Meinung gewesen, daß man versuchen sollte, seine Zeit sinnvoll zu nutzen.

Eine der Kardinalregeln des Aufreißens besteht darin, zu wissen, daß sich ein Girl nicht nur schnell verlieben, sondern genauso schnell wieder entlieben kann. Man muß der Wirklichkeit ins Auge sehen: Die Mädels, die einem die Brust streicheln und sich innerhalb von zwei Minuten in einen verknallen, werden einen genauso schnell sitzen lassen, wenn sie sich von einem anderen Kerl einen besseren Deal versprechen. So läuft das Spiel. So funktioniert die Szene. Und damit sollte man sich besser abfinden.

Während eines Workshops in San Francisco übernachtete ich bei einer Rechtsanwältin namens Anne. Auf ihrem Nachttisch lag ein dünnes Buch von einem gewissen Joel Kramer. Da ich nicht schlafen konnte, nahm ich es zur Hand und begann zu lesen. In dem Bändchen versuchte Kramer die Emotionen zu erklären. Gefühle wie die, die Caroline und mich umtrieben: Wir stellen uns gerne vor, daß Liebe ewig währt. Aber so funktioniert das nicht. Tatsächlich handelt es sich um frei fließende Energie, die kommt und geht, wann immer es ihr beliebt. Manchmal währt sie ein ganzes Leben; manchmal nur eine Sekunde, einen Tag, einen Monat, ein Jahr. Kein Grund, die Liebe zu fürchten, bloß weil sie einen verwundbar macht. Aber man sollte auch nicht erstaunt sein, wenn sie plötzlich nicht mehr da ist. Man sollte einfach glücklich darüber sein, sie erfahren zu dürfen.

Ich konnte mich nur sehr vage erinnern, doch Kramers Gedanken hallten in mir nach, als ich eine weitere Nacht mit Caroline verbrachte. Eigentlich hatte ich mir einige Gedanken gemerkt, um sie gelegentlich bei meinen Anmach-Talks zu verwenden. Ich wäre nicht darauf gekommen, Kramers Worte auf mein eigenes Leben zu beziehen. Frauen waren auf der Suche nach Liebe, aber doch nicht wir Männer.

Am folgenden Tag überdachte ich meine Reisepläne. Den Osteuropa-Trip behielt ich bei, aber statt Mystery bei der Jagd nach bisexuellen Sklavenmädchen zu assistieren, beschloß ich, mich mit einer Gruppe kroatischer Aufriß-Experten zu treffen. Einer von ihnen war Badboy, mit dem ich schon seit einer kleinen Ewigkeit korrespondierte.

Ich bin unter anderem deshalb Autor geworden, weil Schreiben ein Job ist, den man allein erledigen kann. Erfolg oder Scheitern hängen von einem selbst ab. Der Zusammenarbeit mit anderen habe ich schon immer mißtraut, weil die meisten Menschen auf halber Strecke aufgeben. Sie bringen nicht zu Ende, was sie angefangen haben; sie leben ihre Träume nicht; sie sabotieren ihre eigene Entwicklung, weil sie sich selbst nicht trauen. Mystery war mein Idol gewesen. Ich hatte wie er sein wollen. Aber wie die meisten Menschen war er sich selbst sein schlimmster Feind.

Als ich die Verführer-Foren checkte, stieß ich auch auf eine neue Message von Mystery. Der Betreff: Mysterys letzte Mitteilung.

> Das ist meine definitiv letzte Message. Ich wollte mich nur noch mal bei euch allen bedanken. Viel Glück weiterhin!
> Euer Freund
> Mystery

Als ich Mysterys Website checken wollte, war sie bereits aus dem Netz genommen worden. Frappierend, wie die Arbeit von Jahren von einem Tag auf den anderen zunichte gemacht werden kann.

Eine Stunde später klingelte mein Handy. Papa war dran.

»Da kriegt man ja eine Gänsehaut«, sagte er.

»Aber hallo«, gab ich zurück. »Ich weiß bloß nicht, ob es eine Art Hilfeschrei ist oder ob er es tatsächlich ernst meint.«

»Mir geht's genau wie Mystery.« Seine Stimme klang leise und bedrückt. »Mein Leben geht den Bach runter. Ich denke nur noch übers Baggern nach, ununterbrochen. Ich habe nicht eine Seite gelesen, seit das Semester angefangen hat. So werde ich mein Jurastudium nie packen.«

Papa war keine Ausnahme. Die Auswirkungen der Community auf das Leben des einzelnen waren dramatisch, und mit jedem Tag wurden sie dramatischer. Ehe Mystery mit seinen Workshops angefangen hatte, war alles bloß ein suchterzeugendes Online-Spiel gewesen. Und nun flogen die Profi-Aufreißer um die Welt, um sich zu treffen und gegenseitig in die neuesten Tricks einzuweihen. Es war nicht mehr bloß ein Lifestyle; es war Arbeit. Je mehr Zeit man in der Szene verbrachte, desto besser wurde man. Und je besser man wurde, desto süchtiger. Ich hatte von Typen gehört, die ihren Job aufgegeben oder ihr Studium geschmissen hatten, um das Spiel zu beherrschen wie kein anderer. Die Aussicht, immer noch mehr Frauen verführen zu können, war schlicht zu verlockend.

»Zwei der Dinge, die Frauen anmachen, sind Lifestyle und Erfolg«, sagte ich zu Papa. »Wart's ab, wenn du erst mal ein angesehener Medienanwalt mit Promi-Klienten bist, läuft alles wie geschmiert. Als Top-Jurist kannst du deine Chancen potenzieren.«

»Yeah«, antwortete er. »Ich weiß, ich muß Prioritäten setzen. Ich liebe das Spiel, aber langsam ist es wie eine Droge, von der ich nicht mehr loskomme.«

Mysterys Depression wirkte sich nicht nur auf sein eigenes, sondern auch auf das Leben der Kids aus, die zu ihm aufsahen und ihm nacheiferten. Und einige eiferten ihm sogar noch auf dem Weg in den Abgrund nach.

»Jeder, der sich mit Haut und Haaren auf das Spiel einläßt, kriegt Depressionen«, sagte Papa. »Ross Jeffries, Mystery, ich. Ja, ich will wie Mystery sein, aber der Preis dafür wird mir bald echt zu hoch.«

Das Problem war, daß seine Erleuchtung zu spät kam. Er hatte sich bereits für Seminare bei David X und David D'Angelo eingeschrieben. Was wiederum bedeutete, daß er sein Studium bald noch mehr vernachlässigen würde.

»Mein Dad hat gestern angerufen«, fuhr Papa fort. »Er macht sich ernste Sorgen um mich. Seit einem halben Jahr bin ich nur noch am Baggern. Mein Studium und meine Familie gehen mir total am Arsch vorbei.«

»Dann reiß dich am Riemen, Mann. Aufreißen ist ein tolles Hobby, aber mehr auch nicht.«

Ein weiser Ratschlag – den ich besser selbst beherzigt hätte.

Nach unserem Gespräch rief ich Mystery an. Er sagte, ich könne sein Motorrad haben und daß er Patricia seinen Computer schenken wolle. Die magischen Tricks, die er für eine 90-Minuten-Show kreiert hatte, wollte er an einen lokalen Illusionisten abtreten.

»Du kannst doch nicht einfach irgend jemand anderem die Tricks überlassen, an denen du so lange gearbeitet hast«, sagte ich. »Vielleicht willst du später mal auf sie zurückgreifen.«

»Das sind doch bloß Illusionen. Leute verarschen, das ist alles, was ich kann. Aber ich wollte nie jemanden verarschen, und deshalb mache ich jetzt ein für allemal Schluß damit.«

Um solche Warnzeichen zu erkennen, mußte ich kein Psychologe sein. Wenn ich sie jetzt nicht ernst nahm, würde ich es später bereuen. Ich konnte mich nicht einfach abwenden, während mein Mentor sich von einer Klippe stürzte – auch wenn er diese Klippe selbst geschaffen hatte. Irgendwann einmal hatte ich eine Freundin gehabt, deren Ex-Lover dauernd damit drohte, sich umzubringen. Eines Tages reagierte sie nicht mehr auf seinen Hilferuf. Eine Stunde später erschoß er sich in seinem Vorgarten.

Von Vorteil war, daß die Community nicht zuletzt ein hocheffektives Netzwerk von Spezialisten war, an die man sich jederzeit wenden konnte – Ärzte, Studenten, Bodyguards, Regisseure, Fitneßtrainer, Software-Entwickler, Immobilienmakler, Aktienhändler und Psychiater. Und so rief ich Doc an.

Doc hatte die Community für sich entdeckt, als Mystery an einem seiner Dating-Seminare teilgenommen hatte. Mystery hatte geduldig gelauscht, während Doc Tips und Taktiken zum Besten gegeben hatte, die im Vergleich zu den Strategien der Community kalter Kaffee waren. Hinterher hatte er das Gespräch mit Doc gesucht; der hatte zugegeben, im Grunde nicht viel Ahnung von Frauen zu haben – worauf Mystery ihn mit auf eine nächtliche Aufreiß-Tour genommen und in der Mystery-Methode geschult hatte. Nun war Doc eine Baggermaschine mit einem eigenen Harem. Sein Nickname spielte auf seinen Doktortitel in Psychologie an.

Ich fragte ihn, ob er Rat wüßte.

Er empfahl mir, Mystery die folgenden Fragen zu stellen, in genau dieser Reihenfolge:

- *Fühlst du dich so deprimiert, daß du am liebsten alles aufgeben würdest?*
- *Denkst du in letzter Zeit häufig über den Tod nach?*
- *Denkst du daran, dir Schmerzen zuzufügen oder dir etwas anzutun?*
- *Denkst du an Selbstmord?*
- *Wie würdest du Selbstmord begehen?*
- *Was hält dich davon ab?*
- *Würdest du dir innerhalb der nächsten vierundzwanzig Stunden das Leben nehmen?*

Ich notierte mir die Fragen auf einem Blatt Papier, faltete es zusammen und steckte es ein. Eine ganz neue Form von Spickzettel, und ein ganz neues Procedere.

KAPITEL 9

Als ich Mysterys Apartment betrat, war er gerade dabei, sein Bett abzubauen. Seine Bewegungen wirkten wie die eines Roboters, und seine Antworten kamen genauso mechanisch.

STYLE: Was machst du da?

MYSTERY: Ich schenke das Bett meiner Schwester. Sie braucht dringend ein neues.

STYLE: Fühlst du dich so deprimiert, daß du am liebsten alles aufgeben würdest?

MYSTERY: Ja. Alles ist so sinnlos. Wenn du Richard Dawkins gelesen und Ahnung von Memetik hättest, würdest du verstehen, was ich meine. Es hat einfach keinen Zweck.

STYLE: Aber du hast einen überragenden Intellekt. Es ist deine Pflicht, ihn weiterzuvererben.

MYSTERY: Scheißegal. Meine Gene verschwinden ein für allemal von diesem Planeten.

STYLE: Denkst du in letzter Zeit häufig über den Tod nach?

MYSTERY: Dauernd.

STYLE: Denkst du daran, dir Schmerzen zuzufügen oder dir etwas anzutun?

MYSTERY: Ja. Das Leben ist zum Kotzen.

STYLE: Denkst du an Selbstmord?

MYSTERY: Ja.

STYLE: Wie würdest du Selbstmord begehen?

MYSTERY: Mich ertränken. Davor hatte ich schon immer am meisten Angst.

STYLE: Und was hält dich davon ab?

MYSTERY: Ich muß erst noch meine Sachen loswerden. Ich habe Patricias Computer kaputtgemacht, deshalb kriegt sie jetzt meinen.

STYLE: War sie sauer wegen des kaputten PCs?

MYSTERY: Nein.

STYLE: Würdest du dir innerhalb der nächsten vierundzwanzig Stunden das Leben nehmen?

MYSTERY: Wieso stellst du mir eigentlich diese Fragen?

STYLE: Weil ich dein Freund bin und mir Sorgen um dich mache.

[Es klingelt an der Tür.]

STYLE: *[über Gegensprechanlage]* Wer ist da?
STIMME: Hi, Tyler Durden hier. Ist Mystery da? Ich bin ein Fan von ihm und würde gern mit ihm reden.
STYLE: Das ist jetzt gerade kein günstiger Moment.
STIMME: Aber ich bin extra von Kingston hergekommen.
STYLE: Sorry, Mann. Es paßt jetzt nicht. Er ist, äh, krank.

KAPITEL 10

Ich betrat die Küche und rief bei der Auskunft an, um die Nummer von Mysterys Eltern herauszubekommen. Jenseits der Community nannte er sich Erik von Markovik, doch auch das war nur eine Illusion. Sein Geburtsname war Eric Horvat.

Das Freizeichen ertönte. Einmal, zweimal, dreimal. Dann meldete sich eine schroffe, kurzangebundene Männerstimme. Es war Mysterys Vater.

»Hi. Ich bin ein Freund Ihres Sohns Eric.«

»Ja. Wie heißen Sie?«

»Neil. Ich wollte Sie darüber informieren ...«

»Sparen Sie sich weitere Anrufe!« schnauzte er.

»Aber er braucht Ihre ...«

Klick. Der Wichser hatte aufgelegt.

Jetzt war nur noch eine Person übrig, die ich anrufen konnte. Ich ging zu Mystery rüber. Er spülte gerade eine Tablette mit einem Glas Wasser herunter. Sein Gesicht war gerötet, als hätte er geweint.

»Was hast du da gerade genommen?« fragte ich.

»Ein paar Schlaftabletten.«

»Wie viele?« Scheiße. Jetzt konnte ich auch noch den Notarzt rufen.

»Bloß zwei.«

»Und wieso hast du sie überhaupt genommen?«

»Im Wachzustand ist das Leben doch nicht zu ertragen. Es hat einfach keinen Sinn. Im Schlaf kann ich wenigstens träumen.« Allmählich hörte er sich an wie Marlon Brando in *Apocalypse Now*. »Letzte Nacht habe ich geträumt, ich würde mit einem DeLorean durch die Luft fliegen – dem Auto aus *Zurück in die Zukunft*. Meine Schwester saß am Steuer. Wir flogen über die Überlandleitungen hinweg, und darunter sah ich mein Leben an mir vorbeiziehen.«

»Hör zu«, sagte ich. »Kannst du mir mal Patricias Telefonnummer sagen?«

Tränen schossen ihm in die Augen. Er sah wie ein großes Baby aus. Ein großes Baby, das sich das Leben nehmen wollte.

»Gibst du mir bitte ihre Telefonnummer?« fragte ich leise, ganz sanft, als würde ich zu einem Kind sprechen.

Er sagte sie mir – mit leiser, sanfter Stimme, wie ein braves Kind.

Ich hoffte bloß, daß Patricia nicht gleich auflegen würde – daß sie Mystery nicht komplett aus ihrem Leben verbannt hatte, daß sie eine Lösung wußte.

Sie hob gleich nach dem ersten Klingeln ab. Solange sie seine Freundin gewesen war, hatte Mystery ihre Gegenwart als selbstverständlich erachtet. Tatsächlich aber war sie Teil eines unsichtbaren Stabilisierungsprogramms. Er hatte es bloß nicht bemerkt, ehe sie ihn verlassen hatte.

Patricias Stimme klang ein wenig maskulin; ein leichter Akzent mischte sich in ihren Tonfall. Sie hörte sich wirklich besorgt an, als ich ihr die Lage schilderte. Sie hatte Angst um ihn, daran bestand kein Zweifel.

»Er hat schon mal versucht, sich umzubringen«, sagte sie. »Am besten gibst du seiner Mutter oder seiner Schwester Bescheid. Die werden ihn dann erst mal in die Psychiatrie einliefern lassen.«

»Für immer?«

»Quatsch. Nur bis er wieder einigermaßen auf dem Damm ist.«

Mystery sprang auf und riß die Tür des Zimmers auf. Ohne mich auch nur eines Blickes zu würdigen, marschierte er an mir vorbei.

»He!« brüllte ich ihn an. »Wo willst du hin?«

Er drehte sich um und sah mich aus leeren Augen an.

»Du warst ein echter Kumpel«, sagte er und wandte sich wieder ab.

»Wo willst du hin?« wiederholte ich.

»Ich werde mich umbringen. Aber vorher knalle ich meinen Vater ab.« Und mit diesen letzten Worten schloß er die Tür seines Aparments sacht hinter sich zu.

KAPITEL 11

Ich rannte hinter Mystery her. Langsam stieg er die Treppenstufen hinunter, fast so, als würde er schlafwandeln. Ich überholte ihn und versperrte ihm den Weg.

»He.« Ich faßte ihn am Ärmel. »Laß uns wieder raufgehen. Ich habe mit deiner Schwester gesprochen. Sie kommt dich gleich abholen. Laß uns auf sie warten.«

Er zögerte einen Moment, als wüßte er nicht recht, ob er mir trauen sollte. Er war so gefügig, als könne er keiner Fliege etwas zuleide tun. Leise flüsternd ermunterte ich ihn, wieder nach oben in sein Apartment zu gehen. Von dort aus rief ich noch einmal bei seiner Familie an, unter einer Zweitnummer, die Patricia mir gegeben hatte.

Das wird schon wieder, dachte ich. Hauptsache, sein Vater hob noch nicht mal ab.

Seine Schwester hob ab. Sie versprach, in einer halben Stunde da zu sein.

Mystery saß in der Küche und starrte vor sich hin. Offenbar hatten die Schaftabletten zu wirken begonnen; ununterbrochen murmelte er zusammenhangloses Zeug über Evolutionstheorie, Memetik und Aufreißertechniken vor sich hin. Und immer wieder hörte ich, wie »sinnlos« und »zum Kotzen« alles war.

Als seine Schwester und seine Mutter eintrafen, wich ihnen das Blut aus den Gesichtern.

»Ich wußte nicht, daß sein Zustand so ernst ist«, sagte Martina.

Sie packte Mysterys Koffer, während ihn seine Mutter nach unten begleitete. Er folgte ihr willenlos, starrte aus toten Augen zu Boden.

Sie führten ihn zum Wagen; ihr Ziel war die psychiatrische Abteilung des Humber General Hospital. Als Mysterys Mutter die Wagentür für ihren Sohn öffnete, stiegen vier Girls aus einem Mini-Van, der ihnen gegenüber geparkt hatte. Einen Sekundenbruchteil lang flackerte ein Fünkchen Leben in seinem Blick auf.

Ich sah ihn an, während ich darauf hoffte, die magischen vier Worte von ihm zu hören: »Dein Set oder meiner?« Denn dann wäre alles wieder in Ordnung gewesen.

Doch der Funke erlosch sofort wieder. Seine Mutter half ihm in den Wagen und schlug die Tür hinter ihm zu.

In der Fensterscheibe, hinter der ich ihn sah, spiegelten sich die vier blonden Hasen. Sein Gesicht war leichenblaß. Leeren Blickes starrte er nach vorn, mit zusammengebissenen Zähnen, während sein Lippenpiercing fahl im kalten Licht des Spätnachmittags glitzerte.

Die Girls blieben vor einem Sushi-Restaurant stehen und studierten die Speisekarte. Sie kicherten. Es war ein wunderbarer Klang, denn so klang das Leben. Ich hoffte sehr, daß Mystery es hören konnte.

KAPITEL 12

Mysterys Zusammenbruch hatte eine Glaubenskrise in der Community zur Folge. Wir hatten uns so sehr in unser Aufreißer-Dasein verstrickt, daß es unser Leben in Mitleidenschaft zog.

Papa bekam in seinem Jurastudium nichts mehr gebacken. Ein Aufreißer namens Adonis aus San Francisco verlor seinen Job bei einer Werbeagentur, als sein Arbeitgeber herausfand, daß er die meiste Zeit damit verbracht hatte, Mystery's Lounge zu frequentieren. Ich schrieb so gut wie gar nichts mehr. Ein anderer Aufreißer wiederum war derart süchtig nach aktuellem Newsgroup-Stoff, daß er einem Mitbewohner seine DSL-Kabel in die Hand drückte und ihn anwies: »Gib mir die frühestens in zwei Wochen wieder.«

Währenddessen hatte die Community mehr Zulauf als je zuvor. Dutzende und Aberdutzende von Neulingen tauchten in den Foren auf, junge Burschen, die zum Teil noch zur Schule gingen und uns alte Hasen nicht nur um Rat fragten, wenn es ums Baggern ging, sondern ihr ganzes Leben nach unseren Tips ausrichteten. Sie wollten wissen, welche Unis wir für die besten hielten, ob sie ihre psychiatrische Medikation absetzen, ob sie masturbieren, Kondome benutzen, Drogen nehmen oder von zu Hause abhauen sollten. Sie wollten wissen, was sie lesen, denken und tun sollten, um genau so zu werden wie wir.

Screwdriver, ein in der Community berüchtigter Bursche, der sich in den Foren des öfteren über seine Besuche bei Prostituierten in Tijuana verbreitete, suchte meinen Rat, da er immer noch keinen Erfolg als Aufreißer gehabt hatte. Cityprc aus Rhode Island war der nächste, der mich kontaktierte, dann folgten Mails von einem guten Dutzend anderer Typen. Alle boten mir Geld, damit ich sie in die Finessen der Verführungskunst einweihte. Die einen boten an, in den nächsten Flieger zu steigen, die anderen, mir den nächsten Flug zu bezahlen. Sie waren bereit, so gut wie jeden Preis zu bezahlen, um einen echten Profi in Aktion zu sehen.

Nachdem Mystery sich nun schon seit einiger Zeit im psychiatrischen Flügel des Humber General Hospital aufhielt, dürsteten die Adepten nach frischem Input. Und irgendwie war ich ihr neuer Guru geworden. All die Forums-Beiträge, in denen ich von meinen nächtlichen Aufreiß-Touren berichtet, meine Strategien dargelegt und zur Diskussion gestellt hatte, hatten mir einen Ruf verschafft, der mir nun wie Donnerhall vorauseilte.

Doch die Verführungskunst ist eine schwarze Kunst. Wer ihre Geheimnisse lüftet, muß dafür zahlen, und wir alle zahlten für unsere Erkenntnisse, ob nun mit unserem Geisteszustand, unserer Karriere, unserer Zeit, unserem Geld, unserer Gesundheit, unserer Moral oder dem Verlust unserer Persönlichkeit. Mag sein, daß wir in unserem Club als Supermänner galten, aber von innen her begannen wir langsam zu verfaulen.

»Ich wollte so sein wie du und Mystery«, sagte Papa, als ich anrief, um mich nach ihm zu erkundigen. »Aber ich muß endlich wieder zu mir selbst finden. Trotz meines Talents bin ich drauf und dran, alles zu vermasseln. Dabei war ich sonst einer der besten Studenten unserer Fakultät.«

Er plante auf Entzug zu gehen und zunächst einmal alle Aufriß-Seminare sausen zu lassen, für die er sich eingeschrieben hatte. »Und mit heißen Babes läuft auch nichts mehr, solange ich mein Leben nicht wieder auf der Schnur habe«, sagte er. »Wenn mich irgendwelche Schnallen anrufen, werde ich ihnen sagen, daß mein Leben Vorrang hat. Ich entscheide mich fürs Leben. Und gegen die Baggerei.«

»Am besten, du gehst im Studium genauso ran wie bei den Frauen.«

»Ja«, antwortete er, als hätte er soeben eine Erleuchtung gehabt. »Erfassen, Annähern, Anmachen, Klarmachen. Läßt sich doch eins zu eins auf die Scheißprüfungen übertragen.«

»Na ja, vielleicht übertreibst du's ein bißchen. Aber wenn du meinst.«

»Endlich sehe ich wieder Licht am Ende des Tunnels«, seufzte er. »Ich bin richtig ein bißchen erleichtert.«

Ja, wir alle fühlten uns erleichtert, nachdem uns aufgegangen war, daß wir zu weit gegangen waren. Wir alle hatten vor, uns zu besinnen, unser Leben neu zu ordnen, unsere Perspektiven neu auszurichten und die Kunst der Verführung künftig nur noch als exquisites Hobby zu betreiben.

Bleibt noch ein Begriff aus der Hypnose zu erwähnen, die sogenannte Fraktionierung: Wenn jemand aus der Trance geholt und dann wieder in diese hineinversetzt wird, wird der Trancezustand durch diese Maßnahme noch verstärkt.

Und genauso verhielt es sich mit uns. Für einen Moment sahen wir alles ganz klar, hatte uns die Wirklichkeit wieder. Doch dann fielen wir erneut in Trance, tiefer als je zuvor – tiefer, als wir es uns jemals hätten vorstellen können.

LEKTION VI:

EMOTIONALE BINDUNG HERSTELLEN

»AUF DEM SPIELPLATZ SIEHT ES FÜR VIELE SO AUS, ALS WÜRDEN DIE JUNGS FUSSBALL SPIELEN UND DIE MÄDCHEN NICHTS TUN. ABER DAS STIMMT NICHT – DIE MÄDCHEN REDEN MITEINANDER. SIE REDEN DARÜBER, WAS UM SIE HERUM VORGEHT. DAS IST DER GRUND, WARUM SIE DIE WELT SCHLIESSLICH BESSER VERSTEHEN.«

carol gilligan

DIE ANDERE STIMME: LEBENSKONFLIKTE UND MORAL DER FRAU

KAPITEL 1

Petra, eine neunzehnjährige Tschechin mit langem kastanienbraunen Haar und einem bronzefarbenen Modelbody, sprach gerade mal ein Dutzend Wörtchen Englisch. Nightlight9, ein Profi-Aufreißer aus Seattle, war dabei, als ich sie und ihre Cousine auf der kroatischen Insel Hvar kennenlernte. Wir zeigten ihnen ein paar Zaubertricks, und sie ließen uns von ihrem Popcorn naschen. Auf ein Stück Papier malten wir eine Uhr, die die Zeit anzeigte, zu der wir die beiden später wiedertreffen wollten. Sie kamen pünktlich und führten uns händchenhaltend an einen kleinen verlassenen Strand. Dort zogen sie sich bis auf ihre Slips und Tennisschuhe aus und liefen ins Wasser, wir hinterher. Schließlich vögelten wir sie, ohne ein Wort davon zu verstehen, was sie sich auf Tschechisch zuriefen.

Anja war eine supersmarte zweiundzwanzigjährige Kroatin, die mit ihren Eltern und ihrer jüngeren Schwester im Urlaub war. Sie strahlte Selbstvertrauen, Sinnlichkeit und erstklassige Erziehung aus; ihre Schwester war das genaue Gegenteil. Nightlight9 und ich quatschten die beiden am Strand von Vodice an. In der Nacht schlichen sie sich von zu Hause weg, und wir schlenderten die Hafenpromenade entlang, bis wir auf eine Jacht stießen. Wir stahlen uns an Bord und nagelten sie in der Kombüse. Ich hinterließ 20 Dollar für die Flasche Wein, die wir uns nebenbei genehmigt hatten.

Carrie war eine neunzehnjährige Kellnerin aus Dublin. Sie sprach mich auf meine Dreadlocks an, die sie super fand; ich sparte es mir, sie darüber zu informieren, daß es eine Rasta-Perücke war, die ich bloß zum Spaß trug. Am nächsten Tag kam ich ohne Perücke, mit dem üblichen Kahlschlag, aber wir landeten trotzdem auf den Laken. Als ich ihr vierundzwanzig Stunden später eine E-Mail schickte, um ihr Bescheid zu geben, daß sie ihre Ringe bei mir vergessen hatte, mailte sie zurück: »Ich trage gar keine Ringe. Die gehören mir nicht.«

Martine war eine freigeistige Blondine mit milchweißem Teint und verschmiertem roten Lippenstift, die ich in New York kennenlernte. Ich hatte mittlerweile so viele Sets geknackt, daß ich mich nicht mal entfernt daran erinnere, welche Worte wir miteinander wechselten, als ich sie aufriß. Am nächsten Abend trafen wir uns in einer Bar. Ich brachte zwei andere Mädels mit, damit sie sich ein bißchen anstrengen mußte. Ein paar Sekunden hatte ich leise Gewissensbisse deswegen, aber eben nur ein paar Sekunden. Ich fragte sie, wie sie ihre Künste im Bett auf einer Skala von eins bis zehn einordnen würde. In meinem Hotelzimmer fand ich es dann heraus. Sie war eine 7.

Laranya, ein jüdisches Mädchen aus bestem Hause, hatte den biegsamen Körper einer Inderin. Ich hatte sie auf dem College kennengelernt; wir sammelten unsere ersten journalistischen Erfahrungen bei derselben Wochenzeitschrift. Sie war die heiße Praktikantin, ich der schüchterne Praktikant. Als wir uns in Los Angeles zufällig auf der Straße wiedertrafen, landeten wir kurz darauf in der Kiste. Am nächsten Morgen weckte sie mich mit den Worten: »Unglaublich, wie du dich verändert hast.« Wohl wahr. Ich konnte es ebenfalls kaum fassen.

Stacy war achtundzwanzig und magersüchtig; wir liefen uns in einem Club in Chicago über den Weg. Während eines längeren E-Mail-Austauschs verführte sie mich mit ihrer Intelligenz, ihrer Offenheit und Poesie. Als sie mich schließlich in L. A. besuchte, stellte ich zu meiner Enttäuschung fest, daß sie komplett gehemmt und im wirklichen Leben alles andere als redegewandt war. Möglicherweise dachte sie dasselbe von mir. Nichtsdestotrotz führte ich sie ohne weitere Umschweife in mein Schlafzimmer, wo wir dann zur Sache kamen. Als ich einen Finger in ihre Pussy steckte, spürte ich einen Widerstand. Es war ihr Hymen. Ich gab ihr zu verstehen, daß ich von einer Entjungferung lieber absehen würde. Auch als Profi-Aufreißer muß man Grenzen kennen und nein sagen können.

Greta, eine schon etwas reifere Russin mit wie gemeißelt wirkenden Gesichtszügen und beeindruckenden Brüsten, lernte ich in Malibu kennen. Sie erzählte mir, sie hätte Geburtstag, obwohl sie mir nicht verraten wollte, wie alt sie war. Ich schätzte sie auf fünfundvierzig, sprach es aber nicht laut aus. Ich sagte, ich hätte ein Geschenk für sie – mich. Als sie mich an den Hintern faßte, ließ ich sie wissen, das koste extra. Zwei Abende später trafen wir uns auf ein paar Cocktails und fuhren dann zu mir. Sie sagte, eigentlich mache sie so etwas nicht mehr, sie suche nach einer echten Beziehung. Danach hatten wir Sex. Auf die Rollenspiel-Tour. Ich war der Lehrer, sie das unartige Schulmädchen. Es war ihre Idee.

Das betrunkene asiatische Girl, deren Namen ich nicht mehr weiß, mit den Riesentitten; ihre Freundinnen waren stocknüchtern und hatten genau null auf der Brust. Sie dachte, ich sei schwul. Wir unterhielten uns eine Viertelstunde, dann nahm ich sie bei der Hand und führte sie zum Klo. Dort verwöhnten wir uns oral, ohne je ein weiteres Wörtchen miteinander zu wechseln. Nichts, was man überbewerten sollte.

Jane war eine australische Busineßfrau, die ich über einen anderen Aufreißer kennenlernte. Sie trug eine Hose mit Leopardenfellmuster, hatte kurze, auf stachelig getrimmte Haare und einen unersättlichen sexuellen Appetit. Wenn sie über die Straße tanzte – und so mußte man es wohl nennen –, drehten sich alle Männer nach ihr um. Wir vögelten in ihrem BMW-Cabrio bei heruntergelassenem Dach. Als ich sie fragte, wann in ihr der Wunsch aufgekommen sei, mich zu küssen, sagte sie: »Sofort, als ich dich sah.« So etwas hatte noch nie eine Frau zu mir gesagt.

Sarah war eine Casting-Agentin, der ich im Casa-del-Mar-Hotel in Santa Monica begegnete. Sie war etwa Mitte Vierzig und wirkte so makellos, als wäre sie soeben einer Shampoo-Werbung entstiegen – selbst im grellen Licht des Fahrstuhls, in dem wir uns eine Stunde später die Seele aus dem Leib vögelten. Immer wieder fragte sie, ob irgendwo Kameras installiert seien, auch wenn ich nicht recht wußte, ob ihr der Gedanke Angst machte oder sie erregte. Wahrscheinlich traf beides zu.

Hea und Randi lernte ich im Highlands-Club kennen. Hea war eine Rockerbraut und hatte einen Freund, so wie auch Randi, eine supersüße Schauspielerin mit dem vielleicht fiesesten Lächeln, das ich je gesehen hatte. Bei Hea brauchte ich einen Monat, bis sie bereit war, ihren Freund zu betrügen – bei Randi einen Tag.

Mika lernte ich im Jamba Juice kennen. Sie war ein japanisches Traumgirl, das vor Energie nur so sprühte; ich war ein Traumtyp, aus dem das Protein nur so spritzte. Eine tolle Kombination. Als wir Sex hatten, stellte ich fest, daß sie ihr Schamhaar nicht rasierte. »Wenn meine Haare richtig lang sind, spende ich sie krebskranken Kindern«, informierte sie mich am nächsten Morgen. Ich war ziemlich platt: »Die tragen deine Schamhaare dann als Perücke?« Sie gab zurück, daß sie die Haare auf ihrem Kopf gemeint habe.

Maya war eine dunkelhaarige Bauchtänzerin, die ich während eines Auftritts anflirtete. Als wir uns Monate später zufällig wiederbegegneten, konnte sie sich noch genau an mich erinnern. Am nächsten Abend rief ich sie an und fragte, ob sie bei mir vorbeikommen wolle. Da ihr Wagen in der Werkstatt war, bot ich ihr an, das Taxi zu bezahlen. Eine halbe Stunde später war sie da.

Alexis leitete einen Klamottenladen und war ganz auf Eighties-New-Wave gestylt. Susanna hatte sich vor kurzem scheiden lassen und wollte ihre Sexualität wiederentdecken. Doris war verheiratet, aber sexuell lief in ihrer Ehe schon lange nichts mehr. Nadia war eine Bibliothekarin mit den Befähigungen eines Pornostars; es wirkte, als könne man doch etwas aus Büchern lernen. Alle vier waren Teil eines Experiments, bei dem ich versuchte, die perfekte Anmachtechnik für Frauen zu finden, die einen Partner über Kontaktanzeigen suchten. Nach diversen gescheiterten Versuchen hatte ich den Bogen raus. Wie ich eruierte, liegt das Geheimnis darin, via Kontaktanzeige wie ein arroganter Arsch rüberzukommen, sich dann aber beim persönlichen Treffen als ebenso lockerer wie bezaubernder Gentleman zu entpuppen.

Maggie und Linda waren Schwestern; seit unserem Tête-à-tête reden sie nicht mehr miteinander. Anne war eine Französin, die nicht ein Wörtchen Englisch sprach, Jessica eine Leseratte. Sara rief den Abschleppdienst an, als mein Wagen schlappmachte. Stef verteilte Flyer für einen Stripclub am Sunset Boulevard, Susan war die Schwester eines Freundes, Tanya meine Nachbarin.

Mein Wunsch hatte sich erfüllt. Frauen stellten kein Problem mehr für mich dar. Sie waren das reinste Vergnügen.

Seit Mysterys Zusammenbruch, der nun schon einige Monate zurücklag, hatte ich mich weiterentwickelt wie nie zuvor. Hatte ich erst einmal die Telefonnummer einer Frau, war es ein Kinderspiel, sie beim nächsten Treff ins Bett zu kriegen. Zuvor war ich derart obsessiv auf Sex ausgewesen, daß ich nicht bemerkt hatte, daß man meist nichts forcieren muß. Nachdem ich nun ein Jahr lang Erfahrungen gesammelt hatte, war es mir gelungen, mich endgültig von den gedanklichen Strukturen zu befreien, die mich mein Leben lang begleitet hatten. Ich kannte die Gesetze der Anziehungskraft, wußte die Signale der Frauen zu deuten wie kein anderer.

Wenn ich mich nun mit einer Frau unterhielt, erkannte ich sofort, wann sich ihr Interesse entzündete, selbst wenn sie sich reserviert oder mißtrauisch verhielt. Ich wußte, wann verbale Offensive und wann Mundhalten angesagt war, wann ich auf die Tube drücken konnte und wann ich mich bremsen mußte, wann ich flunkern durfte und wann Ehrlichkeit gefragt war, wann Zeit für einen Kuß war und wann alles zu schnell ablief.

Egal, mit welchen Vorbehalten, Einwänden oder Problemen ich konfrontiert wurde – nun kannte ich stets die richtige Reaktion. Maya (die Bauchtänzerin, Sie erinnern sich) etwa schrieb mir eine E-Mail: »Danke für die endlosen Orgasmen. Ruf mich an, dann können wir bereden, wann du mich zum Dinner einlädst. Du schuldest mir nämlich noch das Geld fürs Taxi, und außerdem wird es Zeit für ein richtiges Date«, aber deshalb hätte ich nie im Leben angenommen, daß sie mir Druck machen wollte, geschweige denn, daß sie eine geizige Zicke war. Sie wollte schlicht eine Gegenleistung dafür, daß sie mich so schnell rangelassen hatte, und einfach nur austesten, wie weit sie mich kontrollieren konnte. Über meine Antwort mußte ich keine Sekunde nachdenken.

»Gegenvorschlag«, schrieb ich zurück. »Du kriegst wie versprochen das Taxigeld zurück, und dann lädst du mich für all die Orgasmen zum Dinner ein.« Und genau das tat sie dann auch.

Ich war Mystery.

KAPITEL 2

Wer ist der beste Profi-Aufreißer von allen?

VON THUNDERCAT

BEITRAG AUS »THUNDERCAT'S SEDUCTION LAIR«

Seit geraumer Zeit geht ja nun die Debatte, wer eigentlich der beste Aufreißer da draußen ist. Klar, bei der Frage kommt manches Ego, manche Eitelkeit ins Spiel, und jeder hat seine eigene Meinung, wer denn nun wirklich der Beste ist. Letztlich stellt sich die Sache so subjektiv dar, daß wir wohl nie eine klare und sachliche Antwort auf die Frage erhalten werden. Genausogut könnte man fragen, wer der tapferste Soldat in diesem oder jenem Krieg war. Was dennoch viele nicht davon abhält, die Könner in unserer Community in Bestenlisten einzuordnen. Daher habe ich beschlossen, ein Ranking der Top-Aufreißer zu erstellen.

Style ist definitiv die Nummer eins, ganz klar unschlagbar; da kann keiner mithalten. Er ist wohl der infamste, verschlagenste und abgefeimteste Mistkerl, den ich je in Aktion gesehen habe. Die Girls haben ihn gar nicht auf dem Radar, und genau deshalb ist er so gefährlich. Seine Manipulationen sind derart subtil, daß man ihm in Null Komma nichts auf den Leim geht. Was im übrigen für Girls und Boys gilt. Niemand ist vor ihm sicher.

Der Bursche ist einfach unglaublich; obendrein hat er die meisten Techniken erfunden, die in Seminaren und Workshops als der letzte Schrei gelten. Style ist ein Machiavellist reinster Güte – jemand, der mich mit Furcht und Bewunderung erfüllt.

KAPITEL 3

Auf meinem Trip nach Kroatien – Mystery steckte nach wie vor in der Psychiatrie – begriff ich, daß nichts mehr so war wie vorher. Die Frauen waren in den Hintergrund gerückt; meine primäre Rolle bestand nun darin, anderen Männern als Leitbild zu dienen. Zwei der kroatischen Aufreißer, bei denen ich wohnte, hatten sich sogar den Schädel rasiert, nachdem sie Fotos von mir im Internet gesehen hatten.

Obwohl mir der Gedanke zuwider war, von anderen als großer Meister verehrt zu werden, bestand kein Zweifel daran, daß ich zum Guru geworden war. Wenn ich mich mit einer Frau unterhielt, wurde es totenstill im Raum. Die Typen spitzten die Ohren, um zu hören, was ich sagte, kramten ihre Notizbücher hervor, um den Wortlaut mitzuschreiben und alles auswendig zu lernen.

Wieder zu Hause, beobachtete ich Ross Jeffries eines Abends dabei, wie er meinen Eifersüchtige-Freundin-Opener anwandte, allerdings mit falschem Timing. Hinterher schickte er mir eine E-Mail und bat mich, ihm meinen Evolutionsphasentrick en detail zu erklären. Er imitierte mich. Keine Frage, er wollte meine Techniken in seinen Seminaren unterrichten.

Dann setzte Thundercat seine Ranking-Liste ins Internet, und ich war die Nummer eins. Nun konnte ich nicht mehr geltend machen, ich hätte selbst noch lange nicht ausgelernt. Neil Strauss war offiziell für tot erklärt. In den Augen dieser Männer war ich Style, der King all jener, denen das Baggertalent nicht in die Wiege gelegt worden war. Überall auf der Welt benutzten Typen meine Jokes, meine Sprüche, meine Tricks, um Girls anzugraben, zu küssen und zu bumsen.

Ich war übers Ziel hinausgeschossen.

In der guten alten Zeit war ich nichts weiter als Mysterys Eskorte, Ross Jeffries' Schüler oder Steve P.s Hypnoseobjekt gewesen. Nun war ich unablässig dazu gezwungen, mich selbst zu beweisen. Dauernd hörte ich irgendwelche Typen hinter meinem Rücken tuscheln: »Hat er's wirklich so drauf, wie alle sagen?« Wenn ich eine Gruppe Girls anvisierte und nicht innerhalb einer Viertelstunde mit der heißesten Biene abzog, würden sie mich als Lusche betrachten. Ehe ich der Community beigetreten war, hatte ich Angst vor Frauen gehabt. Jetzt hatte ich Angst vor Männern.

Der pausenlose Druck führte dazu, daß ich Erwartungen an mich stellte, die ans Zwanghafte grenzten. Erspähte ich in einem italienischen Restaurant fünf Tische weiter eine attraktive Frau, kam ich mir gleich wie ein Versager vor, wenn ich sie mir nicht sofort krallte. Lief mir auf dem Weg zur Reinigung eine Supersüße vor die Flinte, die bestimmt bald einen Modelvertrag bekam, kam ich mir vor wie ein Blindgänger, wenn ich nicht umgehend die Initiative ergriff. Als EFL hatte ich schon in Hochgefühlen geschwelgt, wenn ich bloß ein paar Sätze mit einem mir unbekannten Girl gewechselt hatte; nun mußte ich sie spätestens innerhalb einer Woche flachlegen.

Obwohl es mir absolut klar war, daß ich allmählich nicht mehr richtig tickte, betrachtete ich mein Handeln in vielerlei Hinsicht als ausgesprochen ethisch, erst recht im Vergleich zu jener Zeit, als ich noch ein EFL gewesen war. Teil des Lernprozesses war eben nicht nur, Opener auswendig zu lernen und effektive Strategien zu entwickeln, sondern auch, sich Frauen gegenüber so ehrlich wie möglich zu präsentieren, keinen Hehl daraus zu machen, was ich von ihnen erwartete und was sie von mir erwarten konnten. Ich hatte es nicht länger nötig, einer Frau mit Beziehungsgeschwafel zu kommen, wenn ich mit ihr bloß in die Kiste wollte, brauchte nicht länger Freundschaft zu heucheln, wenn ich ihr lediglich an die Wäsche wollte, mußte nicht länger einen auf monogam machen, wenn ich heiß auf andere Weiber war.

Zu guter Letzt hatte ich begriffen, daß es Frauen keineswegs immer um Beziehungen geht. Tatsächlich haben Frauen oft sogar stärkere körperliche Bedürfnisse als Männer, auch wenn sie erst entfesselt werden müssen. Wenn man weiß, welche Schranken zu überwinden sind, hat man den Schlüssel zu Hingabe und Ekstase gefunden.

KAPITEL 4

Mittlerweile waren wir auf dem Gipfel der Überheblichkeit angekommen.

»Ich fühle mich langsam, als würde ich Kaninchen mit 'ner Haubitze jagen«, sagte Maddash, ein ehemaliger Schüler von mir.

Er hatte gerade einen der ungewöhnlichsten Stunts der Aufreißer-Geschichte durchgezogen. Eine Chicagoer Büromaus namens Jackie Kim hatte ihre höchst ungenierten Gedanken zu einem Date versehentlich durch ihr gesamtes E-Mail-Adreßbuch gejagt. Ihre Notizen waren ebenso oberflächlich und geistlos wie so mancher Aufreißer-Report.

»Tja, wie stehe ich jetzt zu diesem Typen?« hatte sie geschrieben. »Er hat einen Wagen, eine Menge Geld, einen Job, ein tolles Apartment, ein Segelboot – aber nur für sechs Leute, also nichts wirklich Umwerfendes – und gute Manieren, und küssen kann er auch nicht schlecht. Ich würde mich also durchaus noch mal mit ihm verabreden, aber solange er sich nicht die Haare schneiden und Geschenke rüberwachsen läßt, bleibe ich doch lieber bei meinem Freund.«

Ihre E-Mail verbreitete sich im Expreßtempo über das Internet, kursierte rund um den Globus und führte sogar zu einem Artikel in der *Chicago Tribune*. Unter anderem landete ihre E-Mail auch bei Maddash, der ihr ein paar mitfühlende Zeilen schrieb. Jackie antwortete, sie habe sich riesig über seine Mail gefreut; sie würde sie jedesmal aufs neue durchlesen, wenn wieder eine Haßmail eintrudelte. Sie tauschten noch ein paar E-Mails sowie Fotos aus, und kurz darauf war sie in Maddashs Bett gelandet. Ohne Geschenke, ohne Segelboot, ohne neuen Haarschnitt. Einfach durch pure Verführungskunst.

Maddashs Leistung führte zu einer New Wave des fortgeschrittenen Baggerns. Plötzlich schien es viel zu banal und easy, ein Girl in der nächsten Bar aufzugabeln.

Vision rief sich ein Callgirl für 350 Dollar die Stunde. Sein Plan war, sie so perfekt zu umgarnen, daß sie ihn für die zweite Stunde bezahlen würde. Was zwar nicht klappte, doch immerhin gelang es ihm, sie so zu betören, daß sie ihm tatsächlich einen Rabatt gab. Später traf er sie noch öfter – gratis.

Grimble nahm als Kandidat an der Fernsehshow *Elimidate* teil, in der vier Männer gegeneinander antreten, um ein Date mit einem Model zu gewinnen. Er stach alle aus. Dann verführte er ein neunzehnjähriges Mädchen, das Zeitschriften-Abos an der Haustür verkaufte. Obwohl er nichts als Boxershorts und ein dreckiges Unterhemd trug, gelang es ihm, sie innerhalb einer Stunde zu vögeln. Er schloß nicht mal ein Abo ab.

Nach Maddashs, Visions und Grimbles neuesten Aktionen war vom Katzenjammer in der Community nichts mehr zu spüren. Die Szene lief wieder auf Hochtouren. Und am wildesten trieb es Papa.

Papas Schwur, sich wieder seinem Studium zu widmen, hatte gerade mal einen Monat lang gehalten. Anschließend reiste er quer durchs Land, um alle Profi-Aufreißer zu besuchen, die er kannte. Mir war nicht klar, ob er immer noch dazulernen wollte oder dabei war, sich ein soziales Netzwerk zu schaffen. Wahrscheinlich wußte er es selbst nicht. Er imitierte einfach, was ich vorgemacht hatte: durch die Welt reisen und die Top-Profis kennenlernen, um schließlich die Nummer eins zu werden.

Papa verbündete sich insbesondere mit einem jungen Typen, den bis dahin niemand auf der Rechnung hatte: einem zweiundzwanzigjährigen Kanadier, der die Aufreißer-Community für sich entdeckt hatte, als seine Mutter versehentlich eine Verführer-Website angeklickt hatte. Er nannte sich Tyler Durden, nach der subversiven Figur aus *Fight Club*. Noch ahnte es niemand, doch sein Wirken sollte die Community für immer verändern.

Er studierte Philosophie an der Queens University in Kingston, Ontario. Darüber hinaus war er ein komplett unbeschriebenes Blatt – und mehr sollte auch später niemand in Erfahrung bringen. Er behauptete, im großen Stil mit Drogen gedealt zu haben. Er behauptete, aus einer reichen Familie zu stammen. Er behauptete, eine ganze Reihe komplexer philosophischer Essays für diverse akademische Zeitschriften geschrieben zu haben. Er behauptete, lange Zeit Bodybuilding betrieben zu haben. Doch niemand wußte Genaueres über ihn.

Tyler brach wie ein Hurrikan über die Aufreißer-Foren herein. Noch bevor ihn irgend jemand kennengelernt hatte, war eines sonnenklar: Der Bursche war derart besessen, daß wir alle daneben wie Waisenknaben aussahen. Er las alles, was die Forumsarchive der Großmeister hergaben, Tausende und Abertausende von Seiten, arbeitete sich in geradezu atemberaubendem Tempo durch alle Bücher, die von den Profis zur Lektüre empfohlen wurden. Sein Wissensdurst kannte keine Grenzen.

Innerhalb von zwei Monaten hatte er so gut wie alle relevanten Informationen absorbiert und etablierte sich als selbsternannte Kapazität; er verfaßte endlos lange Essays und großspurige Berichte über die unglaublichsten Aktionen – man konnte wirklich nur staunen.

Die Community-Boys umschwirrten ihn wie Motten das Licht, krochen ihm regelrecht in den Arsch. Er war die neue Stimme, auf die alle gewartet hatten, ein messianischer Do-it-yourself-Guru. Kurz darauf bildete er bereits Papas treue Eskorte, begleitete ihn auf seinen Trips, um so nach und nach alle großen Verführer kennenzulernen. Und einer davon war natürlich ich.

Unablässig bombardierte mich Tyler Durden mit E-Mails. Er war ein verdammt hartnäckiger Bursche – so, wie ich es selber wohl auch gewesen war. Er schien sich in seiner Rolle als Provokateur zu gefallen.

KAPITEL 5

Mystery war wieder da.

No. 9, mit dem er sich sein Apartment teilte, gab mir telefonisch Bescheid, daß Mystery entlassen worden wäre und sich vorübergehend bei seiner Familie aufhielte. No. 9 erwartete ihn in der kommenden Woche zurück, für die sich auch Tyler Durden angesagt hatte, um sich von Mystery bei einem Exklusiv-Workshop anleiten zu lassen. Mutmaßlich war Mystery noch gar nicht wieder im Vollbesitz seiner alten Kräfte, aber ein paar Dollars für die Miete konnten nicht schaden – ganz abgesehen davon, daß Tyler wild entschlossen war, ihn endlich kennenzulernen.

»Es war eine emotionale Achterbahnfahrt, die mir aber letztlich elementare Erkenntnisse beschert hat«, ließ Mystery mich ein paar Tage später wissen.

Seine Stimme war wieder so klar wie die von Anthony Robbins, seine Gedanken waren gestochen scharf. Trotzdem, irgend etwas an ihm hatte sich verändert. Wie immer schien eine geradezu manische Energie von ihm auszugehen – doch es war eine andere manische Energie als sonst. Er schien eine regelrechte Transformation durchgemacht zu haben.

»Ich habe wieder klare Perspektiven«, fuhr er fort. »Die Motivationsmöhren baumeln fein säuberlich aufgereiht vor meiner Nase. Ich werde jetzt erst mal den Grundstein legen, um Copperfield auszustechen. Er hat keine Chance. Ich bin ein Superstar. Mein Gehirn hat sich verpuppt, aber bald werden Schmetterlinge daraus hervorsteigen.«

Ich fragte ihn, ob er irgendwelche Psychopharmaka nahm. Er schüttelte den Kopf.

»Ich habe viel Zeit damit verbracht, über mich nachzudenken«, sagte er. »Ich werde nur depressiv, wenn ich mich isoliere. Was hat mich denn letzten Endes in die Anstalt gebracht? Die Trennung von Patricia, meine stagnierende Karriere, und dann habe ich mich auch noch allein in meiner Wohnung verbarrikadiert. Heißt, ich brauche ein soziales Umfeld mit Menschen, die mich motivieren. Wir werden uns gegenseitig motivieren. Ich habe bereits alles in Planung – selbst mein Psychiater war schwer beeindruckt. Freu dich schon jetzt auf das Project Hollywood.«

Es war das erste Mal, daß ich etwas von Project Hollywood hörte. Offen gesagt schenkte ich seinen Worten keine große Beachtung. Ich ging davon aus, daß es letztlich auf dasselbe hinauslaufen würde wie sein Selbstverwirklichungsprojekt mit den lesbischen Sklavinnen – ein Produkt geistiger Onanie, das von vornherein zum Scheitern verurteilt war.

»Ich kann spüren, wie ich von innen leuchte«, sagte er. »Ich bin zum Superstar geboren. Ich bin ein Superstar, der sein Potential bislang nicht voll ausgeschöpft hat. Bleib an meiner Seite, und du wirst ebenfalls zum Star werden.«

Schön, daß er wieder zurück war. Auch wenn er zuweilen nicht richtig tickte, hatte sein Größenwahn eine durchaus charmante Note. Manche hätten ihm Narzißmus vorgeworfen und damit sicher nicht falsch gelegen, doch er betrieb wenigstens nicht nur Nabelschau, sondern sah auch das Potential in anderen Menschen. Genau deshalb war er ein derart einflußreicher Lehrmeister gewesen.

»Ich bin bereits ein Star, Alter, zumindest in der Community«, gab ich zurück. »Während du weg warst, bin ich in einem Poll zur Nummer eins gewählt worden – noch vor dir. Obwohl es langsam groteske Formen annimmt. Erst gestern hat mich ein wildfremder Typ aus England angerufen und mir erzählt, er würde sich für mich ausgeben, wenn er irgendwelche Mädels bumst. Weil er sich dabei so überlegen fühlt. Na, wie findest du das?«

Es wurde immer schwieriger für mich, meinem Ruf gerecht zu werden. Supastar, ein Lehrer aus South Carolina, der vor einiger Zeit bei einem unserer Workshops zugegen gewesen war, hatte kürzlich in einem Forum geschrieben: »Wenn ich sterbe und in den Aufreißerhimmel komme, wird Style dort auf mich warten, weil er der Gott der Aufreißer ist.«

Mystery lachte, als ich ihm davon erzählte. »Da mußt du jetzt durch«, sagte er. »Von deinem Alter ego kommst du nie mehr los.«

KAPITEL 6

Mystery wollte mich für drei Monate am Stück buchen. Er plante Workshops in London, Amsterdam, Toronto, Montreal, Vancouver, Austin, Los Angeles, Boston, San Diego und Rio de Janeiro.

Aber ich wollte mich zeitlich nicht so lange binden. Ich hatte vor, meine Karriere wiederzubeleben, da ich einen Job gehabt hatte, bevor ich zum Vollzeit-Aufreißer mutiert war. Einst, in einem anderen Leben, war ich morgens aufgewacht, hatte mich ungeduscht und ohne Frühstück an den Schreibtisch gesetzt und vor mich hin getippt – umgeben von meinen eigenen Ausdünstungen und ohne jemals eine Nummer zu schieben.

Nachdem ich mit Girls nun keinerlei Probleme mehr hatte, war es an der Zeit, den Rest meines Lebens wieder auf die Schnur zu bekommen. Die ganze Baggerei begann sich allmählich auf meinen Verstand auszuwirken. Ich gierte, nein, war regelrecht süchtig nach weiblicher Aufmerksamkeit – der einzige Grund, warum ich überhaupt noch das Haus verließ. Die Entmystifizierung des anderen Geschlechts hatte bei mir zur kompletten Entmenschlichung geführt.

Dementsprechend sagte ich Mystery, ich würde mit der Baggerei künftig kürzer treten. Momentan hatte ich acht Girls hier in L. A., mit denen ich mich regelmäßig traf. Da waren Nadia und Maya und Mika und Hea und Carrie und Hillary und Susanna und Jane. Jede hatte ihre eigenen Bedürfnisse, und wir spielten mit offenen Karten. Sie wußten, daß ich mich mit anderen Frauen traf. Mir war klar, daß sie es wahrscheinlich auch mit anderen Typen trieben. Ich wußte es nicht genau, aber es war mir auch völlig gleichgültig. Wichtig war, daß sie auf der Matte standen, wenn ich sie anrief. Und umgekehrt.

Über eines allerdings ließ ich Mystery im Dunkeln: daß ich ihm nicht mehr vertraute. Ich würde ganz bestimmt nicht noch mal meine Termine nach ihm ausrichten und allerlei Flüge buchen, um dann wieder einen Nervenzusammenbruch mitzuerleben. Ich war nicht sein Babysitter. Vertrauen muß man sich verdienen, hatte ich Frauen stets erklärt. Und jetzt war er an der Reihe, es sich von neuem zu erarbeiten.

Es dauerte nicht lange, bis Mystery einen ebenso willigen wie euphorischen Ersatz für mich gefunden hatte: Tyler Durden und Papa. Was mich nicht sonderlich überraschte. Seit Mystery aus der Psychiatrie entlassen worden war, hielten sich die beiden ständig in Toronto auf, um auch noch das letzte bißchen wertvolle Information aus seinem Hirn zu quetschen.

Mystery informierte mich jeden Tag über ihre Fortschritte.

»Endlich habe ich die Wellenlängen-Formel für Frauen raus«, sagte er dann etwa. »Wellenlänge = Vertrauen + Geborgenheit!«

Oder: »Hör mal, Tyler Durden ist bestimmt nicht dein Ding. Sympathisch ist was anderes. So 'ne Art Meister Oberschlau, der dauernd alles rational hinterfragt.«

»Und wieso ziehst du dann ständig mit ihm los?«

»Na ja, er ruft einfach an, und irgendwie kann ich nicht nein sagen. Er ist wie so 'ne Art Stachel in meinem Fleisch, der mir Beine macht und mich aus dem Haus zwingt.«

»Soll ich mich überhaupt mit ihm treffen, wenn er und Papa hierherkommen?«

»Er gehört zur Familie. Stell dir einfach vor, er wäre dein peinlicher Vetter, der dauernd laut rumfurzt.«

Eine Woche später standen Papa und Tyler Durden vor meiner Tür.

Papa sah ziemlich cool aus. Er trug eine Lederjacke, ein sauteures T-Shirt und eine Sonnenbrille, die er sich in die Stirn geschoben hatte. Hinter ihm stand der bleichste Nicht-Albino, den ich je zu Gesicht bekommen hatte. Die orangeblonden Haare standen wild von seinem ovalen Kopf ab, so daß er wie ein Spielzeugtroll aussah. Sein Lächeln wirkte wie mit einem Plastikschalter angeknipst, und seine Züge waren flach, als ob er sich einen unsichtbaren Strumpf übers Gesicht gezogen hätte. Obwohl er online behauptete, sich mit Gewichtheben fit zu halten, machte er den Eindruck eines ziemlich schlaffen Heinis. Besonders groß war er auch nicht. Irgendwie schien er weiche Gene zu haben.

Er nickte mir zu, als er eintrat. Kein Wort des Grußes und auch kein Blickkontakt; er schien mich provozieren zu wollen. Ich hasse Menschen, die mir nicht in die Augen sehen. Aber ich ließ erst mal fünfe gerade sein. Vielleicht war er einfach nur nervös. In seinen Forumsbeiträgen bezog er sich anhaltend auf meine Techniken und Strategien. Für ihn war ich ein Idol, so wie für alle anderen auch, obgleich die meisten meiner Bewunderer nett und zurückhaltend waren, wenn sie mich kennenlernten. Tyler Durden hingegen überspielte seine Unsicherheit mit purer Arroganz. Na schön. Bono von U2 machte es schließlich genauso. Jeder so, wie er mag.

Beim Essen wurde Tyler langsam lockerer. Tatsächlich laberte er nonstop, machte keine Pausen zwischen den Sätzen. Es gestaltete sich äußerst schwierig, selbst mal ein Wörtchen einzuflechten. Die Seuche kannte ich: Er dachte schlicht zuviel nach. Ich wandte den Kopf und lauschte dem, was als nächstes kommen mochte.

»Nun ja, jedenfalls habe ich sie echt runtergeputzt«, sagte er gerade. »Michelle hieß sie, eine verdammt heiße Nummer. Ich habe sie runtergeputzt wie selten eine, Mann. Echt superhart runtergeputzt, Alter.« Er warf den Kopf in den Nacken, schürzte die Lippen, verzog die Augenbrauen und begann zu nicken – womit er wohl ausdrücken wollte, wie brutal hart er sie runtergeputzt hatte, auch wenn es bloß affig und theatralisch wirkte. »Und plötzlich taucht dieser Macker auf und leiert sein Sprüchlein runter: ›Michelle, du bist so süß, einfach supertoll.‹ Worauf sie mich ansieht und sagt« – er grinste und fuhr in weinerlichem Piepstonfall fort – »›Wie ich das hasse! Damit hat er echt verschissen. Ich steh nur auf Typen, die mich voll niedermachen. Nicht auf so Weicheier. Wie ich das hasse!‹«

Nach einer weiteren Stunde Geschwätz begann ich Tyler Durden langsam zu verstehen. Menschliche Interaktion war für ihn nichts weiter als ein Programm, das sich problemlos berechnen ließ. Er selbst sah sich dabei als den Zauberer von Oz, der dem Rest der Welt seine Macht demonstrierte.

Wie er mir erklärte, war er ein schwächlicher kleiner Junge gewesen. Sein Vater, ein Footballtrainer, hatte Erwartungen an ihn gestellt, die er nicht erfüllen konnte. Er schien eine wirklich schwere Jugend gehabt zu haben. Aber ich wußte ja nicht mal, ob er die Wahrheit erzählte.

Immer wenn die Kellnerin an unseren Tisch kam, wollte Tyler Durden, daß ich ihm meine Techniken vorführte.

»Bring mal den Eifersüchtige-Freundin-Opener.«

»Zeig mal, wie du das mit dem Lächeln machst.«

»Laß mal die Würfel-Nummer sehen.«

Wie mir zu Ohren gekommen war, hatte er Vision genauso gelöchert. Und jetzt verstand ich auch, warum Vision ihn hochkant hinausgeworfen hatte. Er sah schlicht keine Menschen in uns. Es interessierte ihn nicht, womit wir unser Geld verdienten, woher wir kamen, was wir für kulturelle und politische Meinungen hatten, was unsere Weltsicht war.

Doch es gab da ebenjenen kleinen Unterschied, von dem er offenbar keine Ahnung hatte. Wir waren nicht einfach nur Aufreißer. Wir waren auch menschliche Wesen.

KAPITEL 7

Trotz allem gab ich mir wirklich Mühe, Tyler Durden zu mögen. Schließlich schienen ihn alle anderen sympathisch zu finden.

Und er schien es echt draufzuhaben, jedenfalls den Berichten zufolge, die über Mysterys Workshops kursierten, an denen er und Papa ja als Eskorte teilgenommen hatten. Offenbar hatte er wirklich stellare Fähigkeiten. Vielleicht war er in meiner Gegenwart einfach nur übernervös gewesen; oder er war vor den anderen Kursteilnehmern schlicht über sich hinausgewachsen, so wie ich damals auch. Ich beschloß, nicht weiter an ihm zu zweifeln.

Die Community war stets wechselnden Trends ausgesetzt. Als ich vor mehr als einem Jahr dazugestoßen war, hatte Ross Jeffries die Foren beherrscht. Dann hatte Mysterys Stunde geschlagen, ehe ihm David D'Angelo gefolgt war. Und jetzt ging der Stern von Tyler Durden und Papa auf.

Obwohl sich Techniken und Strategien änderten, blieben die Frauen wundersamerweise die gleichen. Die Community war nach wie vor ein Underground-Phänomen, so daß die wenigsten Frauen überhaupt etwas von uns wußten. Und letztlich ging es ja auch weniger um Frauen als um unsere männlichen Egos.

Ein paar Tage später rief ich Ross an und lud ihn zum Dinner ein, um der alten Zeiten willen. Er war gar nicht so sauer auf mich, wie ich gedacht hatte, und zwar wohl deshalb, weil sich seine Gedanken um jemand anderen drehten: Tyler Durden.

»Mir läuft's eiskalt den Rücken runter, wenn ich an den Kerl denke«, sagte Ross. »Beinahe unheimlich, wie wenig menschliche Wärme er ausstrahlt. Es würde mich nicht wundern, wenn er Mystery früher oder später in den Wind schießt und seine eigenen Workshops gibt. Er kommt nicht klar mit Leuten, die mehr Einfluß besitzen als er. Außerdem läßt er inzwischen überall verlauten, er sei sowieso besser als Mystery.«

Ross' Konkurrentenparanoia war bekannt, weshalb ich seine Bemerkung nicht sonderlich ernst nahm. Doch Tyler Durden sollte mich nur allzubald eines Besseren belehren.

»Die Workshops machen echt keinen Spaß mehr«, knurrte Mystery. Er rief aus New Jersey an; er war mit Tyler und Papa bei einem Aufreißer namens Garvelous abgestiegen, der sich seine Brötchen als Spielzeugerfinder verdiente. »Alles nur noch Ackerei. Mit dir als Eskorte macht es entschieden mehr Laune, soviel kann ich behaupten.«

Ich fühlte mich geschmeichelt, auch wenn Workshops seit jeher nicht zum Spaß gehalten werden – wie man dem Begriff ja auch unschwer entnehmen kann.

Noch lief alles gut zwischen Mystery, Tyler Durden und Papa. Doch kurz darauf trennten sich ihre Wege.

Mystery flog mit den beiden nach England und anschließend nach Amsterdam, um die nächste Runde Workshops durchzuziehen. Als er zurückflog, beschlossen Tyler und Papa, wegen der großen Nachfrage auf eigene Faust ein paar Workshops anzuhängen. Beide hatten gerade Semesterferien, und anderen Typen das Baggern beizubiegen schien auf alle Fälle vielversprechender als ein Aushilfsjob als Verkäufer bei Baby Gap.

Kaum war er wieder in Toronto, rief Mystery mich an. »Mein Vater hat Lungenkrebs«, sagte er. »Er macht's nicht mehr lange. Seltsam, aber ich wollte zuerst mit dir darüber sprechen.«

»Und wie fühlst du dich?«

»Ach, nicht so schlimm. Aber meine Mutter hat geweint, und ich habe sie noch nie weinen sehen. Dad hat sich immer gewünscht, daß sein Grab mit Whiskey getränkt wird, und weißt du, was mein Bruder gesagt hat? ›Ich hoffe nur, es macht ihm nichts, wenn ich den Alk vorher durch meine Blase filtere.‹«

Unterdessen ließen Tyler Durden und Papa drüben in Europa die Sau raus. Zunächst hielten sie sich workshoptechnisch noch überwiegend an Mysterys Strategien. In London aber sollte sich alles grundlegend ändern, als sie am Leicester Square ausstiegen, dem Treffpunkt von Backpackern, Nachtschwärmern, Touristen, Zockern und Besoffenen. Hier begannen sie, Alphas kaltzustellen.

Das Alphatier einer Gruppe ist jedem Baggerking ein echter Dorn im Auge. Es gibt nichts Demütigenderes, als von einem angetrunkenen Footballcrack vor einer Gruppe heißer Mädels durch den Kakao gezogen zu werden, bloß weil ihm nicht paßt, wie man sich aufgestylt hat. Derartige Situationen rufen einem siedendheiß in Erinnerung, daß man eben nicht zu den coolen Bringern gehört, sondern bloß ein verkappter Stiesel ist, der versucht, einen auf cool zu machen.

Tyler Durden war womöglich der größte Stiesel von uns allen. Doch was ihm an Coolness und Gewandtheit fehlte, machte er mit seinen messerscharfen Analysen wett; er erkannte sofort, welche physischen, verbalen, sozialen und psychologischen Komponenten in interaktiven Situationen zum Tragen kamen – ein sozialer Dekonstruktivist par excellence. Das Ausbooten von Alphas – heißt: männliche Konkurrenz innerhalb eines Sets eiskalt auszutricksen – stellte nicht zuletzt einen subversiven Akt dar; den Kerlen, die ihn in der Schule gegängelt hatten, die Frau auszuspannen, war ein um vieles süßerer Triumph, als einfach eine allein in einem Café sitzende Frau zu umgarnen.

Er studierte die Körpersprache der Alphas, mit der sie ihn vor anderen herabsetzen wollten, analysierte ihre abschätzigen Blicke und die derben Schulterklopfer, mit denen sie ihn beinahe von den Beinen holten. Bald verbrachte er mehr Zeit mit derartiger Feldforschung als mit dem Anbaggern von Frauen, bis er in mühevoller Kleinarbeit eine soziale Rangordnung geschaffen hatte – innerhalb derer, um den Musiker Boyd Rice zu paraphrasieren, die Starken die Schwachen dominieren und die Cleveren die Starken.

Damit hatte er den Grundstein für eine neue Generation von Aufreißern gelegt, die durch nichts mehr aufzuhalten und jederzeit in der Lage waren, kühlschrankgroßen Hünen unter den eigenen ungläubigen Augen die Freundinnen auszuspannen. Eines jedoch war klar. Sie spielten mit dem Feuer.

KAPITEL 8

Als die Berichte über Tylers und Papas London-Workshops im Internet erschienen, war Mystery außer sich vor Wut. Nicht wegen Tyler Durdens Alpha-Analysen, die er neidlos anerkannte, sondern darüber, daß Tyler und Papa ihre eigene Website ins Leben gerufen und ein Konkurrenzunternehmen gegründet hatten. Mysterys Seminare liefen unter dem Titel Social Dynamics. Sie nannten ihre Workshops Real Social Dynamics.

So, wie er bereits unsere Baggertricks bis ins kleinste Detail kopiert hatte, kupferte Papa nun Mysterys Workshop-Modell bis aufs I-Tüpfelchen ab. Mystery nahm inzwischen 600 Dollar pro Person. Tyler und Papa verlangten dasselbe. Mysterys Workshops erstreckten sich über drei Abende. Genauso regelten es Tyler und Papa. Mysterys Workshops begannen um 20:30 Uhr und endeten morgens um 2:30 Uhr. Klar, was Tyler und Papa machten.

Obwohl Tyler Durden und Papa behaupten, daß Mystery sein Einverständnis zu ihren Workshops gegeben habe, beschuldigte Mystery die beiden, eigenmächtig auf seine Klientenliste zurückgegriffen zu haben. Als sie damit durch waren, nahmen sie über die Internet-Schlupfwinkel Kontakt zur Speed-Seduction-Szene und Ross Jeffries' Jüngern auf. Und als Ross den Braten roch, begannen sie eigene regionale Schlupfwinkel zu etablieren; der erste war P-L-A-Y in Südkalifornien.

Während Mystery seine Workshops stets auf sechs Kursteilnehmer beschränkte, ließen Papa und Tyler Durden unbegrenzt Leute zu. Es war die pure Bagger-Anarchie, aber sie schwammen im Geld. Bei so gut wie jedem Workshop wählte Papa einen Kursteilnehmer als Gastdozenten für das nächste Seminar aus, selbst wenn es sich um jemanden handelte, der noch Jungfrau war. Bald hatte Papa seine eigene Gang, die zu seinen Workshops einflog – bestehend aus Jlaix, einem Karaoke-Champ aus San Francisco, Sickboy, einem kantigen Modefritzen aus New York, Dreamweaver, einem jungen Studenten und ehemaligen Mystery-Adepten, und unserem alten Bekannten Extramask.

Trotz alledem gingen Tyler und Papa bei Mystery nach wie vor ein und aus, wenn sie sich in Toronto aufhielten. Als ich ihn fragte, wieso er sich weiter mit ihnen abgab, antwortete er: »Feinde beobachtet man besser aus der Nähe.« Offenbar schien er zu wissen, was er tat.

Tylers und Papas Erfolge zeitigten innerhalb der Community zwei Erkenntnisse. Erstens, daß jeder einen Workshop abhalten konnte. Es erforderte kein besonderes Talent, jemandem zwei Girls zu zeigen und »Los jetzt!« zu sagen. Zweitens gab es offenbar eine Menge Typen, die bereit waren, jeden Preis zu zahlen, um ihr Frauenproblem zu lösen.

Mysterys schwerster Fehler bestand darin, daß seine Kursteilnehmer nie eine Verschwiegenheitsklausel hatten unterschreiben müssen. Und nun war der Geist aus der Flasche. Einem nach dem anderen wurde jäh klar, daß das zeitraubende Studium der Verführungskünste neben den erotischen auch ökonomische Perspektiven bot. Wir waren die Urheber und Nutznießer einer revolutionären Wissenschaft, die dem Rest der Welt um Lichtjahre voraus war. Wir hatten eine radikal neue Form von sexuellem Beziehungsmuster geschaffen: Männer hatten nun die Oberhand, zumindest konnten sie sich das einbilden. Und dafür gab es einen Markt.

Orion – die Knalltüte mit dem *Magical-Connections*-Video – begann Workshops in Einkaufszentren und Unis zu geben.

Es folgten zwei Baggerfürsten namens Harmless und Schematic, die eigene Workshops ankündigten, was allgemein mit Verwunderung aufgenommen wurde, da Schematic vor einem Monat noch Jungfrau gewesen war.

Badboy, den ich in Kroatien kennengelernt hatte – ein charismatischer Profi-Aufreißer, der hinkte und seinen linken Arm nur eingeschränkt bewegen konnte, nachdem er während des Krieges von einem Heckenschützen verletzt worden war –, gründete ein Unternehmen namens Playboy Lifestyle. In Zagreb schulte er seine Adepten in Alpha-Verhalten. Ein Teil der Übungen war unter anderem, ihm mit aller Macht in die Magengrube zu schlagen und dabei lauthals »Da hast du's, Badboy!« zu brüllen. Das durchschnittliche Monatseinkommen in Kroatien lag bei 400 Dollar; die Gebühr für seine Workshops betrug 850 Dollar pro Kursteilnehmer.

Wilder und Sensei, beide Ex-Schüler von Mystery, operierten mit ihren Pickup-101-Workshops von San Francisco aus. Thundercat veröffentlichte einen Anmach-Ratgeber, um mit dem Erlös einen Kurzfilm zu finanzieren. In London gründeten drei Studenten – Angel, Ryobi und Lockstock – eine Baggerschule namens Impact Interaction. Und Screwdriver, der unverdrossene Nuttenstecher, veröffentlichte gar ein Sechs-CD-Set, das nicht nur unglaublich langatmig, sondern auch unfreiwillig komisch war.

Schließlich stürzten sich auch noch Grimble und Twotimer ins Getümmel und entwickelten ihre eigenen Baggertheorien, die sie als E-Books herausbrachten. Als die Bücher erschienen, verdiente Grimble 15.000, Twotimer 6.000 Dollar pro Woche.

Mir ging währenddessen auf, daß es langsam an der Zeit war, mich zu verabschieden. Der Druck auf dem Kessel war einfach zu hoch. Bald würde er platzen.

Seit ich an Mysterys erstem Workshop teilgenommen hatte, waren gut anderthalb Jahre vergangen. Es war dringend Zeit, die Verführer-Szene unter die Lupe zu nehmen, ehe mir ein anderer Autor zuvorkam. Es war Zeit, meine Maske zu lüften. Es war Zeit für die Einsicht, daß ich nicht bloß ein Profi-Aufreißer war, sondern auch Autor und Journalist. Ich hatte einen Job, eine Karriere. Und so kontaktierte ich den Chefredakteur des »Style«-Ressorts der *New York Times*. Für jemanden mit meinem Nickname wohl genau die richtige Anlaufstelle.

Niemand firmierte online unter seinem bürgerlichen Namen; selbst »Ross Jeffries« und »David D'Angelo« waren Pseudonyme. Unsere Jobs und Identitäten in der realen Welt spielten keine Rolle. Alle in der Community kannten mich nur als »Style«. So gut wie keiner kannte meinen richtigen Namen, und genausowenig war bekannt, daß ich für die *New York Times* schrieb.

Es war alles andere als einfach, die Story an den Mann zu bringen. Zwei Monate lang schrieb ich an meinem Insider-Report und diskutierte ihn mit der Redaktion. Sie wollten eine kritischere Perspektive. Sie wollten Beweise für die Macht der diversen Gurus. Sie wollten Belege für die komplett durchgeknallten Baggertechniken. Offenbar glaubten sie mir nicht so recht, daß die Welt der Profi-Anmacher wirklich existierte.

KAPITEL 9

In der Nacht, bevor die Story über mein Doppelleben als Profi-Aufreißer erschien, tat ich kaum ein Auge zu. Ich hatte Style erfunden, mein Alter ego; und nun würde ich ihn mit meiner Reportage killen. Ich war mir sicher, daß man mich in der Community als Verräter brandmarken würde. In meinen Alpträumen rotteten sich Hunderte von Aufreißern vor meinem Haus zusammen, um mich bei lebendigem Leibe zu verbrennen.

Nie im Leben aber hätte ich die Reaktion voraussehen können, die dann folgte.

Es gab nämlich so gut wie keine.

Klar, der eine oder andere hatte leichte Bauchschmerzen, daß mein Enthüllungsreport die Szene bloßstellen würde. Einigen gefiel der Tonfall der Story nicht, und Mystery hätte es bevorzugt, als »Venusjünger« bezeichnet zu werden, wie er sich seit neuestem nannte. Meine Glaubwürdigkeit aber blieb unangetastet: Style war so fest verwurzelt in der Szene, daß er erst in zweiter Linie als Journalist angesehen wurde. Statt sauer auf Neil Strauss zu sein, der die Community infiltriert hatte, waren alle stolz auf Style und seinen Artikel in der *New York Times*.

Ich war platt. Ich hatte Style auch nicht im mindesten gekillt. Er war lebendiger als je zuvor. Aufreißer googleten meinen Namen und bestellten sich meine Bücher bei Amazon, stellten gut recherchierte biographische Notizen über mich ins Net. Als ich sie darum bat, meine reale und meine Online-Identität voneinander zu trennen – die Frauen in meinem realen Leben mußten ja nun wirklich nicht alles wissen –, willigten sie ohne weitere Diskussionen ein. Mein Wort hatte nach wie vor Gewicht.

Noch erstaunlicher war, daß ich der Szene gar nicht den Rükken kehren wollte. Als Profi-Aufreißer hatte ich mich mehr als nur ein bißchen bewiesen, und nebenbei verband mich mit der Szene ein Zusammengehörigkeitsgefühl, das mir mein ganzes Leben lang abgegangen war. Ich war integraler Part der Community, ob es mir nun gefiel oder nicht. Die Kids spürten genau, daß es keinen Grund gab, sich betrogen zu fühlen. Denn ich war einer von ihnen.

Für die Frauen in meinem Leben spielte mein Insider-Report ebenfalls keine große Rolle. Ich hatte keiner von ihnen verheimlicht, was Sache war. Und dabei hatte ich etwas Hochinteressantes festgestellt: Wenn ich Frauen gestand, daß ich professioneller Aufreißer war, bevor wir miteinander ins Bett gingen, ließen sie mich trotzdem ran, wenn auch meist ein, zwei Wochen später, um klarzumachen, daß sie nicht so leichte Beute waren wie andere Girls. Gestand ich das Ganze einem Mädel, nachdem ich mit ihr geschlafen hatte, zeigte sich die Betreffende für gewöhnlich amüsiert und neugierig – wenngleich keine glauben wollte, daß sie auf eine Masche hereingefallen war. Die Toleranzgrenze war allerdings immer erreicht, wenn wir uns trennten; mein Aufreißer-Dasein wurde dann stets als Bumerang gegen mich verwendet. Das Problem jedes ausgebildeten Aufreißers besteht darin, daß bei Frauen nichts ohne Aufrichtigkeit, Offenheit, Vertrauen und die richtige Wellenlänge geht. Und so effektiv unsere Techniken anfangs auch sein mögen, einer dauerhaften Beziehung stehen sie doch diametral entgegen.

Kurz nachdem mein Artikel erschienen war, rief mich Will Dana vom *Rolling Stone* an.

»Wir machen eine Titelstory über Tom Cruise«, begann er.

»Cool«, erwiderte ich.

»Yeah. Und er will, daß du sie schreibst.«

»Kannst du das Pronomen spezifizieren? Wen meinst du mit *er*?«

»Na, Tom. Er will dich und niemand anderen.«

»Wieso? Ich habe doch noch nie einen Schauspieler interviewt.«

»Er hat deinen Aufreißer-Report in der *Times* gelesen. Du kannst ihn ja drauf ansprechen, wenn ihr euch trefft. Momentan ist er in Europa, auf der Suche nach Locations für das nächste *Mission-Impossible*-Sequel. Aber er will mit dir ein paar Runden in der Knatterschule drehen, wenn er wieder zurück ist.«

»Was ist denn das?«

»Ein Driving-Kurs für Motorrad-Stunts.«

»Klingt gut. Ich bin dabei.«

Ich sparte es mir, Will zu erzählen, daß ich noch nie ein Motorrad gefahren hatte. Aber Motorradfahren stand sowieso ganz oben auf meiner Liste der Dinge, die ich als echter Verführer noch lernen mußte. Gleich hinter Karate.

LEKTION VII:

EIN LAUSCHIGES PLÄTZCHEN SUCHEN

»BEI DEN UNS DEM KÖRPERBAU NACH AM NÄCHSTEN STEHENDEN VERWANDTEN – BEI DEN PRIMATEN – ERNÄHRT DAS MÄNNCHEN DAS WEIBCHEN NICHT. BELADEN MIT JUNGEN GEHT DAS WEIBCHEN ALLEIN SEINEN ARBEITSREICHEN WEG UND SORGT FÜR SICH SELBST. DAS MÄNNCHEN WIRD WOHL KÄMPFEN, UM SIE ZU BESCHÜTZEN ODER SIE ZU BESITZEN, ABER ES ERNÄHRT SIE NICHT.«

margaret mead

MANN UND WEIB

KAPITEL 1

Er war der erste aus der Verführer-Community, der mich in keinerlei Hinsicht enttäuschte.

Er hieß Tom Cruise.

»Das wird megagut, Mann«, begrüßte er mich, als wir uns auf dem Gelände der Knatterschule trafen. Er grinste, meinte, ich sei ein echter Abenteurer, und stieß mich freundschaftlich in die Rippen. Eine echte Alpha-Geste von der Art, mit der sich Tyler Durden in London auseinandergesetzt hatte.

Er trug eine schwarze Motorradkluft mit dazu passendem Helm und einen Zwei-Tage-Bart. »Ich trainiere gerade, mit der Machine über 'nen Wohnwagen zu springen«, sagte er. Er deutete auf einen Trailer neben der Piste. »Nicht so klein wie der. Aber das wird schon.«

Er blinzelte zu dem Trailer hinüber. »Der Sprung ist halb so schlimm. Auf die Landung kommt's an.«

Er hob die Hand und schlug mir auf die Schulter.

Tom Cruise war ein Bild von einem Mann – genau das Alphatier, dem Tyler Durden, Mystery und all die anderen Mitglieder der Community nacheiferten. Er hatte die natürliche Gabe, in jeder Situation stets physisch und mental die Oberhand zu behalten, ohne daß es ihn die geringste Anstrengung zu kosten schien. Wie niemand anderer verkörperte er die fünf Merkmale des Alphatiers. Fast alle in der Community hatten sich an seiner Körpersprache geschult; die Terminologie von *Top Gun* war fester Bestandteil der Aufreißer-Sprache. Es gab so viel, was ich ihn fragen wollte. Vorher gab es aber noch eine Kleinigkeit zu klären.

»Wie bist du auf die Idee gekommen, daß ich den Artikel schreiben soll?«

Staub wirbelte auf, während wir uns die Helme unter die Arme klemmten.

»Echt cool, dein Artikel in der *New York Times*«, erwiderte er. »Der Report über die Baggerfürsten.«

Will Dana hatte also nicht gelogen.

Tom Cruise schwieg für einen Moment. Seine Augen verengten sich zu Schlitzen; offenbar hatte er etwas Ernstes zu sagen. Er kniff das linke Auge ein wenig mehr zu als das rechte, was seinem Blick eine ungeheure Intensität verlieh. »Und dieser eine Typ behauptet also tatsächlich, daß die eine Figur in *Magnolia* auf ihm basiert? Hat er das wirklich so gesagt?«

Er meinte Ross Jeffries. Ross' Ruhm rührte nicht zuletzt daher, daß er bei jeder Gelegenheit betonte, die Figur des T. J. Mackey in Paul Thomas Andersons Film *Magnolia* inspiriert zu haben. Die Rolle hatte Tom Cruise gespielt: einen eingebildeten Verführungskünstler mit Vaterkomplex, der bei seinen Seminaren ein Headset trägt und seinen Schülern predigt, »den Schwanz zu respektieren«.

»Das sollte er lieber lassen«, fuhr Cruise fort. Er warf eine Salztablette ein und spülte sie mit einem Schluck Wasser herunter. »Das ist nicht okay. Und zwar, weil es nicht stimmt. Absolut nicht. Die Figur ist allein auf PTAs Mist gewachsen.« Mit PTA meinte er Paul Thomas Anderson. »Der Typ hat mit Mackey nichts zu tun. Der soll sich mal nichts einbilden.« Es schien ihm ziemlich wichtig zu sein, das ein für allemal klarzustellen. »Ich habe die Figur zusammen mit Paul entwickelt, vier satte Monate lang. Und ich wußte rein gar nichts von diesem Typen.«*

Cruise ließ mich auf seiner 1000 CC Triumph Platz nehmen und zeigte mir, wie man das Ding startete und die Gänge ein-

---

* In einem Interview mit *Creative Screenwriting* räumte Paul Thomas Anderson allerdings ein, Recherchen über Ross Jeffries betrieben zu haben.

legte. Dann bretterte er auf seinem Ersatz-Bike voraus und vollführte alle möglichen Kunststückchen, während ich mit geilen fünf Kilometern pro Stunde hinter ihm hereierte. Danach verzogen wir uns in seinen Trailer. Die Wände waren mit Bildern seiner Kids und seiner Ex-Frau Nicole Kidman bepflastert.

»Und? Hat dieser Jeffries überhaupt etwas gemein mit Mackey?« fragte Cruise.

»Er ist genauso arrogant und egomanisch. Aber nicht so ultramännlich.«

»Ich sag dir was.« Cruise setzte sich an einen Tisch, auf dem Tabletts mit Sandwiches und anderen Leckereien standen. »Bei meinem Mackey-Monolog haben wir das Publikum über den Inhalt der Rede völlig im Dunkeln gelassen. Und plötzlich wurden die ganzen Typen richtig heiß. Schließlich mußten PTA und ich noch mal aufs Podium, um den Kerlen zu erklären, daß die Figur des Mackey nun wahrlich nicht als Vorbild dienen sollte. Seine Weltsicht ist einfach nicht okay.«

Ich wurde mal wieder belehrt. Erst von Dustin und nun von Tom Cruise. Ich kapierte es einfach nicht. Was war falsch daran, Frauen kennenlernen zu wollen? Deswegen sind wir doch überhaupt auf diesem Planeten. Andernfalls würde unsere Spezies gar nicht überleben. Warum also nicht daran arbeiten, ein echter Könner zu werden, so wie in anderen Lebensbereichen auch? Wer sagt denn, Motorrad-Fahrstunden seien okay, das Erlernen von Techniken zum Kennenlernen von Frauen aber nicht? In dem einen wie dem anderen Fall braucht man lediglich einen Lehrmeister, der einem sagt, wie man den Motor startet und die Gänge wechselt. Außerdem tat ich ja niemandem weh. Keine Frau hatte sich je beschwert, nachdem ich mit ihr geschlafen hatte; ich hatte niemanden belogen, niemanden verletzt. Die Girls wollten verführt werden. Jeder will verführt werden. Schlicht, weil wir uns dadurch begehrt fühlen.

»Die Typen nahmen das echt für bare Münze, deshalb mußten wir ihnen hinterher ins Gewissen reden«, fuhr Tom Cruise fort. »Unfaßbar. Die haben das wirklich ernst genommen. Mal im Ernst, da kann man doch nur den Kopf schütteln.«

Verständlich, wollte ich sagen. Verführung ist eben verführerisch. Doch ich kam nicht zu Wort, weil er in just jenem Moment, wohl in Erinnerung an das denkwürdige Szenario, zu lachen begann. Und Tom Cruise lacht eben nicht wie normale Menschen. Sein Lachen nimmt den ganzen Raum ein. Kein Problem, ein wirklich sympathisches Lachen, so wie es jeder lacht. Man lacht gerne mit – bis einem sein Lachen von einer Sekunde auf die andere signalisiert, daß Schluß mit lustig ist. An diesem Punkt steigert sich sein Lachen in eine immer höhere Tonlage. Und dabei sieht er einem direkt in die Augen. *Ha ha HA HA heh heh.* Man will weiter mitlachen, einfach weil es Spaß macht, doch dann bleibt einem das Lachen halb im Halse stecken, weil man spürt, daß es ein falsches Lachen ist. Zwischen seinen Lachern preßt er dann ein paar Worte hervor – in meinem Fall »Die Rede war doch bloß erfunden, Mann«. Und wenn er dann aufhört zu lachen, so plötzlich, wie er damit angefangen hat, kommt das wie eine Erlösung.

»Na ja«, sagte ich, während ich den Rest eines letzten befangenen Lachers aus mir herausquetschte. »Das läßt sich leicht behaupten.«

Den Tag darauf verbrachten wir damit, diverse Einrichtungen der Scientology-Kirche zu besuchen. Es ist kein Geheimnis, daß Tom Cruise Mitglied bei Scientology ist – eine Kirche, in den Sechzigern von dem Science-fiction-Autor L. Ron Hubbard gegründet, die Religion, Selbsthilfegruppe, Stiftung, Kult und Philosophie in einem ist. Noch nie zuvor hatte Cruise einem Journalisten Einblick in diese Welt gewährt.

Je mehr ich über L. Ron Hubbard erfuhr, desto klarer wurde

mir, daß Mystery, Ross Jeffries und Tyler Durden ihm in ihrer Persönlichkeitsstruktur bis aufs Haar glichen. Einer wie der andere waren sie abgefeimte, smarte Egomanen, die gebündelte Informationen und Erfahrungswerte zu personalisierten Marken verschmolzen, die sie jenen Menschen andrehten, die das Gefühl hatten, im Leben zu kurz gekommen zu sein. Sie beschäftigten sich obsessiv mit den Prinzipien menschlichen Verhaltens. Doch ihre ethischen Grundlagen und Motivationen rückten sie in ein mehr als dubioses Licht.

An unserem letzten Tag nahm mich Cruise mit ins Scientology Celebrity Center am Hollywood Boulevard. Unter anderem sah ich dort, wie Scientology-Mitglieder im Umgang mit dem Elektropsychometer geschult wurden, kurz auch E-Meter genannt, einem Gerät zum Messen des elektrischen Hautwiderstands, mit dem unbewußte Denkblockaden aufgespürt werden sollen. Kommen interessierte Passanten in die Kirche, werden sie an E-Meter angeschlossen und dabei gezielt befragt. Hinterher wird das Ergebnis von dem fragestellenden Scientologen analysiert, der bei dieser Gelegenheit auch erklärt, weshalb Scientology die Probleme des Betreffenden lösen kann.

Die Kursteilnehmer agierten paarweise, erarbeiteten im Rollenspiel diverse Szenarien, was alles bei einem Interview passieren kann. Dabei griffen sie auf dicke Bücher zurück, die den ganzen Katalog – Erwiderungen auf alle möglichen und unmöglichen Äußerungen – enthielten, mit dem der Interviewer (oder Auditor, wie er in der Scientology-Sprache genannt wird) operiert. Nichts wurde dem Zufall überlassen. Kein potentieller Konvertit würde ihnen durch die Lappen gehen.

Was sie da probten, war unseren Aufreiß-Techniken durchaus ähnlich. Ohne die rigiden Strukturen, die exakt durchexerzierten Repliken, die genau kalkulierten Taktiken hätten sie keine neuen Mitglieder anwerben können.

Mit am meisten hatte mich beim Baggern gestört, daß man immer die gleichen Sprüche absonderte. Ich hatte es satt, irgendwelche Mädels zu fragen, ob sie an Magie glaubten oder den Beste-Freundinnen-Test machen wollten. Am liebsten hätte ich den nächsten Set mit den Worten geknackt: »Hi, ich bin Style. Liebt mich für das, was ich bin!«

Nachdem ich den Auditoren bei der Arbeit zugesehen hatte, kam mir der Gedanke, daß genau einstudierte Techniken keineswegs ein Hometrainer waren, sondern ein hochfrisiertes Motorrad. Jede Form von Demagogie fußt auf derartigen Methoden. Religion ist Aufreißen, Politik ist Aufreißen – ja, das ganze Leben ist Aufreißen.

Tagtäglich operieren wir mit bewährten Methoden, um uns bei anderen lieb Kind zu machen, um das zu bekommen, was wir wollen, um andere zum Lachen zu bringen oder einen weiteren Tag herumzukriegen, ohne daß die anderen schnallen, was wir in Wirklichkeit über sie denken.

Nachdem er mich herumgeführt hatte, aßen Tom Cruise und ich im Restaurant des Celebrity Center. Er war frisch rasiert, hatte rote Wangen und trug ein dunkelgrünes T-Shirt mit rundem Ausschnitt, das sich wie ein Handschuh um seinen Body schmiegte. Während er ein saftiges Steak verputzte, weihte er mich in seine Weltsicht ein. Wie er sagte, war es ihm wichtig, jeden Tag dazuzulernen, anständige Arbeit abzuliefern und ganz er selbst zu sein. Er war selbstbewußt, energisch und völlig mit sich im reinen. Was immer es zu entscheiden, zu erledigen, zu regeln gab, stets klärte er alle Probleme mit genau einer Person: sich selbst.

»Im Grunde berate ich mich so gut wie nie mit jemand anderem«, sagte er. »Ich denke über etwas nach und ziehe meine eigenen Schlüsse. Ich frage nie, was sonstwer über diese oder jene Sache denkt. Meine Entscheidungen treffe ich selbst – und sonst niemand.«

Tom Cruise beugte sich vor, stützte die Ellbogen auf die Schenkel und sah zu mir auf. Seine gesamte Körpersprache war von subtilen Gesten durchsetzt, etwa wenn er die Augen zusammenkniff. Dem Burschen war das Verkaufstalent in die Wiege gelegt worden. Er konnte einem alles schmackhaft machen: Filme, sich selbst, Scientology ... und noch mehr. Sobald ich einen selbstkritischen Ton anschlug oder mich für etwas entschuldigte, schnitt er mir kurzerhand das Wort ab.

»Tut mir leid«, sagte ich beispielsweise, als wir uns über einen Artikel von mir unterhielten. »Sollte gar nicht so literarisch klingen.«

»Wieso entschuldigst du dich? Ist doch toll, ein richtiger Autor zu sein. Mal im Ernst, was gibt es Schöneres, als das Talent zu besitzen, andere Menschen fesseln zu können?« Grinsend fuhr er fort: »Du willst mir weismachen, Kreativität und Stil würden dich nicht interessieren?«

Damit hatte er ins Schwarze getroffen. Ich hatte geglaubt, ich bräuchte keine Gurus mehr – doch diesen hatte ich nicht auf der Rechnung gehabt. Tom Cruise lehrte mich mehr über meinen inneren Antrieb, als mir Mystery, Ross Jeffries, Steve P. oder mein Vater jemals vermittelt hatten.

Er erhob sich und schlug mit der Faust hart auf den Tisch – Alpha pur. »Wieso willst du kein richtiger Schriftsteller sein? Ich sag dir, zieh das durch, Mann. Ich mein's ernst. Schreiben ist echt cool.«

Okay. Tom Cruise fand es cool. Womit die Diskussion beendet war.

Während wir uns unterhielten, wurde mir klar, daß der Mann seine sieben Sinne besser beieinander hatte als jeder andere Mensch, der mir je über den Weg gelaufen war. Ein verstörender Gedanke, da so ziemlich all seine Ideen aus dem Riesenwerk von L. Ron Hubbard stammten.

Was sich mir ergründete, als Cruise von einem Scientology-Vertrauten einen schweren roten Wälzer hereinbringen ließ. Er sprach den Ehrencode der Scientologen, und dann gingen wir Punkt für Punkt durch, was dort zu lesen war – geh mit gutem Beispiel voran, erfülle deine Pflicht, sei nie von Lob, Zustimmung oder Mitleid abhängig, mache keine Kompromisse mit deiner eigenen Realität.

Als Cruise versprach, mir eine Einladung für die jährliche Scientology-Gala zu schicken, fragte ich mich argwöhnisch, ob es ihm überhaupt noch um ein Interview für den *Rolling Stone* zu tun war. Langsam beschlich mich das dumpfe Gefühl, er wolle mich zu seinem Glauben bekehren. Aber falls das stimmte, war er bei mir definitiv an der falschen Adresse. Allenfalls hatte er mir Zugang zu Informationen verschafft, auf die man nötigenfalls irgendwann zurückgreifen konnte – so wie meinetwegen auch auf die Schriften von Joseph Campbell, die Lehre Buddhas oder die Texte von Jay-Z.

Nach dem Essen bat er mich, doch auf einen Sprung mit in die Präsidentensuite zu kommen, weil er mir seine Mutter vorstellen wollte, die an einem Scientology-Kurs teilnahm. »Ich habe noch 'ne Frage zu deiner Aufreißer-Reportage«, sagte er auf dem Weg. »Letztlich geht es doch diesen ganzen Typen darum, andere Menschen zu manipulieren und zu kontrollieren. Aber wenn es ihnen gelänge, ihre Bestrebungen konstruktiv umzusetzen – wer weiß, was daraus entstehen könnte?«

Wir brachten das Interview zu Ende. Mein Artikel wurde gedruckt. Ich sollte Tom Cruise sogar wiedertreffen; doch zu jenem Zeitpunkt war ich bereits ein anderer Mensch, während er immer noch derselbe war. Er würde sich nie verändern. Er war Alpha pur – und hatte mir gehörig den Schneid abgekauft. Dennoch war es ihm nicht gelungen, mich zu bekehren.

Er hatte seine Kirche. Und ich meine.

KAPITEL 2

Meine Kirche mußte allerdings noch errichtet werden.

Aber Tom Cruise hatte recht: Wir mußten unsere Bestrebungen konstruktiv umsetzen, etwas schaffen, was über uns hinauswies. Nach Erscheinen meiner Reportage in der *New York Times* hatte mich das Gefühl beschlichen, meine Arbeit in der Community wäre noch nicht getan, mein Weg führte noch weiter.

Und jetzt wußte ich auch, wohin. Project Hollywood wartete, unsere Kirche der gespreizten Schenkel.

Weiberkrallen war etwas für Anfänger, nicht für echte Player. Es war Zeit, die Bruderschaft zu neuen Weihen zu führen, Zeit, unser Know-how zu bündeln und einen Lifestyle zu kreieren, der uns die Frauen auf dem Silbertablett servierte – nicht wir würden zu ihnen, sondern sie zu uns kommen. Es war Zeit für Project Hollywood.

Mystery flog ein, um sich mit mir zu treffen. Er brauchte nur noch grünes Licht.

Er war der einzige mir bekannte Mensch, der kein Risiko scheute, der stets bereit war, für die Verwirklichung seiner Träume echte Wagnisse einzugehen. Alle anderen sagten bloß immer »später«; Mystery sagte »jetzt«. Ein elektrisierendes Wort, wie ich schon immer fand – weil »später« erfahrungsgemäß nichts anderes als »niemals« heißt.

»Dann laß uns loslegen, Style«, sagte er, als er mein Apartment in Santa Monica betrat. »Laß uns die Sache durchziehen. Baggern ist was für Loser. Klar, besser ein Loser, der Sex hat, als einer, der wichsen muß, aber wir reden hier vom Super Bowl.«

Er hatte es voll erfaßt.

Theoretisch lassen sich alle menschlichen Probleme in drei Kategorien mit jeweils einer inneren und einer äußeren Komponente einordnen. Die Kategorien heißen Gesundheit, Wohlstand und Beziehungen. In den vergangenen anderthalb Jahren hatten wir uns ausschließlich auf Beziehungen konzentriert. Jetzt war es an der Zeit, auf allen Ebenen zu operieren. Es war an der Zeit, Mysterys kodeingeschwängerte Visionen zu verwirklichen und unsere gebündelten Kräfte auf etwas auszurichten, das über heiße Babes und Megabräute hinausging. Wir waren größer als die Summe unserer Schwänze.

Der erste Schritt, Project Hollywood zu realisieren, bestand darin, eine Villa in den Hollywood Hills zu finden, bevorzugt mit Gästezimmern und Whirlpool – selbstredend in Sunset-Strip-Nähe, da dort die ganzen Clubs sind. Und dann mußten wir die besten aus der Community auswählen, die mit uns von dort aus operieren sollten.

Vielleicht hätte ich mich kein zweites Mal auf Mystery einlassen sollen. Diesmal aber würde ich mich sowieso nicht von ihm abhängig machen. Er würde nicht als Mieter zeichnen – ebensowenig wie ich. Wir brauchten einen Dritten, der die Verantwortung dafür übernahm.

Und dieser Dritte war im Hotel Furama abgestiegen. Papa. Er hatte seine Jura-Zwischenprüfungen vergeigt und sich mittlerweile an der Loyola-Marymount-University in Los Angeles für Betriebswirtschaft immatrikuliert. Er war gerade von Wisconsin hierhergezogen. Nachdem er seine Koffer im Hotel abgestellt hatte, war er sofort in ein Taxi gesprungen, um uns in unserem neuen Domizil zu besuchen.

Mystery ruhte sich auf meiner Couch aus.

»Ihr beide und mein Vater«, sagte Papa, als er sich zu Mysterys Füßen auf dem Boden niederließ, »seid die drei Menschen, die mein Leben geprägt haben.«

Papa hatte eine gelverstärkte Stachelfrisur und machte den Eindruck, als würde er schon länger in die Muckibude gehen.

Während er und Mystery Erinnerungen austauschten, holte ich mir am karibischen Imbiß um die Ecke etwas zu essen.

Während meiner Abwesenheit hatte Mystery Papa zu seinem Manager ernannt.

»Ist dir klar, was du da tust?« fragte ich Mystery. Ich konnte es nicht fassen, daß er sich von seinem ärgsten Konkurrenten managen lassen wollte.

»Papa hat's vermarktungstechnisch voll drauf«, sagte Mystery. »Die Workshops sind bei ihm jedes Wochenende zum Brechen voll. Und ich brauche mich um nichts zu kümmern.«

Papa, der sich geradezu manisch Netzwerke schuf, stand inzwischen mit so gut wie jedem Baggerfürsten in Nordamerika in Verbindung. Er kannte alle Betreiber der einschlägigen Websites, stand auf allen Mailing-Listen. Mit ein paar E-Mails und Anrufen konnte er an jedem Ort der Welt jederzeit ein Dutzend Interessenten für einen Workshop zusammentrommeln.

»Eine echte Win-Win-Situation«, sagte Papa. Das war seit jeher sein Lieblingsspruch. Er war smarter, als ich gedacht hatte, und würde bald die größten Aufreißer der Szene als Agent und Manager vertreten. Baggerprofis haben eben dasselbe Problem wie die meisten Künstler: Sie sind viel zu faul, um sich mit den praktischen Dingen des Lebens zu befassen.

Eigentlich hatten wir gar nicht vorgehabt, Papa am Project Hollywood teilhaben zu lassen. Es passierte einfach so, weil er uns eine Menge Arbeit abnahm. Gegenüber von seinem Hotel gab es eine Immobilienfirma; Papa sah auf einen Sprung herein, und schon war er mit einem Makler namens Joe im Gespräch. Mietsachen sind für Makler normalerweise herzlich uninteressant, weil sie kaum Geld abwerfen, doch Papa gelang es, Joe für unsere Zwecke einzuspannen, indem er ihm versprach, ihm ein paar heiße Weiber zuzuführen.

Allmählich begann ich zu verstehen, warum Mystery mit

Papa kooperieren wollte. Er war einer von uns, ein echter Siegertyp. Er hatte Power und Initiative. Und im Gegensatz zu Mystery brachte er stets zu Ende, was er angefangen hatte.

Auch als Profi-Aufreißer schien Papa eines Project Hollywood würdig zu sein. Seine Furchtlosigkeit hatte er tausendmal unter Beweis gestellt, seit wir ihn damals in Toronto kennengelernt hatten. Und am folgenden Tag sollte er endgültig seine Karriere krönen – als er Paris Hilton in einem Taco-Laden anbaggerte.

KAPITEL 3

MSN GROUP: Mystery's Lounge
BETREFF: Feldstudie/Verführung von Paris Hilton
AUTOR: Papa

Heute habe ich mit Style, Mystery und unserem Immobilienmakler unser künftiges Domizil besichtigt, Dean Martins alte Bude in den Hollywood Hills. Eine Wahnsinnshütte; ich kann's kaum abwarten, den Mietvertrag zu unterschreiben. Da oben in den Hills sind wir buchstäblich on top. Besser geht's echt nicht mehr.

Quasi um die Ecke liegt ein ziemlich angesagtes mexikanisches Fastfood-Restaurant, wo wir einen verspäteten Lunch einschieben wollten. Nachdem wir unser Essen geholt hatten, setzten wir uns draußen an einen Tisch. Plötzlich beugte sich unser Makler zu mir und flüsterte mir zu, daß Paris Hilton gerade ins Restaurant gegangen war.

Ich stand auf, betrat den Laden und erblickte ein heißes blondes Gerät, das sich gerade einen Salsa-Dip holte. Scharfe Sauce macht mich jetzt richtig scharf, dachte ich. Meine gesamte Bagger-Karriere lang hatte ich auf diesen Augenblick hingearbeitet, und jetzt hatte ich sie direkt vor der Flinte. Ich trat neben sie und tat so, als sei ich rein zufällig an der Salsa-Bar. Ich bediente mich bei der scharfen Sauce, warf einen beiläufigen Blick über die rechte Schulter und legte mit Styles Eifersüchtige-Freundin-Opener los.

PAPA: He, kann ich dich mal was fragen?
PARIS: *[sieht mich an und lächelt]* Okay.
PAPA: Würdest du dich mit einem Typen einlassen, der noch mit seiner Ex befreundet ist?
PARIS: Klar. Warum nicht? Kein Problem.

Ich wandte mich ab, machte zwei Schritte, drehte mich dann aber wieder zu ihr um.

PAPA: Hmm. Eigentlich sind es zwei Fragen.
PARIS: *[lächelt und gackert]*
PAPA: Stell dir mal vor, du wärst mit 'nem Typen zusammen, der noch mit seiner Ex befreundet ist. Nehmen wir mal an, du würdest plötzlich entdecken, daß er eine ganze Schublade voll mit Bildern von seiner Ex hat – keine Nacktfotos, einfach ganz normale Fotos und ein paar Liebesbriefe.
PARIS: Ooh. Die würde ich schleunigst entsorgen. In eine Schachtel tun oder so.

Ich schnitt ihr das Wort ab und fuhr mit dem Opener fort.

PAPA: Also würdest du's nicht für überzogen halten, wenn eine Frau in so einer Situation sauer reagiert?
PARIS: Nein. Ich hatte selbst mal so einen Freund. Die Bilder von seiner Ex habe ich quer durchs Zimmer gefeuert.
PAPA: Wow! Ich frag bloß, weil eine Freundin von mir gerade dasselbe erlebt hat. Sie hat die Fotos verbrannt.

PARIS: Nicht schlecht. Das hätte ich auch machen sollen. *[lächelt]*

Paris nahm ihre Salsa-Schälchen und wandte sich von mir ab.

PAPA: He, weißt du was? Du siehst aus wie 'ne Comic-Version von Britney Spears. Kann aber sein, daß es nur an deinen Zähnen liegt.

Paris stellte die Schälchen wieder hin und lächelte. Ich machte mit Styles Lächel-Theorie weiter.

PAPA: Yeah! Du hast Britney-Zähne. Jedenfalls würde das meine Exfreundin sagen. Sie meint nämlich, Girls mit Britney-Zähnen gehen immer als nette Mädchen durch, egal, mit wie vielen Typen sie rummachen. Und du hast dasselbe Lächeln.

PARIS: *[lächelt geschmeichelt]*

PAPA: He, sieh dir doch bloß mal an, wie die Girls auf den Titelseiten von Zeitschriften lächeln. Genau dieselben Zähne. Na ja, sagt jedenfalls meine Ex. Sie hat sich sogar die Zähne richten lassen, weil sie ein Lächeln hatte wie Christina Aguilera. Und Christina Aguilera gilt ja als echt biestige Zicke.

PARIS: *[lächelt]* Wow.

Wir näherten uns dem Counter, an dem Paris ihr Tablett abgestellt hatte. Ich tat so, als würde ich die Biege machen, aber glaubt bloß nicht, ich hätte sie jetzt so einfach vom Haken gelassen. Sie machte Anstalten, mit ihrem Tablett nach draußen zu verschwinden, aber ich wollte ungestört hier drinnen weitermachen. Also legte ich gleich nach.

PAPA: Ich weiß was über dich, was du nicht weißt.

PARIS: Was denn?

Sie stellte ihr Tablett wieder ab und sah mich an.

PAPA: Tiefe Erkenntnisse über dich selbst. Du mußt mir vorher bloß drei Fragen beantworten.

PARIS: Echt?

PAPA: Hundert Pro. Komm, laß uns mal kurz setzen.

PARIS: Okay.

Wir setzten uns an den nächsten freien Tisch. Sie stellte ihr Tablett ab und sah mich gespannt an. Ihr Lächeln sprach Bände. Jetzt hatte ich den Fuß in der Tür und konnte richtig in die vollen gehen. Die nächste Viertelstunde unterhielten wir uns über Hollywood und allerlei gemeinsame Interessen. Ich wandte ein paar Speed-Seduction-Finessen an und zog ein paar bewährte Nummern durch, um meinen Kurswert zu steigern.

PAPA: Nun ja, besagter Freund hat mir eine echt erstaunliche Visualisierungstechnik beigebracht. Das Würfel-Prinzip. Er sitzt übrigens draußen; wir sind gerade dabei, uns ein Haus da drüben *[kurzer Fingerzeig in Richtung der Hollywood Hills]* zu kaufen. Mittlerweile wohne ich schon zehn Wochen im Hotel.

PARIS: Ach ja? In welchem denn?

PAPA: Im Furama.

PARIS: *[nickt]* Yeah. Ich wohne gleich in der Nähe. Kings Road.

PAPA: Cool. Dann sind wir ja Nachbarn. Unser neues Haus liegt an der Londonderry Street. Sagenhafte Location, ich steh schon jetzt total drauf. Mein Kumpel Style und ich haben vor, da echt geile Sachen steigen zu lassen. Wie wir immer sagen: Nach der Party ist vor der Party – verstanden?

PARIS: Cool.

PAPA: Okay. Bereit für die Sache mit dem Würfel?

PARIS: Na klar! *[lächelt]*

PAPA: Super. Und jetzt stell dir vor, du fährst durch die Wüste, und plötzlich siehst du einen Würfel. Na, wie groß ist er?

PARIS: Groß. Echt tierisch groß!
PAPA: Ungefähr wie groß?
PARIS: So groß wie ein Hotel.

Obwohl ich genau wußte, wer sie war, ließ ich mir das nicht im mindesten anmerken.

PAPA: Hmm. Interessant. Und was für eine Farbe hat der Würfel?
PARIS: Pink.

Nachdem wir mit der Würfel-Nummer fertig waren, fragte sie mich nach meinem Namen.

PAPA: Papa. Und du?
PARIS: Paris.
PAPA: Das rockt. Ich spüre genau, wieviel wir uns zu sagen haben. Wir sollten definitiv mal was zusammen unternehmen.
PARIS: Auf jeden Fall.
PAPA: Hier.

Ich reichte ihr einen Zettel und einen Kugelschreiber. Sie schrieb Vor- und Nachnamen auf, gab ihn mir zurück und erwartete ganz zweifellos, daß ich schwer beeindruckt sein würde. Aber ich verzog keine Miene, als hätte ich nicht die geringste Ahnung, wer sie war. Dann schob ich ihr den Zettel zurück.

PAPA: Hier.
PARIS: Okay. Soll ich meine Nummer hier hinschreiben?
PAPA: Genau.
PARIS: Das ist meine Handynummer.
PAPA: Cool.
PARIS: Yeah. Laß uns echt treffen.

PAPA: Und du laß es rocken. Bis dann, Süße.

Ich ging nach draußen und hockte mich wieder an unseren Tisch. Voll abgerockt. Und genauso wird es auch in Zukunft sein. Erst Paris Hilton, dann Project Hollywood – das paßt wie die Faust aufs Auge.

Mystery, das ist meine Baustelle. Also Finger weg, wenn Paris in unsere neue Bude kommt.

KAPITEL 4

Jedes einzelne Wort, mit dem Papa seine Baggertour bei Paris Hilton inszeniert hatte, stammte von mir: der Eifersüchtige-Freundin-Opener, die Lächel-Klamotte, ja, selbst die Würfel-Nummer hatte er genauso gebracht, wie er sie damals bei unserem ersten Workshop mitgeschnitten hatte. Er war ein hochbegabter Roboter, und diesmal hatte er sogar seinen Programmierer übertroffen.

Wir fuhren zurück zur Villa, um uns mit den Eigentümern zu treffen und den Mietvertrag zu unterschreiben. Ehemals von Dean Martin bewohnt, befand sich der frühere Rat-Pack-Treff nur unweit entfernt von Mel's Diner am Sunset Boulevard. Und auch die Clubs waren in nächster Nähe.

Das Wohnzimmer sah aus wie eine Skihütte. Es gab einen Kamin, einen tiefergelegten Dancefloor, stuckverzierte Wände und eine große Bar in der Ecke. Der Raum war groß genug für mehr als zweihundert Leute, ideal für Seminare und Parties. Zwei Schlafzimmer vervollständigten das Erdgeschoß. Über eine Treppe gelangte man in ein weiteres Schlafzimmer. Und neben der Küche befand sich noch ein kleiner Raum, in dem früher das Hausmädchen gewohnt hatte.

Das Kronjuwel des Hauses war der Garten, der auf mehreren Ebenen angelegt worden war. Da gab es ein Level mit zwei von Palmen und Limonenbäumen überschatteten Veranden. Das zweite Level bestand aus einer großen, geziegelten Terrasse mit einem erdnußförmigen Pool, einem Whirlpool, einem Eßbereich, einer Grillnische und einem Kühlschrank. Dahinter lag ein künstlich aufgeschichteter und akkurat bepflanzter Hügel mit einem kleinen Pfad, der auf eine schmale Plattform führte, auf der man komplett seine Ruhe hatte. Das Anwesen war ein echter Weibermagnet. Unmöglich, hier etwas falsch zu machen.

Papa unterzeichnete den Mietvertrag. Damit hatte er – neben dem höchsten Mietanteil – auch das Anrecht auf das geräumigste Zimmer, das mit einer erhöhten Plattform für ein großes Bett, Panoramafenstern und Kamin ausgestattet war. Im Bad befanden sich eine kreisrunde, verglaste Dusche, zwei begehbare Wandschränke und ein Whirlpool für drei Personen.

Es war ein Haus der unbegrenzten Möglichkeiten. Papa hatte die Vision, die Villa gegen Bezahlung für Grammy-Parties, Filmpremieren und Firmen-Events zur Verfügung zu stellen. Wenn er ausging, krallte er sich keine Weiber mehr; statt dessen krallte er sich Promoter und Promis, um sie für Parties im Project Hollywood zu gewinnen. Er wendete sogar Speed-Seduction-Strategien und NLP-Techniken an, um Promoter und Millionäre mittels Hypnose dazu zu bewegen, bei uns zu investieren.

In der verbleibenden Zeit bot er via eBay auf Sonnenbänke, Filmprojektoren, Billardtische und Stripperstangen. Er wollte Project Hollywood zu einem Ort machen, an dem Paris Hilton ununterbrochen Parties feiern würde – jedes Wochenende wieder.

Zwei Zimmer waren noch frei, weshalb wir die Community via Mystery's Lounge darüber informierten.

Die Nachfrage war erschreckend: Alle wollten bei uns einziehen.

LEKTION VIII:

TEMPERATUR HOCHTREIBEN

»ALL THE GIRLS LINE UP HERE,
ALL THE BOYS ON THE OTHER SIDE.
I SEE YOUR RANKS ARE ADVANCING.
I SEE MINE ARE LEFT BEHIND.«

ani difranco

THE STORY

KAPITEL 1

Am ersten Abend, so gegen Mitternacht, trafen wir uns alle im Whirlpool. Wir saßen da, redeten über unsere Pläne, bis uns die Haut schrumpelig vom Körper hing, und sahen auf die Palmen auf unserem Grundstück und die Lichter der Clubs in Hollywood, über die wir bald herfallen würden. Mystery schmetterte den gesamten Soundtrack von *Jesus Christ Superstar* in den Nachthimmel, Papa schwadronierte davon, wie er das Haus für hochkarätige Hollywood-Parties nutzen wollte, und Herbal mixte uns Wassermelonen-Drinks. Mädchen waren keine dabei. Wir brauchten sie auch nicht zur Selbstbestätigung. Heute nacht gab es nur uns Jungs. Wir hatten es geschafft. Project Hollywood war nun keine Phantasie mehr, es war Wirklichkeit geworden.

»Das Haus wird später mal berühmt sein, wegen unserer Heldentaten«, prophezeihte Mystery, während wir immer breiter grinsten. »Die Leute werden vorbeifahren und sagen: In diesem Haus haben die Hollywood-Berühmtheiten Style, Mystery, Papa und Herbal gewohnt. Hier haben sie Karriere gemacht und Parties gefeiert, um die sie die ganze Welt beneidete.«

Herbal war unser vierter Mitbewohner. Ein großer, schlanker, ausgeglichener Aufreißer aus Austin, der sich aufstylte, indem er seine Nägel silbern anmalte und sich ganz in Weiß kleidete. Wie wir auch, war er früher der absolute Loser gewesen. Mit dem kleinen Unterschied, daß er ein Haus besaß, einen Mercedes Benz S 600, eine Rolex, ein Büro auf dem Sunset Boulevard (wo er sich nie aufhielt) und einen Staubsauger-Roboter. Ziemlich beeindruckende Besitztümer für einen Mann seines Alters. Das Geld dafür stammte aus irgendeiner zwielichtigen Casino-Nummer, bei der ein paar Typen in seinem Auftrag gezockt hatten. In seiner Freizeit – also praktisch die ganze Zeit – versuchte er sich als Höhlenforscher, nahm hitverdächtige Rapsongs auf und stöberte im Internet nach ungewöhnlichen Gegenständen, die er kaufte und dann nie benutzte.

Mystery bestand darauf, daß jeder im Haus eine Identität haben sollte – also gab es einen Magier, einen Schriftsteller, einen Spieler und einen Geschäftsmann. Eine Kombination, die selbst die sensationsgeilste Reality-Show an Dramatik übertraf, wie sich noch zeigen sollte.

Ein paar Tage später quartierte Papa einen fünften Mitbewohner im Dienstmädchenzimmer ein: Playboy. Ein Party-Promoter aus New York, der sich sofort meine Bewunderung erwarb, als er mir erzählte, daß er für die Merce Cunningham Dance Company gearbeitet hatte. Er sah toll aus – groß und schlank, mit dichtem schwarzen Haar –, besaß aber die schlechte Angewohnheit, lange Künstler-Schals zu tragen und Hosen, die ihm bis zum Nabel reichten. Er hatte seinen Job geschmissen, um bei uns einzuziehen. Papa ließ ihn für Real Social Dynamics arbeiten und verlangte im Gegenzug keine Miete von ihm.

Dann gab es noch Xaneus. Er lebte hinter dem Haus in einem Zelt.

Xaneus war ein untersetzter, milchgesichtiger College-Football-Spieler aus Colorado, der darum gebettelt hatte, bei uns einziehen zu dürfen. Er sagte, er würde überall schlafen und alles tun, was man von ihm verlangte. Also stellte Papa ein Zelt für ihn auf, bat ihn, für Nebenkosten und Hausreinigung mit aufzukommen, und nahm ihn als Praktikanten in die Real-Social-Dynamics-Gemeinde auf.

In den ersten zwei Wochen bestaunten wir erst mal nur das Haus. Wir hatten es geschafft; wir hatten das System besiegt. Wir hatten uns die begehrteste Immobilie in ganz West Hollywood unter den Nagel gerissen. Und mit unseren Mitbewohnern hatten wir auch Schwein gehabt. Herbal hatte bereits ein Gipfeltreffen angesetzt: Die erste Jahrestagung der Aufreißer-Gemeinde sollte in einem Monat bei uns stattfinden.

Auf unserer ersten Hausversammlung beschlossen wir, dem Project Hollywood eine Struktur zu geben. Papa sollte für den geselligen Part die Verantwortung tragen, Herbal für den finanziellen. Dann legten wir die Hausregeln fest: Kein Gast darf ohne Zustimmung der Hausgemeinschaft länger als einen Monat bleiben, wer im Wohnzimmer ein Seminar abhält, muß zehn Prozent der Einnahmen an die Hauskasse abführen, und Frauen, die ein anderer Aufreißer ins Haus gebracht hat, dürfen nicht angebaggert werden. All diese Regeln sollten schon bald gebrochen werden.

Zunächst genoß ich es, Mitbewohner zu haben, aus meiner abgekapselten Schriftsteller-Welt ausgebrochen zu sein und einem Ganzen anzugehören, das größer war als die Summe der einzelnen Teile. Jeden Morgen wachte ich auf und sah Herbal und Mystery Münzen in einen Eiskübel werfen, der in der Mitte des Wohnzimmers stand, oder von einer Stehleiter in einen Haufen Kissen hüpfen. Wie zwei kleine Kinder auf Spielplatzsuche.

»Ich hab das Gefühl, wir beide werden mal dicke Freunde«, sagte Mystery eines Morgens zu Herbal.

Als Playboy unsere erste Hausparty schmiß, kamen fünfhundert Leute. Es war ein beispielhaftes Event – vielleicht nicht für die Nachbarn, aber doch zumindest für die Community. Binnen eines Monats gab es die ersten Ableger.

Eine Gruppe Aufreißer zog in Herbals altes Haus ein und taufte es Project Austin.

Ein paar von unseren alten Zöglingen in San Francisco mieteten sich in Chinatown ein Haus mit fünf Zimmern und hielten im Wohnzimmer Aufriß-Seminare ab. Das Project San Francisco war geboren.

Eine Handvoll College-Studenten aus dem australischen Perth

suchte sich gemeinsam ein Haus und gründete das Project Perth. Allein in den ersten drei Tagen auf dem Campus sprachen sie über hundert Frauen an.

Und vier Aufreißer, die Mystery und ich in Sydney ausgebildet hatten, mieteten sich ein Strand-Apartment mit Lift, der direkt in einen Club unterhalb der Wohnung führte. Das war das Project Sydney.

Bislang hatte niemand so richtig erfaßt, welches Potential in dieser ganzen Community-Kiste steckte, was für eine verbindende Kraft entsteht, wenn Kerle sich über Weiber unterhalten. Wir wohnten in Villen, wir ließen uns maniküren, und – wir hatten es einfach drauf. Wir waren bereit, wie eine Krankheit die Welt zu infizieren.

KAPITEL 2

Gleich mein erster Monat im Project Hollywood eröffnete mir sexuell eine völlig neue Welt, und das absolut zufällig. So wie mir Mysterys Workshop die Augen dafür geöffnet hatte, was in einer Bar alles möglich war, offenbarte mir diese jüngste Wendung der Ereignisse, was im Bett alles möglich war.

Und das nur, weil Herbal mich nicht schlafen lassen wollte – eine ganze Woche lang am Stück.

»Hast du schon mal was von der Schlafdiät gehört?« fragte mich Herbal eines Morgens, als wir in Mel's Diner saßen. »Hab ich im Internet entdeckt.«

Herbal entdeckte eine ganze Menge Dinge im Internet, wenn der Tag lang war: eine Limousine bei eBay, die er fürs Haus ersteigern wollte, exklusive Bettwäsche zu einem Spottpreis sowie eine Tierhandlung, die Pinguine als Haustiere verkaufte (als er schließlich einen Pinguin ordern wollte, stellte sich allerdings heraus, daß er einer Spaß-Website auf den Leim gegangen war).

»Ist so 'ne Art Methode, deinen Körper darauf zu trainieren, mit nur zwei Stunden Schlaf am Tag auszukommen.«

»Und wie soll das gehen?« fragte ich.

»Das haben die wissenschaftlich erforscht. Du schläfst halt nicht jede Nacht acht Stunden, sondern legst dich alle vier Stunden für zwanzig Minuten hin.«

Das klang verlockend. Jeden Tag sechs Stunden zusätzlich zur freien Verfügung, das würde mir Spielraum geben fürs Schreiben, Spielen, Lesen, Trainieren. Ich hätte Zeit, öfter auszugehen und all die Aufriß-Techniken zu lernen, zu denen ich sonst nie kam.

»Und wo ist der Haken?«

»Na ja«, sagte Herbal. »Es dauert ungefähr zehn Tage, bis man sich auf den neuen Rhythmus umgestellt hat. Das ist nicht ganz leicht. Aber wenn man diese Hürde erst mal überwunden hat, kommt das Bedürfnis, sich hinzulegen, ganz von alleine. Die Leute sagen, sie hätten viel mehr Energie, obwohl sie aus irgendeinem Grund andauernd Saft trinken wollen.«

Ich zögerte keinen Moment, ja zu sagen. Ich hatte nichts zu verlieren, wenn es nicht klappte, außer zehn Tage Schlaf.

Wir deckten uns mit Videospielen und DVDs ein und wiesen unsere Mitbewohner an, uns bei der Einhaltung der Zeiten zu unterstützen. Wenn wir ein einziges Mal verschliefen oder unser Nickerchen ausfallen ließen, war das ganze Experiment im Eimer, und wir mußten von vorne anfangen. Um einen zusätzlichen Anreiz zum Wachbleiben zu schaffen, lud ich jeden Tag Mädchen zu uns ins Haus ein.

Inzwischen hatte ich schätzungsweise zehn Mädchen parallel am Start:Alles Daueraffären oder MLZBs, wie es in der Aufreißer-Fachsprache heißt: *Multiple Langzeitbeziehungen*. Im Gegensatz zu den meisten EFL log ich meine Mädchen nie an. Jede von ihnen wußte, daß ich mich auch noch mit anderen traf. Und obwohl nicht alle davon begeistert waren, verließ mich zu meiner Überraschung keine einzige. Eine der wichtigsten Erkenntnisse, die ich auf der Piste gewonnen hatte, stammte aus einem Selbstverbesserungs-Ratgeber, den Ross Jeffries mir empfohlen hatte: *Begegnung mit dem verborgenen Ich. Einführung in die Huna-Praxis*. Sie lautete: »Die Welt ist das, wofür man sie hält.« Mit anderen Worten: Wenn du glaubst, einen Harem zu brauchen, und es für das Normalste in der Welt hältst, einen Harem zu haben, machen die Frauen auch mit. Es ist einfach deine Realität. Aber wenn du einen Harem willst und gleichzeitig insgeheim das Gefühl hast, daß das Ganze Betrug ist und unmoralisch, wird es nie klappen.

Die einzige Frau, die sich mit diesem Arrangement nicht so ganz wohlfühlte, war eine kleine, kurvige, temperamentvolle Spanierin namens Isabel, die die Angewohnheit besaß, mit der Nase zu zucken wie eine Ratte auf der Suche nach Käse. »Ich schlafe nie mit mehreren Personen gleichzeitig«, erzählte sie mir ein ums andere Mal. »Und es wäre mir recht, wenn du das auch so halten würdest.«

Am vierten Tag unseres Schlaf-Experiments lud ich Hea – die Indie-Rockerin, die ich auf meiner Geburtstagsparty kennengelernt hatte – dazu ein, mich wachzuhalten. Sie war winzig wie ein Chihuahua und trug eine große schwarze Brille. Und dennoch hatte sie etwas an sich, das hochgradig sexy war, so als wäre sie nur einen gläsernen Pantoffel davon entfernt, eine Prinzessin zu werden. Für die meisten Männer ist potentielle Schönheit genauso attraktiv wie tatsächliche Schönheit. Wenn Frauen vor dem Ausgehen Frisur, Make-up, Fingernägel und Kleidung perfekt aufeinander abstimmen, dann tun sie das im allgemeinen für andere Frauen. Kein Mann verlangt von einer wildfremden Frau, daß sie aussieht wie aus einem Modemagazin entsprungen (auch wenn er durchaus Gefallen daran findet): Wir haben viel Phantasie und sind ständig dabei, Frauen auszuziehen bzw. neu anzuziehen, um zu sehen, ob sie unserem weiblichen Ideal entsprechen. Insofern war Hea ein Mädchen, das zwar von anderen Frauen ignoriert, von Männern aber begehrt wurde. Wir sahen ihr Potential.

Als Hea aufkreuzte, begrüßten Herbal und ich sie mit blutunterlaufenen Augen, unrasierten Gesichtern und schlurfenden Fußes an der Tür. Die Schlafdiät forderte ihren Tribut. Als erstes gingen unsere Manieren und unser reifes Benehmen flöten. Wir brachten Hea in Herbals Zimmer, setzten sie auf den Fußboden und spielten erst mal eine Stunde Videospiele auf der X-Box, um uns wachzuhalten.

Als es erneut klingelte, trottete ich zur Tür, um nachzusehen, wer es war: Vor mir stand Isabel. »Ich war gerade mit ein paar Freunden im Barfly tanzen«, sagte sie und wackelte mit der Nase. »Und weil ich gerade in der Nähe war, dachte ich, ich schau mal spontan vorbei.«

»Du weißt, daß ich solche Spontanbesuche hasse.« Ich hatte meinen MLZBs immer gesagt, daß sie anrufen sollten, bevor sie vorbeikamen, um genau so etwas zu vermeiden. Ich seufzte und ließ sie rein. Es kam mir unhöflich vor, sie wieder wegzuschikken. »Na ja, trotzdem schön, dich zu sehen.«

Ich führte sie in Herbals Zimmer und machte alle miteinander bekannt. Isabel setzte sich neben Hea auf den Boden. Man konnte fast sehen, wie ihre Alarmglocken schrillten. Sie musterte Hea von oben bis unten und fragte dann: »Und woher kennst du Style?«

Mich überkam das ungute Gefühl, daß ihr Besuch kein Zufall war, sondern eine Art Überraschungsangriff. Ich ließ die beiden miteinander alleine, verließ das Zimmer und machte mich auf die Suche nach Mystery. Für dramatische Auseinandersetzungen war ich einfach zu müde. »Hey, Alter«, sagte ich. »Ich stecke voll in der Scheiße. Isabel und Hea kratzen sich gleich gegenseitig die Augen aus. Hast du 'nen guten Tip, wie ich eine von den beiden wieder loswerde?«

»Wieso loswerden?« fragte er. »Macht doch einfach einen Dreier draus.«

»Sehr komisch.«

»Nein, ernsthaft. Ein Schüler hat mir von einer Technik erzählt, mit der er mal einen Dreier eingeleitet hat. Versuch's doch mal. Schlag ihnen vor, daß ihr euch zu dritt gegenseitig massiert, und schau, was passiert.«

»Klingt mir zu sehr nach Vabanquespiel.« Ich hatte keine Lust auf ein weiteres Desaster, wie damals die Geschichte mit den Porcelain TwinZ und der Badewanne.

»Das ist kein Vabanquespiel. Du gehst ein Risiko ein. Beim Spielen ist alles totaler Zufall; ein Risiko kann man kalkulieren. Wenn du zwei Girls dahast, die dir beide zuhören und IIs aussenden, stehen die Aussichten ziemlich gut, daß irgendwas passieren wird.«

Mystery hatte eine verdammt ausgeprägte Überredungsgabe. Während dieser ganzen Aufriß-Geschichte hatte ich immer wieder Klamotten und Verhaltensweisen ausprobiert, von denen ich nie gedacht hätte, daß sie zu mir passen. Ein paar funktionierten, die habe ich beibehalten; andere funktionierten nicht, die habe ich verworfen. Ich beschloß, es darauf ankommen zu lassen und das Risiko einzugehen, Hea und Isabel zu verlieren.

Ich schleppte mich wieder in Herbals Zimmer. »Hey, Mädels«, sagte ich unter Gähnen zu den beiden. »Ich muß euch unbedingt die Videoaufnahmen zeigen, die Mystery und ich gemacht haben. Zum Schreien.« Inspiriert von dem Video, das wir in Montreal von Carly und Caroline gemacht hatten, hatte Mystery angefangen, unsere Ausflüge und Abenteuer zu filmen und zu witzigen Zehnminütern zusammenzuschneiden.

Ich folgte ihnen nach oben in mein Zimmer. Natürlich gab es dort keine Stühle, nur ein Bett. Und so lagen wir alle miteinander auf der Bettdecke und schauten das Video an, das Mystery und ich in Montreal gedreht hatten.

Als der Film zu Ende war, nahm ich all meinen Mut zusammen und ging aufs Ganze.

»Neulich hab ich was erlebt, das war der totale Hammer«, fing ich an. »Ich war in San Diego bei meinem Freund Steve P. – ein Schamane und so 'ne Art Guru. Der hat mich von zweien seiner Schülerinnen massieren lassen, *Dual Induction Massage* nannte er das. Die haben ihre Hände absolut synchron auf meinem Rükken bewegt. Und weil dein Bewußtsein diese vielen Bewegungen nicht verarbeiten kann, schaltet es ab, und du hast das Gefühl, von tausend Händen massiert zu werden. Der Hammer, sag ich euch.«

Wenn du etwas authentisch und voller Begeisterung beschreibst, wollen die Leute es in der Regel immer gleich ausprobieren – vor allem, wenn du ihnen keine Gelegenheit dazu gibst, nein zu sagen.

»Leg dich mal auf den Bauch«, sagte ich zu Isabel. Da es bei ihr am wahrscheinlichsten war, daß sie mit Eifersucht reagieren würde, mußten wir sie zuerst massieren, soviel war klar. Ich kniete mich rechts von ihr aufs Bett, postierte Hea links von ihr und wies sie an, meine Bewegungen genau nachzumachen.

Nachdem wir ihren Rücken durchgeknetet hatten, zog ich mein Hemd aus und legte mich auf den Bauch. Die Mädchen knieten sich links und rechts neben mich und begannen – erst vorsichtig, dann immer selbstbewußter – meinen Rücken zu massieren. Als die beiden sich so über mich beugten und ihre

Hände um meine Schulterblätter kreisen ließen, spürte ich, wie sich die Energie im Raum auflud. Allmählich erkannten die beiden den sexuellen Charakter der Situation, wenn er ihnen nicht schon längst klar war.

Sah tatsächlich so aus, als könnte es funktionieren.

Nun war Hea an der Reihe. Sie zog ihr Hemd aus und legte sich auf den Bauch. Diesmal gestaltete ich die Massage etwas erotischer, strich Hea über die Innenseite der Schenkel und seitlich über die Brüste.

Nach der Massage blieb Hea auf dem Rücken liegen, Isabel und ich knieten neben ihr. Dies war der entscheidende Moment. Jetzt mußte ich die Sache eskalieren lassen.

Ich war dermaßen nervös, daß meine Hand zu zittern begann. Ich zog Isabels Gesicht zu mir her und begann mit ihr herumzuknutschen. Während wir uns küßten, neigte ich unsere Körper in Richtung Bett, bis wir praktisch beinahe auf Hea lagen und sie zwischen uns beiden eingeklemmt war. Nun drehte ich Heas Gesicht zu mir und fing an, sie zu küssen. Sie erwiderte meinen Kuß. Es funktionierte.

Sanft zog ich Isabel in unseren Kuß mit hinein. Sowie sich Heas und Isabels Lippen berührten, explodierte der Funken sexueller Spannung, der während der Massage in der Luft gelegen hatte. Die beiden fielen übereinanderher, als ob sie die ganze Zeit nur darauf gewartet hätten. Aber so war es nicht. Noch vor einer Stunde waren sie die erbittertsten Rivalinnen gewesen. Ich begriff gar nichts mehr – aber das mußte ich auch nicht.

Hea zog Isabel das Hemd aus, und wir begannen beide, an ihren Brüsten zu saugen. Wir zogen Isabel die Hose aus und leckten ihr die Schenkel, bis ihr Rücken sich krümmte. Ich zog Isabel den Slip aus, gleichzeitig krabbelte Hea von hinten an mich heran und machte sich an meiner Hose zu schaffen.

Während ich ihr half, die Knöpfe aufzumachen, warf ich einen Blick auf die Uhr. Es war zwei Uhr morgens. Ich erstarrte. Vier Stunden waren seit meinem letzten Nickerchen vergangen. Ich konnte mich doch nicht mitten im ersten Dreier meines Lebens zum Schlafen hinlegen. Aber wenn ich das nicht tat, waren die letzten vier Tage Schlafentzug völlig umsonst gewesen.

»Hey«, sagte ich zu den beiden. »Das tut mir jetzt echt leid, aber ich muß mich mal für zwanzig Minuten hinlegen. Ihr könnt mir gerne Gesellschaft leisten.«

Mit den beiden Mädchen links und rechts neben mir schlief ich sofort ein. Ich träumte, die Straßen wären aus Wasser und ich würde auf ihnen schwimmen. Als der Wecker klingelte, zog ich Isabel und Hea an mich heran, und wir machten da weiter, wo wir vorher aufgehört hatten.

Aber diesmal riß Isabel sich los. »Ich find das komisch«, sagte sie.

»Es ist total komisch«, erwiderte ich. »Geht mir genauso. Aber es ist 'ne neue Erfahrung, also laß ich mich drauf ein.«

Sie nickte, lächelte und zog mir die Boxershorts aus. Die beiden Frauen umfingen mich mit ihren Händen, ich lehnte mich zurück und schaute ihnen zu. Ich wollte dieses Bild in meinem Kopf speichern – für spätere Verwendungszwecke.

Doch als Hea begann, mir einen zu blasen, spannte sich Isabels Körper merklich an, und mir fiel etwas ein, das Rick H. auf David D'Angelos Seminar über Dreier gesagt hatte. Es geht dabei um den Spaß deiner Freundin, nicht um deinen eigenen. Sie muß – wie er sich ausdrückte – der Leit-Schlittenhund sein, und dein Hauptziel muß es sein, dafür zu sorgen, daß es ihr gutgeht und sie sich jederzeit wohlfühlt.

»Macht dir das was aus?« fragte ich den Leit-Schlittenhund.

»Ein bißchen«, sagte sie.

Ich lenkte Heas Kopf wieder nach oben, und wir lagen zusammen da und redeten und alberten herum, bis es Zeit war für mein nächstes Nickerchen. In dieser Nacht schlief ich nicht mit Hea; ich wußte, Isabel würde nicht damit umgehen können, wenn sie mit ansehen müßte, wie ich in einer anderen Frau war. Das hier war schon ein ziemlich großer Schritt für sie.

Am nächsten Abend war ich noch erschöpfter. Herbal und ich saßen im Wohnzimmer und sahen uns *Gefährliche Liebschaften* an, aber immer wieder drifteten wir für Bruchteile von Sekunden in Tagträume ab. Sekundenschlaf nennt man das: Unsere Körper brauchten so dringend Erholung, daß sie sich bei jeder kleinen Gelegenheit ein Nickerchen erschlichen.

»Das mit der Schlafdiät war eine Schnapsidee«, sagte ich zu Herbal.

»Zieh's einfach durch«, sagte er. »Auf lange Sicht wird es sich auszahlen.«

Zum Glück kam kurz darauf Nadia vorbei. Noch so eine von meinen MLZBs – die sexy Bibliothekarin, die ich im Rahmen meines Kontaktanzeigen-Experiments kennengelernt hatte. Sie kreuzte im Anschluß an einen Auftritt der Suicide Girls in der Knitting Factory bei uns auf, in Begleitung eines Mädchens namens Barbara, das mich mit ihrer schwarzen Ponyfrisur an Bettie Page erinnerte.

Ich machte ihnen ein paar Drinks, und wir setzten uns zusammen auf die Couch. Obwohl Barbara einen Freund hatte, merkte ich, daß sie Nadia gerne anfaßte. Anscheinend hatte sie eine kleine Schwäche für sie. Sie sollte gleich die Gelegenheit haben, diese auch auszuleben.

Ich entschuldigte mich, um mein dringend benötigtes Nikkerchen zu machen – diesmal träumte ich, ich sei nackt in einem endlosen schneebedeckten Feld gestrandet –, und rief die beiden danach rauf zu mir ins Zimmer, um ihnen meine Videofilme zu zeigen. Anschließend leitete ich die Dual Induction Massage ein. Und zu meiner Verblüffung funktionierte es abermals. In dem

Moment, da sie anfingen, sich zu küssen, verschlangen sich die beiden genauso wie Isabel und Hea in der Nacht zuvor. Es war also nicht bloß ein glücklicher Zufall gewesen.

Im Gegensatz zu Isabel war Nadia ein Leit-Schlittenhund, der nicht zur Eifersucht neigte. Als ich Nadia fickte, kniete Barbara hinter mir und leckte mir die Eier. Ich wollte noch warten und Barbara auch noch ficken, aber da war nichts mit Warten. Denn was hier passierte, übertraf die wildesten Erwartungen, die ich bei Eintritt in die Aufreißer-Gemeinde gehabt hatte, dermaßen weit, daß der Gaul mit mir durchging. Ich konnte einfach nicht mehr an mich halten. Und so kam es nie dazu, daß ich mit Barbara schlief.

So etwas läuft bei Aufreißern unter *quality problem*.

In den letzten eineinhalb Jahren hatte ich eine Menge Zeit darauf verwendet, an meinem Erscheinungsbild zu arbeiten, an meiner Energie, Haltung und Verfassung. Doch ausgerechnet jetzt, da ich hinsichtlich all dieser Qualitäten an einem Tiefstpunkt angelangt war – ich mich scheiße fühlte und auch so aussah –, erlebte ich die sexuell ausschweifendsten zwei Tage meines Lebens. Was lehrt uns das? Je lockerer und unangestrengter es aussieht, desto besser läuft es.

Am nächsten Tag saßen Herbal und ich im Wohnzimmer, vor uns ein Kübel voller Eiswürfel, mit denen wir uns alle paar Minuten einrieben, um unser Nervensystem auf Trab zu halten. Die Umstellung unseres Schlafrhythmus war schwieriger als zunächst gedacht. Allmählich machte ich mir Sorgen, daß wir nur unsere Zeit verplemperten. Schließlich war es nicht einmal wissenschaftlich gesichert, ob diese Schlafdiät überhaupt funktionierte.

Nach zwei weiteren Nickerchen fing mein Kopf an zu schmerzen, und meine Augen schafften es gerade noch auf halbmast. Wir nahmen kalte Bäder, ohrfeigten uns selber, jagten uns gegenseitig mit Besen durchs Wohnzimmer, aber nichts half.

Als ich mein Gebiß befühlte, um den Sitz meiner Spange zu überprüfen, wußte ich, daß ich den kritischen Punkt überschritten hatte. Seit der Junior High hatte ich keine Zahnspange mehr getragen.

»Also ich leg mich jetzt hin«, sagte Herbal schließlich.

»Das geht nicht«, erklärte ich. »Wenn du jetzt schläfst, halte ich das alleine nicht durch.«

»Paß auf wegen der Zahnstocher«, sagte er.

Jetzt setzte es bei uns beiden aus. Er hatte gerade einen Sekundenschlaf gehabt. Traum und Realität verschwammen.

»Versuch doch wenigstens noch einen Schlafzyklus durchzustehen«, bat ich ihn.

Aber nach dem darauf folgenden Zwanzig-Minuten-Schlaf bekam ich Herbal nicht mehr aus dem Bett. Er wollte nicht einmal mehr die Augen aufmachen. Allein schaffte ich es nicht, also schleppte ich mich nach oben und fiel in den süßesten Schlummer meines Lebens. Und obwohl ich beim Schlafexperiment versagt hatte, hatte ich immerhin eine neue Stufe meiner Könnerschaft erreicht.

Ich weiß, ich sollte hinsichtlich der Dual Induction Massage etwas bescheidener sein und so tun, als wäre das nur ein weiterer Schritt auf meinem entwürdigenden Weg nach unten. Aber das Geheimnis des flotten Dreiers zu entdecken war für mich, wie den Stein von Rosette für Aufreißer zu finden. Kaum hatte die Nummer mit der Massage im Netz die Runde gemacht, stürzten sich Profi-Aufreißer auf der ganzen Welt in flotte Dreier. Es war, als ob auf einmal einer die Meile unter drei Minuten gelaufen wäre. Die Dual Induction Massage sollte letztlich dafür sorgen, daß ich auf Thundercats Rangliste im zweiten Jahr in Folge als Aufreißer Nummer eins geführt wurde.

Project Hollywood war schon jetzt ein Erfolg.

KAPITEL 3

Und dann kreuzte Tyler Durden auf.

Er sah aus, als käme er direkt aus der Selbstbräunungs-Dusche. »Ich weiß, ich hab in L. A. nicht gerade einen guten Eindruck gemacht«, sagte er und schüttelte mir die Hand. Er sah mir sogar für eine Mikrosekunde in die Augen.

Er trug ein trendiges schwarzweißes Hemd mit Schnüren, die ihm vom Brustkorb hingen wie bei einem Korsett. Es war nicht besonders schrill – die Art von Hemd, die ich auch gekauft hätte. »Soziale Intelligenz ist nicht gerade meine Stärke«, fuhr er fort. Ich glaubte, er wollte sich entschuldigen. »Ich arbeite noch daran. Manchmal komm ich etwas selbstbezogen rüber, wenn ich mich gehen lasse. Ist nicht gerade cool. Ich sollte mal lernen, wie man Typen um den Finger wickelt. Sagt Mystery auch immer.«

Aus seinen Worten sprach Demut. Seit unserer letzten Begegnung hatte er Dutzende von Workshops absolviert, und ich hatte im Web seine Fortschritte mitverfolgen können. Tylers Schüler sagten, als Aufriß-Künstler könne er es mittlerweile durchaus mit Mystery aufnehmen. Ich war bereit, ihm eine zweite Chance zu geben: Vielleicht hatte er ja wirklich ernsthaft an sich gearbeitet. Auf dieser Idee gründete letztlich die ganze Aufreißer-Gemeinschaft. Da wir am kommenden Wochenende beide nach Las Vegas fahren würden, um Mystery als Eskorte zur Seite zu stehen, war ich gespannt darauf, zu erfahren, ob die Geschichten über seine Fähigkeiten auf der Piste wirklich zutrafen.

Tyler warf sich die Tasche über die Schulter und stieg rauf zu Papa. Angesichts Papas neuer Leidenschaft für geschäftliche Dinge und Tyler Durdens Bestreben, der beste Aufreißer in der Community zu werden, gaben die beiden ein perfektes Team ab.

Nun wohnten also die besten Aufreißer weit und breit bei uns im Haus. Natürlich war nie darüber abgestimmt worden, ob Tyler bei uns einziehen durfte, jedenfalls nicht, soweit ich mich erinnern kann. Im Grunde war eigentlich kein Platz mehr für noch jemanden. Papa erklärte sich dennoch bereit, Tyler bei sich aufzunehmen, und verwandelte einen seiner begehbaren Badezimmerschränke mit Hilfe einer Matratze in ein Extra-Zimmer.

Noch hatten wir keine Möbel, bis auf eine Sammlung von fünfzig Sofakissen, die wir gekauft hatten, um damit die tieferliegende Tanzfläche zu bedecken. An diesem Abend baute Playboy seinen Filmprojektor auf, und wir lagen alle miteinander in der Kissengruft und schauten uns *Carnal Knowledge – Die Kunst zu lieben* an.

Anschließend wandte sich Tyler mir zu. »Dein Archiv hat mir wirklich viel gebracht«, sagte er. Meine gesammelten Postings in den Verführungs-Newsgroups waren zu einem großen Textdokument zusammengefaßt und gemeinsam mit den Archiven von Mystery und Ross Jeffries online gestellt worden. »Ich hab mir 'ne Menge von dir abgeschaut.«

Es war schwer, aus so einem Gespräch mit Tyler Durden den Absprung zu schaffen. Wenn er nicht gerade seine Masche perfektionierte, redete er darüber.

»Ich hab damit experimentiert, den Leuten zu erzählen, ich wär du«, sagte Tyler.

»Was soll das heißen?«

»Ich sage zu ihnen, ich bin Neil Strauss, und ich schreibe für den *Rolling Stone*.«

»Und, hast du Erfolg damit?« Bei der Vorstellung, daß dieser teiggesichtige kleine Spinner in der Gegend herumlief und jedem erzählte, er sei ich, drehte sich mir der Magen um, doch ich versuchte, das mit Nonchalance zu überspielen.

»Kommt ganz darauf an. Manchmal halten sie mich für einen Lügner. Und manchmal begegne ich Mädchen, die sagen gleich:

»Oh mein Gott, echt? Laß uns mal was zusammen unternehmen. Und wiederum andere Mädchen lassen dich sofort abblitzen, wenn du damit ankommst, weil es nach Angeberei aussieht.«

»Darf ich dir mal was verraten? Ich bin jetzt schon über ein Jahrzehnt als Autor unterwegs, und ich hab dadurch noch nie eine ins Bett gekriegt. Autoren haben nix an sich, das cool oder sexy ist. Niemand hat auch nur den geringsten sozialen Vorteil, wenn er mit einem Schriftsteller abhängt. Wenigstens ist das meine Erfahrung. Wieso, meinst du, bin ich wohl in dieser Community? Aber es schmeichelt mir, daß du's versucht hast.«

Am selben Wochenende fuhren Tyler Durden, Mystery und ich nach Las Vegas. Papa hatte für Mystery zehn Schüler gebucht, was für einen Sechs-Mann-Workshop ziemlich gut war. Wir nahmen sie mit ins Hard-Rock-Casino. Am ersten Abend sehen die Schüler in der Regel den Ausbildern bei der Arbeit zu.

Als Aufreißer hatte Tyler sich erheblich verbessert, seit ich ihn das letzte Mal in Los Angeles gesehen hatte, wo er überhaupt keine Frauen angesprochen hatte. Nun sah ich, wie er sich an eine Gruppe ranpirschte. Ich rückte unauffällig näher, um ihm zuzuhören.

»Seht ihr den großen Kerl mit dem Zylinder?« fragte er. »Der braucht 'ne Menge Aufmerksamkeit, deswegen sagt er andauernd verletzende Sachen, nur damit die Leute ihn mögen. Also tragt es mit Fassung, er braucht Hilfe.«

Er verriet Mysterys Masche – indem er seine Dämpfer neutralisierte.

»Er macht auch gern ein bißchen Hokuspokus, damit die Leute ihn akzeptieren«, fuhr er fort. »Also seid einfach nett zu ihm und tut so, als fändet ihr das wahnsinnig spannend. Mystery tritt auch gern auf Kindergeburtstagen auf.«

Jetzt setzte er auch noch Mysterys Marktwert herab – indem er seine Techniken offenlegte.

Nachdem Tyler Durden von der Gruppe abgelassen hatte, fragte ich ihn, was er da für eine Nummer abzöge. »Papa und ich haben eine Menge neuer Techniken entwickelt, um dich und Mystery aus dem Rennen zu kicken«, sagte er.

»Und was sagst du über mich?«, fragte ich ihn und versuchte mir meine Irritation nicht anmerken zu lassen.

Tyler Durden fing an zu lachen. »Wir sagen: ›Das da ist Style. Er ist zwar schon fünfundvierzig, aber ich finde, er sieht ziemlich jung aus. Ein ganz Süßer. Ein bißchen wie so ein Homer Simpson.‹«

Ich starrte ihn ungläubig an. Er markierte seinen Aufreißer-Kollegen gegenüber das Alphatier. Das war geradezu diabolisch.

»Du kannst dich ja revanchieren«, sagte Tyler. »Und sagen, ich sähe aus wie Duffy Duck.«

Ich würgte meinen Abscheu herunter und dachte: Was würde Tom Cruise jetzt tun?

»Aber ich will mich gar nicht revanchieren«, erwiderte ich, behielt meine Meinung für mich und schenkte ihm statt dessen ein breites Lächeln, so als hielte ich das Ganze für äußerst amüsant.

»Ich erklär dir mal, worin der Unterschied zwischen dir und mir besteht: Ich umgebe mich gerne mit Leuten, die besser sind als ich, weil ich mich gerne herausfordern und antreiben lasse. Du hingegen willst immer der Beste sein, indem du jeden im Raum auszuschalten versuchst, der besser ist als du.«

»Ja, vielleicht hast du recht«, antwortete er.

Später wurde mir klar, daß ich nur zur Hälfte recht hatte. Tyler Durden schaltete in der Tat gerne seine Konkurrenten aus. Vorher preßte er allerdings noch den letzten Tropfen brauchbarer Information aus ihnen heraus.

Das restliche Wochenende über war mir Tyler Durden immer auf den Fersen, wenn ich mit irgend jemandem redete, ganz gleich, ob Mann oder Frau. Ich konnte förmlich sehen, wie es in ihm arbeitete und wie er versuchte, die Regeln und Raster hinter all meinen Äußerungen herauszufinden, mit denen ich mir die Dominanz in einer Gruppe sicherte. Er hatte mein Archiv studiert. Er studierte meine Persönlichkeit. Bald würde er ohne Zweifel mehr über mich wissen als ich selbst. Und dann würde er meine eigenen Worte und Manierismen gegen mich selbst richten.

Als der Abend dem Ende entgegenging, sah ich in der Peacock Lounge einen Zweier-Set an der Bar sitzen: eine große, unheimlich aussehende Brünette mit Brille und unverhältnismäßig großen Silikonbrüsten und eine burschikose Blondine mit Baskenmütze, klein, kräftig und kurvenreich.

»Die Blonde ist ein Pornostar«, sagte Mystery. Er mußte es wissen. »Sie heißt Faith. Das ist dein Set.«

Trotz meiner eineinhalb Jahre Aufreißer-Erfahrung und obwohl ich angeblich der Beste war, schüchterte es mich immer noch ein, wenn ich eine schöne Frau sah. Ich lief dann Gefahr, in mein altes EFL-Selbst zurückzufallen, das mir einflüsterte, alles, was ich gelernt hatte, sei falsch und daß ich mich vor den falschen Göttern verneigte und dieses ganze Gerede über die perfekte Masche bloß geistige Onanie sei.

Aber ich riß mich zusammen und betrat den Set, nur um zu beweisen, daß die kleine EFL-Stimme in meinem Hinterkopf unrecht hatte. Sobald ich meinen Mund aufmachte, schaltete ich auf Autopilot.

Ich eröffnete mit der eifersüchtigen Freundin.

Ich setzte mir ein Zeitlimit.

Ich verpaßte der Zielperson einen Dämpfer ihrer heiseren Stimme wegen.

Ich machte den Beste-Freundinnen-Test.

AW-Experiment.

»Von dir kann man wirklich 'ne Menge lernen«, sagte Faith.

»Wir lieben dich«, schwärmte ihre unheimliche Freundin.

Sie fraßen mir aus der Hand. Da gebe ich Nonsens-Tests zum besten, die ich mir selber ausgedacht habe, und diese beiden Mädchen, deren Brüste zusammen mehr auf die Waage bringen als ich, starren mich ganz verzückt an. Es gab nichts, wovor ich hätte Angst haben müssen. Niemand sonst verfügte über ein derartiges Instrumentarium.

Ich muß diesen inneren EFL zum Schweigen bringen. Wann würde er endlich Ruhe geben?

Ich signalisierte Mystery, die Unheimliche zu übernehmen. Während er sich also neben sie setzte, schaltete ich wieder auf Autopilot.

Evolutionsphasentrick.

Riechen.

An den Haaren ziehen.

In den Arm beißen.

In den Nacken beißen.

»Auf einer Skala von eins bis zehn: Wie gut würdest du dich als Küsserin einschätzen?«

Plötzlich sprang Faith von ihrem Sitz auf. »Das macht mich total wuschig«, sagte sie. »Ich muß weg hier.«

Mir war nicht klar, ob sie nur einen Vorwand gesucht hatte, weil ich beim Baggern an irgendeinem Punkt einen Fehler gemacht hatte.

Ich näherte mich einem Set in der Nähe – zwei Hippie-Mädchen auf Sauftour – und verstand mich auf Anhieb blendend mit ihnen. Wir hatten uns vielleicht zehn Minuten unterhalten, als Faith zurückkehrte, meine Hand packte und sagte: »Komm mal mit aufs Klo.«

Wir betraten die Toilette seitlich der Peacock Lounge, sie klappte den Toilettendeckel zu, und ich setzte mich drauf. Während sie mir die Hose aufknöpfte, sagte sie: »Du machst mich total scharf, intellektuell und sexuell.«

»Ich weiß«, erwiderte ich.

»Woher denn?«

»Ich hab den ganzen Abend schon so eine Verbindung gespürt. Sogar als ich mich mit den beiden anderen Mädchen unterhalten habe, hab ich gesehen, wie du zu mir rübergeschaut hast.«

Sie kniete sich auf den Boden, umfing mit der Hand meinen lahmen Vater von Tausenden und senkte ihren Mund darüber. Aber ich kriegte keinen hoch. Das war zuviel für mich.

Ich stand auf und stieß sie grob gegen die Wand, legte meine Hände um ihren Hals und knutschte mit ihr, wie ich es Sin mit Frauen hatte machen sehen, bei sich zu Hause, als ich noch ein EFL war. Dann zog ich ihr die Hose runter, setzte sie auf den Toilettendeckel, steckte ihr den Finger rein und besorgte es ihr mit dem Mund. Sie krümmte ihren Rücken, ihre Lider flatterten und sie stöhnte, als ob sie gleich kommen würde. Doch stattdessen wechselte sie plötzlich die Stellung und fing abermals an, mir einen zu blasen.

»Ich möchte, daß du in meinem Mund kommst«, sagte sie.

Ich kriegte immer noch keinen hoch. Das war mir noch nie passiert. Ich meine, ich habe ja sogar jetzt einen Ständer, wenn ich mich nur daran erinnere.

»Ich möchte in dir sein«, stöhnte ich, in einem letzten verzweifelten Versuch, meine Blutströme in die richtige Richtung zu dirigieren.

Sie stand auf und drehte sich um. Ich zog ein Kondom aus der Tasche, dachte an jede einzelne schöne Frau, die ich an diesem Abend angesprochen hatte, und bekam einen kleinen Ständer. Sie setzte sich auf mich, den Rücken gegen meinen Bauch gedrückt, was so ungefähr die dümmste Stellung ist, um mit einem halberigierten Schwanz rumzukommen. Kaum war ich halbwegs in ihr drin, ließ meine Erektion auch schon wieder nach. Ich wußte nicht, ob es an den zwei Whiskey-Cola lag, die ich an diesem Abend getrunken hatte, am fehlenden Vorspiel, der einschüchternden Wirkung, die von ihr als Pornostar ausging, oder daran, daß ich an dem Tag bereits onaniert hatte.

Als wir aus der Toilette kamen, stand der halbe Workshop Spalier und lechzte nach einem Stechreport. Eins von den beiden Hippie-Mädels ging aufs Klo und kam mit meiner Kondomverpackung wieder, die es in ein Papiertaschentuch gewickelt hatte. Offensichtlich hatte ich sie auf dem Fußboden liegengelassen, und die Frau sah sich nun veranlaßt, sie überall herumzuzeigen. Alle feierten eine Heldentat, die gar nicht stattgefunden hatte.

Ich konnte Faith danach nicht mehr in die Augen sehen. Ich hatte mich als geheimnisvoller, faszinierender Sexprotz aufgeblasen, doch in der Stunde der Wahrheit waren die Lügengebilde zerplatzt. Zum Vorschein kam ein dürrer Glatzkopf mit schlappem Schwanz.

KAPITEL 4

Am letzten Abend des Workshops in Las Vegas riß Tyler Durden im Hard Rock Café ein Animiermädchen namens Stacy auf, eine Blondine mit Vampirzähnen, die auf New Metal stand. Nach Schichtende traf sie sich mit uns im Casino und brachte ihre Mitbewohnerin Tammy mit, eine stille Schönheit, die noch eine Spur Babyspeck aufwies und nach Grape Bubblicious duftete.

Ich hatte einen albernen Schlangenhaut-Anzug an; Mystery trug einen Zylinder, eine Fliegerbrille, Plateauschuhe mit sechs Zoll hohen Absätzen, eine schwarze Latexhose und ein schwarzes T-Shirt mit einem Rollband, auf dem in roter Digitalschrift »Mystery« stand. Selbst nach Vegas-Maßstäben sah er aus wie ein Spinner.

Binnen weniger Minuten begann Tyler wieder seine Alphanummer abzuziehen und machte ihn vor Stacy runter. »Der läuft ständig in diesem komischen Aufzug rum, und die Leute lachen ihn dafür aus«, erklärte er ihr. »Ich sag immer zu ihm: Das hast du doch nicht nötig, die Leute akzeptieren dich auch so.«

Während unsere Schüler im Casino ausschwärmten, um Frauen anzusprechen, lehnte ich an der Bar und sah ihnen dabei zu. Nach einer Weile gesellte sich Stacy zu mir. Sie hatte zugesehen, wie ich den Workshop leitete, und aus reinem *Social Proof* (leite Männer an, und die Frauen folgen dir) begonnen, sich für mich zu interessieren. Während unseres Gesprächs hielt sie die ganze Zeit Augenkontakt mit mir. Sie spielte mit ihren Haaren und suchte nach Vorwänden, meinen Arm zu berühren. Wenn ich mich zurücklehnte, beugte sie sich vor. Sämtliche IIs waren da. Ich spürte, wie die Luft um uns herum zu knistern begann, wie das immer geschieht, wenn ein potentieller Kuß Energie speichert.

Ich wußte, daß es falsch war. Sie war Tyler Durdens Mädchen. Es gibt einen Ehrenkodex für Aufreißer: Wer sich zuerst einem Set nähert, darf die Zielperson so lange angraben, bis sie sich entweder fügt oder er klein beigibt. Doch ein Aufreißer fährt nie seiner Eskorte alphamäßig in die Parade. Wenn Tyler Durden allerdings rumlief und den Mädels erzählte, ich sei Homer Simpson, dann würde Homer Simpson jetzt eben mal seinen Hasen jagen.

Ich strich ihr übers Haar. Sie lächelte.

Ob sie mich wohl küssen wollte?

Und ob sie wollte.

Wir knutschten.

Dann tauchte ein orangeblonder Schopf am Rande meines Blickfelds auf. Duffy Duck. Er war stocksauer.

»Komm mal mit«, sagte Tyler Durden und packte mich am Arm.

Ich setzte zu einer Entschuldigung an. Was ich getan hatte, war falsch gewesen, und ich wußte das auch. Aber wenn sich diese Blase von Verbundenheit und Leidenschaft um ein Mädchen und dich herum aufbaut, gibst du den Verstand an der Garderobe ab, und der Instinkt übernimmt das Ruder. Ich hatte Scheiße gebaut. Sicher, er hatte mich so richtig alphamäßig behandelt. Aber deswegen ist zweimal falsch noch lange nicht richtig. Ich fühlte mich hundeelend.

Er sollte es mir nie verzeihen.

KAPITEL 5

Es ging um Frauen; aber was dabei rumkam, waren Männer.

Anstelle von Models in Bikinis, die den ganzen Tag am Pool des Project Hollywood abhingen, hatten wir picklige Teenager, bebrillte Geschäftsleute, pummelige Studenten, einsame Millionäre, erfolglose Schauspieler, frustrierte Taxifahrer und Computerprogrammierer – jede Menge Computerprogrammierer. Sie spazierten als EFL zur Türe herein – und kamen als Baggerprofis wieder heraus.

»Daß ich nicht so besonders viele Beziehungen eingehe«, sagte Tyler Durden eines Nachmittags bei Mel's und ließ sich neben mich auf den Sitz plumpsen, »liegt vielleicht auch daran, daß ich mir nichts aus Oralsex mache.«

»Aktiv oder passiv?«

»Beides.«

Das war der Moment, in dem ich begriff, daß Tyler Durden

nicht in der Aufreißer-Gemeinde war, um flachgelegt zu werden. Ihm ging es nicht um Sex. Ihm ging es um Macht.

Worum es Papa ging, war schwerer auszuloten.

Ursprünglich war er wegen der Girls auf die Piste gegangen. Als wir Project Hollywood aufzogen, hatte er sich noch ausgemalt, wie er aus seinem Zimmer ein High-Tech-Sultans-Lager machen würde, der Harem nur einen Anruf entfernt. Er sprach davon, sich ein thronartiges Bett zu besorgen, eine High-End-Home-Entertainment-Anlage, eine Bar neben dem Kamin und dekorative Deckenbehänge.

Aber daraus wurde nichts. Als ich mit Tyler von Mel's Diner zurückkam, saß Mystery bei Papa im Zimmer und stritt sich mit ihm herum.

»Du gibst Tyler Durden mehr Schüler als mir«, sagte Mystery.

»Ich versuche nur, eine Win-Win-Situation für alle daraus zu machen«, protestierte Papa. Die Phrase kam mir immer hohler vor, je öfter ich sie hörte.

Als ich mich in seinem Zimmer umschaute, war ich entsetzt. Es gab so gut wie keine Möbel, bloß Schlafsäcke und Kissen, die überall auf dem Boden verstreut herumlagen. Frauen haben ein Wort für derartige Schlafzimmer: Lustkiller.

»Wer wohnt hier alles?« fragte ich.

»Ein paar von den RSD-Typen.«

(RSD steht für Real Social Dynamics.)

»Und wie viele sind das?«

»Na ja, momentan schlafen Tyler Durden und Sickboy in den begehbaren Schränken vor meinem Badezimmer. Und dann sind da noch drei Schüler aus dem Trainingslager, die schlafen bei mir im Zimmer.«

»Gut, aber jeder, der länger als einen Monat hierbleibt, braucht die Zustimmung der Hausgemeinschaft, so war es ausgemacht. Es wohnen so schon genügend Leute hier im Haus.«

»Prima«, sagte Papa.

»Wenn sie unsere Infrastruktur nutzen, sollen sie gefälligst auch dafür zahlen«, sagte Mystery.

Papa schaute ihn ausdruckslos an.

»Ich kann mit dem Typen nicht reden«, wandte sich Mystery klagend an mich und warf die Arme hoch. »Er sitzt einfach da, starrt dich an und sagt ›Prima‹. Er ist so was von scheißpassiv.«

»Das stimmt nicht«, sagte Papa. »Du denkst, du kannst mich rumschubsen, weil ich früher dein Schüler war.« Ich hatte Papa noch nie aufgebracht gesehen. Im Gegensatz zu anderen Menschen wurde er nie laut, seine Stimme hatte dann nur etwas sehr Verschnupftes. Irgendwo in seinem Inneren gab es eine lebendige, atmende Person, die Gefühle hatte und nur darauf wartete, herausgelassen zu werden.

Von da an betrat Papa das Haus nicht mehr durch den Vordereingang, sondern ging, um Mystery nicht zu begegnen, hintenrum über die Terrasse und von dort die Treppe hoch zu einer Tür, die in sein Badezimmer führte. Alle seine Gäste taten es ihm gleich.

KAPITEL 6

»My father died when I was forty / And I couldn't find a way to cry / Not because I didn't love him / Not because he didn't try«.

Die Liedzeile dröhnte durchs Wohnzimmer. Mystery lag in seiner Kissengruft, den Laptop auf der Brust, und spielte immer wieder und wieder den Song »Randall Hunting Knife« von Guy Clark.

Er schien auf Aufmerksamkeit aus zu sein. Also schenkte ich ihm welche.

»Mein Dad ist gestorben«, sagte er mit ausdrucksloser Stimme. Es war schwer zu sagen, ob er traurig war oder nicht. »War ja auch Zeit. Es ist alles ganz schnell gegangen. Er hatte noch einen Schlaganfall und ist heute früh um zehn gestorben.«

Ich setzte mich neben ihn und hörte ihm zu. Er war ein Beobachter seiner selbst, der seine Gefühle analytisch dekonstruierte, noch während er sie fühlte.

»Ich war eigentlich darauf vorbereitet, aber es ist trotzdem irgendwie komisch. So wie damals, als Johnny Cash starb. Alle wußten, daß es irgendwann passiert, und trotzdem war es ein Schock.«

Mystery hatte seinen Vater zeit seines Lebens gehasst und ihm unzählige Male den Tod an den Hals gewünscht. Doch nun, da es soweit war, wußte er nicht, wie er sich fühlen sollte. Offenbar verwirrte es ihn, daß er trotz allem ein wenig traurig war.

»Wir haben uns eigentlich immer nur dann verbunden gefühlt, wenn eine scharfe Frau im Fernsehen kam«, sagte er. »Dann hat er mich angesehen, und ich hab zurückgeschaut, und wir haben es beide stillschweigend genossen.«

Ein paar Tage später richteten wir bei uns die erste Szene-Jahrestagung aus. Aufreißer aus aller Welt flogen ein, um Vorträge zu halten, und mehrere Hundert EFL-WBs (*ewig frustrierte Loser auf dem Wege der Besserung,* also EFLs, die schon die ersten Fortschritte gemacht hatten) versammelten sich bei uns im Wohnzimmer, um sie sich anzuhören. Unsere Hausgenossen Playboy und Xaneus, die von Papa und Tyler Durden zu Trainern ausgebildet worden waren, eröffneten die Tagung.

Während Playboy sich über Körpersprache ausließ, dachte ich an Belgrad und den ersten Workshop, den ich mit Mystery abgehalten hatte. Erinnerte mich an den obercoolen Exoticoption, daran, wie Sasha nach seinem ersten erfolgreichen E-Mail-Aufriß die Straße entlanggehopst war, und an Jerrys Sinn für Humor.

Ich mochte diese Jungs gerne. Es war mir ein Herzensanliegen, sie flachgelegt zu wissen. Noch Monate später mailte ich ihnen, um zu erfahren, welche Fortschritte sie machten.

Nun sah ich mich im Wohnzimmer um und sah Bedürftigkeit, Hunger und Verzweiflung. Glatzköpfe mit Ziegenbärten – Mini- und Maxi-Ausgaben meiner selbst – fragten mich, ob ich mich mit ihnen fotografieren lassen würde. Gutaussehende Typen, die Models hätten sein können, forderten lautstark Rat in Frisur- und Klamotten-Angelegenheiten und baten mich anschließend, für Fotos mit ihnen zu posieren.

Zwei koreanische Brüder – beide Jungfrauen – brachten ihre Schwester mit zum Treffen, eine stille Neunzehnjährige mit großen, verschmitzt blickenden Augen, Gummibonbon-Brüsten und einem Faible für HipHop-Style. Dank ihrer Brüder wußte sie alles über die Aufreißer-Masche. Wenn Typen ihr dreist kamen, sagte sie zu ihnen: »Fang bloß nicht mit dem David-D'Angelo-Kram an. Hab ich alles gelesen.« Sie stellte sich mir als Min vor und bat mich dann um ein Foto von uns beiden.

»Ich bin ein großer Fan von deinen Postings«, sagte sie.

»Wie, du hast die gelesen?« fragte ich schockiert.

»Ja.« Sie biß sich auf die Lippe.

Zu meinem Vortrag brachte ich fünf von den Mädels mit, die ich regelmäßig traf. Ich führte an ihnen ein paar Techniken vor und benutzte sie anschließend als Expertengremium, um Kleidung und Körpersprache verschiedener Möchtegern-Aufreißer im Publikum zu kritisieren. Ich erhielt stehende Ovationen.

Anschließend setzte ich mich auf eines unserer neuerworbenen blutroten Sofas, umgeben von Papa, Tyler Durden und ein paar ihrer Schüler. Sie diskutierten gerade das Video, in dem Mystery und ich Caroline und Carly aufreißen. Irgendwie hatte Gunwitch es in die Finger bekommen und ins Internet gestellt und so die letzten Reste meiner Anonymität zerstört.

»Es ist so was von genial«, sagte Papa gerade. »Tyler Durden hat alles, was Style macht, wissenschaftlich analysiert. Er nennt es *Stylemogging*.«

»Und was ist das?« fragte einer von den Schülern.

»Eine Art von *Frame*-Kontrolle«, erwiderte Tyler Durden. *Frame* ist ein NLP-Begriff: Er bezeichnet die Perspektive, durch die man die Welt sieht, den Bezugsrahmen. Wessen Frame – bzw. subjektive Realität – am stärksten ist, der dominiert in der Regel auch die soziale Interaktion. »Style hat lauter echt subtile Methoden, die Kontrolle über den Frame zu behalten und Leute dazu zu bringen, sich ihm gegenüber zu qualifizieren. Er achtet darauf, daß er immer im Mittelpunkt der Aufmerksamkeit bleibt. Ich schreibe gerade an einem Posting darüber.«

»Das ist ja cool«, sagte ich.

Plötzlich fingen Papa, Tyler Durden und die Schüler an zu lachen. »Das ist auch so eine von den Sachen, die du machst«, sagte Papa. »Genau darüber schreibt Tyler.«

»Was? Ich hab doch bloß ›cool‹ gesagt. Und zwar, weil ich das irre komisch finde. Im Ernst, ich bin schon sehr gespannt auf das Posting.«

Sie lachten abermals. Offenbar betrieb ich gerade Stylemogging mit ihnen.

»Siehst du«, sagte Tyler. »Du verwendest deine Neugier als Frame, um Übereinstimmung herzustellen, und gleichzeitig verliert dein Gesprächspartner an sozialem Wert. Wenn du auf diese Weise Zustimmung signalisierst, machst du dich dadurch zur Autorität und zwingst andere Menschen, sich Bestätigung von dir zu holen. Und genau das bringen wir den Leuten bei.«

»Scheiße«, antwortete ich. »Jetzt werden die Leute jedesmal, wenn ich was sage, denken, daß ich so 'ne Real-Social-Dynamics-Nummer abziehe.«

Sie lachten abermals. Und da begriff ich, daß ich geliefert war:

All das, worüber Tyler Durden schrieb, war nichts, was ich in der Community gelernt hatte, sondern es war jedesmal ein Teil von mir. Das war ich selber. Und obwohl er meine Absichten falsch verstand – das war eben sein Frame, seine Art, die Welt zu betrachten –, hatte er meine Manierismen ganz gut durchschaut. Er nahm die einzelnen Bausteine meiner Persönlichkeit, verpaßte ihnen Etiketten und verwandelte sie in Techniken. Er war im Begriff, mir meine Seele zu nehmen und mit ihr auf dem Sunset Strip hausieren zu gehen.

An diesem Abend trafen sich die Tagungsteilnehmer in der Saddle Ranch. Kaum war ich zur Tür herein, lief ich den koreanischen Brüdern mit ihrer Schwester Min in die Arme. Nachdem wir uns ein paar Minuten unterhalten hatten, meinte Min, sie sei müde, und bat mich, sie zurück zum Project Hollywood zu begleiten.

Ich verstand den Subtext sofort.

Als wir Arm in Arm zur Villa zurückschlenderten, sprach sie über ihre älteren Brüder und deren Schwierigkeiten, die ganze Aufreißer-Masche zu begreifen. »Sie sind total besorgt um mich und flippen voll aus, wenn ich ein Date habe«, erzählte sie. »Aber ich glaube, sie sind nur neidisch, weil sie selber keine Dates haben.«

Im Project Hollywood angekommen, führte ich sie zum Whirlpool.

»Mein letzter Freund war echt ein lieber Kerl und hat alles für mich getan«, fuhr sie fort. »Aber irgendwie ist er mir auf die Nerven gegangen. Nachdem ich den ganzen Aufreißer-Kram von meinen Brüdern gelesen hatte, habe ich verstanden, wieso ich mich weder zu ihm noch zu sonst einem aus der Schule hingezogen gefühlt habe. Das sind alles solche Langweiler. Die haben einfach nicht diese dreisten Sprüche drauf.«

Ich zog mich bis auf die Boxershorts aus und sprang ins Wasser. Sie leistete mir in BH und Höschen Gesellschaft. Sie war dünn und zerbrechlich, wie eine Marionette. Ich nahm ihre Hände und zog sie zu mir heran. Sie schlang ihre Beine um meine, und wir knutschten. Ich zog ihr den BH aus und nahm ihre Gummibonbons in den Mund. Dann trug ich sie nackt und tropfnaß in mein Schlafzimmer, streifte ein Kondom über und drang langsam in sie ein. Es gab keinerlei Widerstand von ihrer Seite, auch nicht in letzter Minute. Indem sie mich so sehr bewunderten, hatten ihre Brüder sie mir geradewegs in die Arme getrieben.

Sie war mein erster Groupie. Und sie sollte nicht mein letzter sein. Diese ganze Aufreißer-Kiste wurde langsam zu groß. Aufgrund einer Vielzahl konkurrierender Verführungs-Anbieter, die ihre Dienstleistungen auf aggressive Weise online vermarkteten, wuchs die Community exponentiell, vor allem in Südkalifornien, wo der Sunset Strip vor unseren Augen ein neues Gesicht bekam.

KAPITEL 7

»Ich kann den Leuten doch nicht erzählen, daß sie nicht in deine Workshops kommen sollen.«

Mystery und Papa stritten sich schon wieder.

»Du hast einfach zu viele Leute angenommen«, sagte Mystery und warf verzweifelt die Hände in die Luft. »Das macht *mir* keinen Spaß, und den Schülern gegenüber ist es unfair.«

»Und *du* läßt mein Busineß schlecht aussehen.« Papas Stimme klang verschnupft vor unterdrücktem Frust.

»Na gut«, schrie Mystery. »Dann nimm halt meinen Namen von deiner Website. Unsere Geschäftsbeziehung ist beendet. Ich will mit Real Social Dynamics nichts mehr zu tun haben.«

Ihre Partnerschaft hatte von Anfang an unter keinem guten Stern gestanden.

Tags darauf bot Herbal an, als Mysterys Geschäftspartner einzusteigen. Es schien, als habe er sich die ganze Zeit bedeckt gehalten und nur auf den richtigen Moment gewartet, um ins Aufriß-Busineß einzusteigen. Seit er bei uns eingezogen war, war er mit keiner einzigen Frau zusammengewesen, außer Sima, einer Ex-MLZB von Mystery, die von Toronto nach Los Angeles gezogen war. Nachdem Mystery und Sima sich schon binnen kürzester Zeit gegenseitig auf die Nerven gingen, begann Sima, Herbal IIs zu zeigen. Statt verärgert zu reagieren, setzte sich Mystery mit Herbal zusammen und erklärte ihm, was er tun müßte, um sie zu kriegen. Das Ende vom Lied war, daß Herbal und Sima noch in derselben Nacht miteinander rummachten. Im nachhinein betrachtet stärkte das nur Mysterys und Herbals Freundschaft. Was sie aber nicht begriffen und was allen anderen sofort klar war: Sie schufen damit einen unguten Präzedenzfall.

Kaum hatte Herbal für Mystery zu arbeiten begonnen, wurden wir endgültig zu einem gespaltenen Haus: Auf der einen Seite gab es Real Social Dynamics, die ihre Zelte in Papas Zimmer aufschlugen, und auf der anderen Mystery Method, die den Rest des Hauses in Beschlag nahmen.

Ich war der einzige Mensch unter diesem Dach, der bei keinem von beiden auf der Gehaltsliste stand. Doch das hielt Papa nicht davon ab, mich genau wie Mystery und Herbal mit Mißachtung zu strafen. Mitgefangen, mitgehangen. Hin und wieder trafen Papa und ich zufällig aufeinander, wenn er sich hintenherum ins Haus schlich. Dann lief er mit einem brüsken Hallo an mir vorbei und starrte mit leeren Augen durch mich hindurch.

Er war nicht wütend. Er operierte lediglich auf der Basis eines Programms, in dem ich nicht vorkam. Das Merkwürdige daran war nur: Die meisten Roboter programmieren sich nicht selber.

Mittlerweile wurden sämtliche Regeln, die wir bei der Hausversammlung festgelegt hatten –, daß längere Besuche zustimmungspflichtig waren, man einen bestimmten Prozentsatz seiner Seminareinnahmen an das Haus abgeben mußte und die Finger von den Frauen der Kollegen ließ –, übergangen und ignoriert. Wir hatten keine Ahnung, wie viele Schüler, Aufreißer und Trainer Papa in sein Zimmer gepfercht hatte. Wie aufgebrezelte Ratten huschten sie durchs Haus. Wir machten uns nicht einmal mehr die Mühe, unsere Türen zu verschließen.

Ich mußte hier raus.

Zum Glück wollte der *Rolling Stone,* daß ich einen anderen harten Brocken in Angriff nahm: Courtney Love.

Das Interview war für eine Stunde angesetzt und sollte im New Yorker Büro von Virgin Records stattfinden. Zu diesem Zeitpunkt hatte Courtneys schlechter Ruf gerade seinen absoluten Gipfel erreicht. In ein und derselben Woche hatte sie bei David Letterman im Fernsehen ihre Brüste entblößt, und die *New York Post* hatte ein kompromittierendes Foto auf der Titelseite gebracht – es zeigte sie vor einer Wendy's-Filiale, wo irgendein Typ gerade eine ihrer Brustwarzen im Mund hatte –, und sie war verhaftet worden, weil sie angeblich während eines Konzerts einem Fan den Mikroständer über den Schädel gezogen hatte. Darüber hinaus lief noch eine Klage wegen diverser Drogendelikte gegen sie, und ihr drohte der Verlust des Sorgerechts für ihre Tochter. Das *Rolling-Stones*-Interview war das erste, zu dem sie sich bereit erklärt hatte, seit sie noch tiefer in das ganze Schlamassel geraten war.

Zu unserer Verabredung bei Virgin trug Courtney ein schwarzes Kleid mit einer Schärpe, die sie sich geschmackvoll um den Leib gewickelt hatte. Sie hatte volle rote Lippen. Wenn man bedachte, für wie viele häßliche Boulevard-Schlagzeilen sie in letzter Zeit gesorgt hatte, war Courtney geradezu von einer gesunden Blässe, dünn und statuengleich. Bald schon freilich lockerte sich die Schärpe und baumelte wie ein Schweif hinter ihrem Körper, und der Lippenstift verschmierte. Gleichsam eine Metapher für ihr Leben, das gerade in steter Auflösung begriffen war.

»Wenn ihr glaubt, daß ich demnächst den Löffel abgebe, könnt ihr lange warten«, fing sie an. Ich war die Presse, der Feind. »Meine Großmutter ist hundertzwei geworden.«

Es war, was man im Aufreißer-Jargon den Zicken-Schutzschild nannte. So etwas soll man nicht persönlich nehmen, es war lediglich ein Selbstschutz-Mechanismus. Nichts, was mich aus dem Konzept bringen durfte. Ich mußte eine Verbindung herstellen und ihr zeigen, daß auch ich ein Mensch war, nicht bloß einer von diesen journalistischen Blutsaugern.

»Ich habe immer noch Alpträume wegen meiner Großmutter«, erzählte ich, »denn als ich sie das letzte Mal lebend hätte sehen können, hatten wir vor, das Art Institute von Chicago zu besuchen. Aber ich hab's sausen lassen, weil ich lieber ausschlafen wollte.«

Wir redeten noch eine Weile über unsere Familien. Sie schien ihre nicht besonders zu mögen.

Jetzt kam Bewegung in die Sache.

Irgendwann hatte ich sie dann soweit. Sie sah zu mir auf, und ihre ganze Fassade brach zusammen. Ihre Wangen röteten sich, die Kiefermuskeln spannten sich an, und Tränen liefen über ihr Gesicht. »Ich brauch jemanden, der mich rettet«, schluchzte sie. »Rettest du mich?«

Jetzt waren wir auf einer Wellenlänge.

Wellenlänge ist gleich Vertrauen plus Geborgenheit.

Als unsere Stunde um war, schlug Courtney vor, Telefonnummern auszutauschen. Sie sagte, sie würde mich später am Abend mal anrufen, und wir könnten das Interview dann fortsetzen. Ich war erleichtert, denn aus dieser einstündigen Unterhaltung in den Räumlichkeiten einer Plattenfirma hätte sich schwerlich ein interessantes Porträt ergeben. Tom Cruise hatte mich wenigstens noch zum Motorradfahren mitgenommen und zu einer Besichtigungstour bei Scientology.

Am selben Abend war ich mit ein paar alten Collegefreunden im Soho House verabredet, einem privaten Club im Lagerhallen-Distrikt von Manhattan. Ich hatte sie nicht mehr gesehen, seit ich der Community beigetreten war, und sie erkannten mich kaum wieder. Die erste halbe Stunde verbrachten sie nur damit, sich darüber auszulassen, wie unbeholfen und introvertiert ich doch früher gewesen sei. Dann wandte sich das Gespräch Themen wie Arbeit und Filme zu. Ich versuchte, mich an der Unterhaltung zu beteiligen, doch ich hatte Mühe, mich auf ihre Worte zu konzentrieren. Sie drangen in mein Ohr und sammelten sich dort an, unnütz wie ein Schmalzpfropfen. Ich hatte das Gefühl, dort nicht mehr hinzugehören. Zum Glück stolperte in diesem Moment eine Amazone an unserem Tisch vorbei, mit baumdicken Schenkeln und Mördermöpsen, ein Wunder der plastischen Chirurgie. Sie war einen Kopf größer als ich und wirkte schon etwas angetrunken.

»Habt ihr ein Mädchen mit einem schwarzen Cowboyhut gesehen?« fragte sie mit abgehacktem schwedischen Akzent.

»Setz dich doch zu uns«, sagte ich. »Bei uns ist es lustiger als bei deinen Freunden.«

Den Spruch hatte ich von David D'Angelo. Und er funktionierte. Meine Freunde schauten ziemlich verdattert drein, als sie sich zu uns setzte und fragte, ob jemand eine Zigarette für sie hätte.

Den restlichen Abend über unterhielt ich mich mit der Amazone. In regelmäßigen Abständen schleppte sie mich in die Toilette ab, wo sie sich vor meinen Augen Koks durch die Nase zog wie ein menschlicher Staubsauger.

»Guckst du *Sex and the City*?« fragte sie mich, als wir zum dritten Mal an diesem Abend aus der Toilette kamen.

»Ab und zu«, sagte ich.

»Ich hab mir gerade so 'n Perlending besorgt«, sagte sie voller Stolz.

»Ah ja, toll.« Ich hatte keine Ahnung, wovon sie redete.

»Echt cool«, sagte sie. »Mit diesen kleinen Perlen.«

»Ach, die Perlen. Ja, die sind schon toll.«

Ich war total verwirrt. Aber ich hörte ihr gerne zu und genoß das Mißverhältnis zwischen ihrem harten Akzent und ihren weichen, schwammartigen Lippen. Vielleicht redete sie ja von Intimschmuck. Wie schön für sie.

Ich blieb stehen und lehnte mich gegen die Wand des Flurs. »Auf einer Skala von eins bis zehn: Wie gut küßt du?«

»Zehn«, sagte sie. »Ich mag's gern, wenn man sich sanft und langsam küßt und dabei ein bißchen miteinander spielt. Ich hasse es, wenn mir jemand einfach so die Zunge in den Hals schiebt.«

»Ja, ich hatte auch mal 'ne Freundin, die das gemacht hat. Es war so, als ob man mit einer Kuh knutscht.«

»Ich blas auch ziemlich gut.«

»Respekt«, sagte ich.

An dieser Ein-Wort-Replik hatte ich monatelang gefeilt. Manche Frauen machen ja gerne gleich zu Beginn extrem anzügliche Bemerkungen, wenn sie einen Mann kennenlernen. Das war der Warmduscher-Test. Wenn einem Typen dabei die Düse geht, war er durchgefallen; wenn er auf den Köder ansprang und seinerseits etwas Anzügliches sagte, war er auch durchgefallen. Die Lösung entdeckte ich per Zufall in einer Show des britischen Komikers Ali G.: einfach der Frau in die Augen gucken, beifällig nicken und mit leisem Lächeln und Klugscheißerton »Respekt« sagen. Inzwischen hatte ich für so gut wie jede Art von Herausforderung eine Antwort parat. Aber hier konnte man schwerlich von einer Herausforderung sprechen. Das war 'ne idiotensichere Nummer. Meine einzige Aufgabe bestand darin, jetzt keine Fehler zu machen.

Ich verstummte und tat das, was bei uns Aufreißern »im Dreieck starren« heißt: Ich ließ meinen Blick langsam von ihrem linken Auge zu ihrem rechten Auge und von dort zu ihren Lippen wandern, um eine suggestive sexuelle Spannung zu erzeugen.

Sie stürzte sich auf mich. Und schob mir ihre Zunge in den Hals wie eine Kuh. Dann löste sie sich von mir. »Das Gerede übers Küssen hat mich scharf gemacht«, sagte sie.

»Laß uns 'n Abgang machen«, sagte ich und schälte mich von der Wand.

Wir nahmen den Aufzug nach unten und hielten ein Taxi an. Sie nannte dem Fahrer eine Adresse im East Village. Offenbar fuhren wir zu ihr.

Dann schlang sie auf dem Rücksitz ihre Beine um mich und holte eine ihrer beiden Mordstitten aus dem Tanktop. Offenbar sollte ich daran saugen.

Bei ihr zu Hause angekommen, knipste sie eine Lampe an, die den Raum in ein gedämpftes braunes Licht tauchte, und legte die Stones-CD *Goats Head Soup* ein.

»Ich leg mir nur kurz mein Perlending an«, sagte sie.

»Ich kann's kaum erwarten«, sagte ich. Und das war nicht gelogen.

Als ich so dalag, fiel mir auf, daß ich völlig vergessen hatte, mich von meinen Freunden zu verabschieden. Tatsächlich hatte ich sie den ganzen Abend lang ignoriert. Die Aufriß-Sucht hatte zwischen mir und meiner Vergangenheit eine Art Vorhang fallen lassen. Aber als meine neue Bekannte in ihrem Perlending auftauchte, beschloß ich kurzerhand, daß es die Sache wert war. Denn bei dem Perlending handelte es sich keineswegs um

Intimschmuck. Sondern um ein Höschen mit ausgeschnittener Scham und einer Kette mit kleinen Metallkügelchen, die Vorder- und Rückseite verband und schnurstracks über ihre Muschi lief.

Vermutlich hatte sie das Haus an diesem Abend in der Hoffnung verlassen, jemanden zu finden, den sie mit nach Hause nehmen konnte, um ihm dort ihre Reizwäsche vorzuführen. Brav rieb ich ihr die Kügelchen sanft gegen Schamlippen und Klitoris, in der Annahme, sie seien dafür gedacht, obwohl ich mir da nicht so ganz sicher war, denn eine Minute später riß die Kette – und baumelte nun zwischen ihren Beinen wie ein Tamponfaden.

Soviel zu ihrem neuen Perlending.

»Ich zieh mich nur schnell um«, sagte sie. Anscheinend machte es ihr nichts aus. Mit der richtigen Menge Koks geht alles.

Als sie wiederkam, hatte sie kniehohe schwarze Lederstiefel an. Sie legte sich ins Bett, nahm noch eine Staubsauger-Nase Koks aus dem burgunderroten Flakon und träufelte sich ein kleines Häufchen davon auf die linke Brust.

Ich bin kein Fan von Drogen. Zum Aufreißer-Dasein gehört es, zu lernen, sich im Griff zu haben, um sich ohne Alkohol oder Drogen amüsieren zu können. Aber wenn es je einen richtigen Augenblick gab, das mit dem Koksen mal auszuprobieren, dann jetzt.

Jede Frau ist anders im Bett. Jede hat ihren eigenen Geschmack, ihre eigenen Marotten und Phantasien. Und wie jemand an der Oberfläche wirkt, sagt wenig darüber aus, was für ein rasender Orkan oder welch absolute Flaute darunter verborgen liegt. Dieser Augenblick leidenschaftlicher Wahrheit – der Preisgabe, der Aufrichtigkeit, der Selbstentblößung – war stets mein Lieblingsmoment in dem ganzen Spiel. Es machte mir Freude, zu sehen, was für ein Mensch da im Bett zum Vorschein kam, und nach dem (beiderseitigen) Orgasmus mit diesem Menschen zu reden. Liegt wohl daran, daß ich Menschen einfach mag.

Ich beugte mich über ihre Brust und hielt mir das linke Nasenloch zu. Ich hatte ziemlichen Schiß, denn ich hatte keine Lust, die ganze Nacht aufzusein, und hegte den leisen Verdacht, daß Koks dem Kavalier nicht unbedingt dabei half, länger durchzuhalten.

Nicht, daß ich ein Kavalier gewesen wäre.

Und dann klingelte das Telefon. Mein Telefon.

»Ich muß leider rangehen«, sagte ich zu ihr. Ich sprang auf, verteilte dabei ihren Feenstaub über das Bettlaken und grabschte nach meinem Handy. Ich hatte eine Vorahnung, wer es sein könnte.

»Hey, ich bin's, magst du vorbeikommen?« Es war Courtney Love. »Und bring mir, wenn's geht, aus Chinatown ein paar Akupunkturnadeln mit – von den großen, die am meisten weh tun. Und dazu noch Watte und ein bißchen Alkohol.«

KAPITEL 8

»Die hier ist für die Gallenblase«, sagte Courtney Love und rammte mir eine Akupunkturnadel ins Bein.

»Äh, sollte das nicht lieber jemand machen, der dafür ausgebildet ist?«

»Ich mach das schon seit frühester Jugend«, gab sie zurück. »Aber du bist seit langem der erste, bei dem ich das wieder versuche.« Sie wackelte ein wenig an der Nadel herum. »Gib mir Bescheid, wenn du was spürst.«

Ein elektrischer Schock durchzuckte mein Bein. Gut. Das reichte.

Mein auf eine Stunde angesetztes Interview mit Courtney

Love hatte sich in eine surreale Schlummerparty verwandelt. Während der nächsten zweiundsiebzig Stunden verließ ich ihr Loft in Chinatown nur, um Essen zu holen. Es hatte vielleicht vierhundertfünfzig Quadratmeter Wohnfläche, doch außer einem Bett, einem Fernseher und einer Couch gab es keine Möbel.

Mit nichts als einem T-Shirt und einer Trainingshose bekleidet, versteckte sie sich hier: vor den Paparazzi, vor ihrem Manager, vor der Regierung, vor der Bank, vor einem Mann, vor sich selbst. Ich lag, nur mit meinen Boxershorts bekleidet, auf ihrer Couch, und aus meinem Körper ragte ungefähr ein Dutzend Nadeln. Im Laufe der Zeit war der Fußboden immer dichter übersät von Krümeln, Zigarettenstummeln, Klamotten, Essens- und Verpackungsresten, Nadeln und Limoflaschen; unterdessen veränderte sich die Farbe ihrer Finger und Zehen immer mehr von fleischfarben in Richtung aschgrauschwarz. Sie hatte solche Angst, daß sie nicht einmal ans Telefon ging, aus Furcht, es könnte jemand anrufen, der ihr »irgendeinen Scheißdreck über eins meiner Kackprobleme« erzählen wollte.

Es gab nur uns zwei: den Journalisten und den Rockstar, den Aufreißer und die Aufreißerin.

Sie legte *Boogie Nights* in den DVD-Spieler, kletterte anschließend in ihr Bett und warf sich eine befleckte Bettdecke über. »Ich frage mein Date immer: ›Wovor hast du am meisten Angst?‹«, sagte sie. »Mein letzter Freund hat gesagt, daß ich mich treiben lasse, was er jetzt gerade auch tut. Der Video-Regisseur, von dem ich momentan besessen bin, sagt ›Scheitern‹. Und meine größte Angst lebe ich gerade: Kontrollverlust.«

Unter all den Problemen, die Courtney derzeit hatte, beschäftigte sie eines am meisten, und das war romantischer Natur: Der Video-Regisseur rief sie nie zurück. Ein Problem, das wohl jede Frau kannte, egal, wie sie aussah oder wie berühmt sie war.

»Ich hab da 'ne Theorie«, sagte sie. »Du mußt dreimal mit 'nem

Typen schlafen, damit er sich in dich verliebt. Und ich hab erst zweimal mit ihm geschlafen. Ich brauche also noch eine Nacht, um ihn rumzukriegen.«

»Wenn du ihn rumkriegen willst«, sagte ich, »dann lies *Die 24 Gesetze der Verführung* von Robert Greene. Das wird dir ein bißchen strategischen Halt bieten.«

Sie drückte ihre Kippe auf dem Fußboden aus. »Ich brauche jede Hilfe, die ich kriegen kann.«

Die 24 Gesetze der Verführung war Pflichtlektüre für Aufreißer, genau wie Greenes anderes Buch *Power. Die 48 Gesetze der Macht*. Für das erstgenannte Buch untersuchte Greene die größten Verführungen aus Geschichte und Literatur auf ihre Gemeinsamkeiten hin. Er unterscheidet zwischen verschiedenen »verführerischen Charakteren« (darunter der »Weiberheld«, der »Traummann« und der »Natürliche«), »Opfern der Verführung« (die »Katastrophenkönigin«, »Retter« und »enttäuschte Stars«) und Vorgehensweisen, die allesamt hervorragend zu unserer Community-Philosophie paßten (Zielperson indirekt anvisieren, widersprüchliche Signale senden, sich als begehrte Person geben, das Opfer isolieren).

»Woher kennst du das Buch?« fragte sie.

»Ich war die letzten eineinhalb Jahre mit sämtlichen großen Aufriß-Künstlern der Welt unterwegs.«

Sie setzte sich im Bett auf.

»Erzähl, los, erzähl, komm sag«, quietschte sie wie ein kleines Schulmädchen. Übers Baggern zu reden war immer noch besser als die Alternative: Denn jedesmal, wenn sich die Diskussion in Richtung ihrer Probleme mit Justiz, Medien und Sorgerecht bewegte, füllten sich ihre Augen mit Tränen.

Sie hing an meinen Lippen, als ich ihr von der Community und vom Project Hollywood erzählte. Es ist nicht ganz leicht, sich ernsthaft zu unterhalten, wenn man ein Dutzend Akupunkturnadeln im Körper stecken hat. »Die möchte ich unbedingt kennenlernen«, sagte sie aufgeregt. »Meinst du, sie sind so gut wie Warren Beatty?«

»Keine Ahnung. Dem bin ich nie begegnet.«

Courtney kletterte aus dem Bett und verschmierte etwas Patchouli-Öl um die Nadeln, die mir aus Brust, Beinen und Füßen ragten. »Ich sag's dir. Ein absoluter *smooth operator* ist das.«

»Ich wüßte ja zu gerne, wie er's macht.«

»Der ist großartig. Einmal hat er mich angerufen und gesagt, ›Hey, ich bin's‹, so als ob völlig klar wäre, wer er ist. Dann hat er versucht, mich zu überreden, abends bei ihm vorbeizuschauen. Als er mich endlich soweit hatte und ich ja sagte, lachte er bloß und sagte, er wäre in Paris. Richtig üble Psychokacke. Der putzt sich die Nase und drückt dann seinem Date das verrotzte Taschentuch in die Hand.«

Das war ein Dämpfer. Warren Beatty benutzte Dämpfer, wenn er sich Frauen krallte. Jeder Aufreißer geht nach denselben Prinzipien vor – ob er sich dessen nun bewußt ist oder nicht. Der Unterschied zwischen Leuten aus der Community und einsamen Wölfen wie Warren Beatty (als er noch Single war), Brett Ratner und David Blaine ist, daß wir unsere Techniken benennen und Informationen untereinander austauschen.

»Ich weiß nicht, was für ein Problem dieser Regisseur hat«, sagte Courtney. »Ich hab 'ne Zaubermöse. Wer mich fickt, wird König. Ich bin die Königsmacherin.« (Übersetzung: Wer sie fickt, wird berühmt.)

Sie fing an, mir die Nadeln aus dem Körper zu ziehen. Grenzenlose Erleichterung. »Du mußt dir mal eine in den Kopf stekken. Das fühlt sich am allerbesten an.«

Courtney tastete am Boden entlang und schnappte sich eine schmutzige Nadel.

»Nein danke. Für heute reicht's erst mal.«

»Du mußt das echt mal probieren. Ist prima für die Leber.«

»Meine Leber ist in Ordnung, danke.«

Sie ließ die Nadel wieder zu Boden fallen. »Na dann. Ich geh mir jetzt zur Belohnung ein paar schöne Rice Krispies holen.«

Sie wand sich aus ihrem rosa T-Shirt und stand oben ohne vor mir.

»Der Busen ist echt, nur mit etwas Silikon angehoben«, sagte sie, beugte sich über mich und offenbarte eine Narbe unter ihrer linken Brust. »Weißt du, wieviel ein Bild von meinen Titten wert ist? 9.000 Dollar.«

»Dann sind ja alle deine Probleme gelöst«, meinte ich.

»Dafür krieg ich nicht mal einen Termin beim Anwalt«, blaffte sie mich an und glitt in ein schwarzweißes Baby-Doll-Kleidchen.

Als sie vom Einkaufen zurückkam, war sie völlig aufgekratzt. Sie holte einen Kuchen aus ihrer Tasche, brach ihn in zwei Hälften und hinterließ eine lange Krümelspur auf dem Weg in die Sicherheit ihres Bettes. »Laß uns wetten«, sagte sie.

»Worauf?«

»Ich wette mit dir, daß ich mir diesen Video-Regisseur wieder angle.«

»Das bezweifle ich. Wenn er bis jetzt nicht zurückgerufen hat, dann ist er nicht interessiert.«

»Er hat sogar abgestritten, mit mir geschlafen zu haben. Das stand in der *Post*.« Sie reichte mir mit ihren Schmutzfingern meine Hälfte des Kuchens.

»Aber solche Herausforderungen liebe ich.«

»Also, wenn du dir den zurückangelst, dann bist du eine bessere Aufreißerin als ich.«

»Dann laß uns wetten«, drängelte sie.

»Und was ist der Einsatz?«

»Wenn ich ihn nicht zurückbekomme, hast du einen *one-week-stand* bei mir frei – wo immer du willst.«

Ich starrte sie fassungslos an. Die Vorstellung machte mich dermaßen sprachlos, daß ich Mühe hatte, mich zu artikulieren.

»Oder du kannst den zweiten Namen meines nächsten Kindes bestimmen. Das kannst du dir aussuchen.«

»Okay.«

»Aber das alles unter einer Bedingung: Ich krieg eine Aufreiß-Trainingsstunde bei jedem deiner Mitbewohner.«

Als ich losmußte, um meinen Flieger nach L. A. zu kriegen, kletterte Courtney aus ihrem Bett und gab mir zum Abschied einen Kuß.

»Ich muß einfach dringend mal gefickt werden«, sagte sie, während ich auf den Aufzug wartete, der mich von ihrem Loft nach unten brachte. »Ich bräuchte so einen chefmäßigen Typen, der hier vorbeikommt und mich mal richtig durchfickt.«

Ich wußte, daß ich dieser Typ hätte sein können. Die IIs waren da. Aber es gibt einen Ehrenkodex für Aufreißer, genau wie es einen Ehrenkodex für Spieler und einen für Journalisten gibt. Und mit ihr ins Bett zu gehen hätte alle drei verletzt.

Was ich Dustin an jenem Morgen in meinem Apartment erzählt hatte, traf wirklich zu: Zu lernen, wie man Frauen aufreißt, hatte bei weitem nicht nur mein Sexleben bereichert. Die Fähigkeiten, die ich mir auf der Piste erarbeitet hatte, machten mich auch zu einem viel besseren Interviewer. Um wieviel besser, bemerkte ich, als ich den Auftrag bekam, ein Interview mit Britney Spears zu führen.

KAPITEL 9

Standen Sie unter großem Druck, als Sie dieses Album aufnahmen?
BRITNEY SPEARS: Wie, jetzt gerade?

Gab es Druck vom Label oder von Ihnen selbst, unbedingt einen großen Hit produzieren zu müssen?
Keine Ahnung.

Sie haben keine Ahnung?
Ich habe keine Ahnung.

Ich habe gehört, Sie haben ein Stück mit DFA aufgenommen, das aber nicht auf Ihrem neuen Album enthalten ist. Wieso nicht?
Wer ist denn DFA?

Das sind zwei Produzenten aus New York, James Murphy und Tim Goldsworthy, die sich DFA nennen. Klingelt's jetzt?
Ja, kann sein, daß die was gemacht haben.

Mein Interview mit Britney Spears führte nirgendwohin. Ich betrachtete sie, wie sie mit verschränkten Beinen dasaß und neben mir auf der Couch ihres Hotelzimmers herumzappelte. Ich war ihr scheißegal. Ich war nur eine geblockte Menge Zeit auf einem Kalender, etwas, mit dem sie sich abfinden mußte – was ihr nur schlecht gelang.

Sie hatte ihre Haare unter einer weißen Kangol-Mütze verstaut, und ihre Schenkel drückten gegen die Nähte einer ausgeblichenen Jeans. Sie war eine der meistbegehrten Frauen auf der Welt. Aber in natura sah sie aus wie ein wohlgenährtes Mädchen aus einer Studentinnenverbindung in den Südstaaten. Sie hatte ein hübsches Gesicht, mit dezentem und perfekt abgestimmtem Make-up, aber irgendetwas an ihr war maskulin. Als sexuelle Ikone war sie wenig einschüchternd und – wie ich vermutete – einsam.

In meinem Kopf wurde krachend ein Hebel umgelegt.

Es gab nur eine Möglichkeit, dieses Interview zu retten. Ich mußte sie anbaggern. Egal, in welchem Land ich war und zu welcher Klasse, Rasse oder Altersgruppe eine Frau gehörte, die perfekte Masche funktionierte immer. Abgesehen davon hatte ich nichts zu verlieren, wenn ich Britney Spears anmachte. Langweiliger konnte das Interview nicht mehr werden. Vielleicht kam dabei sogar ein nettes Zitat rum, das sich abdrucken ließ.

Ich faltete meinen Zettel mit den Fragen zusammen und steckte ihn hinten in die Hosentasche. Ich mußte sie einfach genauso behandeln wie jede andere hyperaktive Clubmieze auch.

Erst mal galt es, ihre Aufmerksamkeit zu erlangen.

»Ich will dir mal was über dich selber erzählen, von dem andere Menschen vermutlich nichts wissen«, fing ich an. »Die Leute empfinden dich manchmal als schüchtern oder zickig, wenn du nicht auf der Bühne stehst, obwohl das gar nicht stimmt.«

»Absolut«, sagte sie.

»Möchtest du wissen, warum?«

»Ja.« Ich arbeitete auf etwas hin, was wir eine Ja-Leiter nennen. Ich fesselte ihre Aufmerksamkeit, indem ich lauter Fragen stellte, die ganz offensichtlich nach einer Bestätigung verlangen.

»Ich beobachte deine Augen, während wir uns unterhalten. Und jedesmal, wenn du nachdenkst, gehen sie nach links unten. Das heißt, daß du eine kinästhetische Person bist. Du bist jemand, der in seiner Gefühlswelt lebt.«

»Oh mein Gott«, sagte sie. »Das stimmt total.«

Klar stimmte es. Es war eine der von mir entwickelten Techniken, mit denen ich meinen Marktwert demonstrierte. Das Auge bewegt sich immer in eine von sieben möglichen Positionen, wenn man nachdenkt: Jede Position steht für einen bestimmten Bereich des Gehirns, auf den die jeweilige Person gerade zugreift.

Während ich ihr beibrachte, wie man die verschiedenen Arten von Augenbewegungen dechiffrieren kann, hing sie die ganze Zeit an meinen Lippen. Sie stellte ihre Beine wieder gerade und beugte sich vor.

Es lief.

»Das wußte ich nicht«, meinte sie. »Wer hat dir das erzählt?«

Am liebsten hätte ich gesagt: »Eine geheime, internationale Community von Aufreißern.«

»Das ist etwas, was ich im Laufe von vielen Interviews beobachtet habe«, erwiderte ich. »Man kann sogar anhand der Richtung, in die sich die Augen eines Menschen beim Sprechen bewegen, feststellen, ob der Betreffende lügt oder nicht.«

»Das heißt, du merkst jedesmal, wenn ich lüge?« Sie sah mich nun auf einmal mit ganz anderen Augen an. Ich war für sie jetzt kein Journalist mehr. Sondern jemand, von dem sie etwas lernen, jemand, der ihr etwas bieten konnte. Ich hatte gezeigt, daß ich Autorität über ihre Welt ausüben konnte.

»Das erkenne ich anhand deiner Augenbewegungen, des Blickkontakts, an der Art und Weise, wie du sprichst, und an deiner Körpersprache. Es gibt viele verschiedene Indikatoren.«

»Ich muß unbedingt mal einen Psychologie-Kurs machen«, überlegte sie mit rührender Ernsthaftigkeit. »Das würde mich echt interessieren, Leute zu analysieren.« Es funktionierte. Sie machte auf. Sie redete und redete: »Und wenn du dann jemandem begegnest oder mit jemandem ausgehst, kannst du dann immer so gucken: ›Lügt der mich jetzt an oder was?‹ Oh Wahnsinn.«

Zeit, die etwas schwereren Geschütze aufzufahren.

»Ich zeig dir noch was Cooles, und dann machen wir weiter mit dem Interview«, sagte ich und legte ein Zeitlimit obendrauf.

»Es ist ein Experiment. Ich werde versuchen, etwas zu erraten, an das du gerade denkst.«

Dann verwendete ich einen simplen Trick, um die Initialen einer alten Freundin zu erraten, mit der sie gefühlsmäßig etwas verband, die ich ganz bestimmt nicht kannte und von der ich noch nie gehört hatte. Ihre Initialen waren G.C. Und ich riet einen von zwei Buchstaben richtig. Es war eine neue Technik, die ich noch nicht ganz beherrschte, aber für sie reichte es.

»Ich glaub's nicht, daß du das hingekriegt hast! Wahrscheinlich habe ich dermaßen viele Mauern um mich rum, und du hast deshalb nur den einen gewußt«, sagte sie. »Laß es uns noch mal versuchen.«

»Wieso probierst du es nicht mal?«

»Ich hab Angst.« Sie steckte ihre Fingerknöchel in den Mund und knabberte mit den Zähnen daran. Sie hatte großartige Zähne und das perfekte Lächeln. »Ich kann das nicht.«

Sie war nicht länger Britney Spears. Sie war ein Einer-Set, eine alleinstehende Zielperson. Oder, wie Robert Greene sie in seiner Unterscheidung von Verführungsopfern klassifiziert hätte, ein *einsamer Führer*.

»Wir vereinfachen das Ganze«, sagte ich. »Ich schreibe eine Nummer auf. Irgendwas zwischen eins und zehn. Und ich möchte, daß du dabei überhaupt nicht nachdenkst. Vertrau einfach deinen Instinkten. Man braucht kein besonderes Talent, um anderer Leute Gedanken zu lesen. Du mußt nur das Stimmengewirr in deinem Inneren zum Schweigen bringen und wirklich auf deine Gefühle hören.«

Ich schrieb eine Zahl auf ein Stück Papier und gab es ihr.

»Und jetzt sag mir, welche Zahl du als allererste fühlst.«

»Und wenn es die falsche ist?« fragte sie.

Für so etwas hatten wir im Feld die Bezeichnung MSW-Mädchen – sie litt unter mangelndem Selbstwertgefühl.

»Was meinst du denn, welche es ist?«

»Die Sieben«, sagte sie.

»Und jetzt dreh mal den Zettel um«, wies ich sie an.

Langsam drehte sie das Blatt Papier um, so als hätte sie Angst, es anzuschauen. Dann hob sie es in Augenhöhe. Eine fette Sieben starrte ihr entgegen.

Sie stieß einen Schrei aus, sprang von der Couch auf und lief zum Spiegel. Mit offenem Mund starrte sie ihrem Spiegelbild ins Auge.

»Oh mein Gott«, sagte sie. »Und das hab *ich* getan.«

Es war, als müsse sie zuerst in den Spiegel schauen, um sich zu vergewissern, daß das, was gerade geschehen war, real war.

»Boah«, schnappte sie nach Luft. »Ich war das.« Sie war wie ein kleines Mädchen, das zum ersten Mal Britney Spears sieht. Sie war ihr eigener Fan.

»Ich wußte einfach, daß es die Sieben ist!« verkündete sie und galoppierte zurück zum Sofa.

Natürlich wußte sie es. Das war der allererste Zaubertrick, den ich von Mystery gelernt habe: Wenn du jemanden eine beliebige Zahl zwischen eins und zehn auswählen läßt, dann sucht er sich in sieben von zehn Fällen – vor allem, wenn du ihn drängst, sich schnell zu entscheiden – die Sieben aus.

Na gut, ich hatte sie also reingelegt. Aber jetzt brauchte ihr Selbstwertgefühl einen kräftigen Schub.

»Siehst du«, sagte ich zu ihr. »Tief in deinem Inneren kennst du die Antworten alle schon. Es ist nur die Gesellschaft, die dir beibringt, so viel zu denken.« Das sagte ich nicht nur so, es ist wirklich meine Überzeugung.

»Cooles Interview!« rief sie aus. »Gefällt mir echt gut. Das war das beste Interview meines Lebens!«

Dann wandte sie mir ihr Gesicht zu, sah mir in die Augen und fragte: »Können wir das Aufnahmegerät mal kurz ausmachen?«

In der darauffolgenden Viertelstunde unterhielten wir uns über Spiritualität, das Schreiben und über unser Leben. Sie war einfach nur ein verwirrtes kleines Mädchen, das eine verspätete emotionale Pubertät durchmachte. Sie war auf der Suche nach etwas Wirklichem, an dem sie sich festhalten konnte, etwas, das tiefer ging als Popruhm und die Arschkriecherei der Leute, mit denen sie normalerweise in Berührung kam. Ich hatte ihr gezeigt, was ich zu bieten hatte, und nun bewegten wir uns auf jene Phase des Verführungsprozesses zu, in der die Verbindung hergestellt ist. Vielleicht hatte Mystery ja recht: Sämtliche menschlichen Beziehungen folgen derselben Formel.

Wellenlänge ist gleich Vertrauen plus Geborgenheit.

Trotzdem, ich hatte auch noch einen Job zu erledigen. Ich schaltete das Aufnahmegerät wieder ein und stellte ihr noch mal dieselben Fragen, die ich ihr schon am Anfang unseres Interviews gestellt hatte, und alle weiteren Fragen, die ich noch auf meiner Liste hatte. Diesmal gab sie mir brauchbare Antworten, die man auch abdrucken konnte.

Als die Stunde um war, drückte ich auf die Stoptaste meines Aufnahmegerätes.

»Weißt du«, sagte Britney, »ich glaube ja, daß nichts ohne Grund geschieht.«

»Das glaube ich allerdings auch«, stimmte ich zu.

Sie berührte mich an der Schulter, und ein breites Lächeln lief über ihr Gesicht. »Gibst du mir deine Nummer? Ich geb dir meine.«

KAPITEL 10

Britney verließ den Raum, um sich für ein MTV-Interview umzuziehen. Zehn Minuten später kam sie mit ihrer Pressefrau wieder zurück.

Während Britney vor den Kameras Platz nahm, sah mich die Pressefrau mit einem merkwürdigen Blick an.

»So was hat sie vorher mit noch keinem Schreiberling gemacht«, sagte sie.

»Ach, echt?« meinte ich.

»Sie hat gesagt, es wär ihr wie Schicksal vorgekommen, daß ihr beide euch kennenlernt.«

Schweigend standen die Pressefrau und ich nebeneinander, als das MTV-Interview begann.

»Und, neulich nacht ging's voll ab, oder?« fragte der Interviewer.

»Ja, schon«, erwiderte Britney.

»Wie war denn so das Energielevel in dem Club, als du da völlig überraschend aufgetaucht bist?«

»Total abgefahren.«

»Und hast du dich so richtig amüsiert?«

Plötzlich stand Britney auf. »Das hat keinen Zweck«, sagte sie zur Crew. »Ich bin nicht richtig bei der Sache.«

Sie drehte sich auf dem Absatz um und spazierte zur Tür, die Crew und ihre Assistentinnen blieben belämmert zurück. Im Vorbeigehen zog Britney ihre Mundwinkel nach oben und schenkte mir ein verschwörerisches Lächeln. Ich hatte einen Nerv bei ihr getroffen. Es gab etwas in Britney Spears, das tiefer ging als das, was die Popmaschinerie von ihr verlangte.

Da wurde mir klar, daß die perfekte Masche bei Promis viel besser funktioniert als bei normalen Leuten. Denn weil Stars nun mal sehr behütet leben und nur begrenzten Umgang haben, können eine Wert-Demonstration oder ein richtig plazierter Dämpfer zehnmal so wirksam sein wie sonst.

An den darauffolgenden Tagen dachte ich oft über das nach, was passiert war. Ich machte mir nichts vor: Britney Spears fand mich nicht attraktiv. Sie zog mich nicht als Geschlechtspartner in Betracht. Aber ich hatte ihr Interesse geweckt. Und das war ein Schritt in die richtige Richtung. Denn das Aufreißen ist ein linearer Prozeß: Erst muß man die Einbildungskraft erobern und dann das Herz.

Interesse plus Anziehung plus Verführung gleich Sex.

Gut möglich, daß das alles bloß Autosuggestion war. Soviel ich wußte, gab Britney Spears so gut wie jedem Musikjournalisten ihre Nummer, damit er sich für etwas Besonderes hielt und eine gute Geschichte schrieb. Wahrscheinlich erreichte man unter der angegebenen Nummer nur einen Telefonservice für leichtgläubige Autoren, die sich für Mordskerle hielten. Oder das Ganze war ein Trick der Pressefrau, um die Journalisten glauben zu machen, sie hätten eine besondere Beziehung zu ihrer Künstlerin. Vielleicht war ich ja derjenige, der hier gekrallt wurde, und nicht sie.

Die Wahrheit würde ich wohl nie herausfinden.

Ich starrte jeden Tag auf diese Nummer, aber ich brachte es nicht über mich, sie zu wählen. Ich sagte mir, daß ich damit eine journalistische Grenze überträte: Denn wenn ihr mein Artikel nicht gefiel (was durchaus möglich war), wollte ich nicht, daß sie überall herumerzählte, ich hätte bloß schlecht über sie geschrieben, weil sie mich nie zurückgerufen hatte.

»Ruf sie doch einfach an«, stachelte mich Mystery andauernd an. »Was hast du denn zu verlieren? Sag einfach zu ihr: ›Kannst du dich so anziehen, daß du nicht wie Britney Spears aussiehst? Dann können wir allen möglichen Quatsch anstellen, ohne daß es auffliegt. Wir setzen uns Perücken auf, klettern auf das Hollywood-Schild und fassen es an, damit es uns Glück bringt.‹«

»Wenn ich sie irgendwo bei einem Society-Event kennengelernt hätte, meinetwegen. Aber das hier ist mein Job.«

»Du bist jetzt auf einem ganz anderen Level unterwegs. Sobald der Artikel fertig ist, ist dein Job erledigt. Also ruf sie an.«

Aber ich brachte es nicht fertig. Bei Dalene Kurtis, dem Playmate des Jahres, hätte ich keine Sekunde gezögert und sie angerufen. Vor Frauen wie Dalene hatte ich keine Angst mehr. Ich fühlte mich ihrer würdig. Das hatte ich ein ums andere Mal bewiesen, seit ich ihr begegnet war. Aber Britney Spears?

In eineinhalb Jahren wächst das eigene Selbstwertgefühl eben doch nicht beliebig.

LEKTION IX:

TUCHFÜHLUNG AUFNEHMEN

»UND GLAUBST DU, DASS DIE LIEBE SELBST,
WENN SIE IN SOLCH HÄSSLICHEM HAUSE WOHNT,
LANGE GEDEIHEN KANN?«

edna st. vincent millay

UND GLAUBST DU, DASS DIE LIEBE SELBST

KAPITEL 1

Eine einzige Frau genügte, um Project Hollywood zu Fall zu bringen.

Dem äußeren Anschein nach war Katya ein ganz gewöhnliches Party-Girl, das gerne trank, tanzte, high wurde und Sex hatte – nicht notwendigerweise in dieser Reihenfolge. Doch Katya sollte bald sämtliche Aufreißer im Haus mit ihren eigenen Waffen schlagen – ob aus Unschuld, Rache oder wahrer Liebe, sei dahingestellt. All die jahrelange Übung, all die auswendig gelernten Techniken und antrainierten Verhaltensmuster, all diese New-Rock-Plateauschuhe reichten nicht, um es mit einer Frau aufzunehmen, die links liegengelassen worden war.

Als ich aus New York zurückkehrte, stand gerade ein Workshop an, den Mystery in Los Angeles halten wollte. Inzwischen verlangte er 1.500 Dollar dafür – und die Leute zahlten. Fünf Teilnehmer hatten sich angemeldet, die einen hübschen Gewinn abwerfen würden – dafür, daß er ein Wochenende lang mit ihnen redete und baggerte. Katyas Nummer war nur eine von mehreren, die er gesammelt hatte, während er auf dem Workshop seine Masche vorführte. Er hatte sie in einer Bar in Hollywood namens Star Shoes aufgegabelt. Zu diesem Zeitpunkt war sie ziemlich betrunken, und höchstwahrscheinlich auf Droge.

Montag war Telefontag im Project Hollywood. Jeder telefonierte die Nummern ab, die er am Wochenende zuvor eingesammelt hatte, um zu sehen, welche Spuren noch heiß waren und welche sich erledigt hatten. Als Mystery seine Anrufe machte, war Katya die einzige, die den Hörer abnahm. Wäre Katya nicht zu Hause gewesen, und eine andere von Mysterys Eroberungen statt dessen ans Telefon gegangen – unser aller Leben wäre anders verlaufen.

Trotz unserer angeblichen Könnerschaft ist die Partnersuche im großen und ganzen ein Glücksspiel. Alles hängt davon ab, in welcher Lebenssituation die Opfer sich befinden. Es kann sein, daß sie gerade nach einem festen Freund suchen, einem One-Night-Stand oder einem Ehemann, oder mit dir ins Bett gehen, um sich an jemandem zu rächen. Oder sie suchen nach gar nichts Bestimmtem, weil sie in einer glücklichen Beziehung leben oder sich gerade von einer zerstörerischen Verbindung erholen.

Katya war vermutlich auf der Suche nach einer Unterkunft.

Als Mystery sie anrief, konnte sich Katya gar nicht mehr an ihn erinnern. Dennoch erklärte sie sich nach einer halben Stunde Gespräch (oder vertrauensbildender Maßnahmen, wie sich Mystery ausdrückte) bereit, bei uns vorbeizuschauen.

»Brezel dich nicht zu sehr auf«, sagte Mystery. »Ich hab bloß ein, zwei Stunden Zeit, um mit dir abzuhängen.«

Solche Formulierungen wie »nicht so aufbrezeln« und »abhängen« waren – genau wie das Zeitlimit – Teil einer Strategie, den Besuch nicht mit zu viel Bedeutung aufzuladen. Man kann auf die Weise viel leichter jemanden dazu bewegen, Zeit mit einem Wildfremden zu verbringen, als mit essen gehen und dem üblichen EFL-Brimborium. So etwas kann eine ziemlich qualvolle, langwierige Veranstaltung werden, wenn sich zwei Menschen gegenübersitzen, die nichts gemeinsam haben und den ganzen Abend mühsam Konversation betreiben müssen.

Als Katya am Abend erschien, hatte sie einen pinken Trainingsanzug an und einen kleinen raufustigen Terrier namens Lily im Schlepptau. Beide fühlten sich vom ersten Moment an wie zu Hause. Katya ließ sich in die Kissengruft plumpsen, und Lily kackte erst mal auf den Teppich.

Mystery kam aus seinem Zimmer, mit Jeans und einem langärmeligen schwarzen T-Shirt bekleidet, die Haare zu einem Pferdeschwanz zusammengebunden. »Ich schließ nur schnell meinen Rechner an den Projektor an, dann kann ich dir ein paar Filme zeigen, die ich aufgenommen habe«, sagte er.

»Mach dir keinen Streß«, sagte Katya mit beschwingtem russischen Akzent. Sie hatte eine Stupsnase, mit der sie wackeln konnte, bauschige Wangen, die sie ab und an aufblies, und wippende blonde Haare, die ihre Niedlichkeit noch unterstrichen.

Mystery dämpfte das Licht und zeigte ihr unsere Videos. Sie waren zu einem beliebten Programmpunkt geworden, denn mit ihnen konnten wir positive Eigenschaften von uns und unseren Freunden vermitteln, ohne dabei auch nur ein Wort reden zu müssen. Nach dem Videogucken massierten sich Mystery und Katya gegenseitig und knutschten miteinander rum. Nach der zweiten Verabredung drei Tage später – und einigem Hin und Her – war die Sache geritzt.

»Ich bin gerade dabei, aus meiner Wohnung auszuziehen«, eröffnete sie Mystery anschließend. »Ist es okay, wenn Lily hierbleibt, während ich am Wochenende in Las Vegas bin?«

Lily bei uns zurückzulassen war ein raffinierter Schachzug, denn während Katyas Abwesenheit gewöhnten wir uns allesamt an diesen quietschvergnügten, liebenswerten Hund – und damit auch an seine Besitzerin. Von der Persönlichkeit her gab es nämlich gewisse Ähnlichkeiten: Beide waren sie quirlig und energiegeladen und schleckten Mystery gern das Gesicht ab.

Nach Katyas Rückkehr aus Las Vegas half Mystery ihr beim Umzug. »Ich fände es völlig albern, wenn du dir ’ne neue Wohnung mietest, wo du doch sowieso die meiste Zeit bei mir sein wirst«, sagte er zu ihr. »Wieso ziehst du nicht einfach bei mir ein?«

Katyas gesamte Habseligkeiten bestanden aus zwei Seesäcken, einem Schminkköfferchen, Lily sowie einem Mazda-Geländewagen, der mit Klamotten und Schuhen vollgestopft war. Soweit uns allen bekannt war, verfügte sie weder über einen Job noch über sonst eine Einkommensquelle. Obwohl sie für eine Reihe von Low-Budget-Bikini-Kalendern als Model gearbeitet hatte und Abendkurse als Maskenbildnerin besuchte, um zu lernen, wie man Special Effects schminkte. Nach dem Kurs spazierte sie immer durchs Haus und präsentierte stolz ihre falschen Würgemale am Hals, ein künstliches Hirn, das aus einer Fleischwunde an der Stirn quoll, oder die Runzeln und Leberflecken einer Neunzigjährigen.

Binnen kurzem war Katya aus dem häuslichen Gefüge nicht mehr wegzudenken. Sie bot an, sich für Papas Workshops als Türöffner zur Verfügung zu stellen. (Als »Blickfang« oder »Türöffner« bezeichnet man eine Frau – normalerweise eine Freundin des Aufreißers –, mit deren Hilfe man andere Frauen kennenlernt.) Sie legte Herbal Lidschatten auf, bevor er abends auf die Piste ging. Sie machte die Küche sauber, wozu wir allesamt zu faul waren. Sie kaufte mit Xaneus Klamotten. Und sie spielte die Gastgeberin bei Playboys Parties. Sie hatte ein unglaubliches Talent, sich mit jedermann anzufreunden, obschon ihre Motivation nicht ganz klar war: War es, weil sie Menschen einfach gerne mochte oder weil sie froh war, keine Miete zahlen zu müssen? Wie auch immer, sie gab dem Haus seinen ersten Hauch Wärme und Kameradschaft seit jener Nacht nach unserem Einzug, als wir gemeinsam im Whirlpool gesessen und uns die Zukunft ausgemalt hatten. Ich mochte sie. Wir alle mochten sie. Wir ließen sogar ihren Bruder, einen strubbeligen Sechzehnjährigen mit Tourette-Syndrom, für ein paar Wochen in unserer Kissengruft schlafen.

Mystery war besonders zufrieden mit sich selbst. Seit Patricia hatte er keine ernsthafte Beziehung mehr gehabt.

»Ich bin doch tatsächlich in meine eigene Freundin verknallt«, verkündete er eines Abends voller Stolz und zeigte einer Gruppe x-beliebiger Aufreißer Katyas Bild aus dem Bikini-Kalender. »Ich denke ständig an sie, als ob sie mein Baby wäre. Ich hab einen ziemlich starken Beschützerinstinkt. Ein echtes Bedürfnis, mich um sie zu kümmern und dafür zu sorgen, daß dem Mädchen nichts passiert.«

Später am Abend saßen Katya und ich im Whirlpool und tranken eine Flasche Wein, während Herbal ein Steak grillte.

»Das macht mir wirklich angst«, sagte sie.

»Was denn?« fragte ich, obwohl ich wußte, wovon sie redete.

»Daß ich dabei bin, mich in Mystery zu verlieben.«

»Na ja, er hat's eben echt drauf und ist ein toller Typ.«

»Ja«, sagte sie. »Normalerweise passiert mir das nicht, daß ich mich dermaßen schnell verliebe. Ich kenn ihn doch kaum.«

Eine Weile saß sie nur schweigend da. Sie wollte, daß ich irgend etwas sagte, sie warnte für den Fall, daß sie einen Fehler machte.

Ich sagte nichts.

Ein paar Tage später flogen Mystery und Katya nach Las Vegas. Kurz nach ihrer Ankunft rief mich Katya an.

»Hey, stimmt irgendwas nicht?« fragte ich sie.

»Nein. Mystery will mich heiraten. Er ist am Pool des Hard Rock Cafés vor mir auf die Knie gegangen und hat mir einen Heiratsantrag gemacht. Alle haben applaudiert. Das war echt süß. Was mach ich denn jetzt?«

Mystery riß ihr den Hörer aus der Hand. »Hey, Alter, du wirst mir jetzt wahrscheinlich den Kopf abreißen, aber wir heiraten! Ich bin so verliebt in dieses Mädchen. Sie hat echt 'nen Schuß. Wir sind gerade auf dem Weg in die Kirche. Also dann, tschüs.«

Der Kerl hatte sie nicht mehr alle.

Am selben Abend trug Mystery Katya über die Türschwelle des Project Hollywood und summte dabei »Here Comes the Bride«.

Da kannten sie sich gerade mal drei Wochen.

»Guck doch mal, mein Ring«, gurrte Katya. »Ist er nicht wunderschön?«

»Unsere Ringe haben 8.000 Dollar gekostet«, vermeldete Mystery stolz. Das war im Prinzip seine gesamte Barschaft. Er scheffelte zwar mit seinen Workshops einen Haufen Geld, hatte aber eine Schwäche für Männerspielzeug – Computer, Digitalkameras, Organizer: Hauptsache, es war ein Chip drin.

»Diese ganze Hochzeitskiste«, vertraute mir Mystery an, während Katya gerade im Badezimmer war, »das ist die allerbeste Technik überhaupt. Sie liebt mich jetzt. Und fährt voll darauf ab, mich ›mein Mann‹ zu nennen.«

»Mein Lieber, das ist die bescheuertste Technik überhaupt«, erwiderte ich. »Die kannst du nämlich nur einmal einsetzen.«

Mystery trat einen Schritt auf mich zu und nahm den Ring vom Finger.

»Ich verrat dir mal ein Geheimnis«, flüsterte er und drückte mir den Ring in die Hand. »Wir sind gar nicht verheiratet.«

Bei jedem anderen Aufreißer, der mir erzählt hätte, er habe in Las Vegas ein Mädchen geheiratet, das er eben erst kennengelernt hatte, hätte ich den Witz durchschaut. Aber Mystery war dermaßen eigenwillig und unberechenbar, daß ich ihm die Sache tatsächlich abgenommen hatte.

»Aber sag Katya nichts davon, daß ich's dir erzählt habe«, fuhr Mystery fort. »Ich glaub, das Rollenspiel macht ihr echt Spaß. Auf 'ner emotionalen Ebene ist es dasselbe für sie, als wenn sie wirklich verheiratet wäre.«

Mystery hatte recht: Wahrnehmung ist Realität. In den darauffolgenden Tagen veränderte sich ihre ganze Beziehung, und sie fingen tatsächlich an, sich wie ein altes Ehepaar zu benehmen.

Nun, da er mit einer Frau zusammenlebte, verspürte Mystery nicht mehr das Bedürfnis auszugehen. Clubs waren für ihn zum Aufreißen da. Für Katya waren sie freilich auch zum Tanzen da.

Weshalb sie anfing, ohne ihn durch die Clubs zu ziehen. Nach einer Weile verließ Mystery kaum noch sein Zimmer, ja nicht einmal mehr sein Bett. Es war schwer zu sagen, ob das aus Faulheit geschah oder ob er dabei war, in eine Depression zu schlittern.

Es gibt ein Modell, das wir Aufreißer *Steine gegen Gold* nennen. Wenn ein Mann merkt, daß seine Freundin nicht mehr mit ihm schlafen will, greift er darauf zurück. Er erklärt ihr, daß Frauen in einer Beziehung immer Steine wollen (bzw. Edelsteine), während Männer aufs Gold aus sind. Steine sind für eine Frau: nett essen gehen, kleine Aufmerksamkeiten, Romantik und emotionale Verbundenheit. Gold ist für den Mann: Sex. Wenn man einer Frau Gold gibt oder dem Mann Steine, ist keiner von beiden zufrieden. Es muß einen Austausch geben. Und Katya gab Mystery das Gold, aber er gab ihr keine Steine. Er ging überhaupt nicht mehr mit ihr aus.

Es dauerte nicht lange, und die beiden fielen einander ziemlich auf die Nerven.

Er: »Jeden Abend kommt sie besoffen nach Hause. Das macht mich wahnsinnig.«

Sie: »Als wir uns kennengelernt haben, hatte er noch alle möglichen ehrgeizigen Pläne. Jetzt liegt er nur noch im Bett rum. Was soll das?«

Und er: »Sie hält nie die Klappe. Ständig labert sie irgendeinen Schwachsinn und hat Hummeln im Arsch.«

Und sie: »Ich geb mir jeden Abend die Kante, weil ich nicht in so 'ner traurigen Realität leben will.«

Mystery brauchte ein Mädchen, das etwas passiver war. Katya brauchte einen Mann, der etwas aktiver war. Und das machte uns alle traurig. Denn nachdem wir über viele Monate in einem Haus voller Männer gelebt hatten, hingen wir inzwischen sehr an der positiven Energie und der guten Laune, die sie verbreitete.

Mystery hatte sich selbst alles beigebracht, was man übers

Aufreißen wissen mußte, aber nichts darüber, wie man eine Beziehung aufrechterhielt. Da hatte er sich dieses wunderbare Geschöpf geangelt, das vor Lebensenergie nur so sprühte, und warf es einfach so weg.

Doch bald schon sollte eine Frau von noch ganz anderem Kaliber zu uns ins Project Hollywood ziehen.

Um 23:39 Uhr erhielt ich eine SMS: »Kann ich bei euch wohnen? Die haben mein Auto beschlagnahmt & Schlimmeres. Willst du gar nicht wissen. Mir fällt hier die Decke auf den Kopf.«

Es war Courtney Love.

KAPITEL 2

Ich klopfte an die Tür von Courtneys Zweitwohnung in West Los Angeles.

»Komm rein. Es ist offen.«

Courtney saß auf dem Fußboden, umgeben von einem Meer von American-Express-Abrechnungen und Kontoauszügen, in der Hand einen gelben Textmarker. Sie hatte ein schwarzes Marc-Jacobs-Kleid an, das seitlich lauter Knöpfe hatte. Einer davon fehlte.

»Ich kann's nicht mehr sehen«, stöhnte sie. »Diese ganzen Kredite, von denen ich gar nichts wußte. Ich hab keine Ahnung, ob ich die je abgesegnet habe.«

Sie stand auf und knallte eine American-Express-Abrechnung auf den Tisch. Die aufgeführten Posten waren zur Hälfte gelb markiert und trugen am Rand Vermerke mit schwarzer Tinte. »Wenn ich hierbleibe, nehme ich bloß wieder Drogen«, schrie sie.

Sie hatte keinen Manager mehr, und sich um ihre eigenen Angelegenheiten zu kümmern überforderte sie ganz offensichtlich.

»Ich möchte nicht allein sein«, bettelte sie. »Ich brauch bloß für ein paar Tage ein Dach über dem Kopf. Danach bist du mich los. Versprochen.«

»Das ist schon okay.« Anscheinend hatte sie keine Probleme mit der Geschichte, die ich im *Rolling Stone* über sie geschrieben hatte. »Herbal meinte, du könntest bei ihm im Zimmer schlafen. Ich will dich nur vorwarnen, daß das kein normales Haus ist, in das du da ziehst.«

»Das weiß ich. Ich möchte ja auch die ganzen Chef-Aufreißer kennenlernen. Vielleicht können die mir ja helfen.«

Ich begleitete sie die Treppe hinunter und zurrte ihren dreißig Kilo schweren Koffer hinten auf dem Gepäckträger meiner Corvette fest.

»Gut zu wissen für dich wäre auch noch, daß Katyas kleiner Bruder bei uns wohnt«, sagte ich. »Und wenn der dir ein bißchen neben der Kappe vorkommt, dann liegt das daran, daß er Tourette hat.«

»Das ist doch das, wo man andauernd unkontrolliert ›Scheiße!‹ und ›Ficken!‹ ruft, oder?«

»Ja, so ähnlich.«

Ich stellte den Wagen in der Garage ab und schleppte ihren Koffer nach oben ins Haus. Der erste, dem wir drinnen begegneten, war Herbal, der gerade aus der Küche kam.

»Hallo, Scheißeficken«, sagte Courtney zu ihm.

»Nein«, erklärte ich ihr. »Das da ist nicht Katyas Bruder.«

Der spazierte einen Augenblick später aus der Küche, an einer Cola nippend.

»Hallo, Scheißeficken«, sagte Courtney zu ihm.

Sie wich einen Schritt zurück und trat dabei auf Lily, die laut aufheulte. Courtney drehte sich um – wie ich annahm, um sich zu entschuldigen.

»Verpiß dich«, herrschte sie den Hund an.

Interessante Tage lagen vor uns.

Ich zeigte ihr das Haus und wünschte ihr anschließend eine gute Nacht. Keine zwei Minuten später kam sie in mein Zimmer marschiert.

»Ich brauch 'ne Zahnbürste«, sagte sie und flitzte in Richtung Badezimmer.

»Im Medizinschrank ist noch eine, die ist sauber«, rief ich ihr hinterher.

»Die da tut's auch«, raunzte sie mich an und griff sich meine abgenutzte Zahnbürste vom Waschbeckenrand.

Man konnte ihr einfach nicht böse sein. Sie besaß einen Charakterzug, um den sie beinahe jeder Aufreißer beneidete: die totale Leck-mich-Haltung.

Als ich am nächsten Morgen die Treppe herunterkam, sah ich sie im Wohnzimmer eine Zigarette rauchen, mit nichts bekleidet außer einem teuren japanischen Seidenunterhöschen. Ihr ganzer Körper war mit schwarzen Flecken übersät, so als hätte sie sich in Kohlenstaub gewälzt.

In diesem leicht derangierten Zustand begegnete sie den übrigen Hausbewohnern.

»Ich bin mal mit deinem Vater geritten«, sagte Papa zu ihr, als ich die beiden miteinander bekannt machte.

Courtneys Miene verdüsterte sich. »Wenn du den Kerl noch mal als meinen Vater bezeichnest, polier ich dir die Fresse!« fauchte sie.

Sie war nicht mit Absicht gemein – sie lebte einfach spontan und aus dem Augenblick –, doch Papa konnte nicht gut mit Aggression umgehen. Von dem Tag an, da er den Mietvertrag für Project Hollywood unterschrieben hatte, war es sein sehnlichster Wunsch gewesen, Promis im Haus zu haben. Aber kaum lebte er mit einer im selben Haus – noch dazu mit der berühmtberüchtigtsten Frau des Landes –, war er in ihrer Gegenwart wie gelähmt. Fortan mied er sie, wie auch alle anderen, die nichts mit seinem Aufriß-Busineß zu tun hatten.

Als nächste lernte Courtney Katya kennen. »Ich hab gerade einen Schwangerschaftstest gemacht«, sagte Katya und verzog ihre Lippen zu einem Ausdruck des Selbstmitleids. »Und er war positiv.«

»Du solltest das Kind kriegen«, meinte Courtney. »Das ist das Schönste überhaupt in der Welt.«

Ich kam mir vor wie in *The Surreal Life*.

KAPITEL 3

Mystery kniete vor Katya und küßte ihren Bauch. »Wenn du das Baby behalten möchtest, werde ich deine Entscheidung mittragen, ganz egal, ob wir für immer zusammenbleiben oder nicht. Es wird bestimmt ein wunderschönes Baby.«

Sonnenlicht strömte von der Terrasse her in die Küche und beleuchtete eine langgezogene Ameisenkette, die von der Ziegeleinfassung draußen bis zum überquellenden Mülleimer reichte. Ehe er aufstand, spuckte Mystery mitten in die Kettenformation. Da, wo er hingespuckt hatte, stoben die Ameisen in alle möglichen Richtungen davon.

»Ich kann's gar nicht glauben, daß du überhaupt darüber nachdenkst, das Kind zu behalten«, erwiderte Katya. Ihre Stimme klang fröhlich und zugleich voller Hohn. »Du bist schon komisch. Du tust so, als wären wir wirklich verheiratet.«

Die Ameisen fielen wieder zurück in die alte Formation. Bald war die Ordnung wiederhergestellt. Nichts deutete darauf hin, daß es hier vor kurzem eine Katastrophe gegeben hatte.

»Ich liebe dich«, sagte Mystery emotionslos. »Und du kennst meine Einstellung zum Leben: Überleben und Fortpflanzen. Deswegen sehe ich kein Problem darin, das Kind zu kriegen. Ich bin bereit, meinen Teil der Verantwortung zu übernehmen.«

Unser Haus organisierte sich nicht von selbst wie ein Ameisenvolk. Es gab keine Befehlskette oder feste Struktur, die jeder stillschweigend akzeptiert hätte. Wir folgten dem Pfad, den uns die männlichen Hormone diktierten. Und ihr Naturzustand war die Unordnung.

Den ganzen Nachmittag über stritten sich Mystery und Katya darüber, ob sie das Kind abtreiben lassen solle und wer dafür aufkommen müsse. Solche Angelegenheiten kann man freilich nicht in der Gruppe entscheiden.

Drei Tage später fuhren Mystery und Katya in eine Abtreibungsklinik.

»Stell dir vor«, quietschte Katya nach ihrer Rückkehr. »Ich war gar nicht schwanger!«

Sie sprang in die Luft und klatschte in die Hände vor lauter Glück. Mystery stand hinter ihr und zeigte ihr den Stinkefinger. Aus seinem Gesicht sprach der reine Haß. Nie zuvor hatte ich ihn einer Frau gegenüber so bösartig erlebt.

Ein paar Stunden später fand ich Katya an der Bar, wo sie sich gerade ein Glas Chardonnay genehmigte. Und dann noch eins. Und noch eins.

»Mystery kommt nicht mehr aus seinem Zimmer raus, und er will nicht mehr ficken«, beschwerte sie sich. »Also muß ich mich heute abend ohne ihn amüsieren.«

»Das hast du dir auch verdient.«

»Komm, trink was mit mir«, gurrte sie.

»Nee, laß mal, danke.«

»Mach dir keinen Streß.« Sie nippte langsam an ihrem Wein und setzte sich neben mich aufs Sofa.

»Wow«, sagte sie. »Du hast ja ganz schön trainiert. Deine Arme sehen toll aus.«

»Danke.« Eins von den Dingen, die ich in den vergangenen eineinhalb Jahren gelernt hatte, war, wie man mit Komplimenten umgeht. Man sagt einfach »Danke«. Das ist die einzige Antwort, die ein selbstbewußter Mensch darauf geben kann.

Sie rutschte näher an mich heran und quetschte meinen Bizeps. »Du bist der einzige hier im Haus, mit dem ich reden kann.« Ihr Gesicht war nur noch Zentimeter von meinem entfernt.

Ich spürte das gleiche Knistern in der Luft wie damals, als ich kurz davor gewesen war, das Mädchen zu küssen, das Tyler Durden im Hard Rock Café aufgerissen hatte.

»Schau mal«, sagte sie und hob ihr Top. »Ich hab 'ne Kratzwunde.«

»Wie schön.«

»Fühl mal.«

Sie nahm meine Hand und zog sie an ihre Brust. Ich mußte zusehen, daß ich Land gewann.

»Ja, war nett, mit dir zu reden, aber ich muß jetzt auf mein Zimmer und die Palme gießen.«

»Aber du hast doch gar keine Palme«, jammerte sie.

Ich lief einmal ums Haus und betrat von hinten über die Terrasse Mysterys Zimmer. Er lag in Jeans auf dem Bett, einen Laptop auf dem nackten Bauch, und schaute sich *Zurück in die Zukunft II* an.

»Als ich in der zehnten Klasse war, wollte ich mich umbringen, weil ich nichts mehr hatte, wofür es sich zu leben lohnte«, sagte er. »Dann hörte ich, daß in dreiundzwanzig Tagen *Zurück in die Zukunft II* anlaufen würde. Ich nahm meinen Kalender und strich jeden Tag ab, bis der Film anlief. Das allein hat mich davon abgehalten, mich umzubringen.«

Er hielt den Film an und nahm den Laptop vom Bauch. »Als

ich im Kino saß und die Filmmusik anfing, hab ich geweint, Mann. Schließlich war das mein Grund weiterzuleben. Ich kenne sämtliche Requisiten.« Er hielt die DVD-Box hoch und zeigte mir das Cover. »Dieses Auto hier hab ich mit eigenen Händen angefaßt.«

Ich setzte mich ans Fußende seines Bettes. Niemand überbringt gern schlechte Nachrichten. Ich nahm die DVD-Box in die Hand und betrachtete sie. Mystery stand auf Filme wie *Was für ein Genie, Einstein Junior* und *Karate Kid*. Ich hingegen war eher für Werner Herzog, Lars von Trier und Pixar zu haben. Das hieß nicht, daß ich besser war als er: Es hieß bloß, wir waren zwei unterschiedliche Arten von Filmfreaks .

»Hey, Mystery«, sagte ich. »Deine Frau hat mich angebaggert.«

»Überrascht mich nicht. Bei Playboy hat sie's heute abend auch schon probiert.«

»Und willst du nichts dagegen unternehmen?«

»Ist mir egal. Soll sie doch machen, was sie will.«

»Na ja, wenigstens ist sie nicht schwanger.«

»Ich sag dir mal was«, sagte er. »Katya ist so eine Vollidiotin. Sie hat keinen Schwangerschaftstest gemacht, sondern einen Eisprungtest. In der Apotheke hat sie sich die falsche Schachtel gegriffen. Dreimal hat sie den Test gemacht, und jedesmal war er positiv. Alles, was dabei rauskam, war, daß sie mit dreiundzwanzig immer noch ihren Eisprung hat.«

»Und jetzt sag *ich* dir was, mein Lieber.« Ich bemerkte die Kratzwunden auf seinem Oberarm. »Du bist dabei, sie rauszuekeln. Sie macht jeden hier im Haus an, weil sie sich an dir rächen will. Ich sag nur: Steine gegen Gold, Alter! Und du hast ihr keine Steine gegeben.«

»Ja. Eine hirnlose Alkoholikerin ist sie.« Er hielt inne, schloß für einen Moment die Augen und nickte wehmütig. »Aber dieser Körper: Ihr Arsch ist 'ne Zehn.«

Als ich Mysterys Zimmer verließ, war Katya nicht mehr im Wohnzimmer. Papas Tür stand offen, Katya lag neben Papa im Bett und schmiegte sich an ihn – oben ohne.

Ich zog mich auf mein Zimmer zurück und wartete ab. Eine Stunde später brach der Sturm los. Es wurde geschrien, Türen knallten, Glas zerbrach.

Dann klopfte es an meine Tür.

Es war Courtney. »Machen deine Mitbewohner immer so einen Krach?«

Das sagte die richtige.

Ich folgte Courtney in Herbals Zimmer. Herbal hatte in der Kissengruft geschlafen, während Courtney sein Zimmer in Beschlag genommen hatte. Der Boden lag voller Klamotten, Bücher und Zigarettenasche. Am Fußende des Bettes brannte eine Kerze, deren Flamme nur wenige Zentimeter von der Bettdecke entfernt flackerte. Eines von Courtneys Kleidern war über eine heiße, nackte Glühbirne drapiert, um für etwas stimmungsvolleres Licht zu sorgen. Und sämtliche vier Telefonbücher, die wir im Haus hatten, lagen auf dem Bett verstreut. Aus jedem waren einzelne Seiten herausgerissen. Ich warf einen Blick auf das zerfetzte Papier: Es waren lauter Telefonnummern von Anwälten.

Der Lärm aus Mysterys Zimmer nahm zu.

»Laß uns mal nachsehen, was da los ist«, sagte sie.

Ich wollte damit nichts zu tun haben. Ich hatte keine Lust, den Mist anderer Leute auszubaden. Was hatte ich mit dem Scheiß zu tun?

Als wir Mysterys Badezimmer betraten, kniete Katya auf dem Boden und hatte die Hände um ihren Hals gelegt, als wäre sie am Ersticken. Ihr Bruder beugte sich über sie und hielt ihr ein Inhalationsgerät vor den Mund. Ein paar Schritte entfernt stand Mystery und durchbohrte Katya mit Blicken.

»Soll ich einen Krankenwagen rufen?« fragte ich.

»Dann nehmen sie Katya bloß fest, weil sie mit Drogen vollgepumpt ist«, erwiderte Mystery voller Verachtung.

Katya sah auf und funkelte ihn wütend an.

Wenn sie die Geistesgegenwart besaß, ihn derart anzufunkeln, dann lag sie wohl kaum im Sterben.

Als Katya endlich wieder aus Mysterys Zimmer auftauchte – mit feuchtem, hochrotem Gesicht –, nahm Courtney sie an der Hand und erzählte ihr von den Abtreibungen, die sie schon hinter sich gebracht hätte, und wie schön es doch sei, ein Kind auf die Welt zu bringen. Ich sah das ungleiche Paar dort sitzen und dachte: Courtney war sowohl ein Kind von Project Hollywood als auch seine Mutter.

Von allen Leuten hier im Haus war sie vermutlich noch am meisten bei Trost. Ein erschreckender Gedanke.

KAPITEL 4

Am nächsten Morgen stürmte Courtney schon zu ungewohnt früher Stunde zur Tür heraus. Sie trug ein aufreizendes Nachthemd von Agent provocateur.

»Was? Was ist denn los?« fragte sie und rieb sich den Schlaf aus den Augen. »Ich hab schlecht geträumt und wußte nicht mehr, wo ich war.« Sie ließ ihren Blick schweifen: von mir zu Katya, die auf dem Sofa schlief, und von dort auf Katyas Bruder und Herbal, die einträchtig nebeneinander in der Kissengruft schnarchten. »Alle haben sich lieb«, stellte sie erleichtert fest. »Niemand ist gemein. Gut.«

Sie kehrte in ihr Zimmer zurück und machte die Tür hinter

sich zu. Ein paar Minuten später stand ein Chauffeur vor der Haustür.

»Wo ist Courtney?« fragte er.

»Die schläft noch«, sagte ich.

»Sie hat in einer Stunde einen Gerichtstermin.«

Er klopfte an ihre Zimmertür und spazierte hinein. Kurz darauf purzelte ein Haufen Kleider zur Tür heraus, gefolgt von deren Besitzerin.

»Ich muß unbedingt etwas finden, das ich vor Gericht anziehen kann«, sagte sie, während sie alle möglichen Kombinationen ausprobierte und ständig ins Badezimmer lief, um vor dem Spiegel ihr Aussehen zu überprüfen. Am Ende verließ sie das Haus in einem trägerlosen schwarzen Cocktailkleid von Katya. Auf der Nase hatte sie Herbals Acht-Dollar-Sonnenbrille und unterm Arm Robert Greenes *Power. Die 48 Gesetze der Macht*.

»Ich hab ein albernes Kleid an, weil das ein alberner Prozeß ist«, erzählte sie den Gerichtsreportern an diesem Tag.

In ihrer Abwesenheit begutachteten wir den angerichteten Schaden. Herbals Tagesdecke wies Brandflecken auf, das kam von den Zigaretten, und die Wand hinter der Tür war kaputt vom ständigen Türenknallen. Auf dem Fußboden befanden sich Schlieren einer unidentifizierbaren Flüssigkeit, überall brannten Kerzen, und sämtliche Lichtquellen im Raum waren mit Kleidungsstükken behängt.

In der Küche waren alle Schranktüren aufgerissen, und der Kühlschrank stand offen. Auf der Theke stand ein Glas Marmelade und zwei Gläser Erdnußbutter, deren Deckel über den Boden verstreut lagen. Von Theke, Wandschränken und Kühlschrankfächern tropfte die Butter klumpenweise. Statt die Brottüten mit Hilfe der Plastikklammer am Tütenende aufzumachen, hatte sie sie einfach oben aufgerissen wie ein Tier. Es war ihr scheißegal. Sie hatte Hunger, also aß sie etwas. Noch so eine

Eigenschaft, die Aufreißer bewunderten: Sie konnte sich benehmen wie ein Neandertaler.

Nach ihrer Rückkehr von der Verhandlung setzte sich Courtney mit der versammelten Aufreißer-Clique zusammen und plante ihren Auftritt in der *Jay Leno-Show* am selben Abend. Mystery und Herbal brachten ihr Konzepte wie *Social Proof* und NLP-Begriffe wie *Framing* bei. Sie brauchte ein *Reframing,* einen neuen Bezugsrahmen. Der Bezugsrahmen, durch den sie die Leute derzeit sahen, war der einer ziemlich durchgeknallten Frau. Aber nachdem wir zwei Wochen mit ihr zusammengelebt hatten, wußten wir, daß sie momentan einfach eine schlechte Phase durchmachte. Sie war exzentrisch, aber nicht verrückt. Sie war sogar ziemlich schlau. Denn sie verstand auf Anhieb sämtliche Begriffe, die man ihr beibrachte.

»Also mein neues Frame ist eine Nachtigall in Not«, stellte sie fest.

Abends bei Jay Leno legte sie dann eine Glanznummer hin. Anders als bei ihrem skandalumwitterten Auftritt in der Letterman-Show wirkte sie in sich ruhend und benahm sich vor der Kamera hübsch artig – und der kurze Bühnenauftritt mit ihrer Frauenband *The Chelsea* erinnerte an den Rockstar und nicht nur an den Promi.

Ich war mit Katyas Wagen zur Show gefahren. Mit mir im Auto saßen Herbal, Mystery, Katya und Kara, ein Mädchen, das ich ein paar Tage zuvor in einer Bar kennengelernt hatte. Nach dem Ende der Sendung gingen wir rauf in Courtneys Umkleide, wo sie auf einem Hocker saß, umgeben von ihrer Band. Vor allem ihre Gitarristin haute mich um: eine umwerfende, große wasserstoffblonde Rock'n'Rollerin mit rotziger Attitüde. Wieso lernte ich in den Clubs nie solche Mädchen kennen?

»Kann ich noch zwei Wochen bei dir wohnen bleiben?« fragte Courtney Herbal.

»Klar«, antwortete er. Herbal hatte nie mit irgend etwas oder irgend jemandem Probleme. Während Mystery in seinem Zimmer saß und Trübsal blies, half er Katya, ihren Bruder bei Laune zu halten.

»Vielleicht wird's auch ein Monat«, rief uns Courtney hinterher, als wir uns schon im Gehen befanden.

KAPITEL 5

Es war nur eine Frage der Zeit, bis Katya bei jemand anderem landen würde. Seit ihrer Schrecksekunde mit der Schwangerschaft hatte sie uns alle reihum durchgetestet.

Am Ende war es Herbal, der schließlich nachgab. Er war ein entspannter Typ, der sich nie aus der Ruhe bringen ließ. Und er hörte gern zu, war bescheiden und zurückhaltend. Mit anderen Worten: Er war das genaue Gegenteil von Mystery. Doch die viele Zeit, die er mit Katya verbracht hatte, während Mystery schmollte oder tatenlos im Bett herumlag oder aus Rache mit einer Stripperin ins Bett ging, war nicht spurlos an ihm vorübergegangen. Er hatte Gefühle für Katya entwickelt. Nachdem er mit angesehen hatte, wie sie unter Mysterys Manipulation und Vernachlässigung litt, glaubte er allmählich sogar, er sei ihrer würdiger als Mystery.

»Es fällt mir zunehmend schwerer, nein zu sagen«, vertraute er mir an.

»Frag doch einfach Mystery. Wahrscheinlich ist er drüber weg.«

»Ja, hast recht. Bei der Kiste mit Sima hat er's ja auch locker genommen.« (Sima war Mysterys Ex-MLZB aus Toronto, mit der Herbal auch kurz mal was hatte.)

Also fragte Herbal Mystery. Die Antwort war nein. Doch noch am selben Abend, nachdem er sich abermals mit Katya gestritten hatte, kam Mystery zu Herbal ins Wohnzimmer und sagte beiläufig: »Wir haben uns getrennt. Du kannst sie haben.«

Diese Worte sollte er schon bald bereuen.

Binnen Stundenfrist hatte Herbal seinen Schwanz in ihr. Da ja Courtney in seinem Bett schlief, fickte er sie in Playboys Zimmer neben der Küche.

Als Mystery an diesem Abend aus dem Standard nach Hause kam, holte er sich in der Küche eine Sprite. Und da hörte er sie. Die Seufzer, die bislang exklusiv ihm als Nachtmusik vorbehalten gewesen waren, wurden nun für einen anderen Mann gesungen. Geschockt stand er vor Playboys Tür und hörte ihnen beim Vögeln zu. Katya schien die Sache großen Spaß zu machen, der Lautstärke nach zu urteilen.

Mystery klappte im Wohnzimmer auf dem Boden zusammen. Das Blut wich ihm aus dem Gesicht. Wie damals beim Tod seines Vaters machte ihm das Ganze mehr zu schaffen, als er gedacht hätte.

Unterschätze nie deine Fähigkeit, Zuneigung zu empfinden.

»Ich liebe sie«, sagte er, und die erste Träne lief ihm über die Wange. »Ich liebe das Mädchen einfach.«

»Nein, tust du nicht«, widersprach ich ihm. »Neulich hast du noch gesagt, du haßt sie.« All die Gedanken, die ich über Wochen hinweg zurückgehalten hatte, strömten nun aus mir heraus. »Was du an ihr magst, ist nur ihr Körper. Und an die Nieren geht dir das alles bloß, weil du dich zurückgewiesen fühlst.«

»Nein, ich bin sauer, weil *sie* mich nicht liebt.«

»Sie hat dich mehr geliebt als jedes andere Mädchen, mit dem ich dich zusammen erlebt habe. Wir haben irgendwann mal abends zusammen im Whirlpool gesessen, und da hat sie mir erzählt, was für eine Angst sie hätte, sich fallenzulassen und dich wirklich zu lieben. Und kaum hat sie es getan, hast du zugemacht und dich in einen kaltschnäuzigen Kotzbrocken verwandelt.«

»Aber ich lieb sie doch.«

»Das sagst du über jedes Mädchen, das mit dir ins Bett geht. Das ist keine echte Liebe. Das ist Fake. Eine Illusion.«

»Nein, ist es nicht«, brüllte er mich an. »Das stimmt nicht!«

Er stand auf, stürmte in sein Zimmer und knallte die Tür so heftig hinter sich zu, daß Lack auf den Teppichboden splitterte.

Er war als Kind derart vernachlässigt worden, daß jede Art von Liebesentzug bei ihm zu emotionalen Kurzschlüssen führte und den narzißtischen Panzer aufbrach, den er sich in seinem kindlichen Eskapismus aufgebaut hatte.

Auf dem Weg zurück in mein Zimmer fiel mir eine Szene aus dem *Zauberer von Oz* ein, wo der Zauberer zum Mann aus Blech sagt: »Ein Herz wird nicht danach beurteilt, wie sehr man liebt, sondern wie sehr man von anderen geliebt wird.«

Ich freute mich schon darauf, meine Gedanken, Sorgen und den ganzen Ärger im Traum verarbeiten und dann am nächsten Tag frisch gestärkt loslegen zu können. Doch Courtney Love lauerte mir auf. Sie stand vor meiner Tür, einen Haufen Papiere in der Hand.

»Du mußt mir Frank Abagnale an die Strippe holen«, verlangte sie. »Der kriegt das für mich hin. Und ruf Lisa an und sag ihr, daß ich sie sehen will.«

»Wird gemacht.«

Ich hatte keine Ahnung, wovon sie redete. Weder wußte ich, wie man mit Frank Abagnale in Kontakt trat (dem Meisterfälscher, dessen Memoiren den Kinofilm *Catch me if you can* inspirierten), noch, wie ich ihre Gitarristin Lisa erreichen sollte. Aber inzwischen hatte ich herausgefunden, wie man mit Courtneys ständigen Forderungen umgehen mußte: einfach ja sagen und nichts machen. In ein paar Stunden hatte sie das Ganze sowieso vergessen.

Am nächsten Morgen sah ich nach Mystery. Er saß im Morgenmantel auf dem Bett und wand sich in Krämpfen. Sein Gesicht war ganz rot, die Augen tränenumflort. In diesem Zustand hatte ich ihn noch nie erlebt. Als er in Toronto seine Depression schob, hatte er einfach die Schotten dichtgemacht und war in Apathie versunken. Diesmal schien er richtiggehend Schmerzen zu leiden.

»Am liebsten würde ich sie umbringen.« Er rollte sich auf den Rücken und jaulte wie ein Hund, der im Sterben lag. »Vom Verstand her weiß ich, daß ich mich gerade von meinen Gefühlen beherrschen lasse. Aber mein Verstand macht momentan vielleicht zwei Prozent aus.« Seine Faust krampfte sich um die Bettdecke. »Ich fühl mich so komisch leer, wie nach'm Scheißen.«

Er rollte sich auf die andere Seite und begann wieder zu schluchzen. »Ich fühle mich so scheißleer.« Es war eigentlich zum Lachen, aber er meinte es nicht komisch.

Während er auf diese Weise vor sich hin trauerte, mußte ich immerzu an eine Zeile aus einem von Courtneys Songs denken: »I made my bed/I'll lie in it.« Mystery hatte sein Bett gemacht, und nun lag Herbal darin.

Er hob die Hände zur Decke und ließ einen seiner Anthony-Robbins-Schreie los. Plötzlich steckte Courtney ihren Kopf zur Tür herein. »Geht es um mich? Ich kann auch im vorderen Zimmer schlafen, wenn du möchtest.«

Manchmal war sie schon süß.

Im Wohnzimmer erzählte ich Courtney, was Sache war. Katya saß draußen auf der Terrasse, rauchte eine Zigarette und heulte. Herbal schlurfte mit gesenktem Kopf zum Tisch. Er schwieg und überlegte, was er sagen sollte. Keiner von beiden schien zu bedauern, daß sie miteinander geschlafen hatten. Sie hatten nur nicht damit gerechnet, daß Mystery es derart aufnehmen würde. Aber das hatte niemand von uns.

Courtney zündete sich eine Zigarette an und erzählte Herbal

von einer Dreiergeschichte, die sie mal mitgemacht hatte, und daß Teilen auch manchmal Heilen heißt. Just in diesem Augenblick klingelte Herbals Telefon. Er reichte mit geschocktem Gesichtsausdruck den Hörer an Courtney weiter.

»Für dich«, sagte er. »Frank Abagnale. Offenbar hat er meine Nachricht gekriegt.«

Ich ließ die drei auf der Terrasse zurück und rief Mysterys Schwester Martina an.

»Er ist schon wieder am Durchdrehen.«

»Wie schlimm ist es denn?«

»Es fing an wie ganz normaler Liebeskummer, aber seit heute morgen ist er völlig hinüber. Die Situation mit Katya scheint irgendeine Art von chemischer Reaktion bei ihm ausgelöst zu haben. Er hört überhaupt nicht mehr auf zu weinen.«

»Na ja, wenn's schlimmer wird, besorg ich ihm ein Ticket nach Toronto. Setz du ihn in den Flieger, und wir kümmern uns nach seiner Ankunft um ihn.«

»Dir ist klar, daß alles vorbei ist, wenn er nach Toronto zurückkehrt? Sein Visum ist längst abgelaufen, also werden sie ihn nicht mehr in die Vereinigten Staaten lassen. Er wird nie ein berühmter Illusionist werden. Und sein Aufreißer-Busineß kann er sich dann auch abschminken.«

»Das ist mir alles klar. Aber was bleibt uns anderes übrig?«

»Ich versuch, es selber hinzukriegen.«

»Schick ihn einfach nach Hause. Bei uns in Kanada ist die Gesundheitsfürsorge umsonst. Wir können es uns nicht leisten, ihn irgendwo in den Staaten behandeln zu lassen – vor allem nicht, wenn sie ihn dabehalten.«

»Laß mich's versuchen. Wenn es schlimmer wird, schick ich ihn dir zurück.«

Mit anzusehen, wie sich Mysterys Beziehung zu Katya entwickelte, hatte mir die Augen geöffnet. Er hatte ihr angeboten, bei ihm einzuziehen. Er hatte sie geheiratet. Er hatte sie nicht geschwängert. Er hatte sie mit Mißachtung und Feindseligkeit gestraft. Er hatte Herbal erlaubt, mit ihr zu schlafen. Er war ganz und gar sein eigenes Opfer geworden.

Seit meinem Artikel in der *New York Times* hatte zwischenzeitlich ein halbes Dutzend Reality-TV-Produzenten bei Mystery angerufen – darunter auch die Macher von *American Idol*. VH1 schickte ihm sogar einen Vertrag für eine Show, in der er aus Losern Schürzenjäger machen sollte. Das Stardasein, auf das Mystery so verzweifelt aus war, lag zum Greifen nahe. Aber er rief einfach nie zurück.

»Das ist nicht das erste Mal«, seufzte Martina, als ich ihr von den Fernseh-Angeboten erzählte. »Immer wenn er kurz vor dem Durchbruch ist, kriegt er die Krise und schmeißt alles hin.«

»Du meinst also …«

»Ganz genau«, sagte sie. »Er hat letzten Endes Angst vor dem Erfolg, den er so unbedingt will.«

KAPITEL 6

Am nächsten Morgen hatte sich Mysterys Gemütszustand noch weiter verschlechtert. Wenn er nicht gerade auf dem Sofa lag und heulte, schlich er durchs Haus, um sich zu vergewissern, daß Katya und Herbal keine Dummheiten machten. Wenn er sie nicht finden konnte, rief er bei ihr an. Egal, ob sie dranging oder nicht, das Ergebnis war immer dasselbe: Mystery rastete komplett aus und schlug alles kurz und klein, was mit Armen oder Beinen zu erreichen war. Er riß mehrere Bücherregale zu Boden, zerfetzte seine Kissen, so daß überall im Zimmer die Federn herumflogen, und feuerte sein Handy an die Wand, woraufhin das Gerät in zwei Hälften zerfiel und eine tiefe schwarze Kerbe im Putz hinterließ.

»Wo ist Katya?« fragte er Playboy dann.

»Äh, Melrose Avenue. Klamotten kaufen.«

»Und Herbal?«

»Der ist, äh, also, der ist mitgegangen.«

Das versetzte Mysterys Herz jedesmal einen Stich. Er machte ein langes Gesicht, Tränen traten ihm in die Augen, und die Beine knickten ihm weg. Er suchte nach irgendeiner abstrusen evolutionstheoretischen Erklärung. »Das sind die egoistischen Gene«, sagte er dann. »Dieses Nicht-Baby will mich dafür bestrafen, daß ich gegangen bin.«

Als Herbal vom Einkaufsbummel mit Katya zurückkehrte, warnte ich ihn. »Sie benutzt dich nur als Mittel zum Zweck, um sich an Mystery zu rächen.«

»Nein«, sagte er. »Das stimmt nicht. Wir empfinden echt was füreinander.«

»Na gut, aber vielleicht kannst du mir den Gefallen tun und dich so lange von ihr fernhalten, bis es Mystery wieder etwas bessergeht?«

»Ich kann's versuchen«, sagte er widerstrebend. »Aber leicht wird's nicht.«

Verglichen damit war Verführung ein Kinderspiel. Selbst wenn der Mensch, wie Mystery glaubte, nur ein Programm war, das sich die Evolution ausgedacht hatte, war er doch ganz offensichtlich zu kompliziert, um von uns wirklich verstanden zu werden. Was hatten wir schon groß herausgefunden? Ein paar einfache Zusammenhänge, Ursache und Wirkung. Setze das Selbstwertgefühl einer Frau herab, und sie wird sich Bestätigung von dir holen. Mache eine Frau eifersüchtig, und sie wird sich um so mehr zu dir hingezogen fühlen. Aber jenseits von Anziehung und Lust gab es noch tiefere Gefühle, die nur wenige von uns empfanden und die bislang noch keiner beherrschte. Und diese Gefühle – für die unser Herz und das Wort *Liebe* nur Metaphern waren – ließen den Riß im ohnehin schon angeschlagenen Project Hollywood nur noch weiter klaffen.

Und so kam es, daß Mystery sämtliche Leute aus dem Haus vergraulte und anfing von Selbstmord zu reden. »Ihr habt doch keine Ahnung, was ich durchmache«, sagte er schluchzend. Er zitterte am ganzen Körper. »Ich weiß nicht, was ich tun soll – aber egal was, es wird jedenfalls nichts Gutes sein!«

Er hob die Faust und verpaßte dem fleckigen roten Bezug des Sofas einen Schlag, der sich gewaschen hatte, während sein elendes Geheul lauter und lauter wurde – ein erwachsener Mann, der von einem Tier nicht mehr zu unterscheiden war.

Er trug einen goldfarbenen Hausmantel, der ihm mehrere Nummern zu klein war und seine aufgeschürften Knie entblößte. Die Enden des Gürtels waren nur lose zusammengebunden; der Morgenmantel klaffte weit auseinander und enthüllte eine blasse, haarlose Brust, etwas weiter unten sah man seine grauen, sackartigen Boxershorts. Sonst trug er lediglich eine Pudelmütze.

Immerhin war es gerade Juni in Los Angeles.

»Dieses verdammte Leben«, schluchzte er. »Es ist so sinnlos.«

Er wandte sich um und musterte mich mit tränennassem, rotgerändertem Blick. »Es ist wie Knobeln. Am Ende kann man nicht gewinnen. Warum sich also überhaupt erst drauf einlassen?«

Außer uns war niemand da. Ich mußte mich der Sache also persönlich annehmen – ihn irgendwie beruhigen, ehe die Tränen versiegten und der nächste Wutanfall ins Haus stand. Mit jedem Mal wurde es schlimmer. Wenn er noch mal durchdrehte, befürchtete ich, ließ sich das, was er dann anrichtete, vielleicht nicht wieder rückgängig machen.

Ich konnte Mystery einfach nicht schulterzuckend verrecken lassen. Er war mehr als bloß ein Freund; er war mein Mentor. So wie das Leben Tausender anderer hatte er auch meines verändert. Ich brauchte dringend Valium, Xanax, Vicodin, was auch immer. Ich suchte mein Adreßbuch heraus und überlegte, welche meiner Bekannten mir mit ein paar Beruhigungspillen aushelfen konnten – Freunde, die in Rockbands spielten, Mädels, die gerade eine Schönheitsoperation hinter sich gebracht hatten, ehemalige Kinderstars. Aber egal, wo ich auch anrief, entweder war niemand zu Hause oder es gab keine Pillen; nun ja, die meisten brauchten das Zeug einfach für sich selber.

Schließlich blieb nur noch eine Person übrig: Katya. Zehn Minuten später stand sie vor der Haustür, eine Xanax in der Hand, und sah mich besorgt an.

»Komm bloß nicht rein«, warnte ich sie. »Wahrscheinlich bringt er dich um, wenn er dich sieht.« Irgendwie hätte sie das auch verdient gehabt. Dachte ich in diesem Moment jedenfalls.

Ich gab Mystery die Tablette und ein Glas Wasser und wartete, bis sein herzzerreißendes Schluchzen in ein mattes Schniefen übergegangen war. Anschließend half ich ihm in seine Jeans, ein graues T-Shirt und seine schwarzen Boots. Nun war er so folgsam wie ein Riesenbaby.

»Jetzt holen wir uns erst mal professionelle Hilfe«, sagte ich.

Ich führte ihn nach draußen zu meiner alten Corvette-Rostlaube und verfrachtete ihn auf den engen Beifahrersitz. Alle naselang flackerte ein Tremor Restwut auf, wie ich an seiner Miene erkennen konnte, dann wieder tropfte ihm eine Träne aus dem Augenwinkel. Ich hoffte bloß, daß er cool bleiben würde, bis sich die Profis um ihn gekümmert hatten.

»Wird dringend Zeit, daß ich 'ne Kampfsportart lerne«, sagte er leise. »Damit ich töten kann, wenn's drauf ankommt.«

Ich stieg aufs Gaspedal.

Unser Ziel war das Hollywood Mental Health Center – die Nervenklinik an der Vine Street. Ein häßlicher Betonkasten, um den Tag und Nacht Obdachlose strichen, die die Laternenpfeiler angrölten, Transvestiten, die mit einem Einkaufswagen herumzogen, und auch andere menschliche Wracks, die immer dort zu finden sind, wo es staatliche Hilfe gibt.

Plötzlich ging mir auf, daß Mystery einer von ihnen war. Rein zufällig besaß er Talent und Charisma, weshalb er anziehend auf andere Menschen wirkte und so nicht allein dastand. Außerdem hatte er zwei Merkmale, die so gut wie alle Rockstars aufwiesen, die ich je interviewt hatte: ein irrer, getriebener Blick und die absolute Unfähigkeit, sein Leben auch nur ansatzweise in den Griff zu bekommen.

Ich führte ihn in die Lobby, füllte ein Anmeldeformular aus, und dann warteten wir gemeinsam darauf, zu einem Psychologen vorgelassen zu werden.

Eine Stunde verstrich. Langsam begann er nervös zu werden. Zwei Stunden verstrichen. Er runzelte die Stirn; seine Miene verfinsterte sich. Drei Stunden verstrichen. Er begann zu weinen.

Vier Stunden verstrichen. Abrupt schnellte er von seinem Stuhl hoch, lief aus dem Wartezimmer schnurstracks zum Ausgang.

Er marschierte zügig, so wie ein Mann, der sein Ziel genau kennt, aber Project Hollywood lag drei Meilen von uns entfernt. Ich rannte hinter ihm her und holte ihn vor einem kleinen Einkaufszentrum ein, ergriff ihn am Arm und zog ihn mit mir, redete auf ihn ein wie auf einen Säugling, während ich ihn zurück in die Klinik lotste.

Fünf Minuten. Zehn Minuten. Zwanzig Minuten. Dreißig. Und schon wieder war er auf dem Weg nach draußen.

Erneut rannte ich hinter ihm her. Zwei Sozialarbeiter standen in der Lobby, ohne sich zu rühren.

»So tun Sie doch was!« rief ich.

»Können wir nicht«, erwiderte der eine. »Außerhalb des Gebäudes haben wir dazu keine Befugnis.«

»Ihr laßt einen Selbstmordgefährdeten einfach abhauen?« Aber ich hatte keine Zeit für lange Diskussionen. »Holen Sie einen Therapeuten. Ich bin sofort zurück!«

Ich lief hinaus und blickte nach rechts. Weit und breit keine Spur von Mystery. Ich sah nach links. Nichts. Ich rannte nach Norden zur Fountain Street, erspähte ihn gleich hinter der nächsten Straßenecke und schleppte ihn zurück.

Als wir zurückkamen, führten ihn die Sozialarbeiter einen langen dunklen Flur hinunter und brachten ihn in ein klaustrophobisch kleines Kabuff mit Linoleumboden. Die Therapeutin saß hinter ihrem Schreibtisch und strich sich gerade eine rabenschwarze Strähne aus dem Gesicht. Sie war eine schlanke Asiatin Ende Zwanzig mit hohen Wangenknochen und dunkelrot geschminkten Lippen; sie trug einen Nadelstreifenanzug.

Mystery ließ sich auf den Stuhl sacken, der gegenüber von ihrem Schreibtisch stand.

»Wie fühlen Sie sich?« fragte sie mit gezwungenem Lächeln.

»Wie ich mich fühle?« sagte Mystery. »Ich habe alles so unendlich satt. Es macht einfach keinen Sinn mehr.«

»Erzählen Sie ruhig weiter«, sagte sie, während sie etwas auf einen Notizblock kritzelte. Offenbar war der Fall für sie schon so gut wie erledigt.

»Ich geb mir die Kugel«, sagte Mystery.

Sie sah ihn mit gespieltem Mitleid an, während er fortfuhr. Für sie war er nur ein weiterer Dollbohrer an diesem endlos langen Tag. Letztlich ging es für sie nur darum, ob er ein paar Medikamente brauchte oder ob sie ihn gleich einweisen sollte.

»Ich pack's nicht mehr«, fuhr Mystery fort. »Ich hau in den Sack, Schluß, aus.«

Beiläufig langte sie in eine Schublade, zog ein Päckchen Papiertaschentücher hervor und reichte sie ihm. Als Mystery die Hand ausstreckte, sah er auf – und ihr zum ersten Mal ins Gesicht. Wie vom Donner gerührt starrte er sie an. Sie war verblüffend attraktiv für eine Frau, die in einer Nervenklinik arbeitete.

Ein Hauch von Leben zuckte über Mysterys Züge, erstarb aber sofort wieder. »Hätten wir beide uns zu einer anderen Zeit an einem anderen Ort getroffen«, sagte er, während er das Taschentuch in seiner Hand zusammenknüllte, »dann wäre alles ganz anders gekommen.«

Sonst so stolz und aufrecht, saß er jetzt da, als bestünde sein Körper aus matschigen Makkaroni. Apathisch starrte er zu Boden. »Ich hab's drauf«, sagte er. »Wenn ich wollte, würden Sie sich noch heute abend in mich verknallen. Ich kenne die Regeln. Von A bis Z. Ich beherrsche sie wie kein anderer. Nur heute bin ich leider ... ein bißchen unpäßlich.« Sie nickte mechanisch.

»Sie sollten mich mal erleben, wenn ich nicht am Boden bin«, flüsterte er leise und zog die Nase hoch. »Ich habe einige der schönsten Frauen der Welt erobert. Unter anderen Umständen würden Sie mir sofort verfallen.«

»Garantiert«, gab sie gelangweilt zurück. Sie hatte eben keine Ahnung. Woher auch? Doch dieser schluchzende Hüne mit dem zusammengeknüllten Taschentuch in der Hand war unzweifelhaft der größte Aufreißer der Welt. Und dabei handelte es sich keineswegs um eine Behauptung, sondern um eine Tatsache.

Sechs Stunden später verließ er die Klinik mit einer Packung Seroquel in der Hand und einer weiteren Xanax im System. Von Seroquel hatte ich vorher noch nie was gehört, weshalb ich mir nach unserer Rückkehr erst mal die Packungsbeilage durchlas.

»Zur Behandlung von Schizophrenie« stand da.

Mystery nahm mir den Zettel aus der Hand und warf einen Blick darauf. »Das sind bloß Schlaftabletten«, behauptete er. »Damit ich besser schlafen kann.«

»Ach so«, erwiderte ich. »Schlaftabletten.«

LEKTION X:

LETZTE WIDERSTÄNDE ÜBERWINDEN

»SEXUELL IST DAS, WAS DEM MANN EINE EREKTION VERSCHAFFT … OHNE UNGLEICHHEIT, ÜBERTRETUNG, DOMINANZ ODER GEWALT GIBT ES AUCH KEINE SEXUELLE ERREGUNG.«

catherine mackinnon

TOWARD A FEMINIST THEORY OF THE STATE

KAPITEL 1

Heute war Limonadentag im Project Hollywood. Zumindest hatte Courtney Love das so beschlossen. Mystery befand sich auf dem Wege der Besserung, Katya war für sechs Wochen nach New Orleans gefahren, und es war Zeit, wieder etwas gute Stimmung zu verbreiten.

Eine Zigarette im Mundwinkel, deren Asche auf ihr Betsey-Johnson-T-Shirt rieselte, zerrte Courtney eine große Schüssel aus dem Wandschrank und öffnete den Kühlschrank, auf der Suche nach Getränken. Sie griff sich zwei Jumbopacks Limonade und einen Liter Orangensaft, schüttete alles in die Schüssel und, als diese überlief, in mehrere andere Töpfe. Dann holte sie eine Handvoll Eiswürfel aus dem Gefrierschrank und warf sie in das Gebräu. Zu guter Letzt tauchte sie ihre kohlschwarzen Finger in jedes Gefäß und rührte kräftig um. Der Saft spritzte auf die Theke, während die Asche von ihrer Zigarette in die Schüssel segelte.

Sie drückte ihre Kippe auf der gelbgekachelten Arbeitsfläche aus und sah sich wild suchend um, bis sie über sich einen Hängeschrank entdeckte. Sie riß ihn auf, fuhr mit den Händen hinein, schob ihre Finger in vier Gläser, preßte diese aneinander und zog sie mit festem Griff heraus. Dann tauchte sie die Gläser eines nach dem anderen in die Schüssel und füllte sie. Anschließend sammelte sie sämtliche überzähligen Gläser und was an sauberen Kaffeebechern zu finden war (plus einem Meßbecher) ein und goß überall Limonade hinein.

Im Wohnzimmer saß Mystery im Schneidersitz auf dem Sofa und hielt sein erstes Aufreißer-Seminar ab, seit er vor drei Wochen aus der Psychiatrie entlassen worden war. Er trug ein T-Shirt, einen Jeans-Overall und war barfuß. Sein Kinn war unrasiert und mit Bartstoppeln übersät, und seine Lider hingen schlaff und träge über den unkonzentrierten Augen. Er hatte regelmäßig sein Seroquel genommen und seine Depression ausgeschlafen. Er befand sich langsam auf dem Weg der Besserung.

»Es gibt drei Phasen in einer Beziehung«, hob er stumpf zu sprechen an. »Einen Anfang, einen Mittelteil und ein Ende. Und ich mache gerade das Ende durch. Ich will euch nichts vormachen: Ich hab dreimal geweint letzte Woche.«

Die sechs Workshop-Teilnehmer sahen einander verwirrt an. Sie waren hierhergekommen, um flachgelegt zu werden. Aber für Mystery war das Ganze nicht bloß ein Seminar – sondern eine Form von Therapie. Seit zwei Stunden erzählte er ihnen nun schon von Katya.

»Darauf läuft es letzten Endes hinaus, und das kann ganz schön schwierig werden«, fuhr er fort. »Aber ich habe trotzdem vor, beim nächsten Mal wieder eine Scheinehe einzugehen. Beim letzten Mal habe ich mir den Fehler geleistet, Katya und ihrer Mutter zu verraten, daß es nur ein Witz ist. Nächstes Mal heirate ich hinten bei uns im Garten. Ich bestelle mir einen Schauspieler als Pfarrer, und außer der Frau und ihrer Mutter werden alle Bescheid wissen, daß wir in Wirklichkeit gar nicht heiraten.«

Einer von den Teilnehmern, ein gutaussehender Mittdreißiger mit Bürstenschnitt und einem Kiefer wie ein Zementsockel, hob die Hand. »Aber gerade haben Sie uns doch noch erzählt, daß das mit der Scheinehe beim letzten Mal ein totales Fiasko war.«

»Das war nur ein Feldversuch«, behauptete Mystery. »Grundsätzlich ist es eine Super-Technik.«

Jedesmal, wenn Mystery aus einer depressiven Phase auftauchte, verschob sich seine Geisteshaltung ein wenig. Diesmal lauerte etwas Zorniges unter der Oberfläche, gepaart mit einer neuen Bitterkeit Frauen gegenüber.

Plötzlich kam Courtney aus der Küche geschwankt. »Möchte wer Limonade?«

Die Workshop-Teilnehmer sahen sie verdattert an. »Bitte schön«, sagte sie und drängte erst Mystery und dann Zementkiefer ein Glas Limo auf. »Und was machst du hier?« fragte sie. »Du siehst süß aus.«

»Ich unterrichte Selbstverteidigung«, sagte er. »Mystery läßt mich an seinem Workshop teilnehmen, und im Gegenzug bringe ich ihm Krav Maga bei.«

Courtney flitzte in die Küche und holte noch zwei Gläser Limonade, dann noch mal zwei und noch mal zwei, bis es mehr Limogläser als Leute im Raum gab.

»Ich glaube, wir haben dann genug Limonade«, sagte Mystery, als sie schon wieder mit zwei Kaffeebechern voll Limo in der Hand aufkreuzte.

»Wo ist denn Herbal?« fragte sie.

»Ich glaube, der duscht gerade.«

Courtney spritzte zum Badezimmer und trat gegen die Tür. »Herbal? Bist du da drin?« Sie trat erneut gegen die Tür, diesmal fester.

»Ich dusche«, rief er zurück.

»Es ist wichtig. Ich komm jetzt rein.«

Sie schob sich durch die Tür, betrat das Bad und riß den Duschvorhang auf.

»Was ist denn los?« fragte Herbal panisch. Er stand da, nackt und die Haare voller Shampoo. »Brennt das Haus ab?«

»Hier. Für dich«, sagte Courtney. Sie drückte Herbal je einen Becher Limo in die tropfnassen Hände und düste ab. Still stand Herbal da. Seit er versprochen hatte, sich von Katya fernzuhalten, war er wie ein stummes Gespenst durchs Haus geweht. Obwohl er zu stolz war, es zuzugeben, tat ihm das Herz weh. Er liebte sie.

Als Mysterys Seminar gerade zum Mittagessen aufbrach, flitzte Courtney an ihnen vorbei die Treppe hinauf, eine Limonadenspur auf dem Teppich hinterlassend. Sie platzte in Papas

Zimmer, wo Papa, Sickboy, Tyler Durden, Playboy, Xaneus und die Mini-Papas an ihren jeweiligen Rechnern saßen. Extramask lag auf Papas ungemachtem Bett und las die Bhagavadgita. Während seines Aufenthalts bei uns war es Extramask irgendwann langweilig geworden, so daß er anfing, Playboys Bücher über östliche Religionen zu lesen, was ihn unversehens auf einen Pfad der spirituellen Selbsterkenntnis führte.

»Sag mal, Courtney«, fragte Tyler Durden, während Courtney Getränke verteilte, »kannst du uns vielleicht für Montag auf die Gästeliste im Joseph's setzen lassen?«

Courtney nahm den Hörer in die Hand, ging mit Tyler ins Badezimmer und wählte die Nummer von Brent Bolthouse, einem Promoter, der die Montags-Parties im Joseph's schmiß, wo man jede Menge hinreißender Möchtegern-Promis kennenlernen konnte, die aber auch bekannt waren für ihre streng begrenzte Gästeliste. »Hi Brent«, sagte sie. »Mein Freund Tyler Durden ist ein professioneller Aufreißer.« Tyler wedelte wie wild mit den Armen, in dem vergeblichen Versuch, Courtney zu bedeuten, sie möge nicht darüber reden. »Er lebt davon, Frauen aufzureißen. Ziemlich cool.« Tyler ließ den Kopf in die Hände sinken. »Kannst du ihn auf die Gästeliste setzen, damit er die Schnecken bei euch checken kann? Er bringt noch ein paar von seinen Aufreißer-Freunden mit.«

Courtney nahm einen ungeöffneten Sechser-Streifen Kondome vom Waschbeckenrand und wickelte ihn sich wie ein Armband ums Handgelenk. Dann sah sie sich im Badezimmer um. Sie steckte den Kopf in die beiden begehbaren Schränke – Papas berüchtigte Gästezimmer – zu beiden Seiten der Toilette.

»Darf ich dich mal was fragen?« sagte sie, nachdem sie einen Blick auf Tyler Durdens Schrank geworfen hatte, in dem sich ein Koffer, ein Haufen Schmutzwäsche und eine Matratze befanden. »Magst du Frauen eigentlich?«

Auf der anderen Seite des Badezimmerfensters schleppte Zementkiefer gerade einen Sandsack an der Mauer der Terrasse entlang.

»Als ich damit angefangen habe, war ich noch kein Frauenhasser«, erwiderte Tyler. »Aber wenn man gut ist und mit lauter Frauen ins Bett geht, die alle einen Freund haben, hört man irgendwann auf, Frauen zu vertrauen.«

Eine Nebenwirkung des Aufreißens ist, daß man vom anderen Geschlecht irgendwann nicht mehr besonders viel hält. Dafür erlebt man einfach zuviel Betrug, Lügen und Untreue. Man lernt dabei, wieviel einfacher es ist, eine Frau ins Bett zu kriegen, die schon drei Jahre verheiratet ist, als eine, die Single ist. Und daß es, wenn die Frau einen Freund hat, leichter ist, sie noch am selben Abend, an dem du sie kennenlernst, flachzulegen, als sie zu einem Anruf zu bewegen. Irgendwann begreifst du, daß Frauen genauso schlimm sind wie Männer – sie können es nur besser verbergen.

»Ich bin anfangs oft verletzt worden«, fuhr er fort. »Das lief jedesmal gleich ab: Ich lerne ein tolles Mädchen kennen, das mir echt gefällt, und wir unterhalten uns die ganze Nacht. Sie sagt, daß sie mich liebt und so froh ist, mich kennengelernt zu haben. Aber kaum loose ich bei irgendeinem Warmduscher-Test ab, macht sie die Biege und meldet sich nicht mehr bei mir. Und alles, was wir über acht Stunden aufgebaut haben, ist für'n Arsch. Das hat mich mit der Zeit hart gemacht.«

Es gibt in dieser Welt Männer, die Frauen hassen, sie nicht respektieren und als Schlampen und Fotzen bezeichnen. Das sind keine Profi-Aufreißer. Echte Aufreißer hassen Frauen nicht, sie fürchten sie. Die schlichte Tatsache, daß man sich als Aufriß-Künstler definiert – ein Titel, den man sich ausschließlich über entsprechende weibliche Reaktionen verdienen kann –, verdammt einen dazu, das ganze Selbstwertgefühl und die eigene tät aus der Aufmerksamkeit des anderen Geschlechts zu …en – eine Beziehung, die der eines Komikers zu seinem Publikum nicht unähnlich ist. Wenn niemand über dich lacht, bist du nicht lustig. Um ihr Selbstwertgefühl zu schützen, entwickeln manche Aufreißer in ihrem Lernprozeß frauenfeindliche Tendenzen.

Baggern gefährdet die seelische Gesundheit.

Draußen vor dem Fenster hielt Zementkiefer den Sandsack fest, während Mystery mit weitausholenden, schlappen Armbewegungen darauf eindrosch.

»Härter!« schrie er Mystery an. »Ich möchte mehr Aggressivität sehen.«

KAPITEL 2

Ich verließ für eine Stunde das Haus, um ein paar Lebensmittel einzukaufen. Wirklich nur für eine Stunde. Als ich zurückkam, stand ein roter Porsche in der Einfahrt und vernebelte sie mit Abgasen, im Wohnzimmer saß ein dreizehnjähriges Mädchen, und auf der Terrasse lümmelten zwei vergrätzte Blondinen und rauchten.

»Was ist denn hier los?« fragte ich und schloß mit einem Fußkick die Tür.

»Das ist Mari«, sagte Mystery.

»Die Tochter unserer Putzfrau?« Unsere Haushaltshilfen hielten es nie besonders lange bei uns aus. Die wenigsten zeigten sich der Aufgabe gewachsen, all den Dreck zu beseitigen, der sich im Laufe von nur einer Woche ansammelte: das ganze schmutzige Geschirr, die überquellenden Mülleimer und verstreuten Fast-

Food-Verpackungen, den verschütteten Alkohol und die Zigarettenkippen von einem Dutzend Typen und zahllosen Party-Girls. In der Folge ertrank das Project Hollywood zwischen zwei Haushaltshilfen oft für einen Monat oder länger in seinem eigenen Schmutz. Unsere letzte Putzfrau hielt den Rekord: zwei Wochen am Stück.

»Die Putzfrau ist gerade weg, um einzukaufen. Deshalb passe ich auf sie auf.« Er trat ein paar Schritte auf mich zu. »Sie erinnert mich an meine Nichten.«

Es war schön, mitzuerleben, daß Mystery sich wieder einigermaßen normal benahm. Die Anwesenheit einer Heranwachsenden hatte einen beruhigenden Einfluß auf ihn. Was den Porsche betraf: Den hatte Courtney besorgt, damit Mystery sie zu einer Probe fahren konnte. Aber Mystery hatte zuvor schnell noch eine Testrunde gedreht und dabei auf die harte Tour gelernt, daß ihm seine magische Intuition nichts dabei nützte, ein Auto mit Gangschaltung zu fahren.

»Und wer sind die zwei da?« fragte ich und deutete auf die beiden Blondinen.

»Die spielen in Courtneys Band.«

Ich ging raus auf die Terrasse, um mich vorzustellen.

»Ich bin Sam«, sagte die eine, etwas jungenhaftere von den beiden. Sie hatte einen Queens-Akzent. »Ich spiele Schlagzeug bei Courtney.«

»Wir haben uns schon mal irgendwo gesehen«, sagte ich zu ihr.

»Wir haben uns auch schon mal wo gesehen«, warf die andere Blondine höhnisch ein. Ihr Long-Island-Akzent war derart schneidend, daß ich zusammenzuckte. Sie war fünf Zentimeter größer als ich, hatte die Haare nach hinten geschoben wie eine Pferdemähne, und ihre großen braunen Augen waren mit einem dickschwarzen Lidstrich umrahmt, der mich in jene Zeit meiner Pubertät zurückversetzte, als ich mir zum Video von *Walk Like an*

Egyptian auf Susanna Hoffs von den Bangles einen runtergeholt hatte. Diese Frau war der Inbegriff des Rock'n'Roll.

»Jaja«, stammelte ich. »Wir haben uns kurz bei Jay Leno gesehen, oder?«

»Davor auch schon. Bei dieser Party im Argyle Hotel, auf der du dich die ganze Nacht mit diesen Zwillingen unterhalten hast.«

»Ach, die Porcelain TwinZ.« Ich konnte mir beim besten Willen nicht mehr vorstellen, wie ich sie hatte vergessen können. Sie hatte eine Wahnsinns-Ausstrahlung. Eine gute Haltung gehört zu den Dingen, die ich bei einer Frau am attraktivsten finde, und aus der Körperhaltung dieses Mädchens sprach laut ihr Selbstbewußtsein. Und genauso laut: »Nicht mit mir«.

Wieder drinnen, fragte ich Mystery über sie aus. »Das ist Lisa, die Gitarristin von Courtney«, sagte er. »Eine blöde Schlampe.«

Die Mädels waren gerade zu Besuch, weil Courtney vorgehabt hatte, für irgendeine britische Fernsehsendung bei uns im Haus *unplugged* zu spielen. Aber Courtney war nirgendwo aufzutreiben, und Sam und Lisa waren stocksauer. Ich setzte mich zu ihnen, wenn ich mir neben ihnen auch ziemlich klein vorkam.

Die CDs, die Lisa mitgebracht hatte, waren beeindruckend. Sie hatte Musik von Cesaria Evora dabei, einer Diva von den Kapverdischen Inseln. Ihre getragenen, traurigen Lieder, unterlegt mit einem heißen Latino-Rhythmus, sind wahrscheinlich die beste Knutschmusik auf diesem Planeten. Kaum hatte ich die CD entdeckt, wußte ich: Diese Frau möchte ich näher kennenlernen.

Irgendwo in meinem Hinterkopf erinnerte ich mich dunkel an das, was mich früher – bevor ich ins Verführungsgeschäft eingestiegen war – in die Lage versetzt hatte, Frauen kennenzulernen und mit ihnen umzugehen: Gemeinsamkeiten, eine Leidenschaft für etwas, das jemand anderer auch mag und schätzt, jenes merkwürdige Gefühl, das wir gerne als »Chemie« bezeichnen. Wissenschaftler, die sich mit diesem Thema beschäftigen, wollen herausgefunden haben, daß immer dann Pheromone ausgeschüttet werden, wenn zwei Menschen feststellen, daß sie etwas gemeinsam haben. So kommt dann die gegenseitige Anziehung zustande.

Kurz darauf gesellte sich Mystery zu uns. Er ließ sich auf einen Stuhl fallen und blieb für eine Weile dort sitzen. Sämtliche vagabundierenden Pheromone, die Lisa und ich ausgeschüttet haben mochten, wurden vom Strudel seiner Bedürftigkeit aufgesogen. »Ich hab heute Katya angerufen«, sagte er. »Und wir haben uns eine Weile unterhalten. Ich lieb sie immer noch.«

Er sah Lisa und Sam an, als sei er dabei, eine Zielperson ins Auge zu fassen. »Wissen die von dem ganzen Theater mit Katya?« fragte er.

Die Mädels verdrehten die Augen. Sie hatten selber genug Dramen am Laufen.

»Also dann«, entschuldigte ich mich. »Ich geh mir schnell im Poquito Mas einen Burrito holen. War schön, euch wiederzusehen.«

Ich mußte hier weg. Ich wollte nicht mit dem ganzen Wahnsinn in Verbindung gebracht werden – selbst wenn ich ein Teil davon war.

Bei meiner Rückkehr waren die britischen Fernsehfuzzis inzwischen eingetroffen, im Schlepptau Courtneys Manager in spe und eine Stylistin.

»Ich kann so nicht mehr mit ihr arbeiten«, sagte die Stylistin, als sich abzeichnete, daß Courtney nicht rechtzeitig zum Dreh erscheinen würde. »Seit sie wieder Drogen nimmt, ist es ein einziger Alptraum mit ihr.«

Zwar deutete nichts darauf hin, daß bei uns im Haus Drogen konsumiert wurden, aber wenn man Courtneys sprunghaftes Benehmen in Betracht zog, war nicht auszuschließen, daß es ihr trotz des Tapetenwechsels nicht gelungen war, die Finger davon zu lassen. Sie tat mir leid. Denn sie ließ sich durch unsere hausinternen Probleme davon abhalten, sich mit ihren eigenen echten Problemen auseinanderzusetzen. Vielleicht traf das auf uns alle zu.

In derselben Nacht wachte ich auf und sah Courtney vor meinem Bett stehen, einen Prada-Schuh in der Hand.

»Komm, wir renovieren das Haus«, sagte sie aufgekratzt. »Das hier nehmen wir als Hammer.«

Ich schaute auf die Uhr. Zwanzig nach zwei.

»Hast du irgendwo Nägel oder Reißzwecken?« fragte sie. Ohne meine Antwort abzuwarten, lief sie nach unten und kehrte mit einer Schachtel voller Nägel, einem gerahmten Bild, einem Deko-Kissen für mein Bett und einer demolierten rosa Schachtel zurück, die aussah wie ein uraltes Valentinstags-Geschenk.

»Das ist die berühmte *Heart-Shaped Box*«, sagte sie. »Schenk ich dir.«

Sie nahm meine Gitarre in die Hand, setzte sich zu mir auf die Bettkante und spielte meinen Lieblings-Countrysong »Long Black Veil«.

»Morgen abend bin ich bei einer Freundin im Forbidden City zum Geburtstag eingeladen«, erzählte sie. »Ich würd dich gern mitnehmen. Ich glaub, es tut uns beiden ganz gut, wenn wir mal aus dem Haus kommen.«

»Wollen wir uns nicht gleich dort treffen?« Ich wußte, wie lange es dauern konnte, bis sie ausgehfertig war.

»Na gut, dann geh ich mit Lisa.«

»Apropos Lisa«, entfuhr es mir. »Heute waren 'ne ganze Menge Leute da, die auf dich gewartet haben, und du warst nirgendwo aufzutreiben. Ich glaube, die sind ziemlich sauer deswegen.«

Courtneys Miene verdüsterte sich, ihre Lippen zogen sich zusammen, und Tränen liefen ihr über das Gesicht. »Ich laß mich behandeln«, sagte sie. »Ich versprech's.«

KAPITEL 3

Ich trug einen weißen Blazer über einem schwarzen T-Shirt, das eine LCD-Anzeige zierte, auf die man eine Botschaft programmieren konnte. Ich entschied mich für »Kill me«. Ich war schon seit einem Monat nicht mehr auf der Piste gewesen und wollte Aufmerksamkeit. Meine Erwartungen, daß Courtney im Forbidden City aufkreuzen würde, waren gering, weshalb ich Herbal als Eskorte mitbrachte.

Wir waren vor kurzem gemeinsam nach Houston geflogen, um unsere Project-Hollywood-Limousine abzuholen, einen Stretch-Cadillac mit zehn Sitzen, Baujahr 1998, den Herbal bei eBay aufgetrieben hatte. Unter dem Eindruck dieses Coups hatte Herbal auf einer Website für exotische Haustiere eine Anzahlung für den Kauf eines Wallaby geleistet. Auf dem Weg zur Party stritten wir über Sinn und Unsinn des Unterfangens, sich ein Beuteltier ins Haus zu holen.

»Das sind 1A-Haustiere«, insistierte er. »Das sind quasi stubenreine Känguruhs. Die schlafen in deinem Bett, die baden mit dir, und du kannst sie beim Spazierengehen am Schwanz festhalten.«

Was uns in dem ganzen Chaos namens Project Hollywood gerade noch gefehlt hatte, war ein Wallaby. Das einzig Gute daran war, daß es einen prima Gesprächseinstieg abgab. Wir liefen also auf der Party herum und fragten die Leute, wie sie es fänden, sich ein Wallaby als Haustier zu halten. Mit diesem Einstieg und meinem T-Shirt dauerte es keine halbe Stunde, und wir waren umringt von Frauen. Es war ein gutes Gefühl, mal wieder die eigenen Fähigkeiten unter Beweis stellen zu können. Das ganze Theater zu Hause hatte uns völlig vergessen lassen, warum wir ursprünglich dort eingezogen waren.

Ein großgewachsenes Mädel mit gekrümmten Schultern, das sich als Model ausgab, fummelte gerade an meinem Hemd herum, als ich eine wasserstoffblonde Mähne aus der Menge ragen sah. Ich sah genauer hin. Obwohl ihre Besitzerin sich auf der anderen Seite des Raumes befand, schien sie zu leuchten. Das Kinn entschlossen gereckt, die Gesichtszüge wie in Stein gemeißelt, glommen ihre Augen unter einer Halbschale schweren blauen Lidschattens. Es war Courtneys Gitarristin Lisa. Neben ihr kamen mir all die Möchtegern-Models und Schauspielerinnen, mit denen ich mich unterhalten hatte, lächerlich vor. Mit ihrem Stil und Auftreten degradierte Lisa sie zu Statistinnen.

Ich entschuldigte mich und lief zu ihr hinüber.

»Wo ist denn Courtney?« fragte ich.

»Das hat mir zu lange gedauert, bis sie fertig war, deshalb bin ich alleine gekommen.«

»Alle Achtung. Nicht jeder traut sich, alleine bei einer Party aufzukreuzen.«

»Ich bin die Party«, sagte sie, ohne mit der Wimper zu zucken oder zu lächeln. Ich glaube, sie meinte es ernst.

Die ganze Nacht über saßen Lisa und ich nebeneinander in einem Sessel. Wir waren das abgefahrenste Paar im Saal. Die Party schien von alleine auf uns zuzulaufen, so als übten wir beide gemeinsam eine Art Anziehungskraft aus. Bald schon füllten sich die Sofas in unserer Nähe mit Models, Komikern, ehemaligen Reality-TV-Helden und Dennis Rodman. Wenn eins von den diversen Girls, die ich im Laufe des Abends zugetextet hatte, vorbeikam, um mit mir zu flirten, malten Lisa und ich mit Stiften auf ihren Armen herum, flößten ihnen einen Schluck Hypnotiq ein oder veranstalteten Intelligenztests mit ihnen, die sie in der Regel nicht bestanden. Unter Aufreißern spricht man auch von der Erzeugung eines »Wir-Gefühls«, einer verschworenen Gemeinschaft. Wir befanden uns in unserer eigenen kleinen Blase, wo wir König und Königin waren und alle anderen nur unsere Spielzeuge für die Nacht.

Als eine Phalanx von Paparazzi anfing, Bilder von Dennis Rodman zu machen, der in der Nähe stand, betrachtete ich Lisas vom Blitzlicht erhelltes Gesicht. Und wie aus dem Nichts erwachte mein Herz aus seiner Erstarrung und rempelte gegen meine Brust.

Als die Party sich auflöste, legte Lisa ihren Arm um mich und fragte: »Bringst du mich nach Hause? Ich bin zu betrunken, um zu fahren.« Wieder begann mein Herz heftig zu schlagen und verfiel dann in ein schnelles, arhythmisches Pochen. Wenn sie zu betrunken war, dann war ich zu nervös, um zu fahren.

Ohne meine Antwort abzuwarten, drückte sie mir die Schlüssel für ihren Mercedes in die Hand. Ich bat Herbal, mein Auto nach Hause zu fahren. »Ich glaub's nicht«, sagte ich zu ihm. »Da geht was.«

Nichts ging.

Ich fuhr Lisa nach Hause. Ich erkannte das Gebäude wieder: Es lag direkt gegenüber vom Hollywood Mental Health Center, wo ich Mystery hingebracht hatte. Nachdem wir angekommen waren, verschwand Lisa erst mal im Badezimmer. Ich legte mich auf ihr Bett und versuchte entspannt auszusehen.

Lisa tappte aus dem Badezimmer, warf mir einen vernichtenden Blick zu und zischte: »Glaub ja nicht, daß da was läuft zwischen uns.«

Verfluchter Mist, ich bin Style. Du mußt mich lieben. Ich bin der Chef-Oberaufreißer.

Sie zog sich um, und wir fuhren zu mir nach Hause, um nachzusehen, wo Courtney abgeblieben war. Wir trafen lediglich Tyler Durden an, der im Wohnzimmer mit zehn Kerlen eine Übung abhielt, bei der man um die Sofas herumlaufen, laut brüllen und sich gegenseitig abklatschen mußte. Tyler hatte in letzter Zeit damit experimentiert, seine Zöglinge körperlich aufzuputschen, um sie in Stimmung zu bringen, ehe sie abends auf die Piste gingen und Frauen kennenlernten. Er glaubte, daß ihnen der Adrenalinstoß und die dabei erlebte Kameradschaft das Gefühl geben würden, Spaß zu haben, ganz egal, ob sie dadurch nun tatsächlich besser abschnitten. Und daß Real Social Dynamics auf diese Weise gute Kritiken in den Verführungs-Newsgroups erhalten würde. Der Wettbewerb in der Verführungsbranche wurde immer härter.

Courtney schien schon wieder abgetaucht zu sein. Vielleicht war es ihr neulich nacht wirklich ernst gewesen, und sie hatte sich in Behandlung begeben. Oder aber sie war losgezogen, um sich in noch mehr Schwierigkeiten zu bringen.

Ich führte Lisa hinauf in mein Zimmer, zündete ein paar Kerzen an, legte Cesaria Evora auf und öffnete meinen Schrank.

»Komm, wir machen was Lustiges.«

Ich zog einen Müllsack voller alter Halloween-Kostüme hervor: Masken, Perücken, Hüte. Wir zogen sie nacheinander an und fotografierten das Ganze mit meiner Digitalkamera. Ich wollte es mit der Foto-Nummer versuchen.

Wir machten erst ein Bild, auf dem wir lächelten, und dann ein ernstes. Auf dem dritten Foto, der romantischen Pose, schauten wir uns an. Hinter Lisas rauher Fassade verbargen sich Zartheit und Verletzlichkeit.

Ich hielt Augenkontakt und rückte näher, um sie zu küssen. Dabei hielt ich die Kamera vor uns, um das Ganze einzufangen.

»Ich küß dich nicht«, blaffte sie.

Die Worte verbrühten mir das Gesicht wie heißer Kaffee. Es gab kein Mädchen, das sich nicht binnen einer halben Stunde von mir küssen ließ. Wo war ihr Problem?

Ich zeigte ihr die kalte Schulter und versuchte es noch einmal. Nichts zu machen.

Das sind die Augenblicke, in denen ein Aufreißer beginnt, die ganze Arbeit an sich selber in Frage zu stellen. Du befürchtest, daß sie vielleicht dein wahres Ich erkannt hat – jenes Ich, das es mal gab, bevor du dir diesen albernen Künstlernamen zugelegt hast, das Ich eines Typen, der in der High School Gedichte geschrieben hat über genau diese Situation.

Ich gab eine leidenschaftliche Vorstellung des Evolutionsphasentricks zum besten. Irgendwo in der Ferne hörte ich Tausende von Aufreißern applaudieren.

»Glaub ja nicht, daß ich dich beiße«, sagte sie.

Doch ich war mit meinem Latein noch nicht ganz am Ende. Ich erzählte ihr die schönste Liebesgeschichte, die je geschrieben wurde: Haruki Murakamis »Wie ich eines schönen Morgens im April das 100%ige Mädchen sah«. Es handelt von einem Mann und einer Frau, die einander als Seelenverwandte empfinden. Doch als sie einen Augenblick lang an ihrer Verbundenheit zweifeln und beschließen, dem Gefühl nicht nachzugeben, verlieren die beiden einander für immer.

Sie war eiskalt.

Ich versuchte es auf die harte Tour: Ich blies sämtliche Kerzen aus, stellte die Musik ab und checkte meine E-Mails.

Worauf sie sich in mein Bett legte, sich unter die Decke kuschelte und einschlief.

Schließlich legte ich mich zu ihr, und wir schliefen getrennt in einem Bett, jeder auf seiner Seite.

Einen Pfeil hatte ich noch im Köcher: die Neandertaler-Nummer. Am nächsten Morgen begann ich, ohne ein Wort ihr Bein zu massieren, und arbeitete mich dabei langsam ihren Schenkel hoch. Wenn es mir nur gelänge, sie körperlich heißzumachen, würde sie ihren Verstand ausschalten und sich zweifellos fügen.

Ich legte es keineswegs bloß darauf an, Lisa ins Bett zu kriegen. Ich wußte, daß ich sie wiedersehen wollte, egal, was passierte. Ich wollte einfach nur diesen ganzen Sexkram hinter mich bringen, damit wir endlich normal miteinander umgehen konnten. Dann würde sie nicht mehr versuchen, mir irgend etwas vorzuenthalten, und ich nicht, ihr etwas abzuringen. Ich fand die Vorstellung schon immer schrecklich, daß Sex etwas ist, das eine Frau gibt und ein Mann nimmt. Es ist etwas, das man miteinander teilen sollte.

Aber Lisa wollte nicht teilen. Als ich anfing, die warme Falte zu streicheln, wo Schenkel und Hüfte aufeinandertreffen, durchschnitt eine Stimme die Luft, schrill wie ein Wecker. »Was machst du da?« Sie schlug meine Hand weg.

Wir frühstückten zusammen, aßen zusammen zu Mittag und zu Abend. Wir unterhielten uns über Courtney und die Aufreißer, meine Schriftstellerei und ihre Musik, über unser Leben und alle möglichen anderen Dinge, an die ich mich nicht erinnern kann, die aber faszinierend gewesen sein müssen, denn die Stunden vergingen wie im Flug. Sie war so alt wie ich; sie mochte dieselben Bands wie ich; sie sagte jedesmal, wenn sie den Mund aufmachte, etwas Intelligentes; sie lachte über meine Witze, wenn sie lustig waren, und machte sich lustig über die, die sie blöd fand.

Sie verbrachte auch die folgende Nacht mit mir. Und nichts passierte. Ich hatte meine Meisterin gefunden.

KAPITEL 4

Ich erzählte Mystery von meinem Frust mit Lisa, als wir eines Abends im Whirlpool saßen. Ich hatte ihn in der Vergangenheit wegen der Frauen so oft um Rat gefragt und war damit selten schlecht gefahren. Beziehungsmanagement war zwar ganz offenkundig nicht seine Stärke, aber er war unfehlbar, wenn es darum ging, letzte Widerstände zu überwinden.

»Fang an, dich selbst zu streicheln«, sagte er.

»Wie? Jetzt – hier?«

»Nein, wenn ihr das nächste Mal im Bett seid. Hol einfach deinen Schwanz raus und fang an, ihn zu streicheln.«

»Und dann?«

»Dann nimmst du ihre Hand und legst sie auf deine Eier. Und sie wird dir einen runterholen.«

»Ist das dein Ernst?«

»Ja. Dann legst du den Finger auf deinen Schwanz, tust ein bißchen was von deiner Vor-Ladung drauf und steckst ihr dann den Finger in den Mund.«

»Ohne mich. Das ist ja wie mit den zwei Freunden im Film, wo der eine den schlechten Rat befolgt, den ihm sein Freund gegeben hat, worauf das Mädchen voll ausflippt, und der Scherzkeks sagt: ›Ich dachte, dir ist klar, daß ich nur Spaß mache.‹«

»Ich mein das total ernst. Danach hast du praktisch Sex gehabt.«

Drei Tage später kreuzte Lisa, nachdem die Bars um zwei Uhr morgens zugemacht hatten, mit Courtneys Schlagzeugerin Sam bei mir auf. Sie war ganz schön bedient.

Wir legten uns in mein Bett und redeten stundenlang aufeinander ein. »Ich weiß auch nicht, was ich habe«, lallte sie. »Wenn ich bei dir bin, will ich immer gar nicht mehr weg. Ich könnte dir ewig zuhören.«

Sie drehte sich zu mir. »Vergiß, was ich gesagt habe«, fauchte sie. »War nicht so gemeint. Alkohol ist kein Wahrheitsserum.«

Jetzt oder nie. Mysterys Worte schossen mir durch den Kopf, und ich wog die Vor- und Nachteile gegeneinander ab. Was wohl passieren würde, wenn ich mich selber streichelte und dann Lisas Hand führte?

Ich konnte das nicht. Nicht weil ich Angst hatte, sondern weil das nie und nimmer funktionieren würde. Lisa hätte mich bestimmt ausgelacht und irgendwas Fieses gesagt wie »Faß dich nur selber an, *ich* tu's bestimmt nicht«. Und dann hätte sie all ihren Freundinnen von dem peinlichen Typen erzählt, der sich vor ihren Augen die Nudel rieb.

Mystery lag nicht immer richtig.

Wir verbrachten also eine weitere platonische Nacht miteinander. Es war zum Verrücktwerden. Ich wußte, sie mochte mich. Trotzdem wollte sie keine Intimitäten. Ich schlingerte gefährlich am Rande des Laß-uns-Freunde-Bleibens.

Vielleicht war ich eben einfach nicht ihr Typ. Ich stellte sie mir mit tätowierten, muskelbepackten Lederjackentypen vor statt mit dürren Metrosexuellen, die es nötig hatten, Aufriß-Workshops zu besuchen. Sie machte mich völlig fertig.

Zum ersten Mal, seit ich das Wort Die-oder-keine-Seuche kannte, hatte ich sie. Und ich wußte, daß ich verloren war. Niemand kriegt je seine Die-oder-keine. Man klammert und will es zu sehr, und schon vermasselt man's. Und natürlich vermasselte ich es.

Am nächsten Abend verließ Lisa die Stadt, um mit Courtney bei einem Festival in Atlanta aufzutreten. Während sie weg war, rief sie dreimal an.

»Hast du Zeit für ein Abendessen mit mir, wenn ich wiederkomme?« fragte sie.

»Weiß nicht«, sagte ich. »Hängt davon ab, ob du dich benehmen kannst.«

»Na gut«, sagte sie. »Wenn du mir auf die Tour kommst, können wir's auch sein lassen.«

Ich versuchte bloß, sie zu triezen und ein bißchen auflaufen zu lassen, so wie es mir David D'Angelo beigebracht hatte. Und damit machte ich den Augenblick kaputt. Ich hörte mich an wie ein Arschloch.

»Jetzt sei doch nicht so«, sagte ich. Nun hieß es ohne Umschweife zur Sache kommen. »Ich würde dich gerne sehen, wenn du wieder da bist. Ich bin dann nämlich zwei Wochen weg, und das ist die letzte Gelegenheit vorher, bei der wir uns treffen können.«

Im Hintergrund hörte ich Sam sagen: »Du redest mit ihm, als ob er dein Liebster wäre.«

»Vielleicht will ich ja, daß er mein Liebster wird«, sagte Lisa zu ihr.

Also war ich doch nicht Opfer einer Laß-uns-Freunde-bleiben-Nummer geworden. Ich konnte es kaum erwarten, bis sie wieder da war. Ich wollte sie auch als meine Liebste.

Am Tag von Lisas Rückkehr verbrachte ich die ganze Zeit damit, die perfekte Verführung in Szene zu setzen. Ich würde sie mit der Limousine vom Flughafen abholen. Herbal würde fahren, und ich würde auf dem Rücksitz auf sie warten. Dann würde ich sie in die Whiskey-Bar im Sunset Marquis Hotel ausführen – von wo aus es nur noch ein Katzensprung ins Project Hollywood war.

Weil Frauen keine Männer mögen, die immer alles bezahlen, Knauserigkeit aber genauso abtörnend finden, gab ich dem Geschäftsführer der Wiskey-Bar vorher 100 Dollar und bat ihn, dafür zu sorgen, daß alles, was wir bestellten, aufs Haus ging. Danach wollte ich sie mit nach Hause nehmen. Ich setzte mich an meinen Rechner und schrieb mir sämtliche Abläufe und Techniken auf, die ich verwenden würde, um jede Art von Widerstand (insbesondere den in letzter Minute) zu überwinden. Jetzt wußte ich ja, sie mochte mich, und so besaß ich auch das Selbstvertrauen, die Sache zu einem erfolgreichen Abschluß zu bringen.

Wenn sie sich immer noch wehrte, dann hatte sie ganz offenkundig ein Problem mit Nähe, und es wäre an mir zu sagen: Laß uns Freunde bleiben.

Ihr Flug sollte planmäßig um 18:30 Uhr ankommen. Während

Herbal die Limousine am Delta-Terminal vorbeilenkte und nach Lisa Ausschau hielt, mixte ich an der Bar im Fond des Wagens Cosmopolitans.

Doch als der Flieger landete, war sie nicht an Bord.

Ich war verwirrt, aber (noch) nicht enttäuscht. Ein Aufriß-Profi muß immer flexibel genug sein, Pläne über den Haufen zu werfen oder ad acta zu legen, wenn die Realität und eine Laune des Zufalls es verlangen. Also ließ ich mich von Herbal nach Hause fahren und hinterließ Lisa eine Nachricht.

Als sie nicht zurückrief, hinterließ ich ihr eine weitere Nachricht und wartete anschließend die ganze Nacht vergeblich auf ihren Anruf.

Um fünf Uhr morgens wachte ich auf, weil mein Handy klingelte.

»Tut mir leid, daß ich dich geweckt habe, aber ich muß unbedingt mit jemandem sprechen.« Die Stimme am anderen Ende der Leitung gehörte einem Mann. Er sprach mit australischem Akzent. Es war Sweater.

Seit wir uns das letzte Mal unterhalten hatten, war Sweater aus der Community ausgestiegen und hatte geheiratet. Ich dachte oft an ihn. Jedesmal, wenn mich jemand fragte, ob die Typen in der Community all das bloß lernten, um möglichst viele Frauen ins Bett zu kriegen, verwies ich auf Sweater als ein Beispiel für jemanden, der die perfekte Masche nur mit den honorigsten Absichten erlernt habe.

»Ich hab heut versucht, mich umzubringen«, sagte er.

»Was ist denn passiert?«

»Meine Frau kriegt in zehn Tagen unser erstes Kind, und ich fühle mich hundeelend. Ich tue alles für sie, aber das ist ihr nicht genug. Sie hat meine Freunde vergrault, mein Geschäftspartner will sich von mir trennen, sie gibt mein ganzes Geld aus – und trotzdem beklagt sie sich in einer Tour.« Er hielt inne, um seine

Tränen hinunterzuschlucken. »Und jetzt, wo sie dieses Baby kriegt, sitze ich total in der Falle.«

»Aber du warst doch so in sie verliebt. Wie kann sie sich dermaßen ändern?«

»Nein. Das Problem ist, daß ich mich verändert habe. Es war einfach zu schwer, die Art von Mensch zu sein, die Mystery und David D'Angelo aus uns machen wollten. Das war kein besonders guter Mensch. Und so jemand wollte ich nicht sein. Ich tue den Menschen gerne etwas Gutes. Also hab ich ihr immer alle Wünsche erfüllt. Ihr dreimal die Woche Blumen geschickt. Ich hab versucht, mich nach ihr zu richten, aber es hat nicht funktioniert.«

Noch nie hatte ich erwachsene Männer so oft weinen hören wie in den letzten zwei Jahren. »Ich habe heute bei laufendem Motor und geschlossenen Fenstern in der Garage gesessen«, fuhr er fort. »Seit '86 hab ich nicht mehr an Selbstmord gedacht. Aber ich war einfach an dem Punkt angekommen, an dem ich mir dachte: Scheiß drauf. Ich sah keinen Sinn mehr darin weiterzuleben.«

Sweater brauchte niemanden, der ihn rettete. Nur jemanden, mit dem er reden konnte. Er hatte versucht, ein anderer zu sein als der, der er war, nur um eine Frau zu verführen, und jetzt mußte er die Konsequenzen ausbaden.

»Als ich zur Community gestoßen bin, hab ich all meine Wünsche aufgeschrieben«, sagte er. »Und jetzt lebe ich genau das Leben, das ich mir immer vorgestellt habe: Ich habe Geld, ein großes Haus und ein schönes Mädchen. Aber ich hab mir das mit dem schönen Mädchen nicht genau genug überlegt. Da stand nicht, daß sie mich mit Respekt und Freundlichkeit behandeln soll.«

Irgendwann im Laufe des Morgens kehrte Courtney zurück. Ich hörte, wie sie im Wohnzimmer Möbel rückte.

»Ist der Rest der Band schon aus Atlanta zurück?« fragte ich und versuchte, beiläufig zu klingen.

»Ja, die haben einen früheren Flieger genommen.«

Rasch wandte ich mich ab. Ich wußte, wenn ich jetzt irgend etwas erwiderte, würde man meiner Stimme die Enttäuschung anmerken.

Courtney warf einen Bund Salbei auf den Couchtisch. »Hier gehört erst mal die Luft gereinigt«, sagte sie. Dann verschwand sie in der Küche und erklärte: »Wir brauchen noch Reis. Das bringt Glück.«

Da sie keinen Reis auftreiben konnte, behalf sie sich mit einer Packung Jambalaya-Mischung und einer Schale Wasser. Sie schüttete die Jambalaya-Mischung ins Wasser, pflanzte den Salbei mitten rein und rannte dann in ihr Zimmer. Als sie wieder auftauchte, hatte sie ein blauweißkariertes Flanellhemd an.

»So müßte es klappen«, sagte sie. »Es ist eins von Kurts Hemden. Ich hab nur noch drei davon.«

Sorgfältig drapierte sie das Hemd unter dem Tisch, so daß ihm nichts zustoßen und es gute Energie ins Haus bringen konnte. Nachdem sie den Salbei angezündet hatte, mußten Mystery, Herbal und ich in der Nähe ihres Behelfsaltars Platz nehmen und uns die Hände geben. Ihr Händedruck hätte einem Knochenbrecher alle Ehre gemacht.

»Lieber Gott, wir danken dir für diesen Tag und all das, was du uns gegeben hast«, betete sie. »Wir bitten dich, die Energie dieses Hauses von allem Bösen zu reinigen. Bring Frieden, Harmonie und Freundschaft unter dieses Dach. Und hilf mir, meinen Prozeß in New York zu gewinnen und all meine anderen Probleme auf die Reihe zu kriegen. Ich werde mit dir zusammenarbeiten, Gott. Das werd ich wirklich. Gib mir Kraft. Amen.«

Am nächsten Tag kam ein Chauffeur und entführte Courtney zum Flughafen, von wo aus sie nach New York flog. Dort sollten ihre Gebete schließlich erhört werden, doch die Atmosphäre bei uns im Haus wurde in ihrer Abwesenheit nur noch dunkler.

Courtney, das wurde bald klar, war nicht der Grund für irgendeines der Probleme: Sie war einfach nur das Symptom von etwas viel Größerem gewesen, das unsere Leben von innen her aushöhlte.

KAPITEL 5

Am Nachmittag desselben Tages hinterließ Lisa eine kurze Nachricht auf meiner Mailbox. »Hi, ich bin's, Lisa. Ich bin wieder da. Wir haben doch einen früheren Flieger genommen.« Das war's. Keine Entschuldigung, keine Zärtlichkeiten, keine Erwähnung der Pläne, die sie völlig über den Haufen geworfen hatte.

Ich rief sie zurück, aber sie ging nicht ran. »In ein paar Stunden flieg ich nach Miami«, sprach ich auf die Mailbox. »Und ich würde vorher wahnsinnig gerne noch mit dir reden.« Eine klassische EFL-Botschaft, auf die ich nie eine Antwort erhielt. Während meiner Abwesenheit hörte ich jeden Tag die Mailbox ab. Nichts.

Ich war niemand, der Frauen hinterherlief, wie so manch anderer aus der Community das tat. Wenn sie interessiert gewesen wäre, hätte sie mich zurückgerufen. Ich war abserviert worden. Und zwar von der ersten Frau seit langem, für die ich etwas empfunden hatte. Wahrscheinlich hatte sie inzwischen mit jemand anderem etwas angefangen, jemandem, dem es gelungen war, ihre letzten Widerstände zu durchbrechen.

Erst war ich wütend auf sie, dann war ich wütend auf mich selber, und dann war ich einfach bloß traurig.

Als eine alte Weisheit der Aufreißer-Szene galt, über einen Fall von Die-oder-keine am besten hinwegzukommen, indem man ein Dutzend anderer Frauen flachlegte. Also ließ ich es ordentlich krachen.

Ich wollte auf keinen Fall so enden wie Sweater. Beinahe hätte es auch mich erwischt.

In Miami krallte ich mir jeden Abend Frauen, was das Zeug hielt. So einen Lauf hatte ich noch nie gehabt. Ich war nie ein großer Freund von One-Night-Stands gewesen. Wenn man jemandem schon mal so nahegekommen ist, wieso soll man das dann wegwerfen? Ich bin eher ein Freund von *Ten-Night-Stands:* zehn Nächte tollen Sex, jedesmal wilder, dampfender und experimentierfreudiger, indem sich zwei Menschen immer wohler miteinander fühlen und allmählich lernen, was den anderen anmacht. Nachdem ich also mit allen möglichen Frauen geschlafen hatte, stellte ich mir die richtige Mischung zusammen, wie man es bei Gummibärchen macht.

Das war meine Wirklichkeit.

Die Mädchen, auf die ich mich am meisten freute, waren Jessica, eine mit Tattoos übersäte Einundzwanzigjährige aus Los Angeles, und eine andere Jessica, die ich in der Cro Bar kennengelernt hatte. Sie war ebenfalls einundzwanzig, ansonsten aber das genaue Gegenteil von Jessica I. Sie sah ziemlich unschuldig aus und wies noch eine Spur Babyspeck auf. Ich wußte, daß sie beide Pornos mochten, und dachte insofern, die Sache könnte interessant werden.

Nachdem wir an der Hotelbar etwas getrunken hatten, nahm ich sie mit zu mir aufs Zimmer, um mit ihnen Runen zu lesen. Danach ließ ich die beiden für kurze Zeit alleine, damit sie sich ein wenig kennenlernen konnten. Als ich wiederkam, zeigte ich ihnen auf meinem Laptop ein paar selbstgedrehte Videos und leitete dann zur bewährten Dual Induction Massage über. Inzwischen war das reine Routine, eine Technik wie andere auch, wie der Einstieg mit der eifersüchtigen Freundin oder der

Beste-Freundinnen-Test. Und es klappte mit derselben Zuverlässigkeit.

Sobald sich die Lippen der beiden Mädchen berührten, verwandelten sie sich von wildfremden Menschen in zwei Liebende. Es schockte mich immer wieder, mitzuerleben, wie zwei Frauen binnen derart kurzer Zeit so intim miteinander werden konnten, zumal in einer solch ungewöhnlichen Situation.

Die Nacht wurde genauso versaut, wie ich es mir ausgemalt hatte. Wir probierten jede Stellung aus, in die wir uns hineinwinden konnten, manche erfolgreicher als andere. Jessica wollte, daß ich in ihrem Mund komme, und ich gehorchte. Sie spuckte die Ladung Jessica II in den Mund, und sie fingen an, wie wild zu knutschen. Es war der geilste Moment in meinem ganzen Leben.

Aber danach fühlte ich mich leer und allein. Die beiden bedeuteten mir nichts. Alles, was davon wirklich blieb, waren eine Erinnerung und eine Geschichte. Jedes dieser Mädchen hätte aus meinem Leben verschwinden und mich nie wieder anrufen können, und es wäre mir egal gewesen.

Kein Ten-Night-Stand und kein flotter Dreier der Welt würden mich über meine Die-oder-keine hinwegtrösten.

Die Aufreißer hatten unrecht.

KAPITEL 6

Während ich in Miami war, kehrte Katya aus New Orleans zurück.

Mir graute vor dem Tag und dem, was dann bei uns im Haus los sein würde. Aber Mystery freute sich darauf, als wäre es sein Geburtstag. Er hatte alles bis ins Kleinste ausgetüftelt.

Weil ich selber nicht dabei war, habe ich den Ablauf der Katastrophe anhand der Schilderungen aller Beteiligten rekonstruiert. Project Hollywood hatte einen neuen Tiefpunkt erreicht.

KATYA: Während ich in New Orleans war, rief mich Mystery jeden Tag an, um mit mir Süßholz zu raspeln. Er sagte: »Ich hab da so eine Neunzehnjährige kennengelernt. Jen heißt sie. Sie wird dir gefallen.« Ich fragte ihn, ob er sie mir schenken wolle. Er sagte: »Nein, die teilen wir uns.«

MYSTERY: Die Idee war nicht, daß Katya wieder meine Freundin sein sollte, sondern eher eine Art Spielzeug für Jen und mich. Mein Plan war, sie mit der Limousine vom Flughafen abzuholen, uns auf dem Farmers Market etwas zu essen zu kaufen und dann nach Hause zu fahren, um dort die Dual Induction Massage zu beginnen.

HERBAL: Ich habe Katya beinahe während der gesamten eineinhalb Monate, die sie weg war, ignoriert, obwohl sie mir ständig SMS geschickt hat. Mystery gab die ganze Zeit damit an, daß er mit ihr einen flotten Dreier machen wollte. Das war für mich, als würde mir jemand ein Messer ins Herz stechen und umdrehen. Aber ich habe die Zähne zusammengebissen und zugehört. Ich habe Mystery wiederholt gebeten, sie nicht zu beachten und ja nicht wieder ins Haus zu lassen, um Probleme zu vermeiden. Aber er wollte nichts davon hören.

KATYA: Ich bin schon am Tag vorher nach Los Angeles geflogen (was Mystery nicht wußte), um mir ein kleines Apartment zu suchen und mit ein paar Freunden aus New Orleans abzuhängen. Ich habe von meinem Hotel aus Herbal angerufen, um mit ihm zu reden. Zu dem Zeitpunkt wollte ich eine ernsthafte Beziehung mit ihm. Am nächsten Morgen bin ich einfach bei Mystery aufgekreuzt und habe ihm erzählt, daß mein Flieger früher angekommen sei und ich mir ein Taxi genommen hätte.

HERBAL: Ich war gerade unterwegs, Besorgungen machen. Als ich nach Hause kam, sah ich Katyas Koffer dastehen. Ich ging auf mein Zimmer, um mich aus allem rauszuhalten. Aber dann sind Mystery und Katya reingekommen und haben ein Gespräch mit mir angefangen. Wir sind in Mysterys Badezimmer gegangen, wo Katya uns die Fingernägel lackiert hat. Danach ist sie in Mysterys begehbarem Schrank verschwunden, um sich einen Pulli zu holen. Mystery ist ihr nachgegangen. Nach fünf Minuten waren sie immer noch da drin.

MYSTERY: Sie hat mich zu sich reingerufen und gesagt: »Ich möchte mit Herbal zusammensein.« Ich glaube nicht, daß sie's gesagt hat, weil sie wirklich diese Beziehung wollte, sondern nur, um mich zu ärgern. Ich hab ihr einfach zuviel mit Jen rumgeknutscht, und das hat sie eifersüchtig gemacht. Also hab ich Herbal zu uns reingerufen und zu Katya gesagt: »Wieso sagst du's ihm nicht selber?«

HERBAL: An dem Abend sind wir auf ein *Double-Date* gegangen. Am Anfang war alles normal. Ich war wohl ein bißchen naiv, weil ich wirklich glaubte, alles wird gut.

MYSTERY: Der Gipfel war, daß Jen und Katya an dem Abend noch in der Limousine miteinander rumgeknutscht haben. Ich hab Bilder davon, wie sie sich in einer Telefonzelle am Pier gegenseitig die Titten lutschen. Die Sache wurde allmählich kompliziert. Ich hatte das Gefühl, daß Katya versuchte, mir Jen wegzunehmen und sie mit Herbal zu teilen. Deswegen bin ich im Auto dann ziemlich sauer geworden, und es hat heftig gekracht zwischen uns. Als Jen das mitgekriegt hat, sagte sie: »Bring mich nach Hause.« Danach hat sie mich gebeten, sie nie wieder anzurufen.

MYSTERY [gepostet in Mystery's Lounge?]: Haltet Ausschau nach Herbal, Katya und Jen. Wenn jemand Herbal sieht (leicht zu erkennen, da er sich häufig aufstylt) oder seine Freundin Katya (Russin, bi, 9,5) mit Jen (neunzehnjährige Mexikanerin, 9,5, auch leicht zu erkennen), soll er bitte Mystery anrufen, damit ich Herbal ohne Vorwarnung die angemessene Strafe verabreichen kann.

MYSTERY: Herbal und ich hatten immer noch eine Geschäftsbeziehung. Also sind wir gemeinsam nach Chicago geflogen, um dort einen Workshop abzuhalten. Weil es mich fasziniert, wie der menschliche Geist funktioniert, habe ich ihm dieses Gefühl von Eifersucht erklärt, das ich empfinde, und wir haben diverse Grenzen gezogen, was seine Beziehung mit meiner Ex angeht.

HERBAL: Am letzten Tag unseres Workshops in Chicago zogen Mystery und ich zusammen los, um uns was zum Essen zu holen. Mystery ist in ein Vierer-Set Mädchen neben uns reingegangen und hat ihnen die komplette Geschichte erzählt. Ab und zu hab ich meine Perspektive ergänzt, und er wurde allmählich stinkwütend. Irgend-

wann sagte er aus heiterem Himmel: »Katya hat bei mir für immer Hausverbot.«
Ich antwortete: »Das ist auch mein Haus. Du hast uns diese Situation eingebrockt.«
Er erwiderte: »Wenn ich sie je wieder bei uns zu Hause sehe, mach ich dich kalt.«
Und ich meinte zu ihm: »Tu, was du nicht lassen kannst.«

KATYA: Nach dem Workshop in Chicago fuhr Herbal noch zu seiner Familie. Während er weg war, habe ich Papa mit seinen Workshops geholfen. Wir sind Freitag spätnachts fertig geworden, und ich mußte am Nachmittag darauf schon wieder auf sein und gut aussehen. Also hat Papa gesagt, ich soll in Herbals Zimmer übernachten. Als ich aufgewacht bin, sah ich Mystery. Er fragte mich, was ich hier zu suchen hätte, und ich sagte: »Papa und ich waren letzte Nacht zusammen aus und haben 'ne Menge Spaß gehabt.« Und dann sagte ich: »Ich habe eine von deinen Freundinnen getroffen.«
Er fragte: »Wen denn?«
Ich antwortete: »Sima.«
Da ist er total ausgeflippt.

MYSTERY: Als Katya mir so flockig-locker erzählte, daß sie mit meiner Exfreundin aus Toronto unterwegs war, bin ich komplett ausgeflippt. Wegen ihr hatte ich Jen verloren, und jetzt wollte sie mir auch noch Sima wegnehmen, die ja immer noch eine Option war.

KATYA: Er ist an mir vorbeigestürmt, hat Herbals Tür aus den Angeln getreten und gefragt: »Wo ist Herbal?« Dann ist er zurück in sein Zimmer gerannt, hat sich ein gerahmtes Foto von Sima geschnappt und es an die Wand über Herbals Bett gedonnert. Er schrie: »Ich will dich hier nicht sehen, wenn dein Freund nicht im Haus ist.«

MYSTERY: Ich wußte, daß es sinnlos war, mich mit Katya auf einen Disput einzulassen, und ich konnte sie ja nicht anfassen, also beschloß ich, ihr Angst einzujagen. Ich sagte ihr, sie solle das Haus verlassen. Und sie antwortete: »Das ist nicht dein Haus.« Darauf ich: »Ich zahl immerhin Miete, und du bist hier nur Gast. So geht das nicht.«

KATYA: Mystery hat mir gedroht, wenn er mich noch mal im Haus erwischt, dann knöpft er sich Herbal vor. Er hat Herbals Matratze vom Bett gerissen und einen Blumentopf an die Wand geknallt. Anschließend hat er die Balkontüre aufgemacht und angefangen, meine ganzen Sachen in die Einfahrt zu feuern. Dabei ist meine Flasche Kamasutraöl zerbrochen. Ich hatte eine Scheißwut.

MYSTERY: Ich sagte: »Laß dich hier ja nicht mehr blicken, sonst ...!«
Darauf sie: »Sonst was? Willst du mich vielleicht umbringen?«
Und ich: »Nein. Ich liebe dich. Ich werde deinen Freund bestrafen, wenn du noch mal herkommst. Sag ihm, er soll zusehen, daß er sein Mädchen künftig besser im Griff hat.«

KATYA: Ich bin dann hoch zu Papa, aber der war nicht da. Also bin ich ins Auto gestiegen und zu mir in die Wohnung gefahren. Fünf Minuten später ruft mich Papa an: »Das hier ist nicht Mysterys Haus. Auf dem Mietvertrag steht mein Name, und du bist mein Gast. Ich hol dich gleich ab.« Und so hat er mich wieder ins Haus geschmuggelt.

HERBAL [per E-Mail an Mystery]: Wie mir zugetragen wurde, sind mein Schlafzimmer und mein persönliches Eigentum »verwüstet« worden, weil Katya im Haus war. Ich weiß nicht genau, was mit »verwüstet« gemeint ist, aber ich fühle mich jetzt in meinem eigenen Haus nicht mehr sicher. Anscheinend glaubst du, die Welt dreht sich nur um dich und daß alle anderen sich immer nach dir richten müssen.

MYSTERY [per E-Mail an Herbal]: Ich will Katya hier nicht noch einmal sehen. Das ist mein letztes Wort, definitiv, ich erwarte auch keine Antwort auf diese Mail. Wenn du das Thema noch mal anschneidest, werde ich dich durch die nächstbeste Glasscheibe schmeißen. Sollte sie nach deiner Rückkehr irgendwann hierherkommen, schlag ich dich zusammen. Und zwar schnell, heftig, gnadenlos, ohne Vorwarnung und wiederholt. Wenn sie nicht in der Nähe ist, können wir in Frieden nebeneinanderleben, obwohl ich mich bemühen werde, dir aus dem Weg zu gehen. Wie auch immer, eins dürfte klar sein: Unsere Geschäftsbeziehung ist damit beendet.

KAPITEL 7

Ständig klingelte das Telefon, während ich in Miami war. Wenn ich dranging, waren es meistens Mystery oder Herbal oder Katya oder Tyler Durden. Ich erhielt sogar Anrufe vom Project Austin, das ebenfalls gerade in Auflösung begriffen war: Strom und Gas waren abgestellt worden, weil niemand die Rechnungen bezahlt hatte, und sämtliche Zimmer waren vermüllt mit lauter Kerzen, Schmutzwäsche und Pornoheften. Doch der einzige Mensch, von dem ich eigentlich etwas hören wollte, war Lisa.

Bei meiner Rückkehr befand sich Herbals Zimmer in einem Zustand absoluter Verwüstung. In der Wand klafften Löcher, die Tür hing gefährlich in den Angeln, die Matratze lag quer über seinem Fernseher, und der Holzfußboden war voller Scherben und Abfall.

Aus Aufreißer-Sicht stärkte Mystery die Beziehung zwischen Katya und Herbal nur noch mehr, indem er für Dramatik und einen gemeinsamen Feind sorgte. Aber Mystery dachte nicht mehr wie ein Aufreißer. Er hatte die Kontrolle über sich selbst verloren.

Am selben Abend klingelte es an der Tür. Als Mystery öffnete, stand ihm ein durchtrainierter Mann in den Zwanzigern gegenüber, der ziemlich wütend dreinblickte. Vor dem Haus parkte Katyas Wagen.

»Ich bin Katyas Bruder«, sagte der Mann zu Mystery.

»Das glaub ich dir nicht. Ich kenne ihren Bruder.«

»Jetzt paß mal auf, Freundchen«, zischte er und trat an Mystery vorbei ins Haus. »Ich hab gehört, du drohst, sie umzubringen. Das wirst du hübsch bleibenlassen.«

»Ich hab Katya nie bedroht.« Mystery taxierte Katyas Freund. Er war zwar kleiner als er selbst, aber definitiv stärker. »Höchstens Herbal.«

»Egal, wenn ihr was passiert, schlag ich dir höchstpersönlich den Schädel ein.«

Mit Provokationen hatte Mystery noch nie gut umgehen können. Genau wie bei anderen Auseinandersetzungen dieser Art rastete Mystery komplett aus. Die Adern an seinem Hals traten hervor, und sein Gesicht rötete sich. Er wuchs um mindestens zwei Zentimeter.

»Du legst es wohl drauf an?« schrie Mystery. »Also dann, worauf warten wir? Meinetwegen können wir die Sache gleich hier durchziehen.«

»Gut«, erwiderte Katyas Freund. »Dann komm raus. Ich will ja nicht euren Teppich schmutzig machen.«

»Nein, laß es uns hier machen. Ich will Blut auf dem Boden sehen, damit ich etwas habe, das mich an dich erinnert.«

Aus den Augenwinkeln sah Mystery eine Reihe großer Steine, die er vom Strand mitgebracht und als Runensteine bemalt hatte. Er griff nach einem davon, bereit, seinem Gegenüber den Schädel einzuschlagen, überlegte es sich dann aber doch rasch anders. Er machte drei Riesenschritte auf Herbals ohnehin schon ramponierte Tür zu und trat sie abermals zu Boden.

»Na los, was ist«, schrie Mystery. »Was ich jetzt machen werde, tut mir kein bißchen leid.«

Er legte Hand an ein Bücherregal und stürzte es um.

Katyas Freund sah das irre Glitzern in Mysterys Augen – und wenn es zum Kampf kommt, sind Verrückte ja generell ein bißchen im Vorteil. »Du brauchst hier keine Türen einzutreten und so 'ne Scheiße«, sagte er und wich zurück. »Ich will bloß den Hund, Mann. Katya hat mich hierhergeschickt, damit ich ihren Hund abhole.«

Also nahm der Typ Lily auf den Arm, und Mystery hielt inne. Die Bedrohung war fort. Sämtliche Hormone, die durch seinen Körper jagten – Cortisol, Adrenalin, Testosteron –, flauten wieder ab. Sein Verstand schaltete sich wieder ein. »Wieso hast du das nicht gleich gesagt, statt mich in meiner eigenen Wohnung zu bedrohen?«

Der Kerl stand etwas verdattert neben der Tür und hielt die strampelnde Lily im Arm.

»Brauchst du Futter für Lily?« fragte Mystery.

»Äh, ja, glaub schon.«

Mystery schnappte sich in der Küche Lilys Tüte mit Trockenfutter sowie mehrere Dosen Hundefleisch und drückte sie seinem vermeintlichen Angreifer in die Hand.

Als Katyas Freund im Hinausgehen ein paar Dosen herunterfielen, bückte sich Mystery, hob sie von der Treppe auf, gab sie ihm und klopfte ihm dann auf den Rücken.

»Respekt«, sagte er und griff auf den Spruch zurück, den wir von Ali G. für die Piste abgekupfert hatten.

Ich stieg die Treppe rauf, ließ mich auf mein Bett fallen und starrte an die Decke. Wieso war ich eigentlich hier? Es ging längst nicht mehr darum, daß ich Dustin beneidete. Ich hatte mich in dem sozialen Geflecht und den Verbrüderungs-Ritualen der Community verfangen – in dem Glauben, wir seien die Supermänner der Zukunft, die Geschmeidigsten, die diese Welt von den Starken erben würden, die einzigen, die den Generalschlüssel zur weiblichen Psyche besaßen. Ich war mit diesen Typen zusammengezogen, weil ich glaubte, wir seien im Besitz sämtlicher Antworten. Wir würden gemeinsam daran arbeiten, all die anderen Bereiche unseres Lebens auf ein neues Niveau zu heben, und nicht bloß Frauen aufreißen. Ich hoffte, wir würden größer sein als die Summe unserer einzelnen Teile.

Aber anstelle eines Systems der gegenseitigen Unterstützung hatten wir den *Herrn der Fliegen* daraus gemacht. Irgend etwas mußte geschehen, um das aufzulösen. Mein Vertrauen in diese Typen – und die Community – hing an einem seidenen Faden.

LEKTION XI:

ERWARTUNGEN STEUERN

»NICHT ETWA, WEIL ES SCHÖN WAR,
SONDERN WEIL DA, LETZTEN ENDES,
EINE ORDNUNG WAR;
ETWAS, WERT, GELERNT ZU WERDEN
IM BESCHRÄNKTEN TAGEBUCH MEINES
VERSTANDES«

anne sexton

FÜR JOHN, DER MICH BITTET,
NICHT WEITER ZU FORSCHEN

KAPITEL 1

Mystery und Herbal saßen sich auf zwei Sofas gegenüber, die Arme vor der Brust verschränkt. Das war nicht nur eine Verteidigungs-, sondern auch eine Trotzhaltung. Zwischen ihnen standen Zementkiefer, Mysterys Krav-Maga-Trainer, und Roadking, ein Aufreißer, der auch als Leibwächter arbeitete. Herbal hatte sich geweigert, einen Fuß in das Haus zu setzen ohne jemanden, der ihn vor Mystery schützte.

Die übrigen ständigen Bewohner – Papa, Xaneus, Playboy und ich – saßen auf einem dritten Sofa, das im rechten Winkel zu den beiden anderen stand. Tyler Durden hatte sich mit dem Hinweis aus der Affäre gezogen, er sei hier nur Gast, obwohl er nun schon seit Monaten in Papas Schrank wohnte.

Wir hatten eine Hausversammlung einberufen, um den Streit zwischen Mystery und Herbal ein für allemal aus der Welt zu schaffen.

Jeder der beiden durfte seine Seite der Geschichte präsentieren, ohne dabei unterbrochen zu werden. Mystery sagte, er würde es nicht zulassen, daß seine Exfreundin je wieder einen Fuß in dieses Haus setzte. Und Herbal sagte, daß er ausziehen würde, wenn seine Freundin nicht mehr vorbeikommen dürfe. Um diese beiden schlichten Kernpunkte rüberzubringen, benötigten sie je eine halbe Stunde.

»Also, normalerweise würde ich ja sagen, Herbal soll einfach ausziehen, wenn er mit Mysterys Exfreundin zusammensein will«, meinte ich und versuchte die Rolle des Schlichters zu spielen, die man mir aufgehalst hatte. »Andererseits hast du Gemeinschaftseigentum beschädigt und einen Mitbewohner physisch bedroht. Und dich weder für dein Verhalten entschuldigt noch den Schaden wiedergutgemacht.« Herbals Tür lag immer noch auf dem Fußboden, die Löcher in der Wand waren noch zu sehen, und sein Zimmer sah nach wie vor so aus, als wäre gerade ein Tornado hindurchgefegt. »Deshalb sehen wir nicht ein, dein schlechtes Benehmen auch noch dadurch zu belohnen, daß wir dich so weitermachen lassen.«

»Ich hab Herbals Zimmer absichtlich in diesem Zustand hinterlassen, um zu demonstrieren, was passiert, wenn ich Katya hier noch mal sehe«, erwiderte Mystery trotzig. »Das war ein völlig legitimes Mittel, um meinen Willen zu demonstrieren, meine Regeln auch durchzusetzen.«

Eines der Probleme der Aufreißer-Community war, ziemlich unflexible Verhaltensstandards zu propagieren, denen Männer zu folgen hatten, um eine Frau zu erobern. Und eines der Hauptaxiome war es, ein Alphatier zu sein. Das Ergebnis war, daß eine Gruppe von Männern, die den größten Teil ihres Lebens schikaniert worden waren, sich nun selber wie ihre damaligen Peiniger benahm. Das hatte ganz klar eine Menge unreifer Verhaltensweisen zur Folge, wie nun diese bei Mystery.

»Wenn ich auch mal was sagen darf«, warf Roadking ein: »Herbal hat meines Erachtens eine wichtige Regel gebrochen.«

»Und zwar welche?« fragte Herbal. In seiner Stimme lag weder Wut noch Abneigung; lediglich die roten Ringe unter den Augen verrieten, wie er sich fühlte.

»Die Regel Freundschaft geht vor Freundin.«

»Nein«, sagte Mystery. »Ich würde dir ja gern zustimmen, aber manchmal geht die Freundin vor.«

Zum ersten Mal an diesem Nachmittag zeigte Herbal ein Lächeln: Es gab doch tatsächlich etwas, wo Mystery und er sich einig waren.

Wenn man das Verbindende der Community wegnahm und unsere gemeinsamen geschäftlichen Interessen, was blieb dann noch? Sechs Typen, die hinter einer begrenzten Auswahl verfügbarer Frauen herjagten. Es waren schon Kriege geführt, Politiker von Weltrang erschossen worden, Tragödien hatten sich abgespielt, weil Männer die territoriale Hoheit über das andere Geschlecht für sich in Anspruch nahmen. Vielleicht waren wir einfach nur zu blind gewesen, um zu erkennen, daß das Project Hollywood von Anfang an zum Scheitern verurteilt gewesen war – und zwar genau durch das, was uns alle dort zusammengeführt hatte.

Nach einer dreistündigen Debatte, die ins Nichts führte – und während der Papa merkwürdigerweise kein einziges Wort sagte –, baten wir Mystery und Herbal, uns für eine Weile allein zu lassen, damit wir das Ganze diskutieren und zu einer Entscheidung der Hausgemeinschaft kommen konnten.

Beide erklärten sich bereit, jedwedes Urteil zu akzeptieren.

Als wir Papas Zimmer betraten, brach plötzlich hektische Aktivität aus. Mehrere Gestalten huschten in sein Badezimmer und machten die Tür hinter sich zu. Ich war bestimmt schon einen Monat nicht mehr in seinem Zimmer gewesen. Der Teppich war kaum mehr zu sehen unter den sechs Ausziehsesseln, die zu Betten auseinandergeklappt waren. Auf jedem davon lagen ein Kissen und Bettzeug.

Wo waren diejenigen, die in diesen Betten schliefen? Und was für Leute waren das? Wir klappten die Betten wieder zu Sesseln zusammen, nahmen darauf Platz und bereiteten uns darauf vor, zu einem Ergebnis zu kommen. Da ergriff Papa zum ersten Mal das Wort.

»Mit diesem Kerl will ich nicht unter einem Dach leben«, sagte er.

»Mit wem?« fragte ich.

»Mystery!«

Papas Hände zitterten – ob aus Haß oder Nervosität, war schwer zu sagen. Man schaute nicht dahinter bei ihm. Er war schon seit Monaten nicht mehr auf der Piste gewesen, und von den vielen Fortschritten, die er aufgrund seiner harten Arbeit gemacht hatte, merkte man jetzt fast nichts mehr. Er hatte sich wieder in sein Schneckenhaus zurückgezogen und war derselbe introvertierte Kerl, den ich bei unserer ersten Begegnung in Toronto kennengelernt hatte. Seine Leidenschaft war nicht mehr das Aufreißen, sondern Real Social Dynamics. Anstatt in Seminare zu gehen, wo man erfährt, wie man Frauen kennenlernt, verbrachte er einen Großteil seiner Zeit damit, durch die Staaten zu jetten und Marketing-Seminare zu besuchen.

»Mystery stört meine Workshops«, fuhr Papa fort. Seine Stimme klang monoton und kam von ganz weit weg, ein Echo aus den Tiefen seines Kopfes. »Er demoliert das Haus. Und ich habe Angst, daß er mir was tut.«

»Wovon redest du? Er würde dir doch nie im Leben was antun.«

»Ich habe Alpträume, in denen Mystery mit einem Messer in mein Zimmer kommt. Ich lasse an meinen Türen neue Schlösser anbringen, weil ich Angst habe, daß er sonst einbricht.«

»Das ist doch lächerlich«, antwortete ich. »Er tut dir schon nichts. Das ist dein eigenes Problem: Du mußt lernen, wie man mit Aggressionen umgeht und sich auseinandersetzt, und nicht einfach den Leuten aus dem Weg gehen und versuchen, sie rauszuwerfen.«

Aber egal, was ich sagte, um Papa umzustimmen, er wiederholte immer wieder roboterhaft den gleichen Satz – »Mit diesem Kerl will ich nicht unter einem Dach leben« –, als hätte ihn jemand darauf programmiert.

»Hast du schon mal drüber nachgedacht«, fragte Playboy mich schließlich, »daß du Mystery nur aus dem Grund verteidigst, weil er dein Freund ist?«

Vielleicht hatte Playboy ja recht. Mystery hatte bei mir einen großen Stein im Brett, weil er mich in die Community eingeführt hatte und weil das mit dem Haus seine Idee gewesen war. Ohne ihn hätte keiner von uns hier gesessen. Aber er hatte es verbockt. Er hatte sich sein Bett gemacht. Ich mußte mich danach richten, was am besten für das Haus war.

»Trotzdem«, sagte ich. »Ich würde das Ganze gerne klären, ohne daß jemand ausziehen muß.«

»Wir vertrauen deiner Entscheidung«, erwiderte Papa. »Du bist der Boss. Alle hier im Haus schauen zu dir auf.«

Es kam mir seltsam vor, daß ausgerechnet Papa, der so vehement darauf bestand, daß Mystery auszog, die Entscheidung in meine Hände legte. Während der nächsten zweieinhalb Stunden diskutierten wir mögliche Kompromißlösungen. Je mehr wir darüber redeten, desto komplexer erschien uns das Dilemma. Es gab einfach keine Lösung, mit der alle zufrieden sein würden:

Papa wollte nicht mit Mystery unter einem Dach leben.

Mystery wollte nicht mit Katya unter einem Dach leben.

Und Herbal wollte nicht ohne Katya unter diesem Dach leben.

Einer mußte gehen.

»Sämtliche Probleme in diesem Haus können auf ein und dieselbe Wurzel zurückgeführt werden«, sagte Playboy bestimmt. »Und die heißt Mystery.«

Ich schaute Xaneus an. »Bist du auch derselben Meinung wie Playboy und Papa?« fragte ich ihn.

»Ja, das bin ich«, meinte er. Seine Stimme schien ebenfalls aus der Tiefe seines Schädels zu kommen, so als sei er selbst gar nicht richtig anwesend. Er benahm sich genauso roboterhaft wie die anderen. »Ich glaube, Mystery muß gehen.«

KAPITEL 2

Wir riefen Mystery und Herbal zu uns ins Zimmer, um ihnen unsere Entscheidung mitzuteilen. Sie setzten sich auf die Kante der Stufe, die zu Papas Bett führte. Ich war – wie sich zeigen sollte: Zu unrecht – stolz darauf, meine neugewonnenen Führungsqualitäten auf salomonische Weise zur Geltung bringen zu können, indem ich den einzig möglichen Kompromiß für diese komplizierte Gemengelage gefunden hatte.

»Zunächst zu dir, Herbal«, setzte ich an. »Katya kriegt zwei Monate Hausverbot. Wenn ihr danach immer noch zusammenseid, darf sie wiederkommen.«

Herbal nickte.

»Und jetzt zu dir, Mystery. Wir geben dir zwei Monate, um über Katya hinwegzukommen und eine neue Freundin zu finden. Außerdem wird hier künftig eine Null-Toleranz-Linie gefahren, was Gewalt angeht. Wenn du noch mal jemanden bedrohst, angreifst oder Sachen kaputtmachst, fliegst du sofort raus.«

Mystery nickte nicht.

»Also, im Prinzip läuft es darauf hinaus, daß ihr mich hier raushaben wollt und die blöde Schlampe mich ersetzt«, fauchte er.

»Na ja«, sagte Playboy. »Es kann ja auch sein, daß Herbal und Katya sich während dieser Zeit trennen.«

»Das glaub ich nicht«, warf Herbal dazwischen.

Mystery warf die Hände in die Luft. »Also heißt das, ihr schmeißt mich raus.«

»Nein«, sagte ich. »Wir geben dir zwei Monate Zeit, um mit deinen Gefühlen klarzukommen.«

Ich versuchte, ihm zu helfen. Aber er wollte sich nicht helfen lassen.

»Wenn du mir zwei Wochen vorher Bescheid gibst«, sagte Papa,

»kann ich rechtzeitig einen Nachmieter finden, und du kriegst deine Kaution komplett zurück.«

Papa freute sich. Es lief genau so, wie er es haben wollte.

Mystery runzelte die Stirn; sein Kopf zuckte unwillkürlich. »Euch ist schon klar«, warf er ein, »daß Papa mich hier raushaben will, weil er zu mir in Konkurrenz steht? Es geht hier nicht um Herbal gegen Mystery, sondern um Mystery Method gegen Real Social Dynamics. Papa hat sein gesamtes Geschäftsmodell von mir. Ich hab ihm gesagt, er soll seinen Geschlechtstrieb zügeln und Geschäftsmann werden. Inzwischen verlangt er schon 1.500 Dollar für die Grundausbildung – in der er den Leuten meine Sachen beibringt.«

Wütend funkelte Mystery Papa an; Papa starrte einfach durch ihn hindurch. »Und jetzt, wo er mich nicht mehr braucht, will er mich raushaben und mein Zimmer in einen Zwölf-Betten-Schlafsaal umwandeln.«

In dem Moment dachte ich, Mystery wolle es einfach nicht wahrhaben und weigere sich immer noch, die Verantwortung für sein Verhalten zu übernehmen.

»Es hätte ja nicht so weit kommen müssen«, sagte ich zu ihm. »Du hast einfach bei jedem einzelnen Schritt schlechte Entscheidungen getroffen, und jetzt mußt du damit leben. Wir schmeißen dich ja gar nicht raus. Du hast dich entschieden zu gehen.«

Mystery verschränkte die Arme vor der Brust und sah uns voller Verachtung an.

»Kapierst du nicht, daß du dir mit deiner Alpha-Methode, Probleme anzugehen, genau das verbaut hast, was du gerne gehabt hättest?« fuhr ich fort.

»Das Ganze war doch bloß eine Taktik, um Katya aus dem Haus zu halten. Hat ja auch funktioniert«, behauptete er. »Seitdem war sie nicht mehr da.«

Ich verlor die Beherrschung. Es war an der Zeit, daß er endlich aufwachte und sich an die eigene Nase faßte.

»Du brauchst mal jemanden, der dir sagt, wo's langgeht«, sagte ich und wurde zum ersten Mal in dieser Versammlung etwas lauter. »Du bist der beste Illusionist, den ich je gesehen habe. Aber seit ich dich kenne, hast du keinen einzigen Schritt unternommen, um deine Neunzig-Minuten-Show – oder sonst irgendeine Show – auf die Beine zu stellen. Dein Aufriß-Geschäft ist im Arsch, und deine ehemaligen Schüler sacken das Geld ein, das eigentlich dir zustünde. Und was dein Liebesleben angeht, hast du seit Katya sämtliche Mädels vergrault, mit denen du geschlafen hast. Ich würde keinem Mädchen raten, mit dir etwas anzufangen. Du bist finanziell, geistig und emotional ruiniert.« Mit jedem Satz hatte ich das Gefühl, eine schwere Last fiele von mir ab. »Du hast weder Gesundheit noch Reichtum, noch Beziehungen – du hast gar nichts. Und an all dem bist nur du ganz allein schuld.«

Mystery ließ den Kopf in die Hände sinken. Seine Schultern begannen zu zittern. Große Mystery-Tränen kullerten ihm aus den Augen. »Ich bin am Ende«, heulte er. »Ich bin total am Ende.«

Seine ganze Mauer aus Sophisterei und Selbstbetrug, die ihn bislang aufrecht gehalten hatte, brach nun zusammen. »Was soll ich machen?« schluchzte er und sah mich an. »Sag mir, was soll ich denn machen?«

Nun bekam ich selber feuchte Augen. Ich konnte nichts dagegen tun. Ich wandte mich ab und schaute die Wand an, damit Herbal und Papa es nicht merkten. Die Tränen rannen schneller. Trotz all seiner Fehler mochte ich Mystery immer noch. Nach zwei Jahren in der Community hatte ich zwar keine Freundin, aber aus irgendeinem Grund hatte ich diese große, geniale Heulsuse ins Herz geschlossen. Vielleicht entwickelten sich Beziehungen tatsächlich aus gemeinsamen Erlebnissen und Gefühlen, und nicht daraus, daß man sieben Stunden irgendeine Masche abzog, um dann zwei Stunden Sex zu haben.

»Was du brauchst, ist 'ne Therapie«, erwiderte ich. »Psychiatrische Behandlung oder Gesprächstherapie oder so was. Du kannst auf Dauer nicht so mit dir umgehen.«

»Ich weiß«, sagte er. Seine Augen füllten sich wieder mit Tränen, schwerflüssig wie Quecksilber. Er ballte die Hände zu Fäusten und schlug sich selbstanklägerisch gegen die Stirn. »Ich weiß. Ich hab Scheiße gebaut.«

KAPITEL 3

Ich verließ Papas Zimmer und das Haus. Ich hatte Kopfweh. Es war ein langer Tag gewesen.

Als ich mich gerade anschickte, runter zum Poquito Mas zu laufen, wo ich mir einen Burrito holen wollte, kam mir von unten ein schwarzes Mercedes-Cabrio entgegen, das rasant um die Ecke preschte. Drinnen saßen zwei Blondinen.

Der Wagen hielt mit quietschenden Reifen vor mir, und vom Fahrersitz rief eine Stimme meinen Namen. Es war Lisa. Mein Herz setzte kurz aus.

Sie hatte eine rote Diesel-Jacke mit weitem Regenbogen-Kragen an, mit der sie aussah wie eine Kreuzung aus Rennfahrerin und Supermodel. Ich hingegen war unrasiert, trug eine Jogginghose und ging völlig auf dem Zahnfleisch, nachdem ich den ganzen Tag mit meinen Mitbewohnern herumdebattiert hatte. Meine Empfindungen purzelten wild durcheinander: Verlegenheit, Aufregung, Groll, Angst, Freude. Ich hatte nicht damit gerechnet, sie je wiederzusehen.

»Wir wollten gerade was trinken gehen«, rief Lisa. »Willst du mitkommen?«

»Und was macht ihr hier?« versuchte ich cool zu bleiben und mich von ihrem plötzlichen Wiederauftauchen unbeeindruckt zu geben.

»Wir wollen in die Whiskey-Bar.«

»An der seid ihr doch schon vorbei.«

»Ja, ich wollte aber vorher noch bei dir vorbeifahren und dich fragen, ob du Lust hast mitzukommen. Hast du 'n Problem damit?«

Dieses leicht Rotzige. Ich mochte sie immer noch. Sie war einfach eine Herausforderung. Keine sarkastische Bemerkung, kein Dämpfer, kein dreister Spruch verstrich ohne verbalen Gegenschlag.

»Ich zieh mir nur schnell was anderes an«, sagte ich. »Wir treffen uns dort.«

Ich schlüpfte in meine kunstvoll zerrissenen roten Levi's und ein Button-down-Hemd mit Militärkragen, das ich in Australien gekauft hatte, und rannte den Hügel hinunter, um mich den beiden anzuschließen – gespannt darauf, von Lisa zu erfahren, wieso sie nach ihrer Rückkehr aus Atlanta einfach verschwunden war. Doch als ich in der Bar ankam, saßen Lisa und Sam mit zwei stämmigen tätowierten Rockern an einem Tisch. Ungefähr so hatte ich mir die Typen vorgestellt, mit denen Lisa sich verabredete. Da saß ich nun, zwischen ihnen, von Tinte und Wasserstoffperoxid auf Normalmaß zurechtgestutzt.

Während sie über lokale Rock-Szenegrößen abzogen, die ich weder kannte noch kennen wollte, überfiel mich ein beklemmendes Gefühl. Ich hatte weder Lust auf Small talk, noch wollte ich so tun als ob. Ich wollte mit Lisa allein sein. Ich wollte eine Verbindung herstellen. Als mir die erste Schweißperle von der Stirn tropfte, hielt ich es nicht länger aus und sprang auf.

»Ich bin gleich wieder da«, sagte ich. Ich mußte auf die Piste – nicht weil ich mir Frauen krallen wollte, sondern weil ich eine positive Grundstimmung erreichen und mich in Gesprächslaune bringen wollte. Sonst wäre ich durchgedreht.

Ich bestellte mir gerade an der Bar einen Drink, als ich hinter mir den Geruch von Flieder wahrnahm. Hinter mir standen zwei Frauen in schwarzen Cocktailkleidern. »Hey Mädels, kann ich euch mal was fragen«, sagte ich, mit ein bißchen weniger Begeisterung als üblich.

»Laß mich raten«, konterte die eine. »Ein Freund von dir hat eine Freundin, die eifersüchtig ist, weil er immer noch mit seiner Ex aus College-Zeiten redet.«

»Das fragt uns so ungefähr jeder Typ, dem wir begegnen«, sagte ihre Freundin. »Was soll der Quatsch?«

Ich griff mir meine Whiskey-Cola und verzog mich auf die Raucherterrasse. Etwas beklommen probierte ich mein Sesamöffne-dich an zwei Frauen aus, die draußen auf einer Bank saßen. Zum Glück kannten sie ihn noch nicht.

»Hey«, sagte ich daraufhin. Eigentlich war mir gar nicht danach, aber ich wollte mich zur Redseligkeit zwingen. »Wie lang kennt ihr zwei euch schon?«

»So ungefähr zehn Jahre«, tat die eine kund.

»Hab ich mir gleich gedacht. Ich muß unbedingt den Beste-Freundinnen-Test mit euch machen.«

»Ach, den kennen wir schon«, sagte sie höflich.

Nun war es also passiert: Sie wußten alle Bescheid. Es hatte sich ausgebaggert auf dem Sunset Strip.

Die Community war groß und leichtsinnig geworden; es gab zu viele konkurrierende Firmen, die das gleiche Material unterrichteten. Und wir hatten beileibe nicht nur den Markt von Los Angeles gesättigt. Auch aus San Diego, Montreal, New York, San Francisco und Toronto berichteten Aufreißer in letzter Zeit vermehrt von demselben Problem: Es gab keine neuen Girls mehr, die sich krallen ließen, der Nachschub war ihnen ausgegangen.

Ich kehrte wieder zu Lisa und ihren Freunden zurück. »Ich bin ganz schön bedient«, sagte ich zu Lisa. »Ich verzieh mich mal. Aber ich fahre morgen nach Malibu zum Surfen. Kommt doch mit. Wird bestimmt lustig.«

Sie sah auf, und zum ersten Mal an diesem Abend gab es eine Verbindung zwischen uns. Für drei außerordentliche Sekunden verschwand der ganze übrige Club. »Klingt gut«, antwortete sie. »Ich bin dabei.«

»Prima. Dann komm doch morgen um zwölf bei uns vorbei.« Ende der Verbindung.

Als ich von der Whiskey-Bar nach Hause kam, wartete Isabel auf mich. Also wieder kein Schlaf.

»Hab ich dir nicht gesagt, daß du vorher anrufen sollst, wenn du vorbeikommst?« fragte ich sie.

»Ich hab dir 'ne Nachricht hinterlassen.«

An Isabel gab es nichts auszusetzen. Noch vor fünf Jahren hätte ich für ein Jahr mit dem Schreiben aufgehört, um einmal mit so einem Mädchen in die Kiste zu steigen. Aber sie hatte mir nichts zu bieten. Sie bestand nur aus Löchern: Ohren, die mir zuhörten, einem Mund, der auf mich einredete, und einer Vagina, die Orgasmen aus mir herauspreßte. Wir waren kein Team – bloß ein Zeitvertreib füreinander, eine Möglichkeit, sich für ein paar Stunden weniger einsam zu fühlen in dieser großen, gleichgültigen Welt. Wir betrieben lediglich Konversation, oder besser gesagt *Nonversation,* indem wir die Leere mit Worten füllten. So dachte ich jedenfalls. Aber manchmal entwickelt eine Frau einfach nur deshalb Gefühle für einen Mann, weil sie mit ihm schläft, insbesondere dann, wenn er etwas distanzierter ist, als ihr lieb ist. Und auf einmal will sie mehr.

»Triffst du dich immer noch mit anderen Frauen?« fragte sie

am nächsten Morgen, rollte sich auf mich und schaute mir aggressiv in die Augen.

Es war eine bedeutungsschwangere Frage, auf die es nur eine richtige Antwort gab. Ich gab ihr die falsche – nämlich die ehrliche. »Na ja, ich hab da eine Frau kennengelernt, Lisa, und allmählich fange ich an, Gefühle für sie zu entwickeln.«

»Tja, dann wirst du dich zwischen ihr und mir entscheiden müssen.«

In der Vergangenheit war ich oft auf Ultimaten hereingefallen. Aber inzwischen hatte ich gelernt, daß so ein Ultimatum nur ein Ausdruck von Machtlosigkeit ist, eine leere Drohung, um eine Situation zu beeinflussen, über die man keine Kontrolle hat.

»Allein dadurch, daß du von mir verlangst, mich zu entscheiden«, erwiderte ich, »hast du dir von vorneherein selber die Loserrolle ausgesucht.«

Sie ließ den Kopf auf meine Schulter sinken und weinte. Sie tat mir leid. Mehr nicht.

Eine Stunde später kamen Sam und Lisa. Mystery saß gerade am Computer und hämmerte wie wild in die Tasten. Er sah hoch zu Lisa, die einen Juicy-Couture-Leinenpulli mit über den Kopf gezogener Kapuze trug, und versuchte erst mal, ihr eins draufzugeben. »Wie siehst du denn aus?« fragte er. Das war die einzige Art, wie er mit schönen Frauen umgehen konnte.

Lisa begutachtete in aller Ruhe Mysterys Aufzug. Er trug einen Morgenmantel, Boxershorts, schwarzlackierte Zehennägel und Pantoffeln. Sie warf ihm einen vernichtenden Blick zu und versetzte ungerührt: »Das sagt ja der Richtige, Babe.«

Lisa war gegen Dämpfer immun. Neben ihr wirkten alle anderen Frauen irgendwie unfertig. Den überwiegenden Teil ihrer Kindheit werden Frauen darauf konditioniert, sich männlichen Autoritätspersonen gegenüber unterwürfig zu verhalten. Sobald sie erwachsen werden, bewegt sich eine bestimmte Teilmenge dieser Frauen – von denen es viele nach Los Angeles verschlägt – auf zum Teil merkwürdig gehirnamputierte Weise durch die Welt. Sie führen sich in Gegenwart des anderen Geschlechts andauernd dümmer auf, als sie sind. Sie glauben, daß die Techniken, mit denen sie ihre Väter manipuliert haben, beim Rest der Welt genausogut funktionieren werden, und oft genug haben sie damit ja auch recht. Aber Lisa war eben kein Fußabstreifer, niemand, der von den Erwartungen und Wünschen der Männer in ihrem Leben geprägt worden war. Sie lebte jenen Rat, den die meisten Frauen etwas heuchlerisch ihren Männern geben: Sie hatte keine Angst davor, sie selbst zu sein.

Mystery sagte ausnahmsweise gar nichts mehr. Er räusperte sich und verkündete dann, eine Spur zu laut: »Ich habe zu tun«, ehe er sich abwandte und weitertippte. Er schrieb gerade ein Posting für Mystery's Lounge und ließ nach der gestrigen Hausversammlung etwas Dampf ab.

Bevor wir in Richtung Strand aufbrachen, zeigte ich Sam und Lisa die Bilder, die ich gemacht hatte, als Lisa zum ersten Mal bei mir übernachtet hatte und wir uns zu Verkleidungszwecken alle möglichen Perücken aufgesetzt hatten.

»Jetzt schau dir das mal an«, sagte Sam und betrachtete das Foto, auf dem Lisa und ich uns in die Augen sahen, kurz bevor wir uns dann doch nicht küßten. »Ich hab Lisa noch nie so glücklich gesehen.«

»Ja«, meinte Lisa und verzog ihre Lippen zu einem zahnigen Lächeln. »Da hast du wohl recht.«

Sam rannte nach oben, um schnell bei mir aufs Klo zu gehen, während Lisa und ich die Surfbretter hinten in der Limousine verstauten, die nebenbei auch als Surfauto diente. Auf der Fahrt nach Malibu bemerkte ich, wie Sam sich über die Armstütze beugte, um Lisa etwas ins Ohr zu flüstern, worauf Lisas Lächeln schlagartig erlosch.

»Was ist denn los?« fragte ich.

Sie sahen einander zögernd an.

»Was ist denn?« ließ ich nicht locker. Ich wollte es wissen. Bestimmt ging es um mich, und bestimmt war es nichts Positives.

»Ist nicht so wichtig«, sagte Sam. »Weiberkram.«

»Ähm, okay.«

Beim Surfen blieb ich normalerweise in Ufernähe und hielt mich an die kleineren Wellen, während die etwas erfahreneren Surfer weiter rauspaddelten, um die großen zu erwischen. Ich fand, daß ich es schlauer anstellte als sie, weil ich auf diese Weise mehr Wellen abbekam. Aber nachdem ich Sam und Lisa dabei geholfen hatte, sich mit ihren Brettern zurechtzufinden, paddelte auch ich mit den Veteranen hinaus, um eine große Welle zu erwischen.

Während ich so wartete, blickte ich voller Neid auf die Surfer in Ufernähe, die Welle um Welle nahmen. Nach zwanzig Minuten schwoll endlich das Wasser hinter mir an, und ich begann zu paddeln. Als die blaue Wand in meinem Augenwinkel wuchs, spannte sich mein Körper: Ich fragte mich, ob ich wohl mit einer derart großen Welle klarkommen würde. Mit einem Knall wie ein Donnerschlag packte sie mein Brett, und ich sprang auf. Das Blau erstreckte sich weit über mir. Ich pflügte durch die sich auftürmende Welle bis ganz auf den Kamm und surfte zum Ufer. Ich fühlte mich lebendig, erfrischt, ekstatisch. Ich hatte vorher nicht gewußt, daß ich dazu imstande war, daß ich über Wissen und Können verfügte, eine derartige Welle zu nehmen.

Es war einfach gigantisch. Während ich mein Brett triumphierend ans Ufer trug, begriff ich, daß es auch in punkto Frauen höchste Zeit war, die großen Wellen zu nehmen und keine Zeit mehr mit den popeligen kleinen Wellen im Seichten zu verschwenden, nur auf das Beste aus zu sein, und nicht auf das meiste. Das hatte ich mir verdient.

Wieder zu Hause, zog ich Lisa beiseite: »Ich würde dich gern am Samstag zum Sushi-Essen einladen.«

Das war vielleicht EFL-mäßig von mir. Ich fragte sie, ob sie sich mit mir zu einem Date verabreden wollte.

Sie zögerte einen Moment, als ob sie überlegte, wie sie es mir am schonendsten beibringen sollte, spitzte die Lippen und kniff die Augen zusammen. Dann preßte sie endlich heraus: »Na gut.«

»Na gut?« Ich konnte mich nicht erinnern, wann ich das letzte Mal einem Mädchen ein Date angetragen hatte und dabei derart aufgelaufen war.

»Nein, es ist bloß so, daß …« Sie unterbrach sich. »Ach, egal. Ja natürlich, gerne. Ich hab schon gedacht, du fragst mich gar nicht mehr.«

»Das klingt schon besser. Also, ich hol dich um acht ab.«

Die Mädchen fuhren nach Hause, und ich betrat die Küche, um mir eine Hühnchenbrust zu braten. Die Reste ungezählter Speisen, die Massen von Gästen sich zubereitet hatten, waren zu einer schwarzen Kruste geronnen, die den Herd überzog. Während ich mein Essen briet, kam Tyler Durden zur Terrassentür herein, mit Laufschuhen und Walkman. Er hob sein T-Shirt hoch und betrachtete prüfend eine Rolle Babyspeck an seinem Bauch, ehe er die Kopfhörer abnahm.

»Hey, Mann, ich hab gehört, was mit Mystery passiert ist«, sagte er. »Tut mir echt leid, daß alles so gekommen ist. Gib mir Bescheid, wenn ich was tun kann, um ihn zum Bleiben zu bewegen.«

»Er ist ein Sturkopf. Ich bezweifle, daß du da irgendwas ausrichten kannst.«

»Wenn er geht, gibt es kein Project Hollywood mehr«, fuhr er fort. »Dann würde das hier wohl zu einer Art RSD-Villa werden.«

»Vermutlich.« Ich lud das Hühnchen auf einen Teller und schnappte mir Messer und Gabel.

»Übrigens, ich hab mir heute auf der Melrose Avenue ein echtes Style-Shirt gekauft. Sieht haargenau aus wie was, das du tragen würdest. Muß ich dir nachher mal zeigen.«

»Das ist ja toll, aber irgendwie find ich's auch komisch.« Es gab da etwas, worüber ich schon die ganze Zeit mit Tyler Durden hatte reden wollen. »Ich wollte mal mit dir darüber reden, ob du dich nicht an der Miete oder an den Nebenkosten beteiligen könntest. Du wohnst jetzt schon seit ein paar Monaten hier, und wir haben beim Einzug ausgemacht, daß jeder Gast, der hier länger bleibt, sich an den Unkosten des Hauses beteiligen sollte.«

»Klar, Mann«, sagte er. »Besprich das einfach mit Papa.« Seine Worte klangen liebenswürdig, nicht jedoch seine Körpersprache. Er bewegte beim Sprechen unbehaglich seinen Kopf hin und her, als wisse er nicht, wo er hinschauen solle. Dann machte er kehrt und ging. Er schien immer peinlichst darauf bedacht zu sein, sich ja nicht in irgendwelche Hausangelegenheiten verwickeln zu lassen. Hinter seinem Lächeln verbarg er etwas, das spürte ich – ähnlich wie damals in Las Vegas, als ich sein Girl geküßt hatte. Durch meine Aufforderung, Miete zu bezahlen, war ich für ihn zu einer Bedrohung geworden.

KAPITEL 4

Mystery schlurfte schmollend im Morgenmantel durchs abfallübersäte Haus und erzählte jedem, der es hören wollte, von diesem Ex-Schüler, der ihm das Geschäft geklaut, und der Schlampe, die sein Leben ruiniert hatte. Jeder Versuch, ihn zu einer Therapie zu bewegen, wurde mit einer langatmigen Erklärung abgetan, die die Berechtigung seiner Gefühle und Handlungen aus Sicht der Evolution zum Inhalt hatte. Das Fenster von Verletzlichkeit und Ehrlichkeit, das sich nach seinem Zusammenbruch während der Hausversammlung geöffnet hatte, hatte sich wieder geschlossen. Sein Frame hatte sich erneut Geltung verschafft, die Psyche jene Mauern wieder aufgebaut, die Rationalisierungen und Realität trennten. Er hatte beschlossen, Project Hollywood zu verlassen.

Obwohl er mir nicht böse war, fühlte ich mich schuldig. Der Kompromiß, der ihn faktisch aus dem Haus trieb, war auf meinem Mist gewachsen. Soviel zu meiner salomonischen Weisheit.

Um alles noch schlimmer zu machen, setzte Katya noch eins drauf. Sie hatte ihre Wohnung gekündigt und wollte gleich nach Ablauf der Sechzig-Tage-Frist bei Herbal einziehen, was ihre Rache komplettieren würde.

An besagtem Freitag fuhr ich mit Mystery zum Flughafen, um seine Schwester, seine Mutter und die beiden Nichten abzuholen. Sie stiegen hinten in die Limousine ein und umgaben ihn mit der Liebe, nach der er sich so sehr sehnte.

Anschließend fuhren wir zum Terminal der United Airlines. Mystery hatte für die Woche einen weiteren Gast eingeladen: Ania, ein Mädchen, das er im Rahmen seines Workshops in Chicago kennengelernt hatte. Das war seine ultimative Retourkutsche, und er verbreitete sich bereits im Web darüber, daß er in sie verliebt sei und sie heiraten werde. Eine von Mysterys Spezialitäten beim Baggern waren, wie er sich ausdrückte, *hired guns,* also Barkeeper, Stripperinnen, Cocktailserviererinnen und Kellnerinnen. Ania arbeitete an der Garderobe der Chicago Cro Bar.

Wir hielten vor dem Terminalgebäude und warteten. »Macht euch schon mal bereit, meine Zukünftige kennenzulernen«, verkündete Mystery seiner Familie.

»Verschreck sie nicht gleich wieder, so wie die letzte«, gluckste seine Mutter. Offenbar hatte sie gelernt, den Streß zu überleben, unter den ihr Mann und ihre Kinder sie setzten, indem sie nichts und niemanden allzuernst nahm. Das Leben war wie ein Insiderwitz zwischen ihr und Gott.

Wir erkannten Ania sofort, als die automatischen Türen aufgingen und den Blick auf eine kleine Frau mit blondierten Haaren freigaben. Der Busen war im Verhältnis zum übrigen Körper etwas überproportioniert, und die Gesichtszüge wiesen (wie schon bei Katya und Patricia) auf osteuropäische Vorfahren hin. Tatsächlich erinnerte ihr Gesicht ein wenig an einen Pfannkuchen. (Oder, wie sich Lisa später ausdrückte, »an einen Mops, der gegen die Wand gelaufen ist«.)

Mystery begrüßte sie, nahm ihr das Gepäck ab und brachte sie zur Limousine. Abgesehen von einem schüchternen »Hallo« sprach Ania während der gesamten Fahrt kein Wort. Statt dessen saß sie nur da und hörte Mystery zu. Sie war genau sein Typ.

Sie war vielleicht kein Party-Girl wie Katya, dennoch hatte Ania ihr eigenes Gepäck. Es traf am nächsten Tag unverhofft am Flughafen ein und hörte auf den Namen Sean.

Am Samstag sahen wir Sean vor dem Haus stehen, von wo aus er alle fünf Minuten Anias Handynummer wählte. Ania hatte gegenüber Mystery nie ihre Verlobung erwähnt. Und offensichtlich hatte sie ihrem Verlobten nie erzählt, daß sie nach Los Angeles fliegen wollte, um dort einen Aufreißer zu besuchen, den sie bei der Arbeit kennengelernt hatte. Dem Anschein nach hatte Sean ihren Anrufbeantworter abgehört, dort Mysterys Nachrichten vorgefunden und beschlossen, nach L. A. zu fliegen, um seinen Rivalen zu stellen.

Die Ironie entging Mystery keineswegs. »Ich weiß, was Sean jetzt durchmacht«, sagte er. »Für ihn bin ich quasi Herbal. Er würde mich am liebsten umbringen und seine Frau wieder mitnehmen.« Er nahm eine Körperhaltung ein, die als Alpha-Pose durchgegangen wäre, wenn er über den entsprechenden Oberkörper verfügt hätte. »Ich geh mal raus und rede mit ihm.«

Während Mystery nach draußen stolzierte, wartete ich im Wohnzimmer mit seiner Schwester und seiner Mutter. Wir saßen auf den Polstern, die den Hinter- und Untergrund für all die Tränen, Mädchenärsche und Hausversammlungen abgegeben und mein Leben über Monate hinweg bestimmt hatten – und die derart vor Schmutz starrten, daß selbst die Flecken Flecken hatten. In mir wuchs das Bedürfnis, dieser Falle zu entkommen, die ich mir selber gestellt hatte; dieser Falle, die Mystery sich fortwährend selber stellte; den Fallen, die wir uns alle tagtäglich stellten, immer wieder und wieder, und aus denen wir anscheinend nie etwas lernen.

»Euch ist schon klar«, fragte ich sie, »daß Mystery mit seiner Neuen nur wieder den nächsten Absturz erlebt.«

»Ja«, antwortete seine Mutter. »Er glaubt immer, es liegt an den Mädchen, aber das stimmt nicht. Es liegt an seinem schwachen Selbstwertgefühl.« Nur eine Mutter schaffte es, den gesamten Ehrgeiz und den *Raison d'être* eines Menschen auf die eine grundlegende Unsicherheit zurückzuführen, die die Triebfeder von allem war.

»Was mir echt Sorgen macht, ist seine Gewaltbereitschaft«, ergänzte ich. »Er fängt allmählich an zu glauben, daß sich diese Probleme mit Gewalt lösen lassen, und das ist eine ziemlich gefährliche Denkweise.«

»Sich gegenseitig die Köpfe einzuschlagen bringt es nie«, bestätigte seine Mom. »Ich sag immer, man muß das gar nicht auf direktem Wege machen. Man kann auch außenrum gehen, es gibt immer eine Hintertür.«

»Jetzt weiß ich, wo er die Mystery-Methode herhat.« In nur drei Sätzen hatte seine Mutter, ohne es zu wollen, die ganze Herangehensweise Mysterys zusammengefaßt, was das Kennenlernen von Frauen anbetraf: die indirekte Methode.

Martina zog die Augenbrauen zusammen und verlagerte ihr

Gewicht auf dem Sofa. »Seine Depressionen werden von Mal zu Mal schlimmer«, seufzte sie. »Gewalttätig war er bis jetzt noch nie.«

»Na ja, ich kann mich an das eine Mal erinnern, da war er wütend, hat die Tür zugeknallt und seine Ratte umgebracht«, erzählte seine Mutter. »Aber sonst hab ich ihn noch nie wütend werden sehen. Selbst als seine Katze gestorben ist, hat er bloß gesagt: ›So ist das Leben.‹«

»Also, ich glaube, folgendes passiert gerade«, sagte Martina. »Seit unser Dad nicht mehr da ist, kapiert er allmählich, daß Dad nie so schlimm war, wie er ihn in Erinnerung hatte. Deshalb erlaubt er sich jetzt, mehr wie sein Vater zu sein.«

Ich dachte an meine Gespräche mit Mystery über seinen Vater. Meistens hatte er seinen Vater als Monster beschrieben. »Das heißt, euer Dad war gar nicht so schlimm?«

»Das Problem ist, daß sie sich sehr ähnlich waren«, erklärte Martina. »Dad konnte einen Raum betreten und sofort das Kommando übernehmen. Er war sehr charismatisch, aber auch ein ziemlicher Sturkopf. Die beiden sind nie miteinander klargekommen. Mystery hat bei jeder Gelegenheit versucht, seinen Vater bis zur Weißglut zu reizen. Und Dad ist jedesmal in die Luft gegangen, statt sich wie ein Erwachsener zu benehmen.«

»Bei Tisch mußten wir sie immer weit auseinandersetzen«, schaltete sich Mysterys Mom ein. »Und wenn einer den anderen auch nur schief angeschaut hat, haben sie sich schon in die Haare gekriegt.«

»Und jetzt, da Dad tot ist«, sagte Martina, »braucht Mystery jemanden, an dem er seine Wut auslassen kann. Deshalb ist Katya an die Stelle seines Vaters getreten. Jetzt ist sie der böse Bube, der für die ganzen verkorksten Gefühle verantwortlich ist, die in ihm brodeln.«

Das war meine Gelegenheit, die Frage aufs Tapet zu bringen, die ich schon seit Mysterys Zusammenbruch in Toronto immer hatte stellen wollen, jene Frage, die mich von dem unerklärlichen Pflichtgefühl befreien würde, das ich empfand, ihn vor sich selbst zu retten.

»Und was machen wir jetzt mit ihm?«

Wir diskutierten die Sache eine halbe Stunde lang durch. Die Antwort, entschied Martina schließlich, war, ihm freie Bahn zu gewähren; ihm die Chance zu geben, etwas aus seiner genialen Begabung zu machen; ihm Zeit zu lassen, nach den zwei Zehnen zu suchen, die ihn genausosehr lieben, wie sie einander lieben. Und auf ein paar Fortschritte auf dem Weg zu seinen Lebenszielen zu hoffen, bevor der nächste Absturz kam, oder der darauffolgende, oder welcher Absturz auch immer so vernichtend sein würde, daß er ihn dazu zwang, endgültig nach Hause zurückzukehren. Er bewegte sich auf Treibsand und hatte Heliumballons an den Händen. In dieser Hinsicht war er wie wir alle, nur daß die Luft aus seinen Ballons schneller entwich.

Wir brachen unsere Diskussion vorzeitig ab, als Mystery in die Küche kam.

»Erledigt«, sagte er. »Ich war mit Anias Verlobtem im Mel's und hab mich länger mit ihm unterhalten. Ich hab ihm gesagt, daß es zu spät sei, die Sache noch mal hinzubiegen. Ania ist jetzt meine Freundin, und wir sind ineinander verliebt. Das wird der beste Aufriß in der Geschichte der Mystery-Methode.«

Martina warf mir einen wissenden Blick zu. Mysterys Mutter verschränkte die Arme über der Brust und gluckste in sich hinein.

Mystery knallte einen Kassettenrecorder auf den Küchentresen. »Ich hab das Gespräch komplett aufgenommen«, warf er sich in die Brust. »Wollt ihr's euch anhören?«

»Nein«, sagte ich. Mein Bedarf an Dramatik war gedeckt.

Abgesehen davon hatte ich eine Verabredung mit Lisa einzuhalten.

KAPITEL 5

Um acht Uhr holte ich Lisa ab. Für diesen Abend hatte ich ein japanisches Restaurant namens Katana ausgesucht. Es war so ziemlich das schwierigste Abendessen meines Lebens. Wir hatten schon so viel Zeit miteinander verbracht, daß mir buchstäblich das Material ausgegangen war. Ich war gezwungen, ich selbst zu sein.

»Was ich dich schon die ganze Zeit fragen wollte«, begann ich, während uns die Heizlampen auf der Terrasse des Restaurants den Schädel versengten und der Sake uns den Magen wärmte. Die Frage bereitete mir seit Wochen schlaflose Nächte. »Was war denn damals nach Atlanta los? Wir waren doch verabredet, und du hast dich nicht daran gehalten.«

»Du warst so unverschämt am Telefon«, erklärte sie. »Und ich hatte nicht den Eindruck, daß unsere Verabredung so verbindlich war.« Das war also ihre Version der Wollfadentheorie, die Strafe für schlechtes Benehmen.

»Ich hab nur einen auf dreist gemacht. Ich wollte dich sehen.«

»Egal. Du warst unverschämt. Du hast dermaßen einen auf entspannt, unnahbar und megacool gemacht, daß es mich total abgetörnt hat. Ich dachte: Ich kann jeden kriegen, wieso macht dieser Typ plötzlich auf Mr. Cool?«

Während wir uns unterhielten, versuchte ich herauszufinden, wieso ich dieses Mädchen so gerne mochte, wieso sie, nachdem ich schon so viele andere Menschen kennengelernt hatte, zu meiner Obsession geworden war. Der zynischere Teil von mir sagte, daß ich einfach bloß auf das weibliche Pendant jener Masche hereingefallen war, die wir Aufreißer verwenden. Das Geheimnis, jemanden glauben zu machen, er sei in dich verliebt, besteht darin, daß man seine Gedanken in Beschlag nimmt, und genau das hatte Lisa mit mir gemacht. Sie hatte mich auflaufen lassen und körperlich zurückgewiesen, mich dabei aber auf eine Weise hingehalten, die mich gerade noch genug motivierte, weiter hinterherzulaufen.

Aber ich war schließlich kein Stalker. Hätte eine andere Frau, an der mir weiter nichts lag, dermaßen auf Schwer-zu-kriegen gemacht, hätte ich schon längst aufgegeben. Natürlich konnte meine Obsession auch daran liegen, daß ich mir beim Baggern versehentlich die eine oder andere frauenfeindliche, alphamäßige Macke angewöhnt hatte. Lisa besaß einen unbändigen Unabhängigkeitswillen und war ein Mensch, zu dem ich eher aufblickte, als auf ihn herabzusehen. Vielleicht wollte der Neandertaler in mir einfach bloß mit ihr schlafen und sie auf diese Weise erobern.

Und dann bestand ja immer noch die entfernte Möglichkeit, daß es ihr gelungen war, einen Teil von mir zu berühren, den ich vor jedermann verborgen hielt, sogar vor mir selbst. Jener Teil, der es leid war, ständig zu grübeln und auf der Suche zu sein und sich den Kopf darüber zu zerbrechen, was die Leute von ihm dachten. Der einfach loslassen, frei sein, sich gut fühlen und im Augenblick leben wollte, wie in dem Moment, als ich in Malibu die große Welle ritt. Und wenn Lisa und ich hin und wieder beide für kurze Zeit unsere Schutzhaltungen aufgaben, fühlte ich mich genauso: eins mit mir, und eins mit ihr.

Wir fuhren zurück zu mir nach Hause. Lisa schlüpfte in ein weißes T-Shirt und Boxershorts, und wir lagen – wie schon so oft – im Bett, unter der Decke, jeder auf seinem Kissen, die Köpfe einander zugewandt, ohne daß sich unsere Körper berührten.

Ich wollte an unser Gespräch während des Abendessens anknüpfen. Ich versuchte nicht mehr, sie zu verführen. Ich brauchte einfach Antworten.

»Und wieso bist du dann neulich hier raufgefahren, um mich wiederzusehen?«

»Während du weg warst, hab ich einfach gemerkt, wie sehr ich dich vermisse.« Zu gern beobachtete ich, wie sich ihre Lippen beim Reden über den Vorderzähnen teilten. Ich mußte dabei an Lachs auf Reis denken. »Meine Freunde haben sich schon über mich lustig gemacht, weil ich die Tage gezählt habe, bis du wieder da bist. Während du weg warst, bin ich sogar einkaufen gegangen, damit ich dir was kochen kann. Ich weiß auch nicht, warum.« Sie zögerte und lächelte, so als sei dies eine Information, die sie eigentlich nicht hatte preisgeben wollen. »Ich hab frischen Schwertfisch gekauft, den ich dann wegschmeißen mußte, weil er schlecht geworden ist.«

Ein warmer Schwall Selbstvertrauen füllte meine Brust. Ich hatte also immer noch Chancen bei ihr.

»Aber jetzt ist es zu spät«, ergänzte sie. »Das Fenster war auf, aber du hast es vermasselt.«

David D'Angelo hätte dazu geraten, an dieser Stelle auf dreist zu schalten. Ross Jeffries hätte geraten, sich gar nicht erst auf diesen Frame einzulassen. Und Mystery hätte geraten, sie zu bestrafen. Aber ich mußte sie einfach fragen: »Und wie hab ich es vermasselt?«

»Das fing schon mal damit an, daß du mich nicht angerufen hast, als du aus Miami zurückkamst. Ich mußte zu dir kommen.«

»Moment, Moment. Ich dachte, du gibst mir 'n Korb. Du hast mich doch kein einziges Mal angerufen, während ich weg war.«

»Na ja, auf deiner Mailbox hieß es, du wärst nicht in der Stadt und würdest auch nicht zurückrufen, also hab ich auch keine Nachricht hinterlassen.«

»Ja gut, aber dich hätte ich doch zurückgerufen. Ich wollte doch von dir hören.«

»Dann bist du in die Whiskey-Bar gekommen und hast so gut wie kein Wort geredet. Und was dem Faß den Boden ausgeschlagen hat, war dann, als wir bei dir waren, um zum Surfen zu fahren. Ich hab Sam erzählt, daß ich doch wieder anfange, dich zu mögen, und sie hat gesagt: ›Kannste dir abschminken. Als ich rauf in sein Badezimmer bin, lag ein gebrauchtes Kondom auf dem Boden.‹«

Mein Hirn sprang auf und ohrfeigte sich selber. In meiner Sorglosigkeit hatte ich vergessen, das Kondom wegzuwerfen, das ich mit Isabel benutzt hatte. Darüber hatten Sam und Lisa also auf dem Weg nach Malibu geflüstert.

»Und wieso bist du dann heute abend mit mir ausgegangen?«

»Du hast mich auf ein richtiges Date eingeladen. Und du warst ein bißchen nervös. Von daher dachte ich, du stehst wohl wirklich auf mich.«

Ich stützte mich auf das Kissen. Ich war kurz davor, den EFL-mäßigsten Satz meines Lebens zu sagen. »Ich will dir mal was sagen. Die Aufreißer haben einen Begriff, der nennt sich Die-oder-keine-Seuche. Das kriegt man, wenn man von einem einzigen Mädchen besessen ist. Wer die Krankheit hat, landet nie bei seiner Auserwählten, weil er in ihrer Nähe einfach zu nervös ist und sie ständig vergrault.«

»Und?« fragte sie.

»Du bist meine Die-oder-keine-Seuche.«

Inzwischen sahen wir uns in die Augen. Ich sah, wie die ihren glitzerten. Und ich wußte, daß meine glitzerten. Zeit, sie zu küssen.

Schluß mit Sprüchen, Techniken und Evolutionsphasentricks – die ich bei ihr ohnehin allesamt erfolglos ausprobiert hatte. Ich beugte mich vor. Sie beugte sich vor. Sie schloß die Augen. Ich schloß die Augen. Unsere Lippen trafen sich. Es war genau so, wie ich mir immer den Beginn eines Kusses vorgestellt hatte.

Stundenlang lagen wir da und entwirrten die Verwicklungen und Mißverständnisse der letzten paar Wochen.

Am nächsten Morgen, während Lisa noch schlief, schlich ich mich die Treppe hinunter, mein Adreßbuch in der Hand. Ich rief Nadia an und Hie und Susanna und Isabel und die beiden Jessicas und sämtliche HBs und MLZBs und was ich sonst noch so an Abkürzungen traf, und sagte ihnen, daß es da nun eine in meinem Leben gebe, der ich treu sein wolle.

»Das heißt, du gibst ihr den Vorzug gegenüber mir?« fragte Isabel wütend.

»Das ist keine Kopfentscheidung.«

»Ist sie besser im Bett oder so was?«

»Das weiß ich nicht. Wir haben uns bisher nur geküßt.«

»Du hast also mit einer geknutscht«, sagte sie und gab ein Lachen von sich, das grausam klingen sollte, »und jetzt willst du mich loswerden.«

»Ich will dich gar nicht loswerden. Ich würde dich gerne noch weiter treffen, aber eben nur als Freundin.« Ich konnte förmlich hören, wie das Wort einem Dolch gleich ihr Herz durchbohrte, so wie es auch meinem Herz so oft widerfahren war, bevor ich Teil der Community wurde.

»Aber ich liebe dich doch.«

Wie konnte sie mich lieben? Am besten, sie ging mit einem Dutzend anderer Typen ins Bett, um ihre Der-oder-keine-Seuche loszuwerden.

»Tut mir leid«, sagte ich. Und das stimmte auch.

Das war die Kehrseite des unverbindlichen Sex: Manchmal hört er eben auf, unverbindlich zu sein. Die Leute wollen auf einmal mehr. Und wenn sich die Erwartungen des einen nicht mit denen des anderen treffen, ist der Leidtragende immer derjenige mit den höheren Erwartungen. So etwas wie billigen Sex gibt es nicht. Er hat immer seinen Preis.

Ich hatte eine der wenigen ethischen Richtlinien verletzt, die Ross Jeffries aufgestellt hatte: Laß sie immer in einem besseren Zustand zurück, als du sie vorgefunden hast.

KAPITEL 6

Dampf stieg aus dem Wasser in den sternlosen Himmel von L. A. Wir saßen uns im Whirlpool gegenüber. Mystery drapierte einen blassen Arm auf den Rand des Beckens. In der anderen Hand hielt er ein Glas mit einer orangen Flüssigkeit und Eiswürfeln, an dem er wie ein Vogel nippte. Es sah nach Cocktail aus, was merkwürdig war, weil Mystery sonst nie Alkohol trank.

»Ich hab Papa meine Kündigung vorbeigebracht«, sagte er. »Nächsten Monat zieh ich offiziell aus.«

Er ließ mich im Stich, so wie damals bei seinem Zusammenbruch in Toronto. Und ich saß hier fest – mit dem glücklichen Paar, das ihn genötigt hatte auszuziehen, und der Klonarmee aus Papas Zimmer als Mitbewohnern.

»Aber damit überläßt du deinen Feinden den Sieg«, entgegnete ich, fischte eine Zigarettenkippe aus dem Becken und ließ sie in ein leeres Glas fallen. »Bleib doch hier und behaupte dich. Katya würde es nicht wagen, einen Fuß hier reinzusetzen, wenn du hier wärst. Wehr dich. Laß mich nicht allein mit diesen Typen.«

»Nein. Dazu sind meine Wut und mein Ärger zu groß – so groß, auszuziehen, um sie nie wiederzusehen.«

Er nahm einen weiteren kleinen Schluck aus seinem Glas. »Was trinkst du da eigentlich?« fragte ich.

»Einen Screwdriver. Bin schon etwas beschwipst. Du weißt ja, ich war noch nie betrunken. Ich hab das immer vermieden, weil ich meinen Vater nicht leiden konnte. Aber jetzt, da er nicht mehr da ist, kann ich's ja mal probieren.«

»Alter, das ist aber nun wirklich nicht die beste Zeit, damit anzufangen. Du bist so schon nicht besonders stabil. Da brauchst du jetzt nicht noch Alkohol draufzuschütten.«

»Mir schmeckt's aber.«

Wie immer redete ich gegen eine Wand.

Er nahm noch einen Schluck, diesmal mit übertrieben großer Geste, so als wäre das etwas besonders Glamouröses und Cooles. »Isabel war übrigens gestern abend da und hat nach dir gesucht«, sagte er.

»Das nervt. Ich hab versucht, ihr das mit Lisa klarzumachen.«

Er lehnte sich vor und rührte mit der Unterseite seines Glases in dem Schaum herum, der auf der Oberfläche des Whirlpools trieb. »Du hast doch noch nicht mal mit Lisa geschlafen. Wieso läßt du Isabel nicht nebenherlaufen? Echt schade um so einen Körper.«

»Ganz bestimmt nicht, Alter. Ich will's richtig machen. Ich möchte nicht neben Lisa im Bett liegen und ein schlechtes Gewissen haben wegen etwas, das ich ihr nicht erzählen kann. Das macht nur das Vertrauen zwischen uns kaputt.«

Ich lehnte mich über den Rand des Whirlpools und tauchte meine Hand ins Schwimmbecken. Das Wasser war genauso warm wie das im Whirlpool. Irgendwer hatte wieder die Heizung angelassen. Auf die Gasrechnung konnte man sich jetzt schon freuen.

»Kennst du die Geschichte vom Frosch und dem Skorpion?« fragte Mystery.

»Nein, aber ich liebe Fabeln«, erwiderte ich und sprang in den Swimmingpool. Während Mystery sich über den Rand des Whirlpools beugte und seine Geschichte zum besten gab, beschäftigte ich mich mit Wassertreten.

»Eines Tages kam ein Skorpion an den Fluß und fragte einen

Frosch, ob er ihn ans andere Ufer bringen könne. ›Woher weiß ich, daß du mich dann nicht stichst?‹ fragte der Frosch zurück. ›Weil ich dann ertrinke‹, sagte der Skorpion.

Der Frosch dachte darüber nach und kam zu dem Schluß, daß der Skorpion recht hatte. Also nahm er den Skorpion huckepack und schickte sich an, ihn auf die andere Seite zu bringen. Aber mitten im Strom rammte ihm der Skorpion seinen Stachel in den Rücken. Kurz bevor sie beide ertranken, keuchte der Frosch noch: ›Warum?‹

Der Skorpion antwortete: ›Weil es meine Natur ist.‹«

Mystery nippte triumphierend an seinem Screwdriver und fixierte mich dann mit seinem Blick, während ich neben ihm im Pool trieb. Er sprach langsam und überlegt, wie der Mystery, der mir damals erzählt hatte, ich solle endlich kapieren und die langweilige Haut von Neil Strauss abstreifen. »Es ist deine Natur«, fuhr er fort. »Du bist jetzt ein Aufreißer. Du bist Style. Du hast vom Apfel der Erkenntnis gegessen. Du kannst nicht einfach so in dein altes Leben zurück.«

»Nimm's mir nicht übel, Alter ...« Ich schwamm ein paar Züge rückwärts. »Aber das klingt ganz schön zynisch aus dem Munde eines Typen, der vom Heiraten spricht und mit einem Girl, das er gerade erst kennengelernt hat, Kinder kriegen will.«

»Wir sind eben polyamourös«, stellte er fest. »Das führt dazu, daß wir unsere Freundinnen betrügen. Und wenn das unsere Beziehungen gefährdet, dann ist das eben so.« Er leerte seinen Drink und hielt sich die Schläfen, als kämpfe er gegen einen kleinen Schwächeanfall an. »Unterschätze nie die Kraft der Verleugnung.«

»Nein.« Ich konnte ihn nicht ansehen. Das hier würde er mir nicht kaputtmachen. »Ich hab genug von deinen Ratschlägen.«

Ich kletterte aus dem Becken, warf mir ein Handtuch über die Schultern und betrat das Wohnzimmer, wo Xaneus, Playboy und Tyler Durden saßen. Sowie ich den Raum betrat, standen sie auf und gingen hoch in Papas Zimmer, ohne mich auch nur eines Blickes zu würdigen. Ein etwas merkwürdiges Benehmen, aber nach dieser langen Zeit im Project Hollywood auch nicht mehr wirklich überraschend.

Auch ich stieg rauf in mein Zimmer, duschte und blätterte in einer Ausgabe des mittelalterlichen Versepos *Parzival*, das ich mir kürzlich gekauft hatte.

Als ich am späteren Abend durchs Wohnzimmer lief, um mir aus der Küche etwas zu trinken zu holen, sah ich Mystery vor dem Fernseher sitzen und sich an einem weiteren Cocktail festhalten. Er schaute sich das Video von *Karate Kid* an und weinte. »Ich hatte nie einen Herrn Miyagi«, schluchzte er und wischte sich die Tränen von den geröteten Wangen. Er war betrunken. »Mein Dad hat mir nie etwas beigebracht. Dabei wollte ich doch nur einen Herrn Miyagi.«

Wahrscheinlich sind wir alle auf der Suche nach jemandem, der uns all das beibringt, womit man im Leben weiterkommt, den ritterlichen Verhaltenskodex, die Methoden des Alphatiers. Deshalb hatten wir uns ja auch gefunden. Doch eine festgelegte Reihenfolge von Manövern und ein System von Verhaltensregeln würde nie das reparieren können, was im Inneren zerbrochen war. Nichts konnte reparieren, was im Inneren zerbrochen war. Wir konnten nicht mehr tun, als den Schaden festzustellen.

KAPITEL 7

Lisa und ich verbrachten den nächsten Tag miteinander und den darauffolgenden und auch den Tag danach. Andauernd machte ich mir Sorgen, es zu vermasseln, zum Beispiel zuviel Zeit miteinander zu verbringen, daß sie mich irgendwann langweilig finden würde. Rick H. hatte immer gesagt: »Schenk ihr, daß sie dich auch mal vermissen kann.« Aber wir konnten ganz offensichtlich nicht voneinander lassen.

»Du bist einfach perfekt für mich«, sagte sie, als wir die vierte Nacht in Folge bei mir im Bett lagen. »Ich habe noch nie mit einem Typen geschlafen, den ich so gern hatte. Ich werd noch richtig anhänglich.«

Unter ihrer rauhen Schale verbarg sich Angst. Ihr ganzes Hin-und-Her war keine ausgeklügelte psychologische Taktik, sondern ihr Herz lag im Widerstreit mit ihrem Verstand. Ihr Sträuben, sich zu öffnen, lag vielleicht daran, etwas Zerbrechliches in ihrem Inneren schützen zu wollen. Wie ich hatte sie Angst davor, tatsächlich für jemand anderen etwas zu empfinden – zu lieben, verletzlich zu sein, einem anderen Menschen die Kontrolle über ihr Glück und Wohlbefinden zu geben.

Wenn ich mit all den anderen Mädchen schlief, hatte ich nur einmal pro Nacht Sex mit ihnen – und wenn ich sie genügend mochte, morgens noch einmal. Aber als ich mit Lisa zum ersten Mal schlief, geschah etwas Verblüffendes. Mein Ständer ließ nach dem Orgasmus nicht nach, sondern stand weiter – wie Extramask gesagt hätte – satt wie 'ne Eins.

Wir taten es ein zweites Mal. »Spürst du das?« fragte ich danach. Er war schon wieder bereit loszulegen.

Wir taten es auch noch ein drittes und viertes Mal in dieser Nacht, und er machte nie schlapp. Ich kapierte das nicht. Mein Schwanz, den ich für ein völlig hirnloses Tier gehalten hätte, das nur darauf aus war, in jedes x-beliebige Loch zu fahren, war tatsächlich für Emotionen empfänglich. Er hatte auch Gefühle. Und das lag nicht nur an der aufgestauten Erwartung. Jedesmal, wenn wir uns liebten, blieb er über drei oder vier Orgasmen hinweg stehen. Wir fickten in Autos, in Durchgängen, auf Toiletten und im Automaten-Vorraum einer Hotel-Lobby, wo uns ein Wartungsmonteur erwischte und mich gleich um 20 Dollar erleichtern wollte.

Als ich damals auf der Toilette mit dem Pornostar keinen hochgekriegt hatte, lag das vielleicht gar nicht an dem Whiskey. Mein Körper reagierte einfach nur auf den Mangel an emotionalem Vorspiel: Weder lag mir etwas an ihr, noch begehrte ich sie wirklich. Und ich bin sicher, ihr ging es genauso. Es war einfach nur ein Zeitvertreib. Sex mit Lisa war kein Zeitvertreib. Es ging dabei nicht bloß um Selbstbestätigung und die Befriedigung des eigenen Egos, wie bei all den anderen Eroberungen, auf die ich so stolz gewesen war. Sondern darum, ein Vakuum zu erzeugen, in dem es nur uns beide und unsere Leidenschaft gab. Und in dem einem das übrige Leben vorkam wie eine Zerstreuung.

Und dann kam eines Nachmittags, als ich sie fast schon vergessen hatte, Courtney zurück. Sie fuhr mit einer Limousine vor und sprang in einem blauen Kleid und mit einem weißen Schal aus dem Wagen. Sie sah umwerfend aus.

»Meine Muschi ist wieder durchblutet!« schrie sie als erstes.

»Hast du dir den Regisseur geangelt, hinter dem du her warst?« fragte ich.

»Nein, ich hab wen anders kennengelernt. Einen New Yorker. Und es ist ganz allein seine Schuld, wenn er aus mir 'ne Schlampe macht, weil ich jetzt andauernd will.«

Sie tänzelte auf mich zu wie eine Ballerina.

»Wir hatten ja 'ne Wette laufen wegen deinem Regisseurs-Schwarm.«

»Stimmt. Die hab ich wohl verloren.«

»Das heißt, ich darf den zweiten Namen deines nächsten Kindes aussuchen.« Sie lächelte und schaute mich erwartungsvoll an, als rechnete sie damit, daß ich mir an Ort und Stelle einen ausdenken würde.

Ich ging im Kopf eine Liste mit möglichen Namen durch. »Wie wär's mit Style?« fragte ich schließlich. »Ich werde den Namen sowieso demnächst in den Ruhestand schicken, also kann ich ihn genausogut auch weitergeben.« Ich dachte einen Moment lang über die Vorstellung nach. Wirklich ein saublöder Spitzname. Andererseits: Ihre Tochter hieß mit zweitem Namen Bean.

Sie quietschte und drückte mich, daß mir beinahe die Knochen brachen. »Also, in den letzten paar Monaten fand ich dich ja schon ziemlich sexy«, sagte sie.

Ich schluckte und wollte ihr von Lisa erzählen. Doch ehe ich etwas sagen konnte, fuhr sie fort. »Aber ich hab schon gehört von Lisa und dir. Find ich klasse. Dann hatte es ja wenigstens doch sein Gutes, daß ich bei euch gewohnt habe, oder?«

»Aber hallo. Für dich auch, hoff ich.«

»Ich möchte lieber gar nicht darüber nachdenken, was in dem Haus alles abgegangen ist.«

»Na, du siehst jedenfalls phantastisch aus. Das Flachgelegtwerden steht dir ausnehmend gut.«

»Tja, das und der Entzug.«

Sie zwinkerte mir zu und lächelte. Ihre Gebete waren erhört worden. Sie war wieder ganz die alte.

»Jedenfalls bist du mich erst mal los. Ich werd solange im Argyle Hotel wohnen, bis ich meine Tochter wiederhabe, was recht bald der Fall sein dürfte«, sagte sie. »Ich bin nur wiedergekommen, um dir das Geld zu geben, das ich mir von Mystery geliehen habe.«

Sie drückte mir einen Scheck in die Hand und sprang zurück in ihre Limousine.

Während ich ihr nachsah, kurbelte sie das Fenster herunter und schrie: »Und der hier wird garantiert nicht platzen!«

Sie würde mir wirklich fehlen.

Ein paar Tage später besuchten Lisa und ich das Scientology

Celebrity Center. Nicht, daß wir Scientologen geworden wären; dafür hingen wir zu sehr an unserem Einkommen. Tom Cruise hatte Wort gehalten und mir eine Einladung zu ihrer alljährlichen Gala geschickt. So viele Stars auf einem Haufen hatte ich in Los Angeles selten gesehen.

Nach dem Abendessen kam Cruise, sorgfältig rasiert und im perfekt gebügelten Smoking, zu uns an den Tisch. Die Art und Weise, wie er sich uns näherte, hatte etwas Hypnotisches: Sein Gang verriet nicht den geringsten Selbstzweifel, sein Lächeln hatte nichts Bemühtes, seine Absichten hatten nichts Verwickeltes an sich. Ich stand auf, um ihm die Hand zu schütteln, und er klopfte mir kräftig auf die Schulter. Ich behielt das Gleichgewicht. Mit Mühe.

»Ist das deine Freundin?« fragte er und betrachtete Lisa von oben bis unten, auf völlig unlüsterne Art und Weise. »Du hast mir gar nicht gesagt, was für eine tolle Frau das ist.«

»Danke. Ich kann mich auch nicht erinnern, mich je von einem Menschen so erfüllt gefühlt zu haben.«

»Das heißt, du hast die Nase voll vom Aufreißen?«

»Ja, nach 'ner Weile kam ich mir so vor, als würde ich ständig Wasser in einen Eimer füllen, der ein Loch hat.«

»Ganz genau«, rief er aus. »Als wir *Vanilla Sky* gedreht haben, haben Cameron Crowe und ich uns immer darüber unterhalten, was der Unterschied zwischen einem One-Night-Stand und einer Fick-Affäre ist. Und letzten Endes läuft es in beiden Fällen auf eine falsche Art von Intimität hinaus und hat was Unbefriedigendes. In einer richtigen Beziehung bedeutet Sex einfach mehr. Man möchte, daß es immer weitergeht, und will andauernd zusammensein und über das Leben reden. Ziemlich coole Sache.«

»Ja, aber das Problem ist: Ich möchte nicht, daß damit mein Abstecher in diese Subkultur zu Ende ist. Das bestätigt doch bloß wieder das gesellschaftliche Vorurteil, daß die Monogamie das einzig Richtige ist und wahre Liebe alles besiegt, wie diese ganzen Hollywood-Happy-Ends. Das kommt mir so kitschig vor.«

»Wer sagt denn, daß das kitschig ist?« fragte Cruise. Seine Augen verengten sich, und er verpaßte mir einen freundschaftlichen Knuff. »Weißt du, über das Stadium bin ich längst hinaus. Seit wann ist es denn kitschig, wenn man verliebt ist?«

Und wieder hatte er mir gezeigt, wer hier der Alphatyp war.

KAPITEL 8

Gespenster.

Wir waren bloß noch Phantome, die unsichtbar durch ein vor sich hin gammelndes Haus geisterten, das schon seit Monaten keine Putzfrau und keinen Handwerker mehr gesehen hatte.

Mystery redete nicht mehr mit Herbal. Herbal redete nicht mehr mit Mystery. Papa sprach sowieso kaum mit jemandem. Und aus irgendeinem Grund hatten auch Sickboy, Playboy und Xaneus und all die anderen Real-Social-Dynamics-Arbeiterbienen aufgehört, mit Mystery und mir zu kommunizieren. Selbst die Nachwuchs-Aufreißer, die sich bei uns im Haus herumdrückten – Dreamweaver, Maverick und andere ehemalige Adepten –, grüßten nicht mehr, wenn ich vorbeikam. Wenn ich versuchte, sie in ein Gespräch zu verwickeln, waren sie kurzangebunden. Sie schauten mir nicht einmal in die Augen.

Der einzige, der mit jedem sprach, war Tyler Durden. Aber die Gespräche mit ihm ähnelten eher einem Verhör, so wie man vielleicht mit einem Schauspieler sprechen würde, der einen im Film spielen möchte.

»Was ich dich schon immer mal fragen wollte«, sagte er eines

Nachmittags, als er mit Sickboy aus der Küche kam. Sickboy war mir eigentlich immer sympathisch gewesen. Ungeachtet seines Spitznamens war er ein guterzogener, umgänglicher New Yorker.

»Was hast du an dir, daß du Lisa rumgekriegt hast?« fragte Tyler Durden. »Ich habe wirklich hart an mir gearbeitet, damit ich jeden Abend auf die Piste kann, aber ich weiß, daß ich sie nie kriegen könnte.«

Das Tolle an Lisa war, daß sie trotz ihrer toughen Art eine der großzügigsten Frauen war, mit denen ich je zusammen war. Sie machte jeden Morgen mein Bett; sie kochte mir etwas zu essen und brachte es mir aufs Zimmer, wenn ich zu tun hatte; und sie kam selten ohne ein kleines Mitbringsel vorbei – ob das nun eine Tube Origins Gesichtsreinigungs-Creme war, ein Fläschchen Eau de Cologne von John Varvatos oder eine Ausgabe von Shakespeares *Henry IV, Part I,* nach der ich schon länger gesucht hatte. Vielleicht hatte ich meine Caresse gefunden.

»Ich denke, ich hab einfach ein bißchen Lebenserfahrung«, antwortete ich ihm. »Was du machst, ist ja nur, jeden Abend aufreißen zu gehen. Du arbeitest nur an einem Aspekt von dir. Das ist, als ob man jeden Tag ins Fitneßstudio geht, aber nur Bizepsübungen macht.«

Er legte die Stirn in Falten, und in seinem Kopf begann es zu rotieren. Einen Moment lang schien es, als würde er sich den Rat zu Herzen nehmen. Dann verwarf er ihn, und seine Augen fingen an zu lodern. Wenn es nicht purer Haß war, der aus ihnen sprach, so doch starke Abneigung. Abneigung, weil ich ihn immer noch nicht als ebenbürtig ansah, weil es ihm nicht gelang, die Idee der Coolness auf ein paar Verhaltensregeln herunterzubrechen, die er dann einstudieren konnte. Lisa traf sich mit mir, weil sie mich cool fand. Tyler Durden würde niemals cool sein.

Er laberte mich zehn Minuten lang damit zu, wie gut er jetzt auf der Piste sei und daß er mittlerweile gar keine Techniken mehr anwenden müsse, um seine IIs zu bekommen, und ihn die Promis immer auf ihren Parties dabeihaben wollten.

Schließlich wandte er sich ab, um hinauf in Papas Zimmer zu gehen. Sickboy blieb neben mir stehen. »Was ist mit dir, kommst du?« fragte Tyler ihn und machte eine Kopfbewegung nach oben, als spiele sich dort gerade etwas Wichtiges ab.

»Ich wollte mich nur von Style verabschieden«, sagte Sickboy.

»Du haust ab?« fragte ich. Ich war überrascht, daß Sickboy meine Gegenwart überhaupt zur Kenntnis nahm.

Über uns knallte leise die Tür zu Papas Zimmer. Nervös schaute Sickboy nach oben.

»Ich bin raus aus der ganzen Nummer«, meinte er.

»Was für 'ne Nummer?«

»Dieses Haus ist giftig«, platzte es aus ihm heraus, als hätten sich die Worte wie eine Blase langsam in seinem Inneren gebildet. »Man kann so viele coole Sachen machen in L. A., aber alle wollen andauernd nur Frauen aufreißen. Ich hab, seit ich hier bin, noch kein einziges Mal den Pazifik gesehen. Das sind doch alles Loser. Ich würde keinen von diesen Typen meinen Freunden in New York vorstellen.«

»Ich weiß, was du meinst. Lisa kann sie auch nicht ausstehen.«

»Das Ganze ist ein Witz«, fuhr er fort. Er seufzte sich die Anspannung aus den Schultern, als sei er erleichtert, endlich einen normalen Menschen getroffen zu haben, der ihn verstand, jemanden, der noch nicht völlig gehirngewaschen war. »Ständig schleppen sie Mädchen an, aber den Mädchen ist es hier zu gruselig, und sie verschwinden möglichst schnell wieder. Tyler Durden wird so gut wie nie zurückgerufen. Der hat bestimmt schon seit zwei Monaten keine mehr flachgelegt. Papa hat wahrscheinlich im ganzen letzten Jahr mit einem einzigen Mädchen geschlafen. Mystery schafft es nicht mal, eine Freundin zu halten und kriegt sein Leben nicht auf die Reihe. Und als Xaneus hier auftauchte, war er noch 'ne ziemlich coole Socke. Aber jetzt kommt er mir total künstlich vor. Redet die ganze Zeit immer nur vom Baggern. Du bist der einzige, der so was wie ein Vorbild für mich ist. Du hast 'n tollen Lifestyle, einen guten Job und 'ne coole Freundin.«

Mit Komplimenten kommt man überallhin. »Paß auf«, sagte ich, »ich geb Lisa morgen eine Surfstunde. Fahr doch einfach mit. Tut dir bestimmt gut, mal aus dem Haus zu kommen und das Meer zu sehen.«

KAPITEL 9

Ich saß im Wohnzimmer herum und schaute Mystery dabei zu, wie er seine letzten Habseligkeiten zusammenpackte: die Plateaustiefel, die albernen Pfauenhüte, die Nadelstreifenanzüge, die er nicht mehr trug, die Butterbrotdose, auf der vorne sein Konterfei prangte, die Festplatten voller Lesbenpornos und Folgen der Serie *Die wilden Siebziger*.

Ich wurde das Gefühl nicht los, daß wir möglicherweise die falsche Entscheidung getroffen hatten.

»Und wohin gehst du jetzt?« fragte ich.

»Ich geh nach Las Vegas und zieh dort das Project Vegas auf. Ich hab aus meinen Fehlern hier gelernt; das Project Vegas wird besser und größer. In Vegas gibt es die heißeren Frauen und die besten Voraussetzungen für ein bißchen Casinozauber. Ich lass' meinen Bruder einfliegen, damit wir seine Songs aufnehmen, und ich werde sie singen. Stell dir das mal vor« – er fuhr mit den Fingern durch die Luft, als lese er eine imaginäre Schlagzeile –

»der beste Aufreißer der Welt veröffentlicht seine Lovesongs. Wer würde das nicht kaufen?« Mysterys manischer Möglichkeitssinn war wieder da. »Ania kommt auch mit. Und weil du mein bester Freund bist, hätt ich gern, daß du mitmachst, sobald alles unter Dach und Fach ist. Diesmal ziehen wir es richtig auf. Wir behalten alles in unseren Händen und checken jeden gründlich, bevor wir ihn ins Haus lassen.«

»Sorry, aber ohne mich.« Ich konnte ihm nicht jedesmal nachlaufen, wenn er mal wieder die Karre in den Dreck gefahren hatte.

»Wie früher, nur wir zwei, Mystery und Style«, ließ er nicht locker. Er machte die Haustür auf, schleppte einen Koffer zum Treppenabsatz und ließ dabei einen seiner vielen großartigen Aphorismen vom Stapel, mit denen er jede Niederlage in einen Triumph ummünzte. »In jedem Problem liegt immer auch eine Chance.«

»Ich steh das nicht noch mal durch.« Meine Antwort, als Entschuldigung gedacht, klang eher wie ein Vorwurf.

»Das versteh ich«, sagte er. »Manchmal gehen die Dinge eben den Bach runter, und die Durststrecke hört gar nicht mehr auf. Ich möchte nur, daß du weißt, daß ich, auch wenn wir uns in letzter Zeit nicht immer einig waren, auf ewig dein Freund sein werde. Unsere Beziehung bleibt, wie sie ist. Hab viel Spaß mit deiner Freundin, wir werden immer irgendwie Zeit finden, was zusammen zu machen. Du bist der wichtigste Mann in meinem Leben.«

Meine Miene wurde ernst, und die ersten Tränen schossen mir in die Augen.

»Werd jetzt bloß nicht rührselig«, lächelte er schwach, nur mühsam seine eigenen Gefühle unterdrückend.

Ein Taxi fuhr in die Einfahrt und hupte. Mystery knallte die Tür zu – das Kapitel Project Hollywood war abgeschlossen. Das leere Weiß der Tür flackerte vor meinen tränenumflorten Augen. Mir war, als verlöre ich ein Stück von mir selbst, und einen Moment lang überlegte ich, wer von uns beiden wohl der größere Idiot war.

Es dauerte keine Woche, bis Katya bei Herbal eingezogen war und Papa zwei Aufreißer in Mysterys altem Zimmer einquartiert hatte. Einer davon war Dreamweaver, ein ehemaliger Schüler von mir. Den anderen hatte ich vorher noch nie gesehen. Zusätzlich plante Papa, einen dritten Aufreißer in Mysterys Schrank unterzubringen. Angesichts dieses Zustroms von neuen, jungen Mitbewohnern mutete Project Hollywood von Tag zu Tag mehr wie ein Verbindungshaus an, nur daß es bei den Verbindungsstudenten meist sauberer zuging.

Nun, da Mystery nicht mehr im Wohnzimmer saß und bereitwillig jedem, der vorbeikam, haarklein seine neuesten dramatischen Verwicklungen auseinandersetzte, fiel der Mangel an Kommunikation im Haus noch unangenehmer auf. Jedesmal, wenn ich durchs Wohnzimmer kam, fand ich neue Mitbewohner vor, die bäuchlings auf dem Teppich lagen und Videospiele spielten. Sie sahen nie auf oder sagten einen Ton, selbst wenn ich Hallo sagte. Das waren keine Aufreißer, die vegetierten nur vor sich hin. Wenn mir vor zwei Jahren jemand erzählt hätte, daß das der Lifestyle war, auf den ich mich einzustellen hatte, wäre ich der Community nie beigetreten. Und eins hätte ich dann außerdem begriffen: Wer zum Joystick greift, wird durch den Joystick umkommen.

Zur Party anläßlich von Papas vierundzwanzigstem Geburtstag kam keine einzige Frau – von Paris Hilton ganz zu schweigen, die – unnötig zu erwähnen – entgegen Papas Hoffnung nie auf einer Project-Hollywood-Party erschienen war. Seine einzigen Freunde waren Aufreißer. Und aus irgendeinem Grunde ignorierten sie mich allesamt. Ich kapierte es nicht.

In der darauffolgenden Woche begann Tyler Durden, der sich bis dato mir gegenüber nie offen feindselig gezeigt hatte, wüste Postings zu verfassen, in denen er mich online attackierte. Ich fand, es war an der Zeit, mal ein ernstes Wörtchen mit ihm zu reden. Und darüber, wie sich alle hier im Haus benahmen. Ich kämpfte mich an überquellenden Müllsäcken vorbei aus der Küche, lief durch den Garten hinter dem Haus, vorbei am Whirlpool, auf dessen Boden sich eine kleine Pfütze mit Unrat gebildet hatte, und klopfte an Papas Hintereingang.

Ich traf Tyler Durden an, der gerade etwas in einer der Verführungs-Newsgroups postete.

»Ich möchte mit dir über das reden, was hier in letzter Zeit so abgeht«, sagte ich. »Alle benehmen sich auf einmal so komisch, noch komischer als vorher. Und dir scheint auch irgendeine Laus über die Leber gelaufen zu sein. Sind die Leute sauer, weil ich soviel Zeit mit Lisa verbringe und nicht mehr so oft auf die Piste gehe?«

»Das ist das eine«, sagte er. »Aber das Entscheidende ist, keiner hier bei uns kann dich leiden. Die halten dich alle für einen Snob und machen dich für eine Menge Ärger im Haus verantwortlich, weil du hinter ihrem Rücken über die Leute redest.« Obwohl das harter Tobak aus Tyler Durdens Mund war, der mir noch nie etwas Böses ins Gesicht gesagt hatte, lag in seiner Stimme nichts Giftiges. Er sprach beinahe unterwürfig, so als versuche er nur, mir einen guten Rat zu geben, von Aufreißer zu Aufreißer sozusagen. »Ich sag das bloß, weil ich dein Freund bin und nicht möchte, daß es dir so ergeht wie Mystery.«

Ich wußte nicht, wie ich darauf antworten sollte, so bestürzt war ich. Ich hatte keine Ahnung gehabt, daß sich mir gegenüber eine derartige Stimmung zusammengebraut hatte, und fiel dementsprechend aus allen Wolken.

»Ist dir nicht aufgefallen«, fuhr er fort, »daß dir Extramask auf einmal aus dem Weg geht, obwohl ihr doch befreundet wart? Na ja, das liegt daran, daß er dir nicht mehr vertraut. Dreamweaver hat mir erzählt, daß er dich haßt wie die Pest. Und Maverick haßt dich genauso.«

Ich dachte über das nach, was er sagte. Vielleicht hatte er ja recht. Die ursprüngliche Begeisterung, die ich eingebracht hatte, wenn ich neue Aufreißerkollegen kennenlernte, hatte sich im selben Maße verflüchtigt, in dem ich miterleben mußte, wie man auf einmal Techniken verkaufte, anstatt sie miteinander zu teilen, und wie aus normalen Männern gruselige Sozialschmarotzer wurden. Leicht möglich, daß den Leuten meine zunehmende Desillusionierung in Sachen Community nicht verborgen geblieben war.

Auf der anderen Seite fühlten sich die Leute, wie mir mein Kollege Juggler erzählt hatte, in meiner Gegenwart zumeist wohl. Ich hatte eigentlich keine Feinde – das hatte ich jedenfalls gedacht.

Als ich das Zimmer verließ, nachdem wir uns noch eine Stunde unterhalten hatten, schwirrte mir der Kopf. Ich zermarterte mit das Hirn, wieso diese Typen, die ich nun seit annähernd zwei Jahren immer besser kennengelernt hatte, mich auf einmal haßten. Was hatte ich verbrochen?

Wie sich bald herausstellen sollte: gar nichts.

KAPITEL 10

Als ich im Wohnzimmer auf Playboy traf, der gerade seine Bücher in Kisten verstaute, stellte ich die übliche Frage: »Was machst du da?«

»Ich ziehe aus.«

Zuerst Extramask, der plötzlich das Haus verlassen, den Frauen abgeschworen und sich einem Ashram angeschlossen hatte, dann Mystery, dann Sickboy, und jetzt auch noch Playboy. Ich befand mich auf einem sinkenden Schiff.

»Hast du ein paar Minuten für mich?« fragte er. »Ich möchte gern noch was loswerden, bevor ich gehe.«

Playboy führte mich in sein Zimmer und machte die Tür hinter sich zu.

»Die versuchen, dich hier rauszuekeln.«

»Wer versucht, mich rauszuekeln?«

»Papa und Tyler Durden. Sie versuchen es mit allen Mitteln.«

»Wovon redest du? Mit welchen Mitteln?«

»Wow, du hast anscheinend echt keine Ahnung, was da oben in Papas Zimmer die ganze Zeit abgeht. Tyler Durden hat alle angewiesen, dich zu ignorieren. Er möchte, daß du glaubst, alle hassen dich. Du sollst dich hier im Haus nicht mehr wohlfühlen.«

»Und wieso sollte er das tun?«

»Er will hier das Ruder übernehmen. Und da störst du, weil du eine Bedrohung für ihn bist.«

Das erklärte die ganzen Psychotricks, die Tyler Durden neulich abgezogen hatte, und warum er versucht hatte, mich glauben zu machen, alle seien gegen mich. Er versuchte, mich zu vertreiben. Er wollte mich fertigmachen.

»Er sieht dich als Bedrohung für seine Machtstellung, weil er dir nichts vormachen kann. Du bist nicht so schwach wie Xaneus«, fuhr Playboy fort. »Darüber hinaus sieht er dich als Bedrohung für seine Finanzen, weil du verlangst, daß er Miete bezahlt. Und er sieht dich als Bedrohung auf dem Gebiet des Aufreißens, weil du damals in Las Vegas mit diesem Mädchen rumgeknutscht hast, das er aufgegabelt hatte. Er hat Angst, seine Girls fänden ihn nicht mehr so attraktiv, wenn er sie in deine Nähe läßt.«

»Das macht ihm immer noch zu schaffen?«

»Ja, aber ich glaube, das Hauptproblem ist, daß Tyler und Papa dich mit Mystery in Verbindung bringen, und der ist für sie Konkurrenz. Die haben so eine Gang-Mentalität. Die denken immer bündnisstrategisch. Deshalb haben sie Mystery vertrieben. Und jetzt versuchen sie, dich zu vertreiben. Sie wollen das ganze Haus zu einem Real-Social-Dynamics-Büro mit angeschlossenem Wohnheim umfunktionieren.«

»Das versteh ich nicht. Inwiefern sollen sie Mystery vertrieben haben? Der hat sich doch selber sein eigenes Grab geschaufelt.«

»Kapierst du nicht, wie sie dabei nachgeholfen haben? Wie Papa Katya eingeladen hat, bei uns im Haus zu übernachten, und sie wieder hierhergebracht hat, nachdem Mystery sie rausgeschmissen hatte? Die wollten ihn piesacken.« Mit jedem Satz, den Playboy sagte, sah ich klarer. »Alles, was Papa während dieser Hausversammlung gesagt hat, war vorher mit Tyler abgesprochen. Er ist ein Mitläufer. Und ich hab den Fehler gemacht, auch mitzuspielen. Wenn ich die Uhr noch mal zurückdrehen könnte, würde ich mich für Mystery entscheiden. Das Haus hier war sein Projekt. Auch wenn sein Benehmen daneben war, hatte er trotzdem das Recht, seine Exfreundin nicht hier im Haus haben zu wollen.«

Ich hatte ihnen geradewegs in die Hände gespielt. Sie waren solche Meister der Manipulation, daß sie eigens eine Versammlung einfädelten, um mir das Gefühl zu geben, das Sagen zu haben. Und Papa betonte dabei auch noch eifrig, ich sei der »Boss«. Auf diese Weise schafften sie es, die Sache so hinzudeichseln, es zu meiner Entscheidung zu machen, Mystery rauszuwerfen. Soviel zum Thema *Win-Win*.

»Die haben mich wie eine Marionette tanzen lassen«, sagte ich und schüttelte ungläubig den Kopf.

»Mich haben sie genauso tanzen lassen. Das ist auch einer der Hauptgründe, wieso ich abhaue. Tyler Durden schafft es irgendwie, alle nach seiner Pfeife tanzen zu lassen. Was ihn motiviert, sind nicht die Frauen, sondern Akquisition und Macht.«

Wie hatte ich nur so blind sein können? In Las Vegas hatte ich Tyler Durden sogar noch auf den Kopf zugesagt, daß er zu den Leuten gehöre, die sich gerne durchsetzten, indem sie ihre Konkurrenten ausschalteten. Und er hatte mir noch recht gegeben.

»Die machen da oben bei Papa den ganzen Tag nichts anderes, als im Badezimmer rumzuhängen und Intrigen zu schmieden«, erklärte Playboy. »Jedes Wort, das aus Tyler Durdens Mund kommt, ist kalkuliert. Mit jedem Posting verfolgt er eine bestimmte Strategie. Der Typ hat nichts anderes im Kopf als Tricksen, Täuschen und Manipulieren. Er sieht alles im Leben als Set. Inzwischen reden sie dort oben sogar schon von ›Jungs-Sets‹. Die haben tatsächlich Techniken entwickelt, wie sie ihre Schüler dazu bringen, die Workshops besser zu benoten, und wie sie die Leute hier im Haus unter Kontrolle kriegen. Jedesmal, wenn ein Neuer zu ihnen ins Zimmer raufkommt, wird ihm eingeimpft, daß es gegen dich geht.«

Wir hatten einen gefährlichen Präzedenzfall geschaffen, indem wir in den Clubs übten, wie man soziale Situationen kontrolliert. Das hatte einer Geisteshaltung Vorschub geleistet, die alles im Leben als ein Spiel ansah, das sich mit Hilfe der richtigen Techniken zum Vorteil des Spielers manipulieren ließ.

Aber eine Sache verstand ich nach wie vor nicht. »Wenn das stimmt, was du sagst«, fragte ich Playboy, »wieso ist Papa dann Mystery und mir schon damals aus dem Weg gegangen, als es noch gar keinen Plan gab, uns rauszuekeln?«

»Das geht auch auf Tyler zurück«, sagte Playboy. »Er wollte nicht, daß Papa sowohl Mysterys als auch seine Geschäftsinteressen vertritt, deshalb hat er Papa von Anfang an gegen Mystery aufgehetzt. Und sowie Papa und Mystery anfingen, sich zu streiten, bekam Papa die Order, euch von nun an zu ignorieren und künftig den Hintereingang zu nehmen.«

Je länger Playboy sprach, desto mehr fügte sich das Ganze zu einem Puzzle. All die Merkwürdigkeiten, die sich vom ersten Tag an im Haus zugetragen hatten, waren von einem kleinen Mann im Schrank inszeniert worden, dem Zauberer von Project Hollywood. Ich kam mir vor wie der letzte Depp.

»Der größte Fehler, den ihr gemacht habt, Mystery und du«, schloß Playboy, »war, Papa mit ins Haus zu nehmen.«

Es war mir eine Lehre, vielleicht die allerletzte, die mir die Community erteilen sollte: mich stets auf meinen Instinkt und den ersten Eindruck zu verlassen. Denn von Anfang an hatte ich weder Papa noch Tyler so recht über den Weg getraut. Papa wirkte auf mich verzogen und roboterhaft, Tyler Durden seelenlos und manipulativ. Und auch wenn sie große Fortschritte gemacht hatten, was Mode und Masche betraf, behielt Mystery doch recht: Der Skorpion kann seine Natur nicht verleugnen.

Freilich waren auch Mystery und ich nicht ganz unschuldig. Wir hatten Papa als gutmütigen Trottel mißbraucht, der den Mietvertrag unterschreibt und die Miete für das teuerste Zimmer übernimmt. Wir hatten nie versucht, uns mit ihm anzufreunden oder ihn als ebenbürtig zu behandeln.

Als ich kurz darauf meine E-Mails checkte, entdeckte ich auf dem Computer ein Programm namens »Family Key Logger«. Ich hätte es wahrscheinlich ignoriert, wenn ich nicht aufgrund meines Gesprächs mit Playboy eine ziemliche Paranoia entwickelt hätte. Daher googelte ich nach dem Namen des Programms. Als ich die Trefferliste sah, stieg eine grenzenlose Wut in mir auf und schwang durch meinen Körper wie eine Abrißbirne. Jemand hatte eine Software installiert, die jedes in die Tastatur eingegebene Wort speicherte und in einer Textdatei festhielt. Der Computer war zur allgemeinen Benutzung gedacht, damit Hausbewohner wie Gäste jederzeit ins Internet konnten. Das hieß, daß derjenige, der das Programm installiert hatte, nun auf sämtliche Paßwörter, Kreditkartennummern und privaten Mails zugreifen konnte.

Ohne mein Wissen hatte in diesem Haus vom Tag unseres Einzugs an Krieg geherrscht.

Ich rief Sickboy in New York an, um noch eine zweite Meinung einzuholen.

»Deckt sich das mit deiner Erfahrung?« fragte ich, nachdem ich ihm geschildert hatte, was Playboy mir alles erzählt hatte.

»Absolut«, antwortete er. »Als Mystery noch da war, haben sie genau das gleiche Spielchen mit ihm gemacht, das sie jetzt mit dir abziehen. Tyler Durden und Papa haben immer gesagt: ›Redet nicht mit Mystery, laßt ihn abblitzen.‹ Alles, was die machen, ist abgekartet. Die Hausversammlung wegen Mystery war schon Tage vorher bis ins Detail geplant. Sie haben andauernd davon geredet, wie sie Mystery loswerden, damit sie sich das Project Hollywood unter den Nagel reißen können. Das Haus gehört zu ihrem Businessplan. Ich mußte da raus. Ich konnte die Scheiße nicht mehr ertragen.«

An den Tagen darauf redete ich sowohl mit Maverick als auch mit Dreamweaver. Beide erzählten dieselbe Geschichte: Mystery und ich, die vermeintlichen Stars, die Eckpfeiler der Community, waren abgesägt worden. Dieselben Typen, die uns erst angebetet hatten, begannen nun, ihre Idole zu stürzen.

KAPITEL 11

Um zwei Uhr morgens platzte Lisa zur Tür herein – wie um die Uhrzeit üblich, schon etwas angetrunken. Sie stampfte die Treppe herauf, entledigte sich unterwegs ihrer Handtasche und der Kleider und hüpfte zu mir ins Bett, mit nichts als einer Bierflasche in der Hand.

»Ich finde dich in jeder Hinsicht attraktiv«, krähte sie.

»Wirklich?«

»Weißt du, was jede Hinsicht heißt?«

»Äh, na ja, vielleicht.«

»Soll ich's dir aufzählen?«

»Gern.«

»Gefühlsmäßig, körperlich und geistig.«

»Das sind aber viele Hinsichten.«

»Ich kann das auch noch näher ausführen.«

»Okay, dann laß uns mal mit dem Körperlichen anfangen.« Das war wahrscheinlich das Gebiet, auf dem ich immer noch am meisten Bestätigung brauchte.

»Ich mag deine Zähne, und ganz besonders mag ich deinen Mund.« Ich horchte auf ein Zögern oder Zweifeln. Aber da war nichts. »Ich mag deine breiten Schultern und deine schmalen Hüften. Ich mag, wie die Haare auf deinem Körper verteilt sind. Ich mag deine Augenfarbe, ich hab nämlich dieselbe. Ich mag die Form deiner Nase. Und ich mag die Delle an deiner Schläfe.«

»Oh Gott.« Blitzschnell wälzte ich mich auf sie und packte sie an den Schultern. »Noch nie hat mir jemand wegen der Delle an meiner Schläfe ein Kompliment gemacht. Die mag ich nämlich auch.«

Ich lachte – ein wenig zu laut – über die Lächerlichkeit dessen, was ich gerade gesagt hatte. Und dann gestand ich ihr alles.

Erzählte ihr von meinen Begegnungen mit den besten Stechern in den vergangenen zwei Jahren und wie ich dabei alles über die perfekte Masche gelernt hatte. Erzählte ihr von EFLs und MLZBs, von IIs und LUFB.

»Du müßtest dich einmal ganz abgefahren aufstylen, und dann würden wir zusammen in eine Bar gehen«, sagte ich, im Überschwang der Begeisterung über die Masche, die ich miterfunden hatte. »Und dann würde ich sämtliche Kerle, die dich anzubaggern versuchen, so richtig alphamäßig abbürsten.«

Sie schubste mich von sich herunter, so daß wir uns seitlich gegenüberlagen, die Gesichter nur Zentimeter voneinander entfernt. »Du hast ihren Rat gar nicht nötig«, entgegnete sie. Ihr Atem war berauschend und berauscht. »Alles, was ich an dir mag und weshalb ich dich geil finde, das sind lauter Sachen, die schon da waren, bevor du mit diesen Aufreißheinis rumgezogen bist. Ich möchte gar nicht, daß du dich mit bekloppptem Klunkerkram behängst und Pee-wee-Herman-Schuhe trägst. Du hättest mir auch ohne diesen ganzen Selbstverbesserungs-Scheiß gefallen.«

Von draußen kamen Geräusche. Wir hörten, wie die Männer die Straße raufkamen, völlig aufgedreht nach einer weiteren Nacht auf der Piste, in der sie einmal mehr beinahe flachgelegt worden waren. »Was du bei den Aufreißern gelernt hast, hätte fast dazu geführt, daß wir nicht zusammengekommen wären«, fuhr Lisa fort. »Ich möchte dich einfach nur als Neil: mit Brille, schütterem Haar und so verquer, wie du eben bist.«

Vielleicht hatte sie ja recht. Vielleicht hätte sie mich auch so gemocht. Aber sie hätte nie die Gelegenheit gehabt, mein wahres Ich kennenzulernen, wenn ich nicht die letzten zwei Jahre damit verbracht hätte, beharrlich an mir zu arbeiten. Ohne dieses ganze Training hätte ich nie das Selbstbewußtsein gehabt, eine Frau wie Lisa, die einen ständig herausforderte, anzusprechen und mit ihr umzugehen.

Ich war auf Mystery, Ross Jeffries, David D'Angelo, Juggler, Steve P., Rasputin und all die anderen Pseudonyme angewiesen. Ich brauchte sie, um überhaupt erst einmal herauszufinden, wer ich war. Und nun, da ich es herausgefunden hatte und dieser Person aus ihrem Schneckenhaus geholfen hatte, gelernt hatte, sie zu akzeptieren, war ich ihnen vielleicht entwachsen.

Lisa setzte sich im Bett auf und nahm einen Schluck von dem Bier, das sie mit hochgebracht hatte. »Heute abend bin ich in einer Tour angebaggert worden«, kicherte sie. Bescheidenheit war noch nie ihre Stärke. »Ich hoffe, dir ist klar, daß du mit der tollsten Braut von ganz L. A. zusammenbist.«

Anstelle einer Antwort zog ich wortlos die unterste Schublade meiner Kommode auf, nahm zwei große gefütterte Umschläge heraus und brachte sie ans Bett. Ich drehte den ersten Umschlag um und leerte seinen Inhalt auf die Bettdecke. Hunderte von Papierfitzelchen, Streichholzbriefchen, Visitenkarten, Cocktailservietten und abgerissenen Kassenbons fielen heraus. Auf jedem Stück Papier fand sich die Handschrift einer anderen Frau. Dann leerte ich den zweiten Umschlag aufs Bett – der noch mal dasselbe enthielt –, bis sich ein kleiner Papierberg angehäuft hatte. Sämtliche Telefonnummern, die ich seit jenem ersten schicksalhaften Workshop mit Mystery gesammelt hatte.

»Das weiß ich«, antwortete ich ihr schließlich. »Ich hab nämlich die letzten zwei Jahre damit zugebracht, mich mit sämtlichen Frauen von L. A. zu verabreden. Und aus all denen hab ich dich dann ausgewählt.«

So etwas Schönes hatte ich schon lange nicht mehr gesagt. Und nachdem ich diese Worte ausgesprochen hatte, wußte ich, daß sie nicht ganz zutrafen. Wenn ich eines gelernt hatte, dann das: Der Mann wählt nie die Frau. Er kann nicht mehr tun als ihr die Gelegenheit geben, ihn zu wählen.

KAPITEL 12

Als nächster ging Herbal.

Ich sah vom Schlafzimmerfenster aus, wie er seinen Staubsauger-Roboter in einem Umzugswagen verstaute.

»Ich geh zurück nach Austin«, sagte er mit einem matten Lächeln, als ich nach draußen rannte, um mit ihm zu reden.

Er war der letzte, von dem ich erwartet hätte, daß er das Haus verläßt.

»Wieso das denn? Nach all dem, was du mit Mystery durchgemacht hast, willst du abhauen?«

»Ich werde das Gefühl einfach nicht los, daß das Projekt gescheitert ist«, entgegnete er. »Keiner unternimmt mehr was. Die RSD-Leute haben aufgehört, mit mir zu reden, als ich angefangen habe, für Mystery zu arbeiten. Und Papa quartiert immer mehr Leute ein, die mir eigentlich nicht so gefallen.«

»Und was ist mit Katya?«

»Sie kommt mit nach Austin.« Hätte Katya ihn nur zu Rachezwecken mißbraucht, dann hätte sie ihn spätestens jetzt abserviert.

»Äh, was soll ich eigentlich machen, wenn dein Wallaby kommt?«

»Schon geregelt. Es wird mir nach Austin nachgeschickt.«

Als ich Herbal dabei zusah, wie er seine Sachen in den Umzugslaster packte, befiel mich eine viel tiefere Traurigkeit als bei Mysterys Weggang. Mit Mystery hatte ich einen Freund und früheren Mentor verloren. Damals hatte ich freilich noch geglaubt, das Haus würde sich ohne dieses ganze Theater wieder zusammenraufen. Doch angesichts von Tyler Durdens Intrigen und Herbals bevorstehendem Abschied stand eines fest: Project Hollywood war nun tot.

Abgesehen von Papa und Tyler Durden schienen alle langsam aus der Verzauberung zu erwachen, in die sie die Community geschickt hatte. Sogar Screwdriver – der Kollege, der seine Unschuld in Tijuana verloren hatte – hatte aufgehört, seine Aufreiß-Tips auf CD zu verkaufen, und war ein wiedergeborener Christ geworden. Auf seiner Website *Advanced Sexual Attraction* stand nun die Warnung, daß jeder, der glaube, im Leben gehe es nur ums Baggern, »höchstwahrscheinlich von Leuten gehirngewaschen worden ist, die ihm sein sauer verdientes Geld aus der Tasche ziehen wollen«.

Wenn selbst der dümmste Kollege von allen die Sache drangegeben hatte, was hatte ich da noch verloren?

Hinter Herbal und mir zerschellte eine Bierflasche auf der Straße. Grüne Glassplitter stoben in alle Richtungen. Ich schaute nach oben und sah einen blonden Teenager mit Eminem-Frisur und weißem Tanktop auf unserer Treppe sitzen.

»Wer ist das denn?«

»Keine Ahnung«, sagte Herbal. »Der wohnt oben bei Papa.«

Ich war nun ganz auf mich gestellt. Nur ich allein in meinem Zimmer gegen die Cyborg im Haus, die täglich aufs neue versuchten, mich zu vertreiben. Ich war es müde, zu kämpfen. Ich war es müde, von Leuten enttäuscht zu sein. Ich hatte es nicht nötig, hier zu sein. Zumal ich eine Freundin hatte.

Trotzdem kam ich nicht umhin, mich zu fragen: »Wenn ich so ein Schlauberger bin, wieso hat Papa dann das Haus?«

Die Antwort auf diese Frage gab mir Lisa, als wir nachts im Bett lagen.

»Weil du das Haus gar nicht wolltest«, sagte sie. »Das ist doch kein Leben. Nur eine Subkultur, in die du eingetaucht bist. Wie kann etwas gut sein, das auf einer falschen Realität und angelernten Verhaltensweisen beruht? Geh einfach. Diese Typen nützen dir nichts mehr. Sie halten dich nur auf.«

Damals als Kind war ich immer enttäuscht gewesen, wenn die gute Hexe Glinda im *Zauberer von Oz* zu Dorothy sagte, es hätte von Anfang an in ihrer Macht gestanden, wieder nach Oz zurückzukehren. Heute, zwanzig Jahre später, verstand ich die Botschaft. Es hätte jederzeit in meiner Macht gestanden, die Community zu verlassen, aber erst jetzt war ich am Ende meines Weges angekommen. Ich glaubte immer noch, daß diese Leute etwas hatten, das mir fehlte. Doch der Grund, weshalb sich all diese Gurus so an mich hängten – und weshalb Tyler Durden ich sein wollte, obwohl er mich haßte –, war der, daß sie umgekehrt dachten, ich hätte etwas, das ihnen fehlte.

Wir alle suchten außerhalb unserer selbst nach den fehlenden Puzzleteilen – und schauten dabei ohne Ausnahme in die falsche Richtung. Anstatt uns selbst zu finden, verloren wir das Gefühl für unser Selbst. Mystery hatte die Antwort nicht. Eine blonde Zehn in einem Zweier-Set im *Standard* hatte sie auch nicht. Die Antwort ließ sich nur im Innern finden.

Die perfekte Masche zu finden hieß, sie nicht mehr zu benutzen.

Selbst Extramask hatte das erkannt. Nach Aufenthalten in einem australischen Meditationszentrum und einem indischen Ashram kehrte er nach Hause zurück, um – wie er sich mir gegenüber in einer E-Mail ausdrückte – »wieder so zu leben wie früher«.

Am nächsten Morgen wurde ich von Lärm aus dem unteren Stockwerk geweckt. Drei Neuanfänger bei Real Social Dynamics – Ersatz für Playboy, Sickboy und Extramask – wuchteten Ikea-Kisten in Herbals Zimmer. Wie ihre Vorgänger waren es ehemalige Schüler, die nun unentgeltlich als Praktikanten und Angestellte für RSD arbeiteten und im Gegenzug Unterricht im Aufreißen und einen Schlafplatz im Schrank erhielten. Dafür hatten sie ihre Jobs sausen lassen; dafür hatten sie die Schule geschmissen; dafür hatten sie ihre Heimatorte verlassen.

Ich saß in meinen Boxershorts im Wohnzimmer und beobachtete, wie sie zu Werke gingen. Sie waren emsig. Sie waren gründlich. Sie waren Automaten. Wortlos bauten sie drei Doppelstockbetten auf, mit identischen Laken, Decken und Matratzen. Herbals Zimmer wurde zu einer Kaserne umfunktioniert, in der diese wachsende Armee untergebracht werden würde. Nacht für Nacht würde man die Truppen auf den Sunset Strip schicken – wo sie, bewaffnet mit meinen Klamotten, meinen Geschichten und meinen Manierismen, in den Kampf ziehen würden, während die Generäle in ihrem Badezimmer die letzten Etappen ihres Eroberungsfeldzugs durch die Community planten. Selbst Mystery's Lounge würde bald ihnen gehören und jede Spur von Mystery getilgt sein.

Für mich gab es hier nichts mehr zu tun.

Ich kramte in meinem Zimmer die Seesäcke aus meinem Schrank und fing an zu packen. Über mir hingen reihenweise stylische Männerklamotten: eine puschelige, ärmellose lila Weste, ein Paar enge schwarze Vinylhosen, ein rosa Cowboyhut. Auf dem Boden lagen stapelweise Bücher über Flirten, NLP, tantrische Massage, weibliche sexuelle Phantasien, graphologische Analysen und wie man zu dem Dollbohrer wird, auf den die Frauen fliegen. Alles Sachen, die ich da, wo ich hinwollte, nicht brauchen würde.

Es war Zeit, das Haus und die Community hinter mir zu lassen. Das echte Leben wartete auf mich.

DANKSAGUNG

Wo sind sie jetzt?

Während dieses Buch geschrieben wurde, ist in Project Hollywood soviel passiert, daß dies Stoff für ebenso viele Seiten abgeben würde. Aber machen wir's kurz. Hier also der Abspann.

Mein Dank geht an Mystery, der tatsächlich mit seiner Freundin nach Las Vegas gezogen ist. Inzwischen hat er auch einen vertrauenswürdigen Kompagnon, der sich um seine finanziellen Belange kümmert. Mysterys Workshops finden nun fast jedes Wochenende statt. Stolze 2.250 Dollar muß man dafür hinlegen, aber soweit ich es beurteilen kann, hat sich noch niemand darüber beschwert. In Las Vegas lernte er auch David Copperfield kennen, der den Artikel über die Community in der *New York Times* gelesen hatte und sich mit ihm in Verbindung setzte. Ania zu einem flotten Dreier zu überreden ist ihm allerdings immer noch nicht gelungen.

Dank an Tyler Durden und Papa, die Project Hollywood ebenfalls bald den Rücken kehrten. Nach weiteren schimpflichen Vorkommnissen im Haus ließen sie ein Esoteriker-Pärchen in Mysterys Zimmer einziehen; im Gegenzug sollte ihnen das New Yorker Apartment des Paars als Workshop-Basis zur Verfügung stehen. Dafür kamen nun jeden Tag Hare-Krishna-Jünger vorbei, um im Wohnzimmer von Project Hollywood zu singen, zu tanzen und zu diskutieren. Als Tyler jedoch das Apartment in Manhattan nutzen wollte, wurde er von dem dort wohnenden Typen rausgeworfen. Und dann begann ein gnadenloser Machtkampf um Project Hollywood.

Die Wahrheit über das, was dort passierte, wird womöglich nie ganz ans Licht kommen. Das Esoteriker-Pärchen behauptet, Tyler und Papa hätten sich aus dem Staub gemacht, nachdem die Behörden sie drankriegen wollten, weil sie in einem Wohngebiet ein Gewerbe betrieben. Laut Tyler und Papa sei die Miete für Project Hollywood schlicht zu hoch gewesen. Wie auch immer, schließlich packten Tyler, Papa und die verbliebenen Aufreißer ihre Sachen und zogen in ein Apartmenthaus unweit der Nervenklinik, in die ich Mystery gebracht hatte. Tylers Freundin wohnt ebenfalls dort. Papa ist immer noch auf der Jagd nach Paris Hilton – und ganz nah dran, wie er sagt. Die beiden machen weiter mit Real Social Dynamics und erfreuen sich eines lebhaften Zulaufs.

Dank an Herbal und Katya, die ein halbes Jahr in Austin zusammenlebten. Herbal wohnt dort immer noch, zusammen mit seinem Wallaby Shaniqua. Katya ist nach New Orleans zurückgezogen, wo sie als Model und Visagistin arbeitet. Ihr Bruder hat sich den Wiedergeborenen Christen angeschlossen und ist seit über einem Jahr frei von Tourette-Symptomen.

Dank an Sickboy und Playboy, denen es nicht gelang, die Welt der Verführungskünstler hinter sich zu lassen. Inzwischen betreiben sie die in New York ansässige Firma Cutting Edge Image Consulting, die Hörbücher und E-Books vertreibt.

Dank an Dustin, den König der Naturtalente. Er lebt nach wie vor in Jerusalem und hat die Tochter eines Rabbis geheiratet. Leider konnte ich nicht zur Hochzeit kommen.

Dank an Marko, der noch in Belgrad wohnt und sich inzwischen verlobt hat. Die Ratschläge der Profis hat er allerdings in den Wind geschlagen, wie er selbst sagt, und seine Süße monatelang mit Blumen und Gedichten umworben. Sie wollen demnächst nach Chicago ziehen und eine Familie gründen.

Dank an Ross Jeffries, der seine Fehde mit Mystery beigelegt hat. Zwischenzeitlich war er mit einer Krankenschwester liiert, ist nun wieder voll aktiv und hilft Männern dabei, ihre Ängste, Schüchternheit und überkommenen Denkstrukturen zu überwinden – mit mehr Erfolg denn je, wie er sagt. Von NLP hat er sich abgewandt und lehrt nun mehr spirituell geprägte Herangehensweisen, unterstützt von einem Herzerweckungs-Lehrer und einem Yoga-Spezialisten.

Dank an Courtney Love, die ihre juristischen Streitigkeiten beenden konnte und sich seitdem aus der Regenbogenpresse herausgehalten hat. Sie lebt glücklich und zufrieden in Los Feliz mit ihrer Tochter und arbeitet an einem neuen Album mit Billy Corgan und Linda Perry. Im Film will sie übrigens die Katya spielen.

Dank an Formhandle, der sich selbstlos und unermüdlich für die Community eingesetzt hat. Seine Fast-Seduction-Website bleibt *das* Forum für alle großen und kleinen Dinge, die den Aufreißer beschäftigen. Dank auch an Cliff, den anderen Stützpfeiler der Community, der neulich Hunderte von Schülern und mehrere Dutzend Profis bei der ersten jährlichen Aufreißer-Convention in Montreal zusammenbrachte.

Dank an Sin, der die Frau geheiratet hat, die er in Atlanta an der Leine führte. Ich hatte neulich die Ehre, sie kennenlernen zu dürfen; sie sah gar nicht so aus.

Dank an Britney Spears, die ebenfalls geheiratet hat, sogar gleich zweimal. Und an Tom Cruise, der neulich seine Verlobung bekanntgegeben und keine Scheu davor hat, seine Liebe lauthals vom Dach zu verkünden. Immer, wenn ich eine schwierige Entscheidung treffen muß, frage ich mich, was Tom Cruise wohl tun würde.

Dank an Dreamweaver, der inzwischen Drehbücher schreibt. Kurz vor Publikation dieses Buchs wurde ein Gehirntumor bei ihm diagnostiziert. Der Vater von Versity, einem der Mitglieder von Mystery's Lounge, ist Gehirnchirurg und hat seine Hilfe angeboten. Dreamweaver, du bist talentiert und kreativ, und unsere Gebete sind mit dir.

Dank an Grimble, der sich mittlerweile ganz der Produktion seiner Hörbücher und E-Books widmet; an Twotimer, der aus Los Angeles fortgezogen ist und wieder studiert; an Vision, der Pate von Versitys Sohn geworden ist; und an Sweater, der sich gerade von seiner Frau scheiden läßt.

Dank an die Community und all meine neuen Freunde. Möget ihr alle finden, wonach ihr sucht – in der Liebe wie im Leben. Manche von euch sind vielleicht sauer, weil ich das Spiel publik gemacht habe, aber keine Sorge: Für Männer und Frauen wird es immer Möglichkeiten geben, irgendwo anzubandeln und Sex zu haben. Und egal, wo es passieren mag, es wird passieren, soviel ist sicher.

Dank an Caroline, Nadia, Maya, Mika, Hea, Carrie, Hillary, Susanna, Jessica I und II und all die anderen einzigartigen Frauen, die Teil meines Lebens geworden sind. Ruft mich an, und ich werde euch alles erklären.

Dank an die anderen Gurus: David D'Angelo, der nun auch Frauen im Männerfang unterrichtet und dessen Mailingliste inzwischen auf 1,1 Millionen Adressen angewachsen ist; an Rick H., der sich momentan in Rumänien aufhält und dort seinen romantischen Interessen nachgeht; an Steve P. und Rasputin, die ihre Techniken nun auch via Video feilbieten. Dank auch an Swinggcat und David Shade.

Dank an alle, die mir erlaubt haben, ihre Kommentare und Erfahrungsberichte zu veröffentlichen. Dank an Juggler, der seine Comedy-Karriere vorübergehend auf Eis gelegt hat, um sich aufs Verführungsbusineß und sein kommendes E-Book zu konzentrieren; seine neue Freundin ist Fitneßtrainerin und Marathonläuferin, und er steht nach wie vor auf Barry Manilow. Dank an Extramask, der sich aus der Community verabschiedet hat, um ganz als Comedian durchzustarten. Dank an Jlaix, der Mysterys Traum von einer bisexuellen Freundin verwirklicht und ihre gemeinsamen erotischen Abenteuer in einer Reihe von Berichten publik gemacht hat, die ein eigenes Buch wert wären.

Dank an Judith Regan, die mich vom ersten Tag an bei diesem Projekt unterstützt hat – für mich nicht bloß eine Verlegerin, sondern eine Schutzheilige.

Dank an all die anderen Mitarbeiter bei ReganBooks, speziell an meinen Lektor Cal Morgan, der total neugierig auf Lisa war, aber kein Wort mehr herausbrachte, als er ihr zum ersten Mal gegenüberstand. Dank auch an Bernard Chang, Michelle Ishay, Richard Ljoenes, Paul Crichton, Cassie Jones, Kyran Cassidy und Aliza Fogelson.

Dank an meinen Agenten Ira Silverberg, der mich immer noch zu einem »seriösen« Projekt zu überreden versucht. Und Dank an Anna Stein und die anderen Mitarbeiter bei Donadio & Olson.

Dank an David Lubliner, Andrew Miano, Craig Emanuel, Paul Weitz, Chris Weitz, Andrea Giannetti, Matt Tolmach und Amy Pascal für die Unterstützung beim anderen Hollywood-Projekt.

Dank an Fedward Hyde für seine Recherchearbeit und die hocheloquenten E-Mails, die eines James Joyce würdig wären. Dank an Lovedrop, der die Mystery-Methode erstmals schriftlich zusammengefaßt hat. Dank an Sue Wood, die all die Tapes transkribiert hat, eine wahrlich zeitraubende Aufgabe. Dank auch an Laura Dawn und Daron Murphy für das Transkribieren der übrigen Aufnahmen.

Dank an die vielen Selbsthilfe-Spezialisten, die mich beraten haben, darunter Joseph Arthur (für die Sprecherziehung und seine unendliche Weisheit) und Julia Caulder (für die Anweisungen in Alexander-Technik und ihre Darbietung einer Wagner-Arie an der Los Angeles Opera).

Dank an die ersten Leser meines Manuskripts, unter ihnen Anya Marina, Maya Kroth, M the G, Paula und Hazel Grace, Marg, die fiese Babysitterin, und meinen Bruder Todd, den so manche geschilderte Szene wohl auf immer verfolgen wird.

Last but not least: Ja, Lisa und ich sind nach wie vor zusammen. Und obwohl ich in den vergangenen zwei Jahren so ziemlich alles über Anmache, Verführung und Betörung gelernt habe, weiß ich immer noch nicht, wie man die Liebe zum Bleiben bewegt. Unsere Beziehung erfordert mehr Zeit und Mühe als der allerschwierigste Aufriß, hat mir aber weit mehr Spaß und Befriedigung gebracht. Vielleicht, weil eine echte Beziehung eben doch kein Spiel ist.

VERFÜHREN MIT STIL.
GQ
Wahlweise mit braunem (M512U000H3) oder schwarzem (M512U010H3) Armband.
GRATIS
33% SPAREN
DEUTSCHLANDS BESTES MÄNNERMAGAZIN*
3x GQ UND EIN ATTRAKTIVES GESCHENK
3 MONATE GQ OHNE RISIKO TESTEN UND VORTEILE SICHERN:
› 33% sparen gegenüber dem Einzelkauf
› GQ-Uhr gratis
› Weitere Geschenke: www.GQ-magazin.de
› Kostenlose Lieferung bequem nach Hause
› 3 Monate auf dem Laufenden
FASHION, BEAUTY, LIFESTYLE, AUTOS, TECHNIK, SPORT, UHREN, ...
JETZT BESTELLEN:
Tel.: 01805/517 258 (0,12 €/min)
oder www.GQ-magazin.de/abo
*ERGEBNIS DER TOP-100-UMFRAGE DER LEAD ACADEMY 2005
Condé Nast Verlag GmbH · Ainmillerstraße 8 · 80801 München · Abobetreuung durch Abonnenten Service Center GmbH · Geschäftsführer: Heinz-Jürgen Koch · Mariener Straße 4 · 77656 Offenburg